高职高专规划教材

房地产开发会计

崔燕鸣　主编

中国建筑工业出版社

图书在版编目（CIP）数据

房地产开发会计/崔燕鸣主编．—北京：中国建筑工
业出版社，2018.1
高职高专规划教材
ISBN 978-7-112-21490-7

Ⅰ.①房… Ⅱ.①崔… Ⅲ.①房地产企业-会计-高
等职业教育-教材　Ⅳ.①F293.33

中国版本图书馆 CIP 数据核字（2017）第 275241 号

　　本教材以房地产经营过程为主线，详细介绍了房地产开发企业会计核算的基本理论和方法，在介绍理论知识的同时，注重实际能力的培养。教材各章节选择性地融入了《营业税改征增值税试点有关事项的规定》中的相关内容，重点知识点均配有会计处理示范进行展示，在章节后配有大量例题，提升学生对理论知识的理解力。教材内容结合我国房地产开发企业的经营过程和特点，内容涵盖房地产开发企业的基本核算前提、货币资金、应收及预付款项、存货、投资、固定资产、无形资产、投资性房地产、负债、所有者权益、开发产品成本、收入、费用和利润的核算及财务会计报告的编制作等内容。

　　本书可作为高职院校建筑经济管理专业、房地产经营与估价专业师生的课程教材，也可供房地产开发企业相关从业人员学习、参考。

　　为更好地支持本课程教学，我们向使用本教材的教师免费提供教学课件，有需要请发送邮件至 cabpkejian@126.com 免费索取。

＊　　＊　　＊

责任编辑：吴越恺
责任校对：王雪竹

高职高专规划教材
房地产开发会计
崔燕鸣　主编

＊

中国建筑工业出版社出版、发行（北京海淀三里河路9号）
各地新华书店、建筑书店经销
北京红光制版公司制版
北京富生印刷厂印刷

＊

开本：787×1092毫米　1/16　印张：21¼　字数：526千字
2018年4月第一版　　2018年4月第一次印刷
定价：**45.00**元（赠课件）
ISBN 978-7-112-21490-7
（31155）

前　言

  房地产业是我国国民经济的重要产业之一，房地产开发企业会计是适用于房地产等企业的行业会计。我国自 2016 年 5 月 1 日起，建筑业、房地产业、生活服务业等全部纳入营业税改征增值税试点范围的政策，本教材依据此背景及有关房地产开发企业的法律规定，严格按照教育部高等院校规划教材编写原则，结合教学特点进行编写。

  本教材以房地产经营过程为主线介绍会计核算的基本理论和方法，既有较强的理论性，又有很多的实操性，同时融入了《营业税改征增值税试点有关事项的规定》中的相关内容。每项知识点配有大量例题和会计处理示范进行展示，所附课后练习能检验学生理论知识的掌握水平。本教材编写过程中结合我国房地产开发企业的经营过程和特点，对房地产开发企业的基本核算前提、货币资金、应收及预付款项、存货、投资、固定资产、无形资产、投资性房地产、负债、所有者权益、开发产品成本、收入、费用和利润的核算及财务会计报告的编制作了详尽的介绍。

  本教材立足体系完整、内容丰富、结构合理、深浅适宜，具有可读性和实用性。作者倾注大量时间精心编写，吸收了房产企业专家的成熟经验及作者几十年的教学经验，倾注大量时间精心编写。本教材既可作为高等院校培养应用型人才的课程教材及教学参考书，也可作为房地产从业人员业务学习和培训用书。适用于建筑经济管理、房地产类等专业。

  本教材由黑龙江建筑职业技术学院崔燕鸣教授担任主编，拟定编写提纲并全书统稿，黑龙江建筑职业技术学院副教授王玲娟担任副主编，黑龙江建筑职业技术学院尹桂华、哈尔滨产业技术与育成中心李栋、建设银行黑龙江省分行段思宇参编。全书共 13 章，其中第 6、8 章由崔燕鸣编写；第 5、7、11、12 章由王玲娟编写；第 4、10 章由尹桂华编写；第 1、2、13 章由李栋编写；第 3、9 章由段思宇编写。

  由于编者水平有限，本书疏漏之处恳请广大读者批评指正。

目　录

1　总　　论

1.1　会　计　概　述

1.1.1　会计的产生与发展

会计是一种特殊的经济管理活动，是经济管理的重要组成部分。任何有经济活动存在的地方，人们就会按照一定目的、一定方法和一定形式来管理发生的一切经济活动。随着我国经济的发展，对会计也随之制定了一些新的准则。所以会计工作与社会发展是密不可分的。会计的产生和发展离不开人们对生产活动进行管理的客观需求。

会计产生于生产实践。随着社会进步、发展和管理经济的需求，便产生了会计。在原始社会，文字产生以前，有"结绳记事"、"刻楔记数"方法，用来记录劳动成果。早在三千多年以前西周奴隶社会，就出现了"会计"一词。《周礼·天官》中指出："会计，以参互考日成，以月要考月成，以岁会考岁成"。主要意思是，每日、每月、每年终了时，都要对财物进行清点、收支进行核算。西周王朝还设立了专门管理钱粮赋税的官员——"司会"和单独的会计部门。还逐步出现了"官厅会计"和"民间会计"，后来"官厅会计"得到发展。

在汉朝出现了单式收付记账法的雏形。在北宋时，出现了"四柱清册"使会计达到新水平。所谓"四柱"即"旧管"（期初结存）；"新收"（本期收入）；"开除"（本期支出）；"实在"（期末结存）。其关系是：旧管＋新收－开除＝实在。

我国明朝会计已开始以货币为统一的计量单位。清朝学者焦循在《孟子正义》中说："零星算之为计，总合算之为会。"民间商业组织还使用比较严密的"龙门账"进行核算，这也标志着我国会计由单式记账向复式记账的迈进。

房地产开发企业自新中国成立到1978年，我国城市房屋开发和建设都由国家分配，分配到企事业单位自行筹建。征地、设计和施工均由各企事业单位分散进行。20世纪80年代，随着我国住房制度和土地使用制度的不断改革，强调城市建设综合开发，房地产的开发建设要符合城市总体规划和经济、社会发展要求。根据市场需求，选择一定区域作为建设用地，按照统一规划、统一管理的原则，有计划、有步骤地进行开发建设，这也是城市建设的要求和市场经济发展需求。

会计与社会的发展和经济环境有密切关系，社会发展和不同的经济环境，会计有不同的理论基础做支撑。例如，20世纪70年代末的计划经济理论，是高度集中的指令性管理体系；20世纪80年代初我国刚刚迈入改革开放时代，市场经济理论和管理体系出现了明显的变化。特别是1992年以来的会计制度改革，使我国会计工作告别了计划经济模式，具有标志性的重要意义。近几年我国的经济飞速发展，2007年新《企业会计准则》出台，2016年5月1日营改增全面实行。会计工作从广度和深度都发生重大变革，进一步和国际惯例接轨，也促进了市场经济健康有序发展。

1.1.2 会计的研究对象

会计按其空间领域划分为宏观会计和微观会计。宏观会计主要核算社会经济活动；不在本节说明之内。微观会计主要核算某一服务主体的经济活动。在商品经济条件下，各种经济活动都通过核算和监督来反映，但必须都是能够用货币来表现的经济活动，经济活动构成了核算的价值体系和资金运动。所以说会计的研究对象就是会计核算和监督的内容。

不论是工业企业、商业企业、房地产开发企业都要进行会计核算，他们在国民经济中所处地位和作用不同，经济活动的内容和目标也不一样，核算形式方法也不同，会计对象也各有特点，下面就工业企业、房地产开发企业加以说明。

（1）工业企业会计对象

工业企业是国民经济基础产业之一，它主要的经济过程是供应过程、生产过程和销售过程。准备生产之前，供应过程开始，企业用货币资金采购所需原材料，计划安排生产，设计生产任务完成方案等工作。把原材料投入生产，进行制造产品，也就是生产过程。即具备劳动资料、劳动对象和劳动者。这时是消耗原材料过程，劳动者借助工具对劳动对象实施加工生产，机器设备发生磨耗，支付直接费用（水费、电费、人工费等），间接费用管理人员工资和车间费用等，最后核算出产成品的制造成本。产品生产出来要进行销售，也就是销售阶段。核算销售过程的人员工资、广告费用、运输费用、产品质量检测费用等。计算出产品售价，通过销售产品取得了收入，收回货币资金，补偿成本和费用后，计算出企业的利润。使投资人和企业自身取得一定回报，另外能满足企业扩大生产需求。不断循环往复的生产过程，实现价值积累。

工业企业的会计对象是指工业企业的资金运动。工业企业的资金运动包括资金的投入、资金的循环与周转和资金的退出三部分。工业企业供应过程、生产过程、销售过程，是会计要核算和监督的内容，即表现为资金投入、资金循环和周转，资金退出，是工业企业经营过程中发生的能用货币表现的各项经济业务。资金的投入，包括企业所有者投入的资金和债权人投入的资金两部分。一般构成企业的流动资产和非流动资产内容。资金的循环和周转，从投入货币资金开始，经历储备资金、生产资金、成品资金、货币资金，即资金循环。这几个过程资金不断循环，称为资金周转。资金的退出，一般包括上缴国家税金、偿还债务、向所有者分配利润，这些资金不参与企业资金循环，退出企业周转。

（2）房地产开发企业会计对象

房地产业的主要经济活动是从事房地产开发、建设、经营、管理和售后服务。房地产开发公司、房地产经营公司和房地产交易所等机构的经济活动内容各有侧重，不尽相同，而房地产开发经营公司经济活动的内容和范围较为广泛。

房地产业的经济活动是在生产、流通、消费、分配四个环节进行的。房地产开发企业在从事开发经营活动之前，必须向投资者和债权人进行筹资，当其具备一定生产条件之后，即可进行开发经营活动。其开发经营活动包括供应、生产、销售三个过程。

在供应过程中（准备阶段），房地产开发企业要购买各项材料物资，以准备用在所承揽的工程上。对于采用承发包模式施工的工程，则需要按照承发包合同的规定预付给承包单位工程款和各项料款，从而使企业的货币资金转化为储备材料占用资金、结算资金。

在生产过程中（开发阶段），房地产开发企业采用自营方式或出包方式进行工程施工。自营工程要发生物化劳动和活劳动耗费，从而引起固定资产价值损耗，并以计提折旧的形式将其损耗的价值计入工程成本；从而引起工资和其他费用的支付，并以人工费用和间接费用的形式计入工程成本。出包工程要按承发包合同规定的结算办法结算工程价款。在这个过程中，企业的货币资金、储备资金和结算资金转化为在建资金。随着工程竣工验收，在建资金又进而转化为建成资金。

在销售过程中（销售阶段），房地产开发企业将其开发完成的商品性建设场地、商品房和其他配套设施进行转让或出售，从而实现商品价值，并收回货币资金。企业收回的货币资金，首先用以补偿开发建设过程中的耗费，以保证简单再生产的顺利进行；其价值增值部分，就是企业实现的利润，除按规定向国家缴纳税金、提取盈余公积金、公益金外，可用于向投资者分配利润。盈余公积金和未分配利润可以用来转增资本，以实现企业扩大再生产的目标。

以上随着供、产、销过程的进行，不仅完成了房地产业再生产过程的三个环节，而且也使企业的资金不断地改变形态，从货币资金开始，顺序转换为储备资金、结算资金、在建资金、建成资金，最后又变为货币资金。资金的这种转化过程，称为资金的循环。随着再生产过程的不断进行，企业的资金就会周而复始地不断循环，称为资金的周转。这种资金的循环和周转体现了房地产开发经营公司能以货币表现的经济活动，称之为资金运动，也是房地产开发会计的研究对象。

以上对工业企业和房地产开发企业的会计对象分别作了简要说明。由于企业、商业、房地产开发企业等单位在国民经济中所处的地位和作用不同，它们的经济活动内容和资金运动形式也有较大差异。会计对象各有其特点，但有其相同之处，都是能够用货币表现的经济活动。这也是企业、商业、房地产等单位的一般会计对象。

1.1.3　房地产开发企业会计的概念与职能

（1）房地产开发企业会计的概念

经济越发展，会计越重要。我国市场经济发展的过程中，会计工作内容也得到扩展，对投资的预测管理、资产价值认定、成本项目内容核定等，会计的工作也越显重要，许多管理人员需要尽量了解财务状况、现金流量、财务成果等信息，同时指导资源合理流动、优势互补，保障经济活动顺利进行。

房地产开发企业主要从事房地产综合开发业务，根据国民经济计划、土地利用计划和城市建设总体规划，对某一开发区域内的基础设施、办公楼、民用住宅、工业厂房、学校等实施统一规划与设计、统一征地与拆迁、统一建设与销售，以期实现房地产开发的经济效益、社会效益和环境效益的优化组合。

房地产开发企业会计的工作可表述为：是房地产开发企业经济管理的重要组成部分，它是以货币作为主要计量单位，运用房地产开发企业会计核算的一系列方法，对房地产开发企业的开发、经营、管理、服务和其他业务的核算与监督的一项经济管理活动。房地产开发企业会计是用来管理房地产行业经济活动的一种行业会计。

（2）房地产开发企业会计基本职能

房地产开发企业会计的基本职能就是会计为开发经营管理工作所具有的功能和能够发挥的作用。即在开发经营过程中会计做什么工作内容。根据《中华人民共和国会计法》（1999 年 10 月 31 日修订）第五条，"会计机构、会计人员依照本法规定进行会计核算，实行会计监督。"这也是会计的基本职能，二者相近。房地产开发企业会计也有许多拓展职能，比如提供信息、分析预测、控制风险、评价结果等。但其基本职能概括为两个，即核算职能和监督职能。

1）房地产开发企业会计的核算职能

房地产开发企业会计核算是会计的首要职能，也是全部会计管理工作的基础。要提供全面、正确、完整、系统的房地产开发企业会计信息，就需要对房地产开发企业经济业务进行记录、计算、分类、汇总，能准确地在会计报告中反映会计数据情况。会计核算具有以下特点：

① 从价值量反映经济活动状况，使用货币统一计量。对于各单位的经济活动要把全过程和结果表述出来，必须统一货币计量，如要反映实物数量或劳动量度，则通过辅助记录。例如：库存商品、原材料、工程物资等增加和减少，最终使用货币量度，如要反映数量，则辅助记录。也就是说，会计核算只限于能够用货币计量的经济活动，凡是不能用货币计量的经济活动均不在会计核算范围之内。

② 房地产开发企业会计核算具有准确性、完整性、连续性、系统性。会计核算应符合《企业会计准则》等相关制度要求，体现出准确性，如房地产企业固定资产计提折旧，要按适用方法计提，不能随意变动；应收账款提取坏账准备，要按《企业会计准则》要求计提等，对进行核算的经济业务要准确记录、反映、计算。不能随意错误核算。会计核算要保证完整性。

③ 房地产开发企业会计核算要反映经济活动的全过程。对发生的经济业务进行事中、事后核算，通过核算结果，反映出房地产开发企业的经营情况，财务状况，并依此分析预测未来。

2）房地产开发企业会计的监督职能

房地产开发企业会计的另一基本职能是核管监督，根据会计人员进行核算的经济业务，遵守国家法律法规和财经纪律。随着社会生产经济不断发展，控制经济活动体系要不断增强，运用核对、检查、考评、分析等方法，来实现预期目标，求得最大效益。房地产开发企业会计监督职能有以下几点：

① 房地产开发企业会计监督要对单位的整体经济活动过程实行监控，包括事前监督、事中监督、事后监督。事前监督就是在经济活动开始前进行分析、预测。对预计发生的经济活动或风险系数比较大的经济业务，要看是否符合国家法律、政策法规及市场经济规律性要求。事中监督是对正在发生的经济活动和会计资料进行监督、控制。及时发现问题及时解决，各部门之间组织审查及核对，保证过程的正确性。事后监督是对已经发生的经济活动和会计资料进行审核、核对、分析。在这个过程中如果出现偏差和失误，要及时调整，保持结果的准确性。构建三位一体监督体系，它具有强制性、严肃性、权威性。

② 房地产开发企业会计主要是利用各种价值指标进行监督。各单位制定各项指标、标准来供检查。通过这些指标反映单位经营成果，可供分析预测。经济活动同时也是价值量变化的过程，随时体现价值量大小和价值形态的转化。房地产开发企业会计监督是一种比较有效的监督，因为会计监督的依据具有合法性和合理性，其目的是保证各单位会计目标实现。

房地产开发企业会计核算职能和监督职能是相辅相成的。只有对经济业务活动进行正确核算，才能提供可靠资料作为监督依据。同时会计监督又是会计核算质量的保障，做好房地产开发企业会计核算监督，保证开发经营顺利进行，达到预期目的，充分发挥房地产开发企业会计的职能。为投资人、管理者提供真实、可靠、完整的会计信息，在经济管理中发挥应有的作用。

1.1.4 房地产开发企业会计特点和任务

1. 房地产开发企业会计特点

（1）房地产开发企业的经营特点

房地产开发企业经营活动主要是房产与地产的总称。房地产开发可将土地和房屋结合在一起开发，也可将土地和房屋分开开发。房地产开发企业就是从事房地产开发和经营的企业，它既是房地产产品的生产者，又是房地产商品的经营者。其进行的主要业务有：①土地的开发与经营。企业将有偿获得的土地开发完成后，既可有偿转让给其他单位使用，也可自行组织建造房屋和其他设施，然后作为商品作价出售，还可以开展土地出租业务；②房屋的开发与经营。房屋的开发指房屋的建造。房屋的经营指房屋的销售与出租。企业可以在开发完成的土地上继续开发房屋，开发完成后，可作为商品作价出售或出租。企业开发的房屋，按用途可分为商品房、出租房、周转房、安置房和代建房等；③城市基础设施和公共配套设施的开发；④代建工程的开发。代建工程的开发是企业接受政府和其他单位委托，代为开发的工程。

房地产开发企业经营活动其经营方式主要有：①定向开发。要与购买方签订合同，按照合同进行开发建设。②投标开发。参与招投标项目进行投标，投标成功进行开发项目，开发完成可进行定向销售或自行销售。③自行开发。就是经所管辖政府部门批准，对总体规划区域内自行开发、自行销售。

房地产开发企业的经营特点主要有以下几点：

1）开发经营计划性。按照国家有关政策批准，企业征用的土地、建设的房屋、基础设施及其他设施都要严格控制在国家计划范围之内，按照规划、征地、设计、施工、配套、管理"六统一"原则和企业的建设计划、销售计划进行开发经营。房地产开发企业开发的产品具有固定性、建设周期长、投资数额大等特点。

2）开发产品的商品性。房地产开发企业的产品全部都作为商品进入市场，按照供需双方合同协议规定的价格或市场价格作价转让或销售。开发产品具有商品的一般属性，也有其特殊性，是一种特殊商品。

3）开发经营业务的复杂性。首先表现为经营业务内容繁杂。企业在开发土地和房屋外，对建设相应的基础设施和公共配套设施也要开发。例如基础设施：道路交通、煤气管道、通信线路等；例如公共配套设施：幼儿园、活动室、配套商业、校区等。经营业务包括从征地、拆迁、勘察、设计、施工、销售到售后服务全过程。其次表现为开发经营业务涉及面广，经济往来对象多。例如：居民、规划、设计、城建、施工单位、土地局、公安消防、税务、供水、供电等。另外企业与购买设备、材料物资供应单位等发生经济往来，而且因工程的发包和招标与勘察设计单位、施工单位发生经济往来，还会因受托代建开发产品、出租开发产品等与委托单位和承租单位发生经济往来。

4）开发建设周期长，投入资金数额大。一般要开发某项产品都从规划设计开始，经过调研和可行性研究、征地拆迁、安置补偿、七通一平、建筑安装、配套工程、绿化环卫工程等几个开发阶段，有的经过几年或十几年才能完成。资金周转速度较慢，在建设中需不断地投入大量资金，才能保证建设过程顺利进行。

5）开发经营风险性大。开发产品投入资金大，建设周期长，有的企业经常负债经营，开发的产品具有多样性，不确定因素多，一定要做好前期风险防范，考察好市场行情，避免大量开发产品积压，资金出现断链，给企业造成极大损失。

（2）房地产开发企业会计特点

1）开发的产品资金巨大。房地产开发企业在开发经营过程中，由于开发周期较长，项目占用资金额度大，要加强营销手段，尽早把开发的产品销售出去，尽快回笼资金。

2）开发产品具有独特的结算价格和结算方式。每一项开发项目在设计上不尽相同，根据不同质量材料、不同施工图纸要求、不同地质水文条件，要采用不同的施工组织和施工方法。房地产开发企业与施工单位在结算工程款时，必须按照施工图纸计算工程量，双方核对确定价格，办理工程价款的结算。

由于在工程建设过程中，资金占用周期长，容易出现施工单位垫付资金现象，那么在结算工程款时可以采用灵活结算方式，如果工期较短、造价较低的工程，竣工时可采用一次结算；如果工期较长、工程款大，可采用按月结算、分段结算、预付备料款和工程款等方式。

3）开发前期工程费用和财务费用支出较大。房地产开发企业在开发某项工程时，做好前期调研考察，核算收入和成本，房地产开发项目投资与成本费用估算的范围包括土地购置成本、土地开发成本、建安工程造价、管理费用、销售费用、财务费用及开发期间的税费等全部投资。做出可行性论证结果，在此过程中要产生大量前期费用。例如：完成与开发有关的招投标工作、签订各项合同、取得土地使用权费用、规划设计费用等。

另外要筹集大量开发经营资金，其主要渠道有金融机构借入、向社会发行企业债券等方式，之后筹集的资金要付出较大的利息费用。

2. 房地产开发企业会计任务

房地产开发企业会计的任务是指房地产企业在房地产开发经营管理中应承担的责任和应达到的目标。根据房地产开发企业会计对象和特点，房地产开发企业会计的任务包括以下几个方面：

1）要加强会计核算，正确反映企业的开发经营活动，为管理提供准确的经济信息。以货币为主要计量单位，全面、连续、系统、综合地反映企业的开发经营活动。分类记录各项资产、负债和所有者权益的增减变动情况，正确计算材料物资采购成本、房地产开发成本和其他业务支出，并将各项收入与相应的支出对比，确定企业的经营成果。企业管理者利用会计核算提供的资金、成本、利润及其分配情况的信息、资料，可以掌握和分析企业的财务状况、成本水平、收入的取得、利润的形成和分配情况，并进而分析企业计划和预算的完成情况，总结经验，找出差距，采取措施，改进经营管理，提高企业经营管理水平。同时，会计核算所提供的信息资料还可以为国家有关部门，如财政、银行、审计、计划等部门进行宏观调控提供重要经济信息。

2）有效地控制企业执行各项计划和预算，保护企业财产的安全、完整。会计应利用其监督的职能，促使企业执行国家的有关法规和制度，以保证企业的开发经营活动合法、合理地进行。为了达到预期的经济效益，企业也制定有一整套计划和预算，如开发建设计划、物资采购计划、销售计划、成本计划、财务计划等，会计则应当按照计划和预算控制企业开发经营收支，并利用会计核算资料随时考核计划和预算的执行情况，以保证企业开发经营活动有目的、有计划地进行。开发企业的财产物资是开发经营活动的物质基础，会计不仅应予以及时记录，还应当定期不定期地进行清查，做到账实相符。若发现账实不符，应查明原因，属于毁损浪费、贪污盗窃、违法乱纪等行为造成的，应按有关法律和政策严肃处理。属于管理不善造成的，应积极提出改进建议，以保护企业财产的完整无损。

3）考核分析财务状况，使企业不断提高经济效益。房地产业的经济效益主要取决于企业资金的合理调度，各项费用支出的节约和利润的增长。会计应通过其反映的职能，随时掌握资产的构成、偿债能力、经营资金周转率和企业的获利能力，并将其与计划预算对比，与本企业历史最好水平对比，与国内同行业先进水平及国际先进水平对比，考核分析企业的经济效益，找出影响企业经济效益的原因，提出提高企业经济效益的措施。

4）预测经营前景，参与经营决策。在市场经济条件下，国家给予企业最大限度的经营自主权。要增强企业的市场竞争能力，必须不断提高企业的预测和决策水平。这就为会计提出了新的任务，不仅要对经济活动进行反映和监督，还要参与企业经营预测和决策。会计应充分利用会计核算资料和其他有关资料，预测企业的经营收入、经营成本、经营利润的变化趋势，提出多种经营方案，并将多种方案进行财务成本分析。

1.2 会计核算的基本前提和信息质量要求

1.2.1 会计核算的基本假设

1. 会计基本假设

会计基本假设是企业会计确认、计量和报告的前提，是对会计核算所处时间、空间环境等所做的合理设定。在特定的经济环境下，会计对经济业务处理要从正面做出肯定的判断或估计，然后依据会计运行的基本前提，根据现实的状况进行正常业务处理。会计基本假设包括会计主体、持续经营、会计分期和货币计量。

（1）会计主体

会计主体，是指企业会计确认、计量和报告的空间范围。企业应当对其本身发生的交易或者事项进行会计确认、计量和报告，即会计服务的特定单位经济业务内容，明确会计主体是开展会计确认、计量和报告工作的重要前提。

① 要明确会计主体，界定会计所要处理的各项经济业务，对会计核算和监督的工作内容要与会计主体有联系。如果不划分会计核算和监督各项经济业务范围，会计工作就无法进行。例如会计要素中资产、负债的确认；销售实现的确定等，都是针对特定会计主体而言的。

② 明确会计主体，对会计主体、会计主体所有者、其他会计主体进行的交易或事项要严格区分。例如企业所有者发生的交易或事项属于企业所有者主体的，不应纳入企业会计核算的范围，如果企业所有者投入企业的资本或向投资者分配利润，则属于会计主体所发生交易或事项，要纳入企业会计核算范围。

③ 会计主体与法律主体不同，一般来说，法律主体往往是会计主体，而会计主体不一定是法律主体。如一个企业作为一个法律主体，应当建立财务会计体系，独立地反映其财务状况、经营成果和现金流量，但会计主体不一定是法律主体。例如在企业集团里，有

母公司和几个子公司，母公司和子公司是不同的法律主体，母公司对子公司具有控制权，母公司和子公司对集团公司要进行合并报表，反映财务状况、经营成果和现金流量，虽然集团公司不是法律主体，但却是会计主体。

（2）持续经营

持续经营，是指可以预见的将来，企业将会按当前的规模和状态继续经营下去，不会停业，也不会大规模削减业务。在持续经营前提下，企业会计确认、计量和报告应当以企业持续经营、正常的生产经营活动为前提。

企业持续经营，是制定企业会计准则的条件之一，会计人员对会计主体持续、正常的经营，选择会计处理方法，对企业从开业到清算整个过程进行会计核算。持续经营是会计的客观认识。根据企业正常经营目标，要采取相应经营方式、经营范围对各会计要素进行核算。企业是否持续经营，对会计选择核算方法有影响。例如，企业的固定资产在企业各个生产经营过程中起到一定作用，如果企业是持续经营，对固定资产的核算按历史成本计算，并采用折旧的方法，将历史成本分摊到每个会计期间。如果判断企业不会持续经营，固定资产就不采用历史成本进行核算并计提折旧。

但是持续经营必定是所作的假设，按经济规律发展看，企业破产或停业是有可能发生的。为此，往往要求定期对企业持续经营这一前提作出分析和判断。当然，企业一旦进入破产清算，持续经营的前提就不复存在，就应改变会计的核算方法，在会计报告中进行披露。

（3）会计分期

会计分期，是指将一个企业持续经营的生产经营活动划分为一个个连续的、长短相同的期间。在企业进行经济业务核算时，投资人和管理者往往要知道企业经营结果，那么对会计核算内容要有结算日期，确定期间范围。通过编制财务报告向报告使用者提供企业财务状况、经营成果和现金流量等信息。

会计核算应当划分会计期间，会计期间分为年度（例如，公历 2017 年 1 月 1 日起至 2017 年 12 月 31 日止）、半年度、季度、月度。其中，半年度、季度、月度均称为会计中期。我国均按公历确定日期。

明确会计分期，以便分期结算账目和编制财务会计报告。其意义在于：分期明确，成果确定，界定会计信息时段，对会计主体有记账依据。

（4）货币计量

货币计量，是指会计主体在财务会计确认、计量和报告时以货币计量，反映会计主体的生产经营活动。

在会计的确认、计量和报告过程中之所以选择货币为基础进行计量，是由货币的本身属性决定的。货币是商品的一般等价物，是衡量一般商品价值的共同尺度，具有价值尺度、流通手段、支付手段等特点。一般计量单位如重量、台、长度等，只能反映企业经济业务一方面内容，但无法汇总和比较，不便于管理。

我国企业会计准则规定："企业的会计核算以人民币为记账本位币。业务收支以人民币以外的货币为主的企业，可以选定其中一种货币作为记账本位币，但是编报的财务会计报告应当折算为人民币。在境外设立的中国企业向国内报送的财务会计报告，应当折算为人民币。"

货币计量有一定局限性，人力资源、研发能力、市场竞争能力等对企业管理者有很大帮助，但难于用货币计量，最终应在财务报告中披露。

2. 会计核算基本前提

企业在经营的过程中，经常会发生销售已确认，但货款没有收到；或费用已发生，款没有支付的情况。为了进行核算这些业务，需确定一种核算制度。

(1) 权责发生制

企业会计的确认、计量和报告应当以权责发生制为基础。权责发生制要求，凡是当期已经实现的收入和已经发生或应当负担的费用，无论款项是否收付，都应当作为当期的收入和费用，计入利润表；凡是不属于当期的收入和费用，即使款项已在当期收付，也不应当作为当期的收入和费用。权责发生制比较科学、合理，能真实地反映本期收入和费用，正确计算本期损益。

在会计实务中，企业交易或者事项的发生时间与相关货币收支时间有时候并不完全一致。例如，款项已经收到，但销售并未实现；或者款项已经支付，但并不是为本期生产经营活动而发生的；11 月份的收入，即使 12 月份或 10 月份收到款项，销售收入也要确认在 11 月份。为了更加真实、公允地反映特定会计期间的财务状况和经营成果，基本准则明确规定，企业在会计确认、计量和报告中应当以权责发生制为基础。因此，权责发生制也称为应收应付制。

(2) 收付实现制

收付实现制是与权责发生制相对应的一种会计基础，它是以收到或支付的现金作为确认收入和费用等的依据。由于会计分期前提，产生了本期与非本期的区别，因此在确认收入或费用时，有了这两种不同的记账基础，采用不同的记账基础会影响各期的损益。例如，甲企业 2008 年 6 月销售一批产品，金额 100 000 元，产品已付款未收到，按收付实现制处理，这笔业务不能算 6 月份收入。目前，我国的行政单位会计采用收付实现制，事业单位会计除经营业务可以采用权责发生制外，其他大部分业务采用收付实现制。

3. 会计核算的信息质量要求

会计信息质量要求是对会计信息质量的保障，是对会计报告使用者提供所有会计工作内容真实性的基本要求，以使投资人对预测、决策、投资有真实判断，以达到投资人和管理者对企业经营管理提供可靠数据目的。我国的会计信息质量要求包括以下八项：

(1) 可靠性

可靠性要求企业应当以实际发生的交易或者事项为依据进行会计确认、计量和报告，如实反映符合确认和计量要求的各项会计要素及其他相关信息，保证会计信息真实可靠、内容完整。

① 依据实际发生的交易或事项进行确认、计量，如实反映企业的财务状况、经营成果和现金流量、准确核算经济业务内容，做到内容真实、数字准确、资料可靠。坚持客观性原则。例如，企业采购原材料，要进行多家询价，经计划部、采购部、财务部等相关部门协商，并按企业制定的监督机制，保证采购到质量好、价格低的原材料，做到每一笔业务真实可靠。杜绝对没发生的或者尚未发生的交易或者事项进行确认、计量和报告。如果会计资料不真实，会计工作就失去了意义，甚至会导致企业管理决策失误。

② 保证会计信息的完整性，对企业发生的一些重大事项和特殊事件，要在会计附注

中进行披露。对企业管理负责,对投资人和使用者充分了解。

(2) 相关性

相关性要求企业提供的会计信息应当与投资人等财务报告使用者的经济决策需要相关,有助于投资人等财务报告使用者对企业过去、现在或者未来的情况做出评价或者预测。

① 在会计核算工作中坚持相关性原则,收集具有价值的会计信息,有助于提高决策水平。相关性会计信息有助于使用者评价企业过去,并进行比较修正预测过程中出现的问题,具有反馈价值。相关会计信息还应具有预测价值,有助于使用者预测企业未来。

② 相关性以可靠性为基础,在可靠会计信息前提下,充分考虑会计信息使用者的信息需求,保证会计处理业务具有相关性帮助。如果会计信息的提供对会计信息使用者没有预测、决策的作用,就不具有相关性。

(3) 可理解性

可理解性要求企业提供的会计信息应当清晰明了,便于投资人等财务报告使用者理解和使用。

① 要想使投资者和使用者对财务报告、会计信息看清弄懂、了解内涵,提高会计信息的价值,就要使财务报告、会计信息的内容清晰明了,易于理解,并做出会计内容的相关说明和解释文字,便于投资人和使用者做出决策。

② 投资者和使用者须了解一些会计基本知识,如出现非常专业方面的知识,要花费一些时间和精力去分析和研究,能准确、及时、完整使用会计信息的内容,坚持可理解性原则,指导企业会计核算和财务报告,能够充分了解企业的财务状况、经营成果和现金流量等情况。

(4) 可比性

可比性主要包括两层含义:

① 同一企业不同时期比较,使投资者等财务报告使用者了解企业财务状况、经营成果和现金流量的变化趋势,比较不同时期的财务报告信息,进行分析、考核、评价。做出企业财务计划和规划未来。会计信息的可比性要求同一企业不同时期发生的相同或相似的交易或事项,应采用一致的会计政策,不得随意变更,满足会计信息可比性要求。如需调整会计政策,需在附注中予以说明。

② 不同企业相同会计期间比较,使投资者等财务报告使用者评价不同企业财务状况、经营成果和现金流量的变动情况,根据会计信息质量的可比性要求,不同企业同一会计期间发生的相同或者相似的交易或者事项,应采用规定的会计政策,确保会计指标口径一致、相互可比。使不同企业按照一致的确认、计量和报告要求提供有关信息。

(5) 实质重于形式

实质重于形式要求企业应当按照交易或者事项的经济实质进行会计确认、计量和报告,不应仅以交易或者事项的法律形式为依据。

企业发生的交易或事项在多数情况下,其经济实质和法律形式是一致的。但也会出现不一致情况。例如,融资租赁方式租入的固定资产,从法律形式上该项固定资产的所有权在租赁期间仍然属于出租方。承租方不具有该项固定资产的所有权,从双方签定的租赁合同中表明:租赁期比较长,几乎等于该固定资产使用寿命,并且租赁期满后承租企业有优先购买该固定资产的选择权。在租赁期内承租企业有权支配和控制该固定资产，并能从中受益。能使企业取得经济利益，同时承担与该项固定资产有关的风险。因此企业将融资租赁方式租入的固定资产确认入账，同时确认相应负债，并计提固定资产的折旧。

（6）重要性

重要性要求企业提供的会计信息应当反映与企业财务状况、经营成果和现金流量等有关的所有重要交易或事项。

把握会计信息的重要性，如果会计信息省略或错报会给投资者等财务报告使用者带来影响，或做出决策，该信息就具有重要性。它强调会计人员的职业判断。一般来说，应从项目的性质和金额大小两个方面综合进行分析。

首先，如果项目的性质足以对企业产生重大影响，要对项目的发展情况进行分析、预测和规划，设计发展战略，确保项目顺利实施，属于重要项目。

其次，当某一项目的数量达到一定规模时，企业应重点研究项目内容。认真遵守重要性原则，以便决策。

（7）谨慎性

谨慎性要求企业对交易或者事项进行会计确认、计量和报告应当保持应有的谨慎，不应高估资产或者收益、低估负债或者费用。

从企业的生产经营来看，根据市场经济的环境，企业经营存在不可预测的各项风险，时刻要保持谨慎性。对面临不确定性因素的情况做出职业判断，确保风险降到最低点。企业做到经营决策有依据，保护投资人和债权人利益，增强企业竞争能力。例如，企业应收款项的催收、存货积压、固定资产使用寿命、拖欠税款形成的罚金等。对各项资产损失计提资产减值准备，也充分体现了谨慎性意义。

如果企业没有任何根据低估资产或收入，高估负债或费用，会计信息失去客观性，导致预测、计划、决策失误，这违反企业会计准则要求。

（8）及时性

及时性要求企业对于已经发生的交易或者事项，应当及时进行会计确认、计量和报告，不得提前或者延后。

保证会计信息的时效性具有很大意义。在会计确认、计量和报告中贯彻及时性、准确性，一是要求及时收集会计信息，即在经济交易或者事项发生后，及时收集、分类、整理、记录各原始单据或凭证。二是及时处理会计信息，即按会计准则的规定，及时对经济交易或者事项进行确认或者计量，并编制出财务会计报告；三是要求及时传递会计信息，即按照国家规定的有关时限，及时地将编制的财务会计报告传递给财务会计报告使用者，便于其及时使用和决策。

1.3　会　计　要　素

会计要素是根据交易或者事项的经济特征所确定的财务会计对象的基本分类，为会计核算提供依据。根据基本准则规定，会计要素按照其性质分为资产、负债、所有者权益、收入、费用和利润，其中，资产、负债和所有者权益要素侧重于反映企业的财务状况；收入、费用和利润要素侧重于反映企业的经营成果。会计要素的界定和分类可以使财务会计系统更加科学严密，为投资者等财务报告使用者提供更加有价值的信息。

1. 资产

（1）资产的定义

资产是指企业过去的交易或事项形成的，由企业拥有或者控制的，预期会给企业带来经济利益的资源。根据资产的定义，资产具有以下特征：

1）资产是由企业拥有或者控制的资源。资产作为一项资源，应由企业拥有或者控制，是指企业享有某项资源的所有权，或者虽然不享有某项资源的所有权，但该资源能被企业所控制，也能获取经济利益，符合资产定义。如企业以融资租赁方式租入固定资产，企业虽然对其不拥有所有权，但一般租赁期与固定资产使用寿命接近，并能够对其控制，应当将其确认为资产，予以计量和报告。

2）资产预期会给企业带来经济利益。预期会给企业带来经济利益，是指直接或间接导致现金或现金等价物流入企业的潜力。资产预期能否为企业带来经济利益是资产的重要特征。例如，企业采购的原材料、购置的固定资产等用于生产经营，制造商品或者提供劳务，对外出售后收回货款，货款即为企业所获得的经济利益。如果某一项目预期不能给企业带来经济利益，就不能将其确认为企业的资产。例如，企业进行盘点库存商品时，有大部分库存商品已有损坏，企业对此有管理责任，这部分损失要进行计量、计算，不能在资产负债表中确认资产，因为不符合资产定义。

3）资产是企业过去交易、事项形成的。资产是过去已经发生的交易或事项所形成，没有发生任何事项行为不能产生资产，或预期在未来发生的交易或者事项也不形成资产。例如，企业计划购买原材料，但购买行为没发生，就不符合资产定义，就不能将原材料确认为资产。

（2）资产的分类

企业的资产按其流动性不同，分为流动资产和非流动资产。

1）流动资产是指可以在一年或超过一年的经营周期内变现或者耗用的资产。流动资产主要包括库存现金、银行存款、交易性金融资产、应收票据、应收账款、预付账款、应收利息、应收股利、其他应收款、存货等。

2）非流动资产是指流动资产以外的资产，主要包括长期股权投资、持有至到期投资、固定资产、在建工程、工程物资、无形资产、研发支出、其他资产等。

（3）资产的确认条件

任何一项资源确认为资产，要符合资产定义，同时要满足以下两个条件：

1）与该资源有关的经济利益很可能流入企业。资产的本质是给企业带来经济利益，但在实际工作中，与资源有关的经济利益确认有难度，那么如果要确认就要以财务报告的数据为依据，能够将经济利益流入企业就确认收入，反之则不能。

2）该资源的成本或者价值能够可靠地计量

财务会计系统是确认、计量和报告的系统，计量是会计核算基础，也是会计要素确认的重要前提，计量对资产项目的确认也是必不可少。所以只有当资源的成本或者价值能够可靠地计量时，资产才能予以确认。

2. 负债

（1）负债的定义

负债是指企业过去的交易或者事项形成的，预期会导致经济利益流出企业的现时义务。根据负债的定义，负债具有以下基本特征：

1）负债是企业承担的现时义务

负债必须是企业承担的现时义务，其中，现时义务是指企业在现行条件下已承担的义务。这种义务可以是法定义务，也可以是推定义务。其中法定义务是指具有约束力的合同或者法律法规规定的义务，通常必须依法执行。例如，企业向银行贷款所形成借款，企业按税法规定缴纳的税金等。推定义务是指根据企业多年来的习惯做法、公开的承诺或者公开宣布的政策而导致企业将承担的责任，这些责任也使有关各方形成了企业将履行义务解脱责任的合理预期。例如，企业制定的售后保修服务业务，就是推定义务，将其确认为一项负债。

2）负债预期会导致经济利益流出企业

预期会导致经济利益流出企业是负债的本质特征，履行义务时会导致经济利益流出企业的，符合负债定义。例如，用银行存款偿还借款等。如果不会导致企业经济利益流出，就不符合负债定义。

3）负债是由企业过去的交易或者事项形成的

企业过去发生的交易或者事项才能形成负债，它强调的是过去已经发生。将来预计要发生的交易或者事项，不在负债核算范围内。

（2）负债的分类

企业的负债按其流动性不同，分为流动负债和非流动负债。

1）流动负债是指预计在一个正常营业周期中偿还，或者主要为交易目的而持有的，或者自资产负债表日起一年内（含一年）到期应予以偿还，或者企业无权自主地将偿还推迟至资产负债表日后一年以上的负债。流动负债主要包括短期借款、应付票据、应付账款、预收账款、应付职工薪酬、应交税费、应付股利、应付利息、其他应付款等。

2）非流动负债是指流动负债以外的负债，主要包括长期借款、应付债券、长期应付款等。

（3）负债的确认条件

将过去的交易或事项形成的现实义务，需要符合负债的定义，还应当同时满足以下两个条件：

1）与该义务有关的经济利益很可能流出企业

负债的本质特征是预期会导致经济利益流出企业。在实务中履行义务所需流出的经济利益带有不确定性，特别是推定义务通常需要对经济利益进行估计，如有确凿证据证明，经济利益很有可能流出企业，就应确认为负债，反之则不予确认。

2）未来流出的经济利益的金额能够可靠地计量

负债在确认经济利益流出企业时，必须确认金额进行可靠计量。对法定义务有关的经济利益流出金额，一般根据合同或者法律规定确认。如期间较长的，需考虑货币时间价值的影响。对推定义务有关的经济利益流出金额，企业应根据履行相关义务所需支出的最佳估计数进行估计，也要考虑货币时间价值、风险等因素的影响。

3. 所有者权益

（1）所有者权益的定义

所有者权益是指企业资产扣除负债后，由所有者享有的剩余权益。公司的所有者权益又称股东权益。企业剩余资产归所有者，最终体现是资产中扣除债权人权益后，所有者享有的部分，同时也能反映所有者投入资本的保值增值情况，又体现了保护债权人权益的理念。

企业所拥有的资产其财产归属权，一部分属于投资人，即所有者权益；另一部分属于债权人，即负债。从所有者权益和负债的区别可以理解所有者权益特征：

1）所有者权益是投资人对企业净资产有归属权，负债是债权人对企业资产有要求权。净资产是企业的全部资产减去全部负债后的余额，有本质不同。

2）所有者权益中投资人对企业投入资产一般不能收回，除非企业解散进行清算时，在清算财产时偿付了清算费用、债权人的债务等，如有剩余财产，才能还给投资人。对债权人形成负债一般有规定偿还时间，并且有法律法规约束，收回资产的时间不同。

3）所有者权益对企业进行投资，具有所有权和参与企业经营权利，可以对企业经营管理，也可以进行利润分配。债权人不能参与企业经营、管理和收益利润。只能有权收回债务本金和利息权利，两者享有权利不同。

4）所有者权益参与企业生产经营，企业如果有盈利，就能获得股利或利润。如亏损投资人要承担损失，具有投资风险。债权人不能参与企业经营，不论企业是盈利还是亏损，与债权人无关，企业按规定条件偿付债权人本金和利息，它的风险小于所有者权益，两者风险程度不同。

（2）所有者权益的内容

所有者权益的来源有所有者投入的资本、直接计入所有者权益的利得和损失、留存收益等。通常主要由实收资本、资本公积、盈余公积和未分配利润构成。

所有者投入的资本是指所有者投入企业的资本部分，即构成企业注册资本或股本，如投入资本超过注册资本或股本部分金额，即资本溢价或者股本溢价，根据我国企业会计准则体系规定计入资本公积项目。

直接计入所有者权益的利得和损失。其中，利得包括直接计入所有者权益的利得和直接计入当期利润的利得。损失包括直接计入所有者权益的损失和直接计入当期的损失。利得和损失是企业非日常活动形成的，与投资者投入资本无关，主要有可供出售金额资产的公允价值变动额等。

留存收益是企业历年净利润累计额，主要包括累计计提盈余公积和未分配利润项目。

（3）所有者权益的确认条件

1）所有者享有企业净资产权益，所有者权益确认主要依赖于其他会计要素，尤其是资产和负债的确认，同时计量也依据资产和负债的金额。例如，企业接受投入的资产，这项资产符合企业资产确认条件，就相应地符合了所有者权益的确认条件，同时其价值能够可靠计量，所有者权益金额就可以确定。

2）所有者权益反映的是企业所有者对企业资产的索取权，负债反映的是企业债权人对企业资产的索取权，两者有本质区别。因此企业在会计确认、计量和报告中要严格区分。

4. 收入

（1）收入的定义

收入是指企业在日常活动中形成的、会导致所有者权益增加的、与所有者投入资本无关的经济利益的总流入。根据收入的定义，收入具有以下特征：

1）收入是企业在日常活动中形成的

日常活动是企业根据经营目标所从事的经常性经营活动及与之相关的活动。要明确收入和利得的含义。例如，企业非日常活动所形成的经济利益的流入不能确认为收入，而应当计入利得。

2）收入会导致所有者权益的增加

不增加所有者权益经济利益的流入，就不应确认为收入。例如，企业向银行借款，导致企业经济利益流入，但不导致所有者权益增加，也不导致企业收入的增加，只增加了企业的一项负债。

3）收入是与所有者投入资本无关的经济利益的总流入

企业取得收入会导致经济利益流入，从而导致资产的增加。虽然投资者投入资本也会导致经济利益流入，但只能直接确认为所有者权益，不能确认为收入。

（2）收入的内容

收入通常是企业在销售商品、提供劳务及让渡资产使用权等日常活动中所形成的经济利益的总流入，按照日常活动在企业所处的地位不同，收入可分为主营业务收入和其他业务收入。一般工业企业和商业企业销售商品，主要涉及主营业务收入和其他业务收入。

1）主营业务收入核算企业根据收入准则确认的销售商品、提供劳务等收入。

2）其他业务收入核算企业根据收入准则确认的除主营业务以外的其他经营活动实现的收入，包括出租固定资产、出租无形资产、出租包装物和商品、销售材料等实现的收入。

（3）收入的确认条件

1）与收入相关的经济利益很可能流入企业。

2）经济利益流入企业的结果会导致资产的增加或负债的减少。

3）经济利益的流入额能够可靠计量。

5. 费用

（1）费用的定义

费用是指企业在日常活动中发生的、会导致所有者权益减少的、与向所有者分配利润无关的经济利益的总流出。根据费用的定义，费用具有以下基本特征：

1）费用是企业在日常活动中形成的

费用必须是企业在其日常活动中所形成的，这些日常活动的界定与收入定义中涉及的日常活动的界定相一致。为什么要强调日常活动形成呢？因为区别于企业损失的处理，对于企业非日常活动形成的经济利益的流出不能确认为费用，而应当计入损失。

2）费用会导致所有者权益的减少

费用会使所有者权益减少。如果不导致所有者权益减少的经济利益流出，就不符合费用定义，不应确认为费用。

3）费用是与向所有者分配利润无关的经济利益的总流出

费用的发生会导致经济利益流出，从而导致资产的减少或负债的增加。企业向所有者分配利润会导致经济利益流出，属所有者权益抵减项目，不应确认为费用，也不符合费用定义。

（2）费用的内容

费用通常是企业在销售商品、提供劳务及让渡资产使用权等日常活动中所发生经济利益总流出。费用是与收入相对应的，即为了获得收入而发生的经济利益流出。工业企业和商业企业一定时期的费用通常包括：主营业务成本、其他业务成本、营业税金及附加和期间费用。其中，期间费用包括管理费用、财务费用和销售费用。

（3）费用的确认条件

费用的确认除了满足费用定义外，还应当同时符合以下条件：

1）与费用相关的经济利益很可能流出企业。

2）经济利益流出企业的结果会导致资产的减少或负债的增加。

3）经济利益的流出额能够可靠地计量。

6. 利润

（1）利润的定义

利润是指企业在一定会计期间的经营成果。一般情况下企业实现利润，意味着企业所有者权益将增加，体现企业业绩好；企业发生亏损，意味着企业所有者权益将减少，企业业绩差。所以利润不仅能增加企业经济效益，同时也是评价企业管理层业绩的依据，反映企业经营活动取得的财务成果。

（2）利润的内容

利润包括收入减去费用后的净额、直接计入当期利润的利得和损失等。利润包括营业利润、利润总额和净利润。其中，营业利润是企业利润的主要组成部分；利润总额是营业利润加减营业外收支净额；净利润是利润总额减去所得税费用金额。

（3）利润的确认条件

利润的确认和计量主要依赖于收入、费用及利得和损失的确认和计量。要严格区分收入和利得、费用和损失之间的区别，明确计算项目。例如，处置固定资产净损失、债务重组损失、罚款支出等。

1.4 会计核算的方法与组织程序

1.4.1 会计核算的方法

会计核算作为一项有效有序的管理活动，是对会计对象不断进行核算和监督，努力实现会计目标、完成会计任务的手段。

会计核算的方法是对单位已经发生的经济活动进行连续、完整、准确、系统的核算和监督所使用的方法。主要方法有设置会计科目与账户、复式记账、填制和审核凭证、登记会计账簿、成本计算、财产清查、编制财务会计报告等。下面介绍各种方法的简要内容。

1. 设置会计科目和账户

设置会计科目和账户，是对会计对象具体内容进行分类核算的方法。按照经济业务内容和经济管理的要求，选择一定的标准进行分类。会计科目是对会计要素划分为若干个分类核算的项目。例如，库存现金、银行存款、应收账款、应付账款、实收资本等都是会计科目，反映不同经济业务内容。账户是在账簿中为每个科目开设具有一定结构登记内容的实体。通过账户功能，反映出整体会计核算框架，反映会计对象的增减变化及其结果，是编制会计报告的基础。设置账户是会计核算的一种专门方法。

2. 复式记账

复式记账就是指对每一笔经济业务，都以相同的金额，同时在相互联系的两个或两个以上的账户中进行双重平行登记。复式记账是记录经济业务的一种记账方法。采用复式记账方法既能全面、完整、相互联系地反映经济业务，也能检查账簿记录的正确性。例如，企业用支票 1000 元购买办公用品，一方面引起管理费用增加 1000 元；另一方面引起银行存款减少 1000 元，涉及两个账户且金额相等。它是一种比较科学的记账方法。

3. 填制和审核会计凭证

会计凭证是记录经济业务发生和完成情况、明确经济责任的书面证明，也是登记账簿的依据。同时也能审查经济业务的合法性。对于每一笔经济业务都要按照实际发生和完成情况，由会计编制会计凭证，并经会计机构、会计人员审核，签字或盖章确认无误后，才能据此登记会计账簿，以确保会计核算有根据，同时保证会计核算建立在正确可靠的基础上，具有合乎会计制度要求的完整的凭证体系。这一方法是会计人员最基本工作内容。

4. 登记会计账簿

会计账簿是用来连续、系统、完整、准确地记录各项经济业务的簿籍。由具有一定格式的账页组成，是账户的集合。会计账簿将大量、分散的会计凭证，按经济业务性质和时间分类计入账簿设置好的有关账户中。它具有记录和储存会计信息的作用，也是保存会计数据资料的重要工具，反映经济活动和财务收支的一种专门方法。

5. 成本计算

成本计算是按照一定的成本计算对象来归集发生的各项费用。分别计算出各个对象的总成本和单位成本的一种专门方法。一般独立核算企业都要计算成本。工业企业生产经营过程中对发生的各种费用支出按照成本计算对象进行归集和分配，商品流通企业要计算商品进价和商品销售成本。以工业企业为例，生产产品消耗材料、发生的制造费用、支付工资、支付水电费等，这些费用要分别核算到每一个产品品种中，通过数量指标，分别计算出总成本和单位成本。成本计算是企业核算经济内容的重要环节，清楚成本构成，从而分析和考核成本计划完成情况，促进企业采取节约措施，寻求降低成本途径。因此应准确计算成本，也是保证正确计算利润的前提条件之一。

6. 财产清查

财产清查是指通过对货币资金、实物资产和往来款项的盘点实物、核对账目，确定其实存数，查明账存数与实存数是否相符的一种专门方法。通过清查，可确认企业各项资产、负债具有可靠性。在实际工作中，由于某些主客观原因，会造成账面数与实际数不符，为了保证账簿记录的正确性和准确性，保证财产安全，应定期或不定期对企业财产进行清查和盘点、核对。对清查结果分析原因，明确责任，调整账簿记录，保证账实相符。

7. 编制财务会计报表

编制财务会计报表是根据账簿记录的数据资料，设计一定的表格形式，概括、完整、综合反映各单位一定时期内经营过程和成果的一种方法。会计报表能充分反映资产、负债、所有者权益、收入、费用、利润各要素的关系，使分散的资料集中起来，形成系统化、条理化和概括性整体资料。同时，编制会计报表的目的也是向报表使用者提供企业财务状况、经营成果和现金流量等方面的信息，从而为企业分析、检查、预测、决策奠定基础。

会计核算方法是会计核算过程使用的手段，各种方法之间相互联系、相互制约、相互配合形成有机的整体。当投资者把资金投入企业后，企业就开始按会计核算方法进行核算，从设置会计科目、编制会计凭证、运用复式记账、完整系统登记账簿、准确成本计算到编制财务会计报告，完成一个会计期间的核算，如此循环往复，直到企业停业清算。在企业的经营过程中还要使用财产清查方法，确保企业核算资料真实。通过会计核算最终要输出和传递整个企业的经营状况信息，以完成会计工作的目标，如图 1-1 所示。

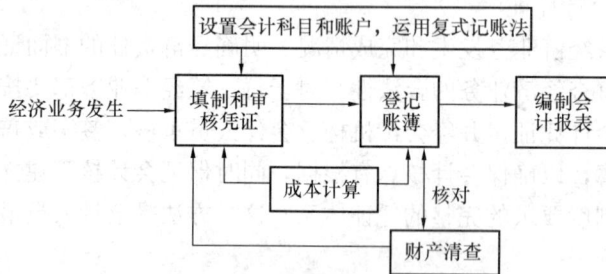

图 1-1　业务处理流程图

1.4.2　会计核算的组织程序

会计核算程序就是通常所说的账务处理程序，是指在会计循环中，会计主体采用会计凭证、账簿组织、会计报表、记账程序和记账方法相结合的技术组织方式。账簿组织是指账簿的种类、格式和各种账簿之间的相互关系；记账程序和记账方法是指从原始凭证的整理、汇总，记账凭证的填制、汇总，日记账、明细分类账、总分类账的登记，到会计报表编制的步骤和方法。不同的账簿组织、记账程序和记账方法相结合，就构成了不同的会计核算程序。为了更好地反映和监督企业和行政、事业单位的经济活动，为经济管理提供全面系统的会计核算资料，任何单位都应根据国家统一的会计制度要求，结合本企业的实际情况，选择适合本企业特点的会计核算程序。

会计核算程序主要包括：记账凭证核算程序、科目汇总表核算程序、汇总记账凭证核算程序、多栏式日记账核算程序、日记总账核算程序。这几种核算程序之间的区别主要表现在登记总账的依据和方法不同，常用的会计核算程序是前三种。

选择合理适用的会计核算程序有三个标准：一是要与本单位的性质、规模大小及经济业务繁简情况相适应；二是要能保证正确、全面、及时和系统地提供会计信息使用者所需要的各种会计信息；三是要在保证核算资料正确、及时和完整的前提下，尽可能地简化会计核算手续，提高会计工作效率，节约核算费用。

1. 记账凭证核算程序

（1）记账凭证核算程序的特点

记账凭证核算程序是指对发生的经济业务，都要根据原始凭证或汇总原始凭证编制记账凭证，然后直接根据记账凭证逐笔登记总分类账的一种会计核算程序。它是最基本的会计核算程序，其他几种会计核算程序都是在记账凭证核算程序的基础上根据企业经济管理和会计核算技巧的需要而发展起来的。这种核算程序基本的特点就是直接根据记账凭证逐笔登记总分类账。

（2）记账凭证核算程序下凭证和账簿设置要求

在这种会计核算程序下，根据经济业务的需要，记账凭证可采用通用记账凭证，也可分别采用收款凭证、付款凭证和转账凭证。企业需要设置库存现金日记账和银行存款日记账、总分类账和明细分类账。现金日记账、银行存款日记账和总分类账均采用三栏式，明细分类账根据需要设置，分别采用三栏式、数量金额式或多栏式。

（3）记账凭证核算程序的流程

1）根据原始凭证（或原始凭证汇总表），编制收款凭证、付款凭证和转账凭证；

2）根据收款凭证、付款凭证逐笔登记库存现金日记账和银行存款日记账；

3）根据记账凭证和原始凭证（或原始凭证汇总表），登记各种明细分类账；

4）根据收款凭证、付款凭证、转账凭证逐笔登记总分类账；

5）期末，将库存现金日记账、银行存款日记账、各明细分类账同有关总分类账相核对；

6）期末，根据总分类账和明细分类账的记录，编制会计报表。

记账凭证核算程序的流程如图1-2所示。

（4）记账凭证核算程序的优缺点及适用范围

记账凭证核算程序的主要优点是账务处理程序简单明了，手续简便，易于理解，总分类账可以较详

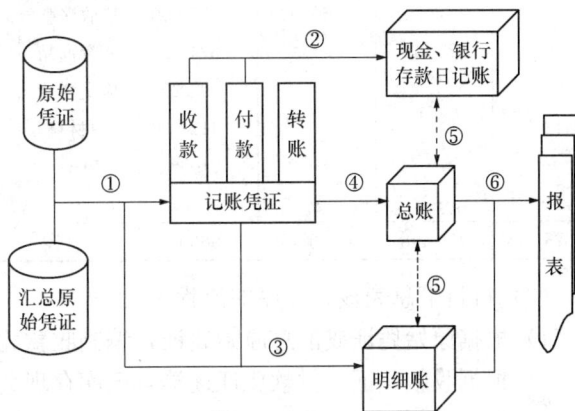

图1-2　记账凭证核算程序流程图

细地反映经济业务的发生情况。其缺点是总分类账直接根据记账凭证逐笔登记，工作量较大。因此，该会计核算程序适用于规模较小、经济业务量较少的单位。

2. 科目汇总表核算程序

（1）科目汇总表核算程序的特点

科目汇总表核算程序，又称记账凭证汇总表核算程序，是根据记账凭证定期编制科目汇总表，再根据科目汇总表登记总分类账的一种会计核算程序。其特点是定期将全部记账凭证编制成科目汇总表，然后根据科目汇总表登记总分类账。

（2）科目汇总表核算程序下凭证和账簿设置要求

在科目汇总表核算程序下，除了需要增加设置科目汇总表以外，其余都与记账凭证核算程序基本相同，即需设置收款凭证、付款凭证和转账凭证等专用记账凭证或通用记账凭证；账簿的设置与记账凭证核算程序相同，现金日记账、银行存款日记账和总分类账一般采用三栏式，明细分类账根据需要设置，分别采用三栏式、数量金额式或多栏式。

科目汇总表核算程序关键在于科目汇总表的编制，其具体编制方法一般是：根据收款凭证、付款凭证、转账凭证，按照相同的会计科目归类，定期汇总每一个会计科目的借方发生额和贷方发生额，并将汇总的借方发生额和贷方发生额填入科目汇总表中同一科目的借方栏和贷方栏内；然后，加计科目汇总表中全部科目借方发生额合计数和贷方发生额合

计数，进行发生额的试算平衡。会计科目汇总表的编制时间，可根据各单位业务量的多少而定，可每日、每旬或每半月、每一个月汇总一次。每次汇总应注意标明汇总记账凭证的起讫字号，以便检查。

在实际工作中，科目汇总表可采用通用格式汇总，也可按收款、付款和转账凭证分别汇总。通用科目汇总表格式见表1-1。

科目汇总表　　　　　　　　　　　表1-1

2016 年 12 月 31 日

1—10 日	11—20 日	21—31 日	借方合计	会计科目	1—10 日	11—20 日	21—31 日	贷方合计
		261 800	261 800	库存现金	300		260 500	260 800
50 000		492 645	542 645	银行存款	517 480	95 740	286 925	900 145
		657 000	657 000	应收账款			585 000	585 000
	574 922		574 922	库存商品			324 675	324 675
95 200			95 200	应交税费				
412 480			412 480	原材料		297 200		297 200
…	…	…	…		…	…	…	…
…	…	…	…		…	…	…	…
623 145	739 448	1 623 454	2 986 047		623 145	739 448	1 623 454	2 986 047

（3）科目汇总表核算程序的流程

1）根据原始凭证或汇总原始凭证，编制收款凭证、付款凭证和转账凭证；

2）根据收款凭证、付款凭证逐笔登记库存现金日记账和银行存款日记账；

3）根据记账凭证和原始凭证（或汇总原始凭证）登记各种明细分类账；

4）根据记账凭证定期编制科目汇总表；

5）根据编制的科目汇总表登记总分类账；

6）期末，库存现金日记账、银行存款日记账和明细分类账与有关总分类账核对相符；

7）期末，根据总分类账和明细分类账的记录，编制会计报表。

科目汇总表核算程序的流程如图1-3所示。

科目汇总表核算程序的优点是根据科目汇总表登记总分类账，减少了登记总分类账的工作量，并可利用科目汇总表进行试算平衡，能及时发现填制凭证和汇总过程中的错误，从而保证了记账工作的质量。其缺点是科目汇总表不是按对应科目进行汇总的，不能反映账户对应关系，不便于核对账目；如果记账凭证较多，根据记账凭证编制科目汇总表本身也是一项很繁杂的工作，若记账凭证较少，运用科目汇总表登记总账又起不到简化登记总账的效果。它适用于规模较大，经济业务较多的单位。

3. 汇总记账凭证核算程序

（1）汇总记账凭证核算程序的特点

汇总记账凭证核算程序是根据原始凭证或汇总原始凭证编制记账凭证，并定期根据记账凭证分类编制汇总记账凭证，再根据汇总记账凭证登记总分类账的一种会计核算程序。这种会计核算程序的特点是定期将记账凭证汇总编制成汇总记账凭证，然后再根据汇总记账凭证登记总分类账。

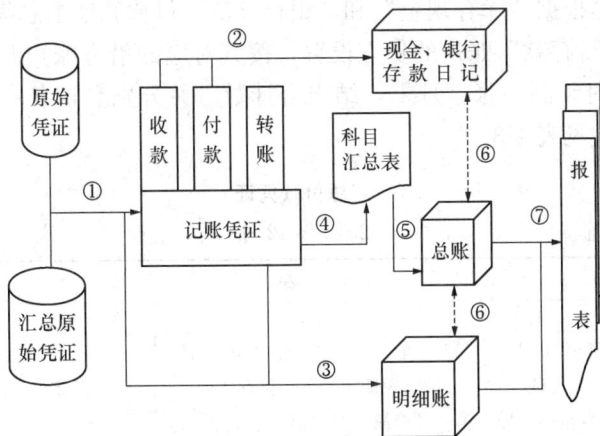

图 1-3　科目汇总表核算程序的流程图

（2）汇总记账凭证核算程序下凭证和账簿设置要求

汇总记账凭证核算程序，一般采用专用记账凭证（收款凭证、付款凭证、转账凭证），另外还应设置汇总收款凭证、汇总付款凭证和汇总转账凭证，并以此作为登记总分类账的依据；除总分类账外，其他账簿的设置与记账凭证核算程序基本相同，现金日记账、银行存款日记账均采用三栏式，明细分类账根据需要设置，分别采用三栏式、数量金额式或多栏式。为了能使总分类账清晰地反映账户的对应关系，其账页格式必须增设"对应账户"栏。

汇总记账凭证核算程序的关键在于汇总记账凭证的编制。汇总记账凭证是根据收款凭证、付款凭证和转账凭证定期（一般为每隔 5 天或 10 天，间隔天数视业务量多少而定）汇总而成的。可分为汇总收款凭证、汇总付款凭证和汇总转账凭证三种。

汇总收款凭证是根据"库存现金"和"银行存款"收款凭证汇总编制的，编制时，按"库存现金"和"银行存款"账户的借方设置，按其对应的贷方账户归类汇总，每 5 天或 10 天汇总一次，每月编制一张。月末，结出合计数，并分别登记各有关总分类账户。汇总收款凭证一般格式见表 1-2。

汇总收款凭证

表 1-2

借方科目：银行存款　　　　　　　　　　2015 年 12 月　　　　　　　　　　汇收字第 10 号

贷方科目	金　额				总账页数	
	1 日至 10 日收款凭证 第　号至第　号	11 日至 20 日收款凭证 第　号至第　号	21 日至 31 日收款凭证 第　号至第　号	合计	借方	贷方
主营业务收入	350 000	231 154	145 236	726 390	略	略
应收账款		517 280		517 280		
短期借款	200 000			200 000		
实收资本			350 000	350 000		
合计	550 000	748 434	495 236	1 793 670		

会计主管：薛××　　　　　　记账：妍××　　　　　　稽核：张××　　　　　　填制：王××

汇总付款凭证是根据"库存现金"和"银行存款"付款凭证汇总编制的，编制时，按"库存现金"和"银行存款"账户的贷方设置，按其对应的借方账户归类汇总，每 5 天或 10 天汇总一次，每月编制一张。月末，结出合计数，并分别登记各有关总分类账户。汇总付款凭证一般格式见表 1-3。

汇总付款凭证　　　　　　表 1-3

贷方科目：库存现金　　　　　　　2015 年 12 月　　　　　　　　汇付字第 29 号

借方科目	金　额				总账页数	
	1 日至 10 日付款凭证第　号至第　号	11 日至 20 日付款凭证第　号至第　号	21 日至 31 日付款凭证第　号至第　号	合计	借方	贷方
管理费用	279			279		
应付职工薪酬			58 497	58 497	略	略
其他应收款		500		500		
营业外支出	1 500			1 500		
合计	1 779	500	58 497	60 776		

会计主管：薛××　　　　　记账：妍××　　　　　稽核：张××　　　　　填制：王××

汇总转账凭证是根据转账凭证汇总编制而成的，编制时，按除"库存现金"和"银行存款"以外的每一个账户的贷方设置，并按其对应的借方账户归类汇总，每 5 天或 10 天汇总一次，每月编制一张。月末，结出合计数，并分别登记各有关总分类账户。汇总转账凭证一般格式见表 1-4。

汇总转账凭证　　　　　　表 1-4

贷方科目：原材料　　　　　　　2015 年 12 月　　　　　　　　汇转字第 40 号

借方科目	金　额				总账页数	
	1 日至 10 日转账凭证第　号至第　号	11 日至 20 日转账凭证第　号至第　号	21 日至 31 日转账凭证第　号至第　号	合计	借方	贷方
生产成本	21 015			21 015		
制造费用		1 200	200	1 400	略	略
管理费用			754	754		
合计	21 015	1 200	954	23 169		

会计主管：薛××　　　　　记账：妍××　　　　　稽核：张××　　　　　填制：王××

（3）汇总记账凭证核算程序的流程

1）根据原始凭证或汇总原始凭证，编制收款凭证、付款凭证和转账凭证；

2）根据收款凭证、付款凭证逐笔登记库存现金日记账和银行存款日记账；

3）根据记账凭证和原始凭证（或汇总原始凭证）登记各种明细分类账；

4）根据收款凭证、付款凭证和转账凭证编制相应的汇总记账凭证；

5）根据各种汇总记账凭证登记总分类账；

6）期末，库存现金日记账、银行存款日记账和明细分类账同总分类账相核对相符；

7）期末，根据总分类账和明细分类账的记录，编制会计报表。

（4）汇总记账凭证核算程序的优缺点和适用范围

汇总记账凭证核算程序的优点是根据汇总记账凭证登记总账，可以减轻登记总分类账的工作量，其缺点是按每一贷方科目编制汇总转账凭证，不利于会计核算的日常分工，当转账凭证较多时，编制汇总转账凭证的工作量较大。该会计核算程序适用于规模较大、经济业务较多的单位。汇总记账凭证核算程序的流程如图1-4所示。

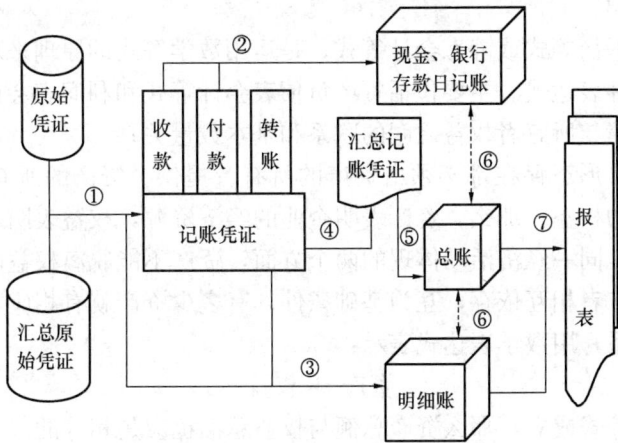

图 1-4 汇总记账凭证核算程序的账务处理流程示意图

本 章 习 题

1. 会计的概念？房地产开发企业会计概念？

2. 从会计发展过程来看，谈谈你对会计的理解？

3. 房地产开发企业会计的基本职能是什么？简要说明它们之间关系？

4. 简述房地产开发企业会计对象？

5. 简述会计要素内容和会计要素涵义？

6. 简述会计基本假设内容。

7. 如何理解会计基础内容？

8. 什么是会计信息质量要求？有几种？

9. 会计核算方法有几种？

10. 会计核算的组织程序有几种？常用的有哪几种？

2 会计核算基本方法

2.1 设置会计科目与账户

2.1.1 会计等式

1. 会计基本等式

会计等式也称平衡等式或静态会计等式，是运用数学等式的原理来对会计要素项目之间的相互关系的一种表达式。主要包括资产负债表会计等式和利润表会计等式。

（1）资产、负债与所有者权益之间的联系和基本数量关系

资产不论以什么形态存在都必须由资产的所有者提供。资产的所有者对资产有追索权，也就是所有者的权益。那么，资产表明企业的经济资源，权益表明对资源的经济关系体现，资产和权益是同一经济活动体现的两个方面，资产不能脱离权益而存在，没有资产也没有有效权益。二者相互依存，互为基础条件，有多少资产就有相应数额的权益。资产和权益存在平衡关系，用数学表达式表示：

$$资产 = 权益$$

由于会计基本等式成立，那么资产总额与权益总额也应是相等的。企业资金的来源有两个途径：一是来自投资人，即所有者权益；另一种是来自债权人，即负债。债权人权益和投资人权益，都对企业有要求权，但两者性质不同，企业要首先满足债权人要求。因此会计等式进一步表示为：

$$资产 = 债权人权益 + 投资人权益$$

对权益可以分为债权人权益和所有者权益，其中，债权人权益在核算时归为负债项目，投资人权益在核算时归所有者权益项目。即等式进一步表示为：

$$资产 = 负债 + 所有者权益$$

这是基本会计等式，这一等式反映了资产、负债、所有者权益之间的内在联系和基本数量关系，同时表明某一时点上的财务状况，也称静态会计等式，是编制资产负债表的理论依据。

例如：某企业 2016 年 12 月 31 日业务资料如下：

资产总额为 2 000 000 元。资产明细如下：

货币资金 1 400 000 元，其中，投资者投入 400 000 元；银行贷款 1 000 000 元。

原材料 300 000 元，是企业赊购的。

固定资产 300 000 元，是投资者投入的。

综上，可用等式表示：2 000 000 元（资产）＝1 300 000 元（负债）＋700 000 元（所有者权益）

投资者投入的货币资金和固定资产在会计核算上归所有者权益项目内；从银行贷款和赊购原材料属于企业债务归负债项目内。等式能表明债权人和投资人对企业资产要求权相

应数额。

（2）收入、费用和利润之间的联系和数量关系

投资人对企业进行投资以后，企业开始进行生产运转。除了引起资产、负债和所有者权益要素增减变化的经济活动外，还要取得营业收入和发生消耗。如营业收入大于消耗时能取得利润，营业收入小于消耗时为亏损。通过企业生产经营取得经营成果，表明企业一段时间经营动态，反映出经营指标，及反映收入、费用、利润之间的联系和产生数量关系：

$$收入－费用＝利润$$

这是单位计算经营成果的会计等式，也称动态会计等式。该等式是编制利润表的理论基础。一般非营利性组织中，也有相应的会计等式：

$$收入－支出（费用）＝结余$$

例如：某企业 2016 年 12 月 31 日资料如下：

企业销售取得收入为 500 000 元；

销售本批产品成本为 300 000 元；

产生管理费用为 50 000 元；

那么，得利润为：500 000－300 000－50 000＝250 000 元

2. 会计基本等式扩展（扩展的会计等式）

经过企业的经营，形成企业收入款项给企业带来现金流入，增加了企业资产；但同时也相应发生了费用和成本消耗，给企业带来现金流出，减少了企业资产。在会计核算收入与费用的差额时，如果有结余是企业的利润，在利润未分配之前，属于所有者权益增加。则一定时期的经营成果必然影响一定时点的财务状况。通过会计要素之间的有机联系和存在的数量关系，在以上的两个等式基础上可转化为：

$$资产＝负债＋所有者权益＋利润$$
$$资产＝负债＋所有者权益＋（收入－费用）$$

或移项得：

$$资产＋费用＝负债＋所有者权益＋收入$$

这个关系式也称为动态变化会计等式，企业的收入能够导致企业资产和所有者权益的增加，而费用的发生会导致资产和所有者权益的减少。

3. 经济业务及事项及其对会计等式的影响

会计核算是能用货币计量和表现的，经济业务又能体现一系列资金运动，如支付现金、购买原材料、销售产品、收取各种款项等。发生的每一经济业务或会计事项，都可以改变会计要素具体项目的数量和内在联系。如计提折旧等。但是无论发生什么样的经济业务或会计事项，都不会破坏上述会计等式的数量平衡关系。尽管企业发生的经济业务多种多样，但对会计等式的影响归纳如下：

（1）一项资产增加，另一项资产减少，增减金额相等。

【例 2-1】企业用银行存款购入原材料 10 000 元。

经济业务的发生，使企业银行存款减少 10 000 元，原材料增加了 10 000 元。银行存款是企业一项资产，原材料是企业的另一项资产，两项资产增减金额相等，所以不破坏会计等式平衡关系。

（2）一项权益增加，另一项权益减少，增减金额相等。由于权益分为负债和所有者权益两部分，那么这种情况又归纳以下四种：

1）一项负债增加，另一项负债减少

【例2-2】企业向银行短期借款100 000元，并用此款偿还前期欠购货款。

这笔经济业务的发生，使企业增加了短期借款100 000元，同时也使企业所欠货款（应付账款）减少100 000元。使权益（负债类的短期借款）增加，另一类权益（负债类的应付账款）减少。一增一减金额相等，这项经济业务不破坏会计等式平衡关系。

2）一项所有者权益增加，另一项所有者权益减少

【例2-3】企业将盈余公积20 000元转增资本。

这笔经济业务的发生，企业盈余公积减少20 000元，同时企业实收资本增加20 000元。所有者权益类相同，金额有增有减，这项经济业务不破坏会计等式平衡关系。

3）一项负债增加，另一项所有者权益减少

【例2-4】企业向投资者分配利润20 000元。

这笔经济业务的发生，使企业负债类的应付股利增加20 000元，使所有者权益类的利润分配减少20 000元。有增有减，金额相等。这项经济业务不破坏会计等式平衡关系。

4）一项所有者权益增加，另一项负债减少

【例2-5】企业欠某公司账款30 000元转作对本企业投资。

这笔经济业务的发生，使企业负债类的应付账款减少30 000元，使所有者权益类的实收资本增加30 000元。有增有减，金额相等。这项经济业务不破坏会计等式平衡关系。

（3）第三种情况是资产与权益同时增加，金额相等。那么这种情况又归纳以下两种：

1）一项资产增加，一项负债增加

【例2-6】企业向银行短期借款100 000元，借款已存入银行。

这笔经济业务的发生，使企业负债类的短期借款增加100 000元，使资产类的银行存款增加100 000元。等式两边同增金额相等。这项经济业务不破坏会计等式平衡关系。

2）一项资产增加，一项所有者权益增加

【例2-7】投资者向企业投入资本500 000元，存入银行。

这笔经济业务的发生，使企业资产类的银行存款增加500 000元，使所有者权益类的实收资本增加500 000元。等式两边同增金额相等。这项经济业务不破坏会计等式平衡关系。

（4）第四种情况是资产与权益同时减少，金额相等。那么这种情况又归纳以下两种：

1）一项资产减少，一项负债减少

【例2-8】企业用银行存款200 000元偿还以前所欠货款。

这笔经济业务的发生，使资产类的银行存款减少200 000元，使企业负债类的应付账款减少200 000元。等式两边同减金额相等。这项经济业务不破坏会计等式平衡关系。

2）一项资产减少，一项所有者权益减少

【例2-9】企业将减资100 000元，以银行存款退还投资者。

这笔经济业务的发生，使企业所有者权益类的实收资本减少100 000元，使企业资产类银行存款减少100 000元。等式两边同减金额相等。这项经济业务不破坏会计等式平衡关系。

通过以上内容表明，企业每发生一项经济业务，都会引起某一具体会计要素项目增减变动，但不影响会计等式的平衡。将以上归为四大类型九种情况，见表 2-1、表 2-2。

资产、权益变动的经济业务对会计等式的影响（四大类型） 表 2-1

第一种类型	资产类内部有增有减	第三种类型	资产类与权益类同时增加
第二种类型	权益类内部有增有减	第四种类型	资产类与权益类同时减少

资产、权益变动的经济业务对会计等式的影响（九种情况） 表 2-2

经济业务（教材实例）	资产	负债	所有者权益
【例 2-1】	增加、减少		
【例 2-2】		增加 、减少	
【例 2-3】			增加 、减少
【例 2-4】		增加	减少
【例 2-5】		减少	增加
【例 2-6】	增加	增加	
【例 2-7】	增加		增加
【例 2-8】	减少	减少	
【例 2-9】	减少		减少

以上举例可以看出，企业进行生产经营中发生各种各样的经济业务，会引起会计等式左右两边同时发生等额的增减变化，但无论会计要素怎样变化，都不能破坏会计等式的平衡关系。

2.1.2 设置会计科目

单位发生任何经济业务，都要用会计语言来表述、核算、监督。每一笔经济业务就是会计核算的对象。会计对象的具体内容表现为会计要素。每一个会计要素又包括若干个具体项目。例如资产要素中包括库存现金、应收账款、固定资产等项目；为了连续、完整、准确、系统地核算和监督经济活动所引起的各会计要素的增减变化，就要对会计对象的具体内容按其不同特点和经济管理要求进行科学分类，确定项目名称，规定其核算内容，使会计人员进行准确记录。

所谓会计科目，是对会计对象的具体内容进行分类核算的表述所规定的项目名称。

1. 设置会计科目的意义

在会计核算的系统中，设置会计科目是收集、审核、加工、输入、取得会计信息的过程。从管理学角度看，分类就是管理的基础，也是一种管理形式。会计科目的设置，对正确地核算和监督企业单位的经济业务有重要意义：

1）会计科目对会计对象具体内容高度概括和科学分类，是准确核算和监督的重要工具。单位的财务收支，要进行连续、系统、全面核算，必须采用科学方法进行归类、记录、整理，反映经济信息。

2）会计科目是设置账户的依据。会计核算必须要通过会计科目的使用来完成，所以单位根据实际需要，按会计科目记录，也是登记账簿的基础和条件。

3）会计科目是规范会计核算和加强会计监督的基础。根据企业会计准则统一规定使用的会计科目，根据单位使用会计科目的程度和含义，规范使用，加强监督。

2. 设置会计科目的原则

（1）规范性原则

设置会计科目要符合《中华人民共和国会计法》和《企业会计准则》的规定。结合会计对象的特点，符合企业自身经济管理要求。如工业企业会计设置"生产成本"、"制造费用"；商品流通企业会计设置"库存商品"、"商品进销差价"。此外，还要满足信息需求者的要求。

（2）实用性原则

按国家规定统一会计科目进行设置，可根据单位具体经济业务的特殊性，在设置会计科目时，考虑使用单位的适用性，自行进行增加、减少或合并某些会计科目。

（3）稳定性原则

为了单位在不同时期分析会计指标，汇总核算口径一致的要求，要保持会计科目的稳定性。如《企业会计准则》要求变更的会计科目，企业要进行调整。但不能无根据地经常变动科目名称、内容，保持核算的可比性。

3. 会计科目表

根据我国《企业会计准则——会计科目》，见表2-3。

会计科目表　　　　　　　　　　　　　　表 2-3

顺序号	编号	一、资产类	顺序号	编号	二、负债类
1	1001	库存现金	44	2201	短期借款
2	1002	银行存款	45	2201	应付票据
3	1012	其他货币资金	46	2202	应付账款
4	1101	交易性金融资产	47	2203	预收账款
5	1121	应收票据	48	2211	应付职工薪酬
6	1122	应收账款	49	2221	应交税费
7	1123	预付账款	50	2231	应付利息
8	1131	应收股利	51	2232	应付股利
9	1132	应收利息	52	2241	其他应付款
10	1221	其他应收款	53	2501	长期借款
11	1231	坏账准备	54	2502	应付债券
12	1401	材料采购	55	2701	长期应付款
13	1402	在途物资	56	2711	未确认融资费用
14	1403	原材料	57	2801	专项应付款
15	1404	材料成本差异	58	2901	预计负债
16	1405	库存商品	59	2901	递延所得税负债
17	1406	发出商品	60	3001	三、共同类
18	1407	商品进销差价	61	3002	清算资金往来
19	1408	委托加工物资	62	3101	货币兑换
20	1411	周转材料	63	3201	衍生工具
21	1461	融资租赁资产	64	4001	四、所有者权益类
22	1471	存货跌价准备	65	4002	实收资本
23	1501	持有至到期投资	66	4101	资本公积

顺序号	编号	一、资产类	顺序号	编号	四、所有者权益类
24	1502	持有至到期投资减值备	67	4103	盈余公积
25	1503	可供出售金融资产	68	4104	本年利润
26	1511	长期股权投资	69	4201	利润分配
27	1512	长期股权投资减值准备	70		库存股
28	1521	投资性房地产	71	5001	五、成本类
29	1531	长期应收款	72	5101	生产成本
30	1532	未实现融资收益	73	5201	制造费用
31	1541	存出资本保证金	74	5301	劳务成本
32	1601	固定资产	75	5401	研发支出
33	1602	累计折旧	76		六、损益类
34	1603	固定资产减值准备	77	6001	主营业务收入
35	1604	在建工程	78	6011	利息收入
36	1605	工程物资	79	6021	手续费及佣金收入
37	1606	固定资产清理	80	6031	保费收入
38	1701	无形资产	81	6041	租赁收入
39	1702	累计摊销	82	6051	其他业务收入
40	1703	无形资产减值准备	83	6061	汇兑损益
41	1711	商誉	84	6101	公允价值变动损益
42	1801	长期待摊费用	85	6111	投资收益
43	1811	递延所得税资产	86	6301	营业外收入
44	1901	待处理财产损益	87	6401	主营业务成本
			88	6402	其他业务成本
			89	6403	税金及附加
			90	6411	利息支出
			91	6421	手续费及佣金支出
			92	6501	提取未到期责任准备金
			93	6502	提取保险责任准备金
			94	6511	赔付支出
			95	6521	保单红利支出
			96	6531	退保金
			97	6541	分出保费
			98	6542	分保费用
			99	6601	销售费用
			100	6602	管理费用
			101	6603	财务费用
			102	6604	勘探费用
			103	6701	资产减值损失
			104	6711	营业外支出
			105	6801	所得税费用
			106	6901	以前年度损益调整

在表 2-3 中，每个会计科目都有一个编号，这是统一规定的会计科目编号，以便于编制会计凭证，登记账簿，查阅账目，实现会计电算化。企业不能随意打乱重编。某些会计科目之间留有空号，供增设会计科目之用。

2.1.3 设置账户

1. 账户的概念

账户是根据会计科目在账簿中开设的，对各项经济业务进行分类、系统、连续记录和准确反映。设置账户是会计核算的一种方法，各单位要根据会计科目在账簿中开设账户。

会计科目是设置账户的依据，账户是记录会计科目的具体内容，二者都是经济内容的概念。

2. 账户的基本结构

账户的基本结构就是指反映账户的组成内容，以及对记录会计要素的增减变动及其余额情况等。

针对会计核算的对象，账户记录着每一经济业务活动内容，其中对经济业务所发生的增减变化，及余额情况要进行计算，因此，用来分类记录经济业务的账户，其结构必须分为两个方向，一方登记增加，另一方登记减少，我们确定为左方和右方。同时，还需要反映增减变动后的结果，即余额。账户的基本结构包括以下内容：

(1) 账户的名称：即会计科目和明细科目。

(2) 日期：概括说明记录经济业务的时间；不是发生日期，是会计编制凭证时间。

(3) 摘要：简明扼要地说明经济业务的内容。

(4) 增加方和减少方的金额及余额。

(5) 凭证编号，按先后顺序记账，所依据记账凭证的号数。账户的格式如图 2-1 所示。

总　账

会计科目：

2016 年		凭证		摘要	借方	贷方	核对号	借或贷	余额
月	日	种类	编号						

图 2-1 总账

账户左右两方记录的经济业务内容是增加额和减少额。增减相抵后的差额，即为账户的余额。此余额结转到下一个会计期间，就是下一个会计期间的期初余额。由这四项金额的关系可用公式表述如下：

$$期末余额 = 期初余额 + 本期增加发生额 - 本期减少发生额$$

2.2 复 式 记 账

1. 记账方法及种类

所谓记账方法，简单地说，就是在有关账户（或账簿）中登记经济业务的方法。一种记账方法的基本构成要素一般包括：记账符号、所记账户、记账的规则、过账、结账和试算平衡等内容。按其记录经济业务方式不同，记账方法可以分为单式记账法和复式记账法。

单式记账法，是指对每一项经济业务的发生只在一个账户中进行记录的记账方法。在单式记账法下，对发生的收入、支出项目，通常只记录存入的款项或支出的款项；如果涉及往来的款项，那么就记录应收或应付的款项。例如，取得一项业务收入 20 000 元，存入银行，业务发生后，只登记"银行存款"账户存款增加 20 000 元。

复式记账法，是指对发生的每一项经济业务，都要以相等的金额，同时在相互联系的两个或两个以上的账户中进行登记的一种记账方法。在复式记账法下，对于发生的每一项经济业务，都要在两个或两个以上账户中相互联系地进行分类记录，可以反映每项经济业务的来龙去脉。例如，从银行提取现金 500 元备用。该业务发生后，一方面银行存款减少 500 元，另一方面现金增加了 500 元。

复式记账法的优点是：按照复式记账原理处理经济业务，能够把所有经济业务相互联系地、全面地记入有关账户中，这不仅可以了解每一项经济业务的来龙去脉，而且通过账户记录还可以完整地、系统地反映各项经济活动的过程和结果。同时，由于对每项经济业务都以相等的金额在两个或两个以上相互联系的账户上进行记录，这样，所有账户的有关发生额必然保持一种平衡关系。根据这种必然相等的关系，就可以检查账户中记录是否正确，便于及时查找原因，加以更正。

2. 借贷记账法的内容

（1）借贷记账法的概念

借贷记账法是指以"借"和"贷"作为记账符号，用来记录和反映经济业务增减变动及结果的一种复式记账方法。这里的"借"字和"贷"字已失去它字面本身的含义，就是单纯作为记账符号而已，用来表明记账方向。

借贷记账法的记账规则是"有借必有贷，借贷必相等"，以"资产＝负债＋所有者权益"这一会计等式作为理论依据，来确定借贷记账法的账户结构、记账规则和试算平衡关系。

（2）借贷记账法的内容

借贷记账法的基本内容包括记账符号、账户结构、记账规则和试算平衡。

1）借贷记账法的记账符号

记账符号是会计上用来表示经济业务的发生，以"借"和"贷"为记账符号，涉及的金额应该记入有关账户的左方金额栏或右方金额栏，分别表示账户的方向。只要准确把握符号的方向，就能避免差错。

2）借贷记账法的账户结构

在借贷记账法下，账户的基本结构是：左方称为"借方"（Debit，可简写为 Dr），右方称为"贷方"（Credit，可简写为 Cr）。根据复式记账法的原理，对于每一个账户来说，借方和贷方必然一方登记增加，另一方登记减少。如果借方登记增加额，则贷方就登记减少额；反之，亦然。但哪一方登记增加，哪一方登记减少，则要根据账户反映的经济内容和性质决定。借贷记账法的账户结构如图 2-2 "T"型账户所示：

在借贷记账法下，应按照账户反映的经济内容设置账户。账户应区分为资产类账户、负债类账户、所有者权益类账户、损益类账户（包括收入类账户、费用、成本类账户、利

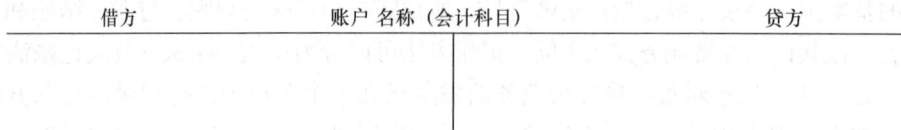

借方	账户 名称（会计科目）	贷方

图 2-2　"T" 型账户

润类账户）。除此之外，还可以设置反映债权、债务结算情况的往来账户。

（3）借贷记账法的试算平衡

为了保证一定时期内所发生的经济业务在账户中登记的正确性，需要在一定时期终了时，对账户记录进行试算平衡。试算平衡，是指根据"资产＝负债＋所有者权益"的恒等关系以及借贷记账法的记账规则，检查和验证所有账户记录是否正确的一种方法。在检查过程中如果发现借贷金额不平衡，就表明记账发生了错误，应及时找到错误并加以改正。

试算平衡法，通常是在每一会计期间结束时，把全部经济业务均登记入账并结出各个账户本期发生额和期末余额后，通过试算平衡表进行平衡。试算平衡有发生额试算平衡法和余额试算平衡法。

1）发生额试算平衡法

发生额试算平衡法，是根据本期所有账户的借方发生额合计等于贷方发生额合计的关系，检验本期发生额记录是否正确的方法（表 2-4）。其公式为：

$$\Sigma 本期账户借方发生额合计 = \Sigma 本期账户贷方发生额合计$$

本期发生额试算平衡表　　　　　　　　　　　　　　　表 2-4

2016 年 10 月　　　　　　　　　　　　　　　　　　单位：元

账户名称	借方发生额	贷方发生额
银行存款	60 000	33 000
原材料	5 000	
短期借款		16 000
应付账款	46 000	
应付股利		40 000
实收资本	8 000	90 000
盈余公积	20 000	
利润分配	40 000	
合计	179 000	179 000

2）余额试算平衡法

余额试算平衡法，是运用会计等式，根据本期所有账户的借方余额合计等于所有账户的贷方余额合计的关系，检验本期账户记录是否正确的方法。根据余额时间不同，又分为期初余额平衡和期末余额平衡两类，其公式为：

期初全部账户借方余额合计 = 期初全部账户贷方余额合计

期末全部账户借方余额合计 = 期末全部账户贷方余额合计

例如，某公司 2016 年 9 月有关账户的期初余额见表 2-5。

账户期初余额表　　　　　　　　　　　表 2-5

2016 年 8 月 31 日　　　　　　　　　　　单位：元

账户名称	借方余额	账户名称	贷方余额
银行存款	500 000	短期借款	10 000
原材料	150 000	应付账款	50 000
		应付股利	0
		实收资本	500 000
		盈余公积	50 000
		利润分配	40 000
合计	650 000	合计	650 000

需要注意的是：第一，必须保证所有账户的余额均已记入试算平衡表；第二，如果试算平衡表出现不平衡，那么一般是账户记录存在错误，应认真查找进行更正；第三、即使试算平衡表的全部账户的借方期初（上月期末）余额合计等于贷方期初（上月期末）余额合计，全部账户本期借方发生额合计也与本期贷方发生额合计相等，但也并不能说明账户记录一定是正确的。当发生下列错误时，试算平衡表无法发现：①漏记某项经济业务；②重记某项经济业务；③某项经济业务记错有关账户；④某项经济业务在账户记录中颠倒了记账方向；⑤ 借贷方发生额中，偶然一多一少并金额相等可以相互抵消。因此，需要对一切会计记录进行日常或定期的复核，以保证账户记录的正确性。

3. 借贷记账法的运用

登记每项经济业务时，有关账户之间会形成应借、应贷的相互关系，这种关系叫作账户对应关系。每一项经济业务发生后，在记入账户前，必须首先根据经济业务的具体内容确定所涉及的账户名称，应借应贷的方向及其金额，在记账凭证中编制会计分录。每笔会计分录主要包括三个要素：会计科目（账户名称）、借贷方向（记账方向）和金额，缺一不可。

编制会计分录的步骤如下：

（1）一项经济业务发生后，首先应分析这项经济业务涉及的会计要素，是资产、成本费用，还是负债、所有者权益、收入或利润，是增加还是减少。

（2）根据各要素的增减，确定应记账户的方向，是借方还是贷方。

（3）根据会计科目表，确定应记入哪个账户的借方或贷方。

（4）按照要求编制会计分录，并检查应借、应贷科目和借、贷金额有无错误。

例如：以 A 公司 2016 年 9 月份的经济业务为例，编制会计分录如下：

【例 2-10】A 公司经批准减少资本 8 000 元，以银行存款退还投资者。

借：实收资本——A 公司　　　　　　　　　　　　　　8 000

　　贷：银行存款　　　　　　　　　　　　　　　　　　　8 000

【例 2-11】A 公司从银行取得 10 000 元短期借款，存入银行。

借：银行存款　　　　　　　　　　　　　　　　　　　10 000

　　贷：短期借款　　　　　　　　　　　　　　　　　　　10 000

【例 2-12】A 公司用银行存款偿还上月所欠 B 公司货款 20 000 元。

借：应付账款——B 公司　　　　　　　　　　　　　　20 000

　　贷：银行存款　　　　　　　　　　　　　　　　　　　20 000

【例 2-13】A 公司用银行存款 5 000 元购买原材料（不考虑增值税）。

借：原材料   5 000

  贷：银行存款   5 000

在会计实务中，有时可以根据若干简单会计分录合并编制一个复合会计分录，企业编制复合会计分录可以全面、集中地反映某项经济业务的全貌，简化记账手续。但需要注意的是，为了保持账户之间对应关系清晰，不能把几项经济业务合并编制多借多贷的复合会计分录。

2.3　会　计　凭　证

2.3.1　会计凭证的意义

会计凭证是记录经济业务、明确经济责任，据以登记账簿的一种具有法律效力的书面证明文件。填制和审核会计凭证是会计核算工作的重要内容，也是会计对经济业务进行监督的重要环节。

根据《中华人民共和国会计法》第十三条："会计凭证、会计账簿、财务会计报告和其他会计资料，必须符合国家统一的会计制度的规定。"强调了对会计核算的基本要求，以会计核算工作为起点，对取得合法会计凭证，进行准确填制和审核，主要表现在以下几个方面：

（1）记录经济业务，确保会计核算的正确性

任何一笔经济业务的发生首先是通过会计凭证加以如实反映的，根据经过审核无误的原始凭证，并按一定的标准、方法进行分类，填制记账凭证据以记账，有利于记账工作，以保证账簿记录的正确性。

（2）强化内部控制，加强经济管理的岗位责任制

由于每笔经济业务的内容，都要由经办人员和有关部门签字或盖章，这就使这些经办人员和部门对经济业务的合法性和真实性负责。

（3）控制经济运行，加强对经济业务的监督作用

从财产的收发、现金的收付、款项的结算到费用的开支等，都必须及时了解会计凭证，如实反映经济活动的情况。保证财产安全，维护投资者的利益，发挥会计的监督作用。

2.3.2　会计凭证的种类

会计凭证种类很多，按其填制的程序和用途不同，可分为原始凭证和记账凭证。原始凭证按来源分为外来的原始凭证和自制的原始凭证，按其填制的方法分为一次凭证、累计凭证和汇总原始凭证。记账凭证按其适用范围分为专用凭证和通用凭证；其中专用凭证又分收款凭证、付款凭证和转账凭证；按填列方式分为复式凭证和单式凭证，如图 2-3 所示。

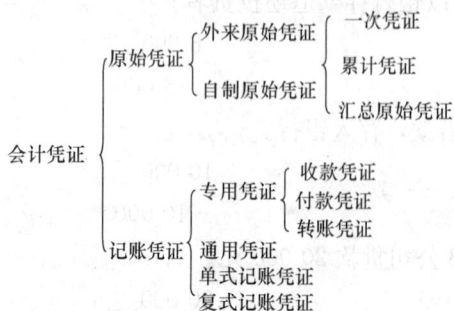

图 2-3　会计凭证分类图

2.3.3　原始凭证的基本内容

1. 原始凭证概念和分类

（1）原始凭证是在经济业务发生时取得或填制的，用以记录经济业务的发生或完成情况的书面证明凭据。它能明确责任，是记账的原

始依据，也能体现出会计信息的真实性和可靠性。其基本要素如下：

1）原始凭证的名称；

2）原始凭证编号；

3）填制凭证的日期；

4）经济业务的内容摘要；

5）接收凭证单位名称及有关基本信息；

6）经济业务内容：数量、单价和金额等；

7）填制单位、经办人员的签名和盖章。

（2）原始凭证按照来源不同，可分为外来原始凭证和自制原始凭证：

1）外来原始凭证是指在经济业务发生或完成时，从其他单位或个人直接取得的原始凭证。如车船票、货运单、发货票、银行结算单等，如图 2-4 所示。

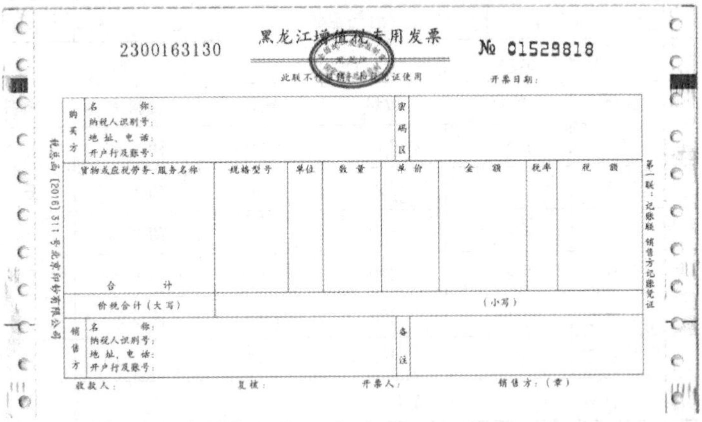
2300163130　黑龙江增值税专用发票　№ 01529818

此联不作报销、扣税凭证使用　开票日期：

购买方	名称： 纳税人识别号： 地址、电话： 开户行及账号：			密码区			
货物或应税劳务、服务名称	规格型号	单位	数量	单价	金额	税率	税额
合计							
价税合计（大写）					（小写）		
销售方	名称： 纳税人识别号： 地址、电话： 开户行及账号：			备注			

收款人：　复核：　开票人：　销售方：（章）

税总函[2016]311号北京印钞有限公司

第一联：记账联　销售方记账凭证

图 2-4　增值税专用发票

2）自制原始凭证是指由本单位内部经办业务的部门或有关人员在完成某项经济业务时填制的，仅供本单位内部使用的原始凭证。如入库单、收料单、领料单、工资表、固定资产折旧表等。自制原始凭证按其填制手续和内容不同，又分为一次凭证、累计凭证、汇总原始凭证，如图 2-5 所示。

出　库　单　　No.0013152

年　月　日　　连续号______

物资类别	

提货单位或领货部门		发票号码或生产单号码		发出仓库		出库日期	

编号	名称及规格	单位	数量		单价	金额	备注
			要数	实发			
合计							

（一）留存联

财会部门主管　记账　保管部门主管　发货　单位部门主管　制单

图 2-5　出库单

① 一次凭证，是指原始凭证的填制手续是一次完成的，记录某项经济业务发生时取得的凭证。如银行进账单、发货票、收料单、现金收据、火车票、电话费发票等。

② 累计凭证，是指在一定时期内多次记录发生的同类经济业务，这类凭证一般不是一次完成，而是根据经济业务的发生多次记录进行完成的。它的特点是在一张凭证内可以连续登记相同性质的经济业务，随时结出累计数及结余数。限额领料单就是最典型的累计凭证，它按照费用限额进行领用控制，见表 2-6。

限额领料单　　　　　　　　　　　　　　　　　　　　　表 2-6

限额领料 1500 千克　　　　　　　　2016 年 6 月　　　　　　　　编号：26154

材料编号：45102　　　　　　　　　　　　　　　　　　　　　计量单位：千克

领料单位			加工车间		用途		生产轴承	
原材料名称		方钢		商品编码	071245		计划单价	￥2 000 元
规格		20M		消耗定额	0.3kg		计划产量	500 套
2007 年			请领数量		实发			
月	日	数量	签字	数量	累计	发料人	领料人	限额结余
6	5	200	王××	200	200	初××	王××	1 300
6	10	200	王××	200	400	初××	王××	1 100
6	15	300	王××	300	700	初××	王××	800
6	20	200	王××	200	900	初××	王××	600
6	25	250	王××	250	1 150	初××	王××	350
6	31	250	王××	250	1 400	初××	王××	100
累计实发金额（大写）壹仟肆佰元整				￥1 400.00				

负责人签字：白××　　　　生产计划部门签字：李××　　　　仓库负责人：何××

③ 汇总原始凭证，也称为原始凭证汇总表，是根据一定时期内同类经济业务的原始凭证或会计核算资料汇总而编制的凭证。它集中反映某项经济业务的总括情况，对记账工作起简化作用，同时也能提供总量指标的效果。如发料凭证汇总表、收料凭证汇总表等，见表 2-7。

收料凭证汇总表　　　　　　　　　　　　　　　　　表 2-7

2016 年 11 月　　　　　　　　　　　　　　　　　单位：元

应贷科目	应借科目：原材料					发料合计
	原材料				辅助材料	
	1—10 日	11—20 日	21—30 日	小计		
生产成本	10 000	15 000	5 000	30 000	1 500	31 500
制造费用	3 000			3 000	800	3 800
合计	13 000	15 000	5 000	33 000	2 300	35 300

2. 原始凭证的填制和审核

（1）原始凭证填制要求

1）记录真实可靠。原始凭证要求所填列的经济业务内容和数字真实准确，不能弄虚作假、有涂改。如原始凭证有错误，应到开具单位更换。

2）内容完整。原始凭证要求填列的项目要逐项填写齐全，不得遗漏和省略。

3）填制及时。每项经济业务发生或完成，都要立即填制原始凭证，做到不积压，并按规定的程序及时送交会计机构、会计人员进行审核。

4）手续要完备。单位要有报销手续、签字授权手续等相关规定，对取得原始凭证必须有经办单位领导人或者其指定的人员签名或者盖章，会计才能予以受理。

5）书写要规范。原始凭证要按规定填写，文字要简要，易于辨认，不得使用未经国务院公布的简化汉字。大小写金额必须相符且填写规范，小写金额用阿拉伯数字逐个书写，不得写连笔。在金额前要填写人民币符号"￥"，人民币符号"￥"与阿拉伯数字之间不得留有空白；如有美元记账，用"美元"字样。金额数字一律填写到角、分；如无角、分没有数额的要以 0 补位；不得用符号"—"。大写金额数字到元或者角为止的，在"元"或者"角"字之后应写"整"字；大写金额数字有分的，分字后不写"整"字。汉字大写金额数字，一律用正楷字书写，例如大写壹、贰、叁、肆、伍、陆、柒、捌、玖、拾、佰、仟、万、亿、元、角、分、零、整等。

6）原始凭证编号要连续，不能对原始凭证进行修改、刮擦、挖补、涂改液涂改等。在填写时发现错误，应加盖"作废"戳记，要妥善保管原始凭证，不得擅自撕毁。

（2）原始凭证的审核

保证会计核算资料的真实、正确和合法，财会部门和经办业务的有关部门必须对会计凭证，特别是原始凭证进行严格地审核。具体包括：

1）政策性审核：以有关方针、政策、法令、制度及计划、合同等为依据，审核原始凭证所记录的经济业务要合理合法。

2）真实性审核：原始凭证作为会计信息的基本信息源，其真实性对会计信息的质量具有至关重要的影响。

3）技术性审核：根据原始凭证的基本要素，逐项审核原始凭证的内容是否完整，原始凭证的各项目是否按规定填写齐全，是否按规定手续办理。

4）正确性审核：原始凭证上有关数量、单价、金额都必须填写清楚，数量、单价、金额的计算，小计、合计的加总，数字的大写、小写金额都必须逐一认真审查。

5）及时性审核：及时进行凭证的传递和审核。

2.3.4　记账凭证的基本内容

1. 记账凭证概念和分类

（1）记账凭证的概念

记账凭证又称记账凭单，是会计人员根据审核无误后的原始凭证按照经济业务的内容加以归类，并据以确定会计分录后所填制的凭证。它是登记账簿和查账的直接依据。其要素如下：

1）填制记账凭证的名称；

2）记账凭证的编号；

3）记账凭证的日期；

4）经济业务事项的内容摘要；

5）经济业务事项所涉及的会计科目及其记账方向；

6) 经济业务事项的金额；

7) 记账标记；

8) 所附原始凭证张数；

9) 会计主管、记账、审核、出纳、制单等有关人员签章；

10) 用斜线划掉剩余空栏次，对做完的业务不能再填写。

（2）记账凭证的种类

记账凭证按其所反映的经济内容不同，可以分为通用凭证和专用凭证；其中专用凭证又分为收款凭证、付款凭证和转账凭证。按其填制的方式不同分为复式记账凭证和单式记账凭证。

1) 通用记账凭证，对经济业务比较简单，收付业务比较少，所采用的记账凭证，它适合任何经济业务的处理（表2-8）。

记账凭证

年 月 日

表2-8　　　　第31号

摘要	会计科目	明细科目	借方金额											贷方金额											记账
			亿	千	百	十	万	千	百	十	元	角	分	亿	千	百	十	万	千	百	十	元	角	分	
合计（附件　张）																									

会计主管：　　　记账：　　　出纳：　　　　　审核：　　　　　　　制证：

2) 专用记账凭证，按其所记录的经济业务是否与库存现金或银行存款的收付有关，分为收款凭证、付款凭证和转账凭证。

① 收款凭证是指专门用于记录库存现金和银行存款增加业务的记账凭证。收款凭证既是登记库存现金日记账、银行存款日记账的依据，同时也是出纳人员核算收入款项的证明（表2-9）。

收款凭证

借方科目：银行存款　　　　　　　　　2016年1月5日　　　　　　　表2-9　　银收字第2号

摘要	借方科目		金额											记账
	总账科目	明细科目	亿	千	百	十	万	千	百	十	元	角	分	
合计（附件　张）														

② 付款凭证是指专门用于记录库存现金和银行存款减少业务的记账凭证。它是登记库存现金日记账、银行存款日记账的依据，同时也是出纳人员付出款项的证明。

对于从银行提取现金的经济业务，只填制一张银行存款付款凭证。对库存现金、银行存款之间划转业务所填的凭证，通常都要填制付款凭证（见表2-10）。

付款凭证　　　　　　　　　　　　　　　　　　　表 2-10

贷方科目：银行存款　　　　　　　2016 年 1 月 5 日　　　　　　　　银付字第 8 号

摘要	借方科目		金额											记账
	总账科目	明细科目	亿	千	百	十	万	千	百	十	元	角	分	
合计（附件　张）														

③ 转账凭证是指用于记录不涉及库存现金和银行存款收付业务的其他各项经济业务。可以使用通用格式的记账凭证，见表 2-11。

转账凭证　　　　　　　　　　　　　　　　　　　表 2-11

2016 年 1 月 15 日　　　　　　　　　　　　　　　转字第 12 号

摘要	总账科目	明细科目	金额											记账
			亿	千	百	十	万	千	百	十	元	角	分	
合计（附件　张）														

会计主管：　　　　记账：　　　　出纳：　　　　审核：　　　　制证：

3）单式记账凭证，是将经济业务所涉及的每个会计科目都单独编制一张记账凭证，只填列一个会计科目名称（表 2-12～表 2-14）。

借项记账凭证　　　　　　　　　　　　　　　　　表 2-12

年　月　日　　　　　　　　　　　　　凭证编号 25（1/3）

摘要	总账科目	明细科目	金额											记账
			亿	千	百	十	万	千	百	十	元	角	分	
采购商品	在途物资					1	0	0	0	0	0	0	0	
对应科目：应付账款、应交税费														

会计主管：　　　　记账：　　　　出纳：　　　　审核：　　　　制单：

借项记账凭证　　　　　　　　　　　　　　　　　表 2-13

年　月　日　　　　　　　　　　　　　凭证编号 25（2/3）

摘要	总账科目	明细科目	金额											记账
			亿	千	百	十	万	千	百	十	元	角	分	
采购商品	应交税费													
对应科目：在途物资、应交税费														

会计主管：　　　　记账：　　　　出纳：　　　　审核：　　　　制单：

贷项记账凭证

表 2-14

凭证编号 25 (2/3)

年 月 日

摘要	总账科目	明细科目	金额											记账
			亿	千	百	十	万	千	百	十	元	角	分	
采购商品	应付账款													
对应科目：主营业务收入、应交税费														

会计主管：　　　　记账：　　　　出纳：　　　　审核：　　　　制单：

4）复式记账凭证，是在每一笔经济业务事项所涉及的全部会计科目及其发生额均在同一张记账凭证中反映的一种凭证，用以完整地反映一项经济业务。

2. 记账凭证的填制和审核

（1）记账凭证的填制要求

记账凭证的填制，是会计工作的重要环节，也是对原始凭证的分类和整理。运用会计科目，确定会计分录，编制记账凭证的具体要求如下：

1）记账凭证要具有依据，必须是经审核无误的原始凭证作为根据。

2）记账凭证的书写应规范、内容完整。确定会计科目、记账方向、记账金额、记账日期。

3）记账凭证应连续编号。在使用通用记账凭证时，可按经济业务发生的顺序编号。采用收款凭证、收付凭证和转账凭证等专用记账凭证时，可采用"字号编号法"，即按记账凭证的类别顺序编号，例如：收字第×号、付字第×号、转字第×号；也可采用"双重编号法"，即按总字顺序编号与按类别顺序编号相结合，例如：某收款凭证为"总字第×号，收字第×号"。对于一笔经济业务需要编制多张记账凭证时，可采用"分数编号法"。有使用单式记账凭证时，也可采用"分数编号法"。

4）除结账和更正错误的记账凭证可以不附原始凭证外，其他记账凭证必须将附有原始凭证张数记录在附件上。

5）记账凭证发生错误，应当重新填制。已登记入账的记账凭证用红字更正法更正，在摘要栏内注明"注销某月某日某号凭证"字样。

6）记账凭证如有空行，应当自金额栏最后一笔金额数字下的空行处至合计数的空行处划线注销。

7）记账凭证填制完成，应进行试算平衡，均要签字与盖章。出纳人员根据收款凭证或付款凭证收付款，均在凭证上加盖"收讫"、"付讫"的戳记，避免重收或重复。

（2）记账凭证的审核

记账凭证是登记账簿的依据。为了确保账簿记录的真实性、正确性，必须对记账凭证进行认真审核。审核的主要内容包括以下几个方面：

1）内容是否真实。所附原始凭证是否齐全、是否已审核、记录是否相符。

2）项目是否齐全。填列是否齐全，如日期、凭证编号、摘要、会计科目、金额等。

3）科目是否正确。应借、应贷的会计科目是否与会计制度的规定相符。

4）金额是否正确。记账凭证汇总表的金额与记账凭证的金额合计是否相符等。

5）书写是否正确。审核记账凭证中的记录的是否文字工整、数字清晰。

2.3.5　会计凭证的传递与保管

（1）会计凭证的传递

会计凭证的传递，是指从会计凭证的取得或填制时起至归档保管过程中，在本单位内部各有关部门和人员之间的传送程序。科学的会计凭证传递程序，应该使会计凭证沿着最迅速、最合理流向运行。因此，在制定会计凭证的传递程序时，应当注意以下三个问题：

1）应根据内部机构和人员分工情况及经营管理的需要，规定会计凭证的份数，做到既要使各有关部门能了解经济业务的情况，又能及时办理凭证手续，以利于提高工作效率。

2）要根据各个环节办理经济业务所必需的时间，确保业务手续的及时完成。

3）建立凭证交接的签收制度。指定专人办理交接手续，做到责任明确，手续完备、简便易行。

（2）会计凭证的保管

会计凭证的保管是指会计凭证记账后的整理、装订、归档和存查工作。形成会计档案，每个单位的会计机构、会计人员归档、保管会计凭证时，应做到以下几点：

1）会计凭证应定期装订成册，防止散失。从外单位取得的原始凭证遗失时，应取得原签发单位盖有公章的证明，并注明原始凭证的号码、金额、内容等，由经办单位会计机构负责人、会计主管人员和单位负责人批准后，才能代作原始凭证。

2）会计凭证封面应注明单位名称、凭证种类、凭证张数、起止号数、年度、月份、会计主管人员、装订人员等有关事项，会计主管人员和保管人员应在封面上签章。

3）会计凭证应加贴封条，防止抽换凭证。原始凭证不得外借，其他单位如因特殊原因需要使用原始凭证时，需经本单位会计机构负责人、会计主管人员批准，可以复制；但不得拆散原卷册，并应限期归还。

4）原始凭证较多时可以单独装订，但在封面上注明记账凭证日期、编号、种类，同时在记账凭证上注明"附件另订"和原始凭证名称及编号，以便查阅。

5）严格遵守会计凭证保管期限要求，期满前不得任意销毁。会计凭证一般应保存15年，对于涉外和其他重要的会计凭证要求永久保存。各级财政部门销毁会计凭证时，由同级审计机关派员监销。在销毁会计凭证前，应对在册内容进行清点；会计凭证销毁后，在销毁清册上签名盖章，并将销毁情况报本单位有关负责人。

2.4　会　计　账　簿

2.4.1　会计账簿的意义

企业单位在经营过程中，要发生各种各样的经济业务，对于这些经济业务，首先要由原始凭证作出最初的反映，然后由会计人员按照会计信息系统的要求，采用复式记账方法，编制记账凭证。

所谓会计账簿是以会计凭证为依据，由专门格式而又相互联系的账页组成，用以连续、系统、全面地记录和反映各项经济业务的簿籍。在账簿中应按照会计科目开设有关账户，用来序时地、分类地记录和反映经济业务的增减变动及其结果，会计账簿是会计资料的主要载体之一。

设置和登记账簿，是编制会计报表的基础，是连接会计凭证与会计报表的中间环节，在会计核算中具有重要意义，概括起来主要方面有：

1）会计账簿为企业经营管理提供完整的会计信息。通过设置和登记账簿，可以对经济业务进行序时或分类的核算，以便能够全面地提供有关企业财务状况和经营成果的总括及具体的核算资料。

2）会计账簿为编制会计报表提供数据资料。

3）会计账簿是开展财务分析和会计检查的重要依据。

2.4.2 会计账簿的种类

会计账簿按照不同的标志可以划分为不同的类别。

1. 会计账簿按其用途不同，可分为序时账簿、分类账簿和备查账簿

（1）序时账簿，也称日记账，是按照经济业务发生时间的先后顺序逐日、逐笔登记的账簿。

（2）分类账簿，简称分类账，是指对全部经济业务按照总分类账户和明细分类账户进行分类登记的账簿。分类账簿按其反映经济业务详细程度的不同，又可以分为总分类账簿和明细分类账簿。

1）总分类账簿，简称总账，是根据总分类科目开设的，能够全面地反映会计主体的经济活动情况，对所属的明细账起统驭作用。

2）明细分类账，简称明细账，是根据总分类账科目所属的二级科目和明细分类账户开设的，用来反映明细核算资料的账簿。

（3）备查账簿，也称辅助账簿，是指对某些在序时账和分类账中未能记载或记载不全的事项进行补充登记的账簿。亦被称为补充登记簿。例如"租入固定资产备查簿"、反映票据内容的"应付（收）票据备查簿"等。该账簿与其他账簿之间不存在严密的依存和勾稽关系。

2. 会计账簿按其外表形式的不同，可分为订本式账簿、活页式账簿和卡片式账簿

（1）订本式账簿，是在启用之前就已把顺序编号的账页装订成册的账簿。一般序时账簿、总分类账簿等应采用订本式账簿。

（2）活页式账簿，是在启用时账页不固定装订成册而将零散的账页放置在活页夹内，随时可以取放的账簿。一般"原材料"、"库存商品"使用活页账。

（3）卡片式账簿，是由许多具有一定格式的硬制卡片组成，存放在卡片箱内，根据需要随时取放的账簿。卡片账主要用于不经常变动的内容的登记，如"固定资产明细账"等。

2.4.3 会计账簿的设置与登记

1. 会计账簿的结构

在实际工作中，账簿的形式是多种多样的，不同格式的账簿所包括的具体内容也不尽相同。但它们一般由三大部分组成：

（1）封面，标明账簿名称和记账单位名称。

（2）扉页，填明启用日期和截止日期；页数；册次；经管账簿人员一览表和签章；会计主管签章，账户目录等。账簿扉页上的"账簿使用登记表"的格式如图 2-6 所示。

账簿使用登记表

单位名称				
账簿名称				
册次及起讫页	自　　页起至　　页止共　　页			
启用日期	年　　月　　日			
停用日期	年　　月　　日			
经管人员姓名	接管日期	交出日期	经管人员盖章	会计主管盖章
	年　月　日	年　月　日		
	年　月　日	年　月　日		
	年　月　日	年　月　日		
	年　月　日	年　月　日		
备注		单位公章		

图 2-6　账簿使用登记表

（3）账页，用来具体记录经济业务内容的部分，其基本内容包括：

1）账户的名称（一级科目、二级或明细科目）；

2）记账日期栏；

3）凭证种类和号数栏；

4）摘要栏；

5）金额栏；

6）总页次和分户页次等。

2. 会计账簿的格式与登记方法

不同的会计账簿由于反映的经济业务内容和详细程度不同，因而，其账页格式也有一定的区别。以下就序时账簿、总分类账簿和明细分类账簿的格式及登记方法分别进行介绍。

（1）序时账簿的格式与登记方法

1）库存现金日记账的格式及登记方法

库存现金日记账是用来核算和监督库存现金日常收、付、结存情况的序时账簿，通过库存现金日记账可以全面、连续地了解和掌握企业单位每日库存现金的收支动态和库存余额，为日常分析、检查企业单位的库存现金收支活动提供资料。库存现金日记账的格式主要有三栏式和多栏式两种。其一般格式见表 2-15、表 2-16。

库存现金日记账　　　　　　　　　　　　　　　　　　　　　　表 2-15

××年		凭证号		摘要	对方科目	借方	贷方	余额
月	日	收款	付款					

库存现金日记账　　　　　　　　　表 2-16

××年		凭证号		摘要	贷方科目				借方科目				结余
月	日	收款	付款		主营业务收入	应收账款	…	合计	物资采购	银行存款	…	合计	

2）银行存款日记账的格式及登记方法

银行存款收、付业务的结算方式有多种，银行存款日记账中增设采用的结算方式和对方单位名称等具体的栏目。三栏式银行存款日记账的具体格式见表 2-17。

银行存款日记账　　　　　　　　　表 2-17

××年		凭证		摘要	借方	贷方	借或贷	余额	核对
月	日	种类	号数						

银行存款日记账由出纳员根据银行存款的收款凭证、付款凭证及库存现金的付款凭证（从银行提取现金业务）序时登记的。总体来说，银行存款日记账的登记方法与库存现金日记账的登记方法基本相同，但有以下几点需要注意：

① 银行存款收、付款应对收款凭证和付款凭证进行全面审查复核，保证记账凭证与所附的原始凭证的内容一致，方可在银行存款日记账中登记；

② 银行存款日记账应按照经济业务发生时间的顺序逐笔分行记录，当日的业务当日记录，不得将记账凭证汇总登记，每日业务记录完毕应结出余额，做到日清月结。

（2）分类账簿的格式与登记方法

1）总分类账的格式及登记方法

总分类账是按照一级会计科目的编号顺序分类开设并登记全部经济业务的账簿。总分类账的格式有三栏式和多栏式两种，其中三栏式又区分为不反映对应科目的三栏式和反映对应科目的三栏式。三栏式（不反映对应科目）总账的格式见表 2-18。

总　　账　　　　　　　　　表 2-18

会计科目：

××年		凭证		摘要	借方	贷方	核对号	借或贷	余额
月	日	种类	编号						

不管哪种格式的总分类账，每月都应将本月已完成的经济业务全部登记入账，并于月末结出总账中各总分类账户的本期发生额和期末余额，与其他有关账簿核对相符之后，作为编制会计报表的主要依据。

2）明细分类账的格式及登记方法

明细分类账是根据二级会计科目或明细科目设置账户，并根据审核无误后的会计凭证登记某一具体经济业务的账簿。各种明细分类账可根据实际需要，分别按照二级会计科目和明细科目开设账户，进行明细分类核算。其格式主要有以下三种：

① 三栏式明细分类账。三栏式明细分类账的格式和三栏式总分类账的格式相同（同上）。

② 数量金额式明细账。数量金额式明细账要求在账页上对借方、贷方、余额栏下分别设置数量栏和金额栏，以便同时提供货币信息和实物量信息。这一类的明细账适用于既要进行金额核算又要进行实物量核算的财产物资类科目，如原材料、库存商品等科目的明细账。数量金额式明细账的格式见表 2-19。

原材料明细分类账　　　　　　　　　　　　　　表 2-19

明细账户名称：　　　　　　　　　　　　　　　　　　　　第　页

年		凭证		摘要	收入			发出			结存		
月	日	字	号		数量	单价	金额	数量	单价	金额	数量	单价	金额

③ 多栏式明细账。多栏式明细分类账是根据经济业务的特点和经营管理的需要，在一张账页内按有关明细科目或项目分设若干专栏的账簿。按照登记经济业务内容的不同又分为"借方多栏式"，如"管理费用明细账"、"生产成本明细账"、"制造费用明细账"等；"贷方多栏式"，如"主营业务收入明细账"等；"借方、贷方多栏式"，如"本年利润明细账"、"应交增值税明细账"等。这里仅例举借方多栏式明细账（管理费用）的格式见表 2-20。

管理费用明细分类账　　　　　　　　　　　　　表 2-20

明细账户名称：　　　　　　　　　　　　　　　　　　　　第　页

年		凭证		摘要	借方						贷方	余额
月	日	字	号		工资及福利费	折旧费	办公费	水电费	差旅费	合计		

对于借方多栏式明细账，由于只在借方设多栏，平时在借方登记费用、成本的发生额，贷方登记月末将借方发生额一次转出的数额，所以平时如发生贷方发生额（无法在贷方登记），应该用红字在借方多栏中登记。贷方多栏式明细账也存在同样问题。

3）总分类账与明细分类账的关系及其平行登记

① 总分类账与明细分类账的关系。总分类账与明细分类账是既有内在联系、又有区别的两类账户。二者之间的内在联系主要表现在以下两方面：A. 所反映的经济业务内容相同；B. 登记账簿的原始依据相同。

二者之间的区别主要表现在以下两方面：A. 反映经济业务内容的详细程度不同；B. 作用不同。总分类账是对明细分类账的概括和总结，对所属明细分类账起着统驭作用；明细分类账是对总分类账的补充，对总分类账的内容起着补充说明作用。

② 总分类账与明细分类账的登记要求。为保证账簿正确、完整，必须采用平行登记的方法登记总分类账及其所属的明细分类账。

所谓平行登记，是指经济业务发生后，根据会计凭证一方面登记有关的总分类账户，另一方面又要登记该总分类账户所属的各有关明细账户。

具体地说，平行登记的要点是"三相同四相符"。"三相同"是：登记的会计时间相同；登记的方向相同；登记的金额相同。"四相符"是：总账的期初余额与所属明细账的期初余额相符；总账的本期借方发生额与所属明细账的本期借方发生额相符；总账的本期贷方发生额与所属明细账的本期贷方发生额相符；总账的期末余额与所属明细账的期末余额相符。这种相符关系可以通过编制"总账和明细账发生额及余额表"进行验证。

4）备查账簿的格式及登记方法

备查账簿是对主要账簿起补充说明作用的账簿。它没有固定的格式，一般是根据各单位会计核算和经营管理的实际需要而设置的。

2.4.4 会计账簿的启用与登记规则

1. 会计账簿的启用

1）在启用新会计账簿时，应首先填写在扉页上印制的"账簿启用及交接登记表"中的启用说明，其中包括单位名称、账簿名称、账簿编号、起止日期、单位负责人、主管会计、审核人员和记账人员等项目，并加盖单位公章。在会计人员工作发生变更时，应办理交接手续并填写"账簿启用及交接登记表"中的有关交接栏目。

2）填写账户目录，总账应按照会计科目顺序填写科目名称及启用页号。在启用活页式明细分类账时，应按照所属会计科目填写科目名称和页码，在年度结账后，撤去空白账页，填写使用页码。

3）粘贴印花税票，应粘贴在账簿的右上角，并且划线注销；注明"印花税已缴"及缴款金额。

2. 会计账簿登记规则

1）登记账簿的依据只能是经过审核无误的会计凭证。

2）正常记账使用蓝黑墨水或者碳素墨水书写，特殊记账使用红墨水书写，不得使用圆珠笔或铅笔书写。除"结账划线"、"改错"、"冲销账簿记录"等国家统一的会计制度规定用红字登记的会计记录外，不得用红字登记账簿。会计中的红字表示负数。

3）登记账簿时，应按页次顺序连续登记，不得跳行、隔页，更不得随便更换账页和撤出账页，作废的账页也要留在账簿中，如果发生跳行、隔页，应当将空行、空页划线注销，或者注明"此行空白"、"此页空白"字样，并由记账人员签名或者盖章。这对在账簿登记中可能出现的漏洞，是十分必要的防范措施。

4）每一账页登记完毕结转下页时，应当结出本页合计数及余额，写在本页最后一行和下页第一行有关栏内，并在摘要栏内注明"转次页"和"承前页"字样。

5）记账时必须对账页中的日期、凭证编号、摘要、金额等项目填写齐全，做到"摘要"简明扼要，文字规范清楚，数字清晰无误。摘要文字紧靠左线，不得用不规范的简化字；数字要写在金额栏内，不得越格错位、参差不齐；文字、数字字体大小适中，紧靠下线书写，上面要留有适当空距，一般应占格宽的 1/2，以备按规定的方法改错。记录金额时，如为没有角分的整数，应分别在角分栏内写上 0，不得省略不写或以"—"号代替。阿拉伯数字一般可自左向右适当倾斜，以使账簿记录整齐、清晰。

6）结出账户金额后，在"贷或借"栏目注明"借"或"贷"字样，以示金额的方向；对于没有金额的账户，应在此栏内填"平"字样，在余额栏写"0"。

7）账簿登记完毕后，要在记账凭证上签名或者盖章，并注明已经登账的符号，表示已经记账。在记账凭证上设有专门的栏目供注明记账的符号，以免发生重记或漏记。

8）登记发生错误时，必须按规定方法更正。严禁刮、擦、挖、补或使用化学药物清除字迹。发现差错必须根据差错的具体情况采用划线更正、红字更正、补充登记等方法更正。

9）使用电子计算机进行会计核算的，其会计账簿的登记、更正，应当符合国家统一的会计制度的规定，总账和明细账应当定期打印。

10）各种账簿原则上每年都应该更换新的账簿。年度开始之前，将各账户上年年终结计的金额，转记到新账簿相应账户的第一页的第一行，并要在新账簿摘要栏注明"上年结转"。

3. 错账的更正方法

（1）划线更正法

在结账前，如果发现账簿记录有错误，而记账凭证没有错误，即纯属账簿记录中的文字或数字的笔误，可用划线更正法予以更正。

更正的方法是：先将账页上错误的文字或数字划一条红线，以表示予以注销，然后，将正确的文字或数字用蓝字写在被注销的文字或数字的上方，并由记账人员在更正处盖章。应当注意的是，更正时，必须将错误数字全部划销，而不能只划销、更正其中个别错误的数码，并应保持原有字迹仍可辨认，以备查考。

【例 2-14】某公司用银行存款 8 800 元购买原材料。会计人员在根据记凭证（记账凭证正确）记账时，误将总账中银行存款贷方的 8 800 元误写成 8 080 元。采用划线更正法更正的具体办法是：应将总账中银行存款账户贷方的错误数字 8 080 元全部用一条红线划销（注意：不能只划销个别错误的数字），然后在其上方写出正确的数字 8 800 元，并在更正处盖章或签名，以明确责任。

（2）红字更正法

红字更正法，适用于以下的两种错误的更正：

① 根据记账凭证所记录的内容登记账簿以后，发现记账凭证的应借、应贷会计科目或记账方向有错误，但金额正确，应采用红字更正法。更正的具体办法是：先用红字填制一张与错误记账凭证内容完全相同的记账凭证，并据以红字登记入账，冲销原有错误的账簿记录；然后，再用蓝字填制一张正确的记账凭证，据以用蓝字或黑字登记入账。

【例 2-15】 A公司生产车间生产产品直接耗用材料一批，价值 2 000 元。会计分录误编为：

借：制造费用   2 000

    贷：原材料   2 000

更正时用红字编制一张与原凭证完全相同的记账凭证，以示注销原记账凭证（以下记录中，方框内数字表示红字）。

借：制造费用   [2 000]

    贷：原材料   [2 000]

然后用蓝字编制一张正确的记账凭证并记账，分录为：

借：生产成本   2 000

    贷：原材料   2 000

② 根据记账凭证所记录的内容记账以后，发现记账凭证中应借、应贷的会计科目、记账方向正确，只是金额发生错误，而且所记金额大于应记的正确金额，对于这种错误应采用红字更正法予以更正。更正的具体办法是将多记的金额用红字填制一张与原错误凭证中科目、借贷方向相同的记账凭证，其金额是错误金额与正确金额两者的差额，登记入账。

【例 2-16】 A公司用银行存款 7 500 元缴纳上个月欠交的税金。会计人员在编制会计分录时，误将 7 500 元记为 75 000 元并已记账。这个错误应采用红字更正法进行更正。更正的具体办法是用红字编制一张与原错误凭证中科目、方向相同的记账凭证，其金额为 67 500(75 000－7 500)元，据以用红字登记入账，以冲销多记的金额：

借：应交税金   [67 500]

    贷：银行存款   [67 500]

（3）补充登记法

记账以后，如果发现记账凭证和账簿的所记金额小于应记金额，而应借、应贷的会计科目并无错误时，那么应采用补充登记的方法予以更正。更正的具体办法是：按少记的金额用蓝字填制一张应借、应贷会计科目与原错误记账凭证相同的记账凭证，并据以登记入账，以补充少记的金额。

【例 2-17】 A公司用银行存款 28 000 元偿还应付账款。会计人员在编制会计分录时，误将 28 000 元记为 2 800 元，即：

借：应付账款   2 800

    贷：银行存款   2 800

这属于金额少记的错误，应采用补充登记的方法予以更正。即用蓝字编制一张与原错误凭证应借科目、应贷科目、记账方向相同的记账凭证，其金额为 25 200(28 000－2 800)元，据以蓝字登记入账即可：

借：应付账款   25 200

    贷：银行存款   25 200

采用红字更正法和补充登记法更正错账时，都要在凭证的摘要栏注明原错误凭证号数、日期和错误原因，便于日后核对。

2.4.5 对账与结账

为了确保账簿记录的准确性，需要定期进行对账。为了定期进行会计信息的总结，编制会计报表，需要定期进行结账。

1. 对账

对账就是在会计核算中将账簿上所记载的资料进行核对的工作。一般在结账前，将账簿记录与会计凭证核对、各种账簿之间的数字核对、账簿记录与实物及货币资金的实存数核对。按《会计基础工作规范》的要求，各单位应当定期将会计账簿记录的有关数字与库存实物、货币资金、有价证券、往来单位或个人等进行相互核对，以保证账证相符、账账相符、账实相符，对账工作每年至少进行一次。

对账包括日常核对和定期核对两方面。日常核对是在记账前对日常填制的记账凭证所作的审核。定期核对一般在月末、季末、年末结账前进行。定期对账的内容主要包括以下几个方面：

（1）账证核对

账证核对是将账簿记录与对应记账凭证及所附原始凭证的内容进行核对，这是保证账账、账实相符的基础。账证核对主要是在日常编制记账凭证和登账过程中进行的。

（2）账账核对

账账核对是指将各种账簿之间的有关数字进行核对，主要包括：

1）总账的核对。所有总账账户的借方余额合计数与贷方余额合计数相符；试算平衡表的格式如图 2-21 所示。

总分类账户本期发生额和余额对照表　　　　　　　　　　表 2-21

（试算平衡表）

年　月　日

账户名称	期初余额		本期发生额		期末余额	
	借方	贷方	借方	贷方	借方	贷方
现金						
银行存款						
应收账款						
库存商品						
…						
合计						

2）总账与日记账的核对。"库存现金"、"银行存款"账户余额与总账对应余额核对相符。

3）总账与明细账的核对。各总账账户的金额与所属明细账账户金额之和核对相符。

4）会计部门有关财产物资明细账与财产物资保管、使用部门的相应明细账核对相符。

（3）账实核对

账实核对是指各种财产物资账面余额与实有数额之间的核对。核对内容包括：

1）库存现金日记账的账面余额应同现金的实际库存数核对相符；

2）银行存款日记账的账面余额应同银行对账单余额核对相符，每月至少核对一次；

3）各种债权债务明细分类账余额，应与有关债权、债务单位的账面记录核对相符；

4）各项财产物资明细账余额，应与财产物资实有数核对相符。

2. 结账

结账是指会计人员在会计期末（月末、季末、年末）将一定时期内发生的经济业务全部登记入账的基础上，结算出各种账簿的本期发生额和期末余额，结账的内容通常包括两个方面：一是结清各种损益类账户，并据此计算确定本期利润；二是结清各资产、负债和所有者权益账户，分别结出本期发生额合计和余额。结账程序如下：

1）应先检查本期所发生的各类经济业务是否都已全部正确填制会计凭证，登记入账。

2）根据权责发生制的要求，编制调整分录，合理确定本期应计入的收入和应计的费用。

3）编制结账分录，将损益类科目转入"本年利润"科目，结平所有损益类科目。

4）结算出资产、负债和所有者权益科目的本期发生额和期末余额，并结转下期。

2.4.6 会计账簿的更换与保管

（1）账簿的更换

所谓账簿的更换是指在会计年度终了时，将上年度的账簿更换为次年度的新账簿的工作。在每一会计年度结束，新一会计年度开始时，应按会计制度的规定，更换原有账簿，使用新账簿。

1）总账、日记账和大部分的明细账，要每年更换一次。年初，将旧账簿中的各账户的余额直接计入新账簿中有关账户新账页的第一行"余额"栏内；同时，在"摘要"栏内注明"上年结转"字样，并将旧账页最后一行数字下的空格划一条斜红线注销，在旧账页最后一行"摘要"栏内注明"结转下年"字样。

2）部分明细账，如固定资产明细账，因年度内变动不多，年初可不必更换账簿；又如材料明细账和债权债务明细账，由于材料品种、规格和往来单位较多，更换新账重抄一遍工作量较大，因此，可以跨年度使用，不必每年更换新账。但须在"摘要"栏内注明"结转下年"字样，以划分新旧年度之间的记录。

（2）账簿的保管

账簿的保管，应该明确责任，保证账簿的安全和会计资料的完整，防止交接手续不清和可能发生的舞弊行为。在账簿交接保管时，应将该账簿的页数、记账人员姓名、启用日期、交接日期等列表附在账簿的扉页上，并由有关方面签字盖章。账簿要定期（一般为年终）收集，审查核对，整理立卷，装订成册，专人保管，严防丢失和损坏。

账簿应按照《会计档案管理办法》规定的期限进行保管。各账簿的保管期限分别为：日记账一般为 15 年，其中现金日记账和银行存款日记账为 25 年；固定资产卡片在固定资产报废清理后应继续保存 5 年；其他总分类账、明细分类账和辅助账簿应保存 15 年。

本 章 习 题

第 1 部分 会 计 要 素

思考题：

1. 会计基本等式？其涵义是什么？

2. 会计扩展等式? 其涵义是什么?

3. 什么是会计科目? 设置会计科目有何意义?

4. 账户的概念?

5. 账户的基本结构? 如何理解其重要性?

6. 账户按其核算的详细程度分为哪几类?

7. 会计科目和账户的联系和区别?

练习题:

1. 练习会计要素相关内容。

资料: 下列会计要素的具体项目为: 库存现金、应付票据、无形资产、实收资本、应付账款、银行存款、短期借款、资本公积、短期投资、应收账款。

要求: 指出哪些项目属于资产, 哪些项目属于负债或所有者权益。

资 产 类	负 债 类	所有者权益

2. 明确资产、负债和所有者权益的业务内容, 并判断所属会计要素、会计等式。

资料: 某公司 2014 年 9 月 30 日业务资料如下:

序号	项目	金额	资产	负债	所有者权益
1	车间厂房	360 000			
2	银行账户存款余额	83 200			
3	库存商品	68 020			
4	短期借款	100 000			
5	制造产品用的机器	156 000			
6	运输设备	190 000			
7	仓库中的原材料	124 000			
8	国家投入资本	500 000			
9	销售部门用的电脑	24 000			
10	应付未付职工工资	36 120			
11	应付××企业原材料款	238 000			
12	接受××企业投资	200 000			
13	办公楼	450 000			
14	应收××公司资金	55 000			
15	本月实现的利润	589 000			
16	库存现金	6 300			
17	出租包装物收取的押金	6 400			
18	办公室人员借差旅费	3 000			
19	应收未收款	150 000			
20	合计				

要求：将上表内业务按会计要素项目相应栏次，计算合计数，看结果是否符合会计等式。

3. 练习会计要素、会计等式类型题。

资料：东北柴油机股份有限公司 2007 年 6 月 30 日业务如下：

（1）银行存款余额 307 282 元。

（2）企业向银行借入 6 个月借款 100 000 元。

（3）出纳员保管的库存现金 2 698 元。

（4）电脑、打印机、复印机价值 16 720 元。

（5）仓库保管员保管材料价值 32 500 元。

（6）收取包装公司押金 7 000 元。

（7）应付广告公司欠款 5 000 元。

（8）购入机器设备价值 38 000 元。

（9）低值易耗品价值 800 元。

（10）投资者投入资金 300 000 元。

要求：

（1）确定上述业务属于什么会计要素？列出会计要素名称。

（2）计算资产、负债及所有者权益总额，并说明之间关系。

资　　产	负　　债	所有者权益

4. 会计要素经济内容。

资料：某柴油机股份有限公司 2008 年 6 月份发生下列经济业务：

（1）用支票购买甲材料。

（2）支付到期长期借款，银行从企业账户划拨。

（3）欠××公司货款，用银行存款支付。

（4）收到投资人投入一台机器设备。

（5）购进乙材料，货款未付。

（6）向银行取得短期借款，直接偿还欠××单位货款。

（7）企业投资人张××，替××企业归还短期借款，并将其转为投入资本。

（8）用盈余公积金弥补职工福利费。

（9）××企业借入期限为 2 年借款，存入银行存款户。

（10）盈余公积转增实收资本。

（11）股东决议，用银行存款代投资人××以资本金偿还其应付给其他单位的欠款。

（12）企业用固定资产投资。

九种类型	经济业务题号
1. 一项资产增加，另一项资产减少	
2. 一项负债增加，另一项负债减少	
3. 一项所有者权益增加，另一项所有者权益减少	
4. 一项负债增加，一项所有者权益减少	
5. 一项负债减少，一项所有者权益增加	
6. 一项资产增加，一项负债增加	
7. 一项资产增加，一项所有者权益增加	
8. 一项资产减少，一项负债减少	
9. 一项资产减少，一项所有者权益减少	

要求：根据上述经济业务，划分出九种类型经济业务的类型，用题号标明。

5. 熟悉会计恒等式。

资料：某柴油机股份有限公司发生的六笔经济业务如下：

序号	资产	金额（元）	负债	金额（元）	所有者权益	金额（元）
1	银行存款	100 000	短期借款	100 000		
2	库存现金	5 000				
	银行存款	5 000				
3	固定资产	50 000				
	银行存款	50 000				
4	原材料	60 000	应付账款	60 000		
5	银行存款	100 000			实收资本	100 000
6	其他应收款	3 000				
	库存现金	3 000				

要求：根据上述六笔业务发生科目资料，用文字描述该业务的内容。

序号	文字描述
1	
2	
3	
4	
5	
6	

6. 熟悉会计科目及其细目分类。

资料：某柴油机股份有限公司财务部使用的会计科目（一级科目）、子目（二及科目）和细目（三级科目）如下表：

明 细 表

机器设备	短期借款	专利技术
应收××公司货款	原料及主要材料	王××借款
应付××工厂货款	辅助材料	应收××公司货款
固定资产	应付××公司账款	Z25 柴油机生产成本
R26 柴油机生产成本	6个月借款	槽钢
运输工具	角钢	生产用固定资产
A产品生产成本	基本生产成本	应收××油泵厂账款
收到王××投资	柴油	应付××公司货款

要求：分析上列会计科目中哪些属于一级科目？哪些属于二级科目？哪些属于明细科目？列示于下表（列示方法见举例）。

一级总账科目	二级子目	三级子目
原材料	原料及主要材料	甲材料
	……	乙材料
……	……	……

7. 熟悉资产、负债和所有者权益的内容。

资料：东北柴油机股份有限公司 2008 年 7 月 1 日资产、负债和所有者权益资料如下：

序号	项目	金额(元)	资产	负债	所有者权益
1	取得的短期借款	200 000			
2	已计提的税金	23 000			
3	制造中的柴油机	264 000			
4	仓库中存放的成品柴油机	480 000			
5	法人投入的资金	1 200 000			
6	运输用的汽车	180 000			
7	仓库中的钢材	35 000			
8	生产用的车间	990 000			
9	存入银行的资金	24 000			
10	国家投入的资本	2 000 000			
11	业务部使用的电脑	20 000			
12	机器设备	560 000			
13	欠××工厂的角钢款	287 000			
14	本单位办公楼	1 340 000			
15	本月实现的利润	280 500			
16	库存现金余额	5 400			
17	办公人员预借的差旅费	5 600			
18	出租设备收取的押金	2 500			
19	应收的外单位欠款	89 000			
20	合计				

要求：将上列各项按所属会计要素类别填入相关栏内，并分别计算其合计数。看是否符合会计恒等式。

8. 利用会计科目，把握会计等式的深刻含义。

资料：某柴油机股份有限公司 2008 年 7 月 1 日资产、负债和所有者权益的有关项目如下：

（1）投资人投入的资本 800 000 元。

（2）厂房价值 500 000 元。

（3）机器设备 250 000 元。

（4）财务账户里的现金 6 500 元。

（5）应收××油泵厂欠款 140 000 元。

（6）应收业务员乔××借款 8 000 元。

（7）仓库保管的钢材 52 500 元。

（8）库存的完工柴油机 315 000 元。

（9）企业银行账户的款项 230 000 元。

（10）取得的短期借款 200 000 元。

（11）应付给××工厂木材款 100 000 元。

（12）从银行取得的长期借款 500 000 元。

（13）生产加工中的在产品 98 000 元。

要求：找出以上经济业务应属于会计要素，即资产、负债或所有者权益类，填入以下相应的表格中，并计算出合计数，利用会计等式来检验是否成立。

顺序号	资产类		负债类		所有者权益类	
	会计科目	金额（元）	会计科目	金额（元）	会计科目	金额（元）
1						
2						
3						
4						
5						
6						
7						
8						
9						
10						
11						
12						
13						
合计						

9. 练习会计计算结构。

资料：某企业部分账户的数据如下表（单位：元）。

账户名称	期初余额	本期增加发生额	本期减少发生额	期末余额
库存现金	660 000	270 000	328 000	
应收账款	800 000	1 200 000		1 000 000
短期借款		520 000	320 000	600 000
应付账款	460 000		380 000	110 000
银行存款	450 000		780 000	907 860
固定资产		890 200	78 650	1 224 510

账户名称	期初余额	本期增加发生额	本期减少发生额	期末余额
预收账款	389 020	667 809	19 990	
预付账款		670 029	123 890	678 902
无形资产	250 000	100 000	50 000	

要求：上列空项通过已知数据计算并填入数据。

第2部分 复 式 记 账

思考题：

1. 什么是复式记账方法？

2. 复式记账法有何特点？

3. 什么是记账符号？

4. 什么是记账规则？

5. 什么是试算平衡？

6. 什么是借贷记账法？

7. 简述借贷记账法的账户结构？

练习题：

1. 练习借贷记账法的简单应用。

资料：某公司 2014 年 3 月发生的部分经济业务如下：

(1) 从银行提取现金 1 000 元。

(2) 用银行存款 10 000 元归还短期借款。

(3) 购入一批原材料买价 35 000 元，不考虑增值税，货款用银行存款付讫。

(4) 投资人投入资本 50 000 元，存入银行。

(5) 以银行存款 20 000 元，偿还银行长期借款。

(6) 向银行借入短期借款 10 000 元，偿还前欠××企业货款。

(7) 收回××企业前欠货款 10 000 元，存入银行。

(8) 从银行提取现金 2 000 元备用。

(9) 外购一批原材料，以银行存款 20 000 元支付材料货款。

(10) 将现金 1 000 元存入银行。

(11) 以银行存款 15 000 元购入新设备一台。

要求：根据以上经济业务编制会计分录。

2. 练习借贷记账法。

资料：某公司 2014 年 12 月发生的部分经济业务如下（不考虑增值税）：

(1) 向××批发公司购入槽钢 20 吨，价格 15 000 元，材料已验收入库，货款已支付。

(2) 向银行借入期限为 9 个月的借款 300 000 元，款已存入银行存款户。

(3) 生产车间领用槽钢 10 吨，用于生产产品。

（4）向××公司购入方钢 20 吨，价款 10 000 元，材料已验收入库，货款尚未支付。

（5）办公室张××去北京开会，欲借差旅费 3 000 元，用现金支付。

（6）用银行存款支付前欠××公司货款 10 000 元。

（7）收到××公司投入资本 500 000 元，款已存入银行。

（8）收回原××厂前欠货款 315 000 元，款已存入银行。

（9）从银行提取现金 5 000 元，备用。

（10）以银行存款支付办公用耗材 1 000 元。

（11）购入一台电脑价款 5 600 元，用银行存款支付。

要求：根据上述业务编制会计分录。

3. 熟悉借贷记账法。

资料：某柴油机股份有限公司 2014 年 11 月初的资产、负债及所有者权益情况如下：

资　　产	余额（元）	负债及所有者权益	余额（元）
库存现金	5 000	负债：	
银行存款	84 000	短期借款	400 000
应收账款	64 320	应付账款	210 000
预付账款	8 600	预收账款	50 000
其他应收款	7 540	其他应付款	32 156
原材料	185 300	应付职工薪酬	65 892
生产成本	112 000	所有者权益：	100 000
库存商品	68 000	实收资本	300 000
固定资产	564 000	盈余公积	10 000
无形资产	80 000	未分配利润	10 712
合计	1 178 760	合计	1 178 760

该厂 12 月份发生下列经济业务：

（1）向××批发公司购入角铁 10 吨，价款 11 500 元，材料已验收入库，货款已支付。

（2）向银行借入期限为 6 个月的借款 200 000 元，款已存入银行存款户。

（3）生产车间领用角铁，价值 6 000 元，进行生产制造产品。

（4）向××公司购入方钢 5 吨，价款 50 000 元，材料已验收入库，货款尚未支付。

（5）办公室刘××去上海开会，欲借差旅费 5 000 元，用现金支付。

（6）用银行存款支付前欠××公司货款 50 000 元。

（7）收到××油泵厂投入资本 200 000 元，款已存入银行。

（8）收回原××厂前欠货款 15 000 元，款已存入银行。

（9）从银行提取现金 4 000 元，作零星开支备用。

（10）以银行存款支付办公用耗材 2 000 元。

（11）购入一台打字机价款 8 000 元，用银行存款支付。

要求：

（1）2014 年 11 月表格中资产、负债、所有者权益各项目余额填入下表期初数。

（2）2014 年 12 月份内增减变化的金额填入下表相应栏内。

（3）计算各项目的期末余额和合计数（为简化手续，暂不使用"在途物资"和"应交税费"科目），表格如下：

资产	期初数	本期增加数	本期减少数	月末余额	负债及所有者权益	期初数	本期增加数	本期减少数	月末余额
库存现金					短期借款				
银行存款					应付账款				
应收账款					预收账款				
预付账款					其他应付款				
其他应收款					应付职工薪酬				
原材料					实收资本				
生产成本					盈余公积				
产成品					未分配利润				
固定资产									
无形资产									
合计					合计				

第 3 部分 会 计 凭 证

思考题：

1. 什么是会计凭证？其作用和意义？

2. 什么是原始凭证？它是如何分类的？

3. 什么是记账凭证？其分类？

4. 原始凭证的内容？填制要求？

5. 记账凭证的内容？填制要求？

6. 原始凭证的审核基本内容有哪些？

7. 记账凭证的审核基本内容有哪些？

8. 会计凭证传递时应注意哪些问题？

练习题：

1. 练习原始凭证相关题型。

资料：某房地产开发公司 10 月份发生的部分经济业务如下：

（1）10 月 11 日，向××工厂购进钢材 100 吨，每吨单价 2 500 元，收到了增值税专用发票，内列材料款 250 000 元，增值税额 42 500 元，用支票支付，材料入库。

（2）10 月 16 日，刘××准备去上海公出，借款 5 000 元，支付现金。

（3）10 月 17 日，销售轴承 500 件，单价 10 元，增值税率 17%。

（4）10 月 19 日，工程领用钢材 20 吨，每吨采购成本 3 000 元。

（5）10 月 28 日，刘××公出共花 3 900 元，余款交到公司财务。

要求：根据上述资料编制增值税专用发票、材料验收单、材料出库单、借款单、旅费报销单。

2. 认识各种原始凭证。

资料：模拟某房地产开发公司员工，每人准备一张原始凭证（正规发票）到财务报销。

要求：

（1）模拟财务部会计，对来报销人员，要审核准备的发票情况。

（2）履行签字手续。

（3）提出合格和不合格发票，核查手续是否完整。

3. 练习通用记账凭证。

资料：某房地产开发公司5月发生的经济业务如下：

（1）5月6日，从银行提取现金2 000元备用。

（2）5月9日，向××工厂购进甲材料20吨，每吨买价2 000元（不含17％的增值税），材料验收入库，收到增值税专用发票，价款以银行存款支付。

（3）5月11日，以现金支付公司办公费300元。

（4）5月12日，李××出差预借差旅费3 000元，用现金支付。

（5）5月17日，销售轴承，取得收入10 000元（不含17％的增值税），款存入银行。

（6）5月24日，李××出差报销差旅费2 600元，剩余款交回。

要求：根据上述资料编制通用记账凭证。

4. 练习收付款凭证。

资料：某房地产开发公司2015年1月份发生的货币资金收付业务如下：

（1）1日，用银行存款归还上月欠××公司购货款40 000元。

（2）3日，收到××公司上月购货款30 000元存入银行存款账户。

（3）4日，以银行存款支付营业税金500元。

（4）6日，销售轴承100箱，每箱出厂价格为500元，款收到存入银行存款户。

（5）8日，刘××借差旅费2 000元，以现金付给。

（6）10日，销售零用备件2箱，收到现金500元，款当日送存银行。

（7）16日，用银行存款归还到期的短期借款本金500 000元。

（8）20日，刘××出差回来报销差旅费1 700元，交回多余现金300元。

（9）22日，用现金100元购买公司用办公用品。

（10）25日，从银行提取现金85 000元备发工资。

要求：

（1）根据上述资料编制收款凭证和付款凭证。

（2）说明以上各题使用原始凭证的类别。

（3）用哪些原始凭证完成以上业务。

5. 练习转账凭证。

资料：某房地产开发公司2015年10月份发生部分转账业务如下：

（1）10月2日，车间领用甲材料22 000元，具体用途如下：生产轴承耗用18 000元，生产车间一般耗费2 400元，公司总部耗用1 600元。

（2）10月6日，销售轴承开出增值税专用发票，货款10 000元，增值税1 700元，货款尚未收到。

（3）10月9日，从××公司购进乙材料一批，买价30 000元，增值税5 100元，材料入库，但款尚未支付。

（4）10月11日，韩××预借采购费用5 000元。

（5）10月15日，支付第三季度银行借款利息3 600元。

（6）10月25日，提取本月固定资产折旧15 000元，其中开发间接费用14 000元，公司管理部门1 000元。

（7）10月30日，结转本月工资，其中开发间接费用工资85 000元，公司管理人员工资3 000元。

要求：根据上述资料，编制转账凭证，并说出原始凭证张数。

第4部分 会 计 账 簿

思考题：

1. 什么是账簿？设置账簿有什么意义？

2. 设置账簿的原则是什么？

3. 账簿按用途分为哪几类？各是什么？

4. 试述现金日记账和银行存款日记账的内容和登记方法。

5. 试述总分类账的格式。

6. 明细分类账有哪几种格式，各应怎样登记？

7. 什么是对账？对账工作包括哪些内容？

8. 什么是结账？结账工作包括哪些内容？

9. 总分类账、明细分类账和日记账应怎样更换与保管？

10. 账簿启用规则是什么？

11. 账簿登记规则是什么？

12. 错账更正方法有哪几种？

13. 试述各种错账更正方法的内容和适用条件。

练习题：

1. 单项选择题

（1）总账按其用途分属于（　　）。

A. 序时账簿　　　　B. 备查账簿　　　　C. 分类账簿　　　　D. 日记账

（2）总账、库存现金日记账和银行存款日记账应采用（　　）。

A. 活页账　　　　B. 订本账　　　　C. 卡片账　　　　D. 以上均可

（3）数量金额式明细账适用于作（　　）账户的明细账。

A. 原材料　　　　B. 应收账款　　　　C. 生产成本　　　　D. 实收资本

（4）下列明细账中，应采用三栏式明细分类账的是（　　）。

A. 制造费用明细账　　　　　　　　B. 库存商品明细账

C. 累计折旧明细账　　　　　　　　D. 管理费用明细账

（5）（　　）明细账应根据经济业务的内容和经营管理的需要，在"借方"或"贷方"分别按明细项目设若干专栏。

A. 三栏式　　　　B. 多栏式　　　　C. 数量金额式　　　　D. 横线登记式

（6）总账一般采用（　　）。

A. "收入"、"支付"、"结余"三栏式账页

B. "借方"、"贷方"、"余额"三栏式账页

C. 多栏式账页

D. 横线登记式账页

(7) 库存现金日记账、银行存款日记账的登记方法是（　　）。

A. 逐日汇总登记   B. 定期逐笔序时登记

C. 逐日逐笔分类登记   D. 逐日逐笔序时登记

(8) 库存现金日记账和银行存款日记账的登记依据是（　　）。

A. 审核无误的收、付款原始凭证   B. 审核无误的收、付款记账凭证

C. 审核无误的所有原始凭证   D. 审核无误的所有记账凭证

(9) 下列说法错误的是（　　）。

A. 记账凭证中会计科目错误且已登账，应采用红字更正法更正

B. 记账凭证中金额多计且已登账，应采用红字更正法更正

C. 记账凭证中金额少计且已登账，应采用补充登记法更正

D. 记账凭证无错但账簿金额少计，应采用补充登记法更正

(10) 下列各项中，属于账证核对的是（　　）。

A. 总分类账与所属明细分类账簿核对

B. 企业银行存款日记账与银行对账单核对

C. 明细分类账之间的核对

D. 总分类账簿与转账凭证之间的核对

(11) 在登账时，如果发生隔页、跳行（　　）。

A. 应将空页撕掉

B. 应更改账簿记录

C. 应将空页、空行用蓝线对角划掉，加盖"作废"字样，并由记账人员签章

D. 应将空页、空行用红线对角划掉，加盖"作废"字样，并由记账人员签章

(12) 没有余额的账户，应在"借或贷"栏内（　　）。

A. 注明没有余额

B. 注明没有余额，并在余额栏内用"0"表示

C. 注明"平"字

D. 注明"平"字，并在余额栏内用"0"表示

(13) 每登记满一张账页时，（　　）。

A. 在下一页继续记录发生的业务

B. 应加计本页发生额总数，结出余额，填在账页的最末一行

C. 在本页的最末一行摘要栏内注明"转次页"字样

D. 应加计本页发生额总数，结出余额，填在账页的最末一行，并在摘要栏内注明
"转次页"字样

(14) 企业"银行存款日记账"与"银行对账单"之间的核对属于（　　）。

A. 账证核对   B. 账账核对   C. 账实核对   D. 债权债务核对

(15) 对于因为记账凭证的会计科目用错而导致的账簿错误应采用（　　）更正。

A. 划线更正法　　　B. 红字更正法　　　C. 补充登记法　　　D. 涂改法

2. 多项选择题

(1) 为了便于了解和运用会计账簿，可以对其进行如下的分类(　　)。

A. 按账簿外表形式分类　　　　　　　B. 按账簿格式分类

C. 按账簿用途分类　　　　　　　　　D. 按账簿经济内容分类

(2) 银行存款日记账的登记依据可能是(　　)。

A. 现金收款凭证　　　　　　　　　　B. 银行存款收款凭证

C. 现金付款凭证　　　　　　　　　　D. 银行存款付款凭证

(3) 下列账簿中，不能使用活页式账簿的是(　　)。

A. 制造费用明细账　　　　　　　　　B. 银行存款日记账

C. 固定资产明细账　　　　　　　　　D. 原材料总账

(4) 下列明细账应采用数量金额式账页的有(　　)。

A. 应收账款　　　　　　　　　　　　B. 材料采购

C. 原材料　　　　　　　　　　　　　D. 产成品

(5) 登账时遇到下列情况应用红色墨水书写的有(　　)。

A. 直接更改错误的文字和数字记录　　B. 补充登记漏记的金额

C. 冲销错账的金额　　　　　　　　　D. 月末结账后划线

(6) 下列关于结账的做法正确的是(　　)。

A. 所有账户的总账和明细账都要结计本期发生额和余额

B. 库存现金日记账需要按月结计发生额和余额

C. 需要结计本年累计发生额的某些明细账，其12月末的"本年累计"就是全年的累计发生额

D. 总账账户平时只需结出月末余额

(7) 下列属于账实核对的有(　　)。

A. 银行存款日记账的账面余额与银行对账单核对

B. 库存现金日记账余额与其总账余额核对

C. 所有总账账户借方余额合计与贷方余额合计核对

D. 本单位应收账款账面余额与对方单位账面记录核对

(8) 采用多栏式明细账的有(　　)。

A. 生产成本明细账　　　　　　　　　B. 主营业务收入明细账

C. 制造费用明细账　　　　　　　　　D. 本年利润明细账

(9) 用划线更正法更正错误时(　　)。

A. 应用红笔划线，并将错误数字全部划销

B. 用蓝笔在错误数字上方写上正确数字

C. 用红笔在错误数字上方写上正确数字

D. 由更正人在更正处盖章以示负责

(10) 生产车间生产产品领用原材料5 000元，填制记账凭证时，将金额误记为50 000元，科目没有错，并已登记入账。更正此种错误时(　　)。

A. 应用红字更正法　　　　　　　　　B. 应用补充登记法

C. 红字凭证的分录为：　　　　　　D. 补充凭证的分录为：

借：生产成本　45 000　　　　　　借：生产成本　　45 000

　　贷：原材料　45 000　　　　　　　贷：原材料　　45 000

3. 判断题

（1）明细分类账按核算的需要，除运用货币计量外，有些还需要以实物数量为计量单位。（　　）

（2）总账、日记账和大部分的明细账，要每年更换一次，年内变动不多的明细账年初可不必更换账簿。（　　）

（3）账簿记录发生错误时，不得涂改、挖补、刮擦或用退色药水消除字迹。（　　）

（4）备查账簿不是正式账簿，应根据各单位的实际需要确定应设置哪些备查账簿及采取何种形式。（　　）

（5）每日经济业务登记完毕，应结计库存现金日记账的当日余额，并以账面余额同库存现金的实存额进行核对，检查账实是否相符。（　　）

（6）数量金额式明细账适用于明细项目较多，且要求分别列示的成本、费用、收入、利润及利润分配明细账。（　　）

（7）明细账可以根据记账凭证登记，也可以根据原始凭证或原始凭证汇总表登记。（　　）

（8）年终更换新账时，新旧账簿有关账户之间的转记金额，应该编制记账凭证。（　　）

（9）在会计年度中间变更记账人员，可不办理有关交接手续。（　　）

（10）登记账簿可以使用圆珠笔、钢笔和蓝黑墨水书写，不能使用铅笔和红墨水书写。（　　）

4. 练习题

（1）练习银行存款日记账的登记方法。

（2）资料：海洋房地产开发公司 2015 年 12 月 1 日"银行存款"账户期初余额为 400 000 元，本月发生如下经济业务：

1）2 日，开出转账支票，归还前欠宏业公司材料采购款 234 000 元。

2）5 日，购进甲材料，价款 100 000 元，增值税 17 000 元，运费 1 000 元，开出转账支票支付货款，材料已验收入库。

3）8 日，预收货款，收到转账支票一张，计 200 000 元。

4）11 日，收到兴业公司归还所欠货款 117 000 元，已由银行划转。

5）16 日，管理部门买办公用品 1 200 元，以现金支票付讫。

6）20 日，销售产品一批，计 30 000 元，增值税 5 100 元，货款已经收到。

7）23 日，支付水电费 2 000 元，其中：开发支出 1 300 元，公司管理部门 700 元，已以转账支票付讫。

8）27 日，开出转账支票一张，预付向红光公司采购材料款 150 000 元。

9）30 日，提取现金 80 000 元备发工资。

10）31 日，以银行存款支付职工医药费 2 600 元。

（3）要求：

1）开设"银行存款日记账"，并登记期初余额；

2）根据以上经济业务编制记账凭证；

3）登记银行存款日记账，并办理月结。

5. 练习错账的更正方法。

资料：享誉房地产开发企业 2015 年 5 月份查账时发现下列错账：

（1）从银行提取现金 3 500 元，过账后，原记账凭证没错，账簿错将金额记为 5 300 元；

（2）接受某企业固定资产投资，价值 70 000 元。查账时发现凭证与账簿均记为：

借：固定资产　　　　　　　　　　　　　　　　　　　　　　70 000

　贷：资本公积　　　　　　　　　　　　　　　　　　　　　　　70 000

（3）用银行存款 5000 元购入 5 台小型计算器，查账时发现凭证与账簿均记为：

借：固定资产　　　　　　　　　　　　　　　　　　　　　　5 000

　贷：银行存款　　　　　　　　　　　　　　　　　　　　　　　5 000

（4）用银行存款 2 400 元预付明年财产保险费，查账时发现凭证与账簿均将"待摊费用"账户错记为"预提费用"账户；

（5）以银行存款偿还短期借款 40 000 元，查账时发现凭证与账簿中科目没有记错，但金额均记为 400 000 元；

（6）以一张商业承兑汇票抵付应付账款，查账时发现科目没错，但凭证与账簿均多记 54 000 元；

（7）将一部分盈余公积金按规定程序转为实收资本，查账时发现凭证与账簿均将金额少记 72 000 元。

要求：按正确的方法更正错账。

6. 练习错账的更正和试算平衡表的编制。

资料：大成房地产开发公司 2015 年 8 月 31 日结账前的试算表如下，由于存在某些错误，因而借、贷方不平衡：

大成房地产开发公司结账前试算表

2015 年 8 月 31 日

会计科目	借方	贷方
库存现金	4 740	
银行存款	104 600	
应收账款	38 700	
库存商品	89 700	
原材料	42 060	
固定资产	113 700	
短期借款		120 000
应付账款		73 480
实收资本		200 000
主营业务收入		86 500
销售费用	63 400	
合计	456 900	479 980

经日记账与分类账相互核对，发现存在下列错误：

（1）用银行存款支付本月电话费 2 140 元，误记为 1 240 元；

（2）赊购商品一批计 37 500 元，误作为原材料入账；

（3）用现金支付由购货单位负担的商品运杂费 2 700 元，误作为本公司的营业费用入账；

（4）用银行存款支付所欠货款 163 210 元，误记为 161 230 元；

（5）赊购办公用的打字机一台，价值 34 000 元，误作为库存商品入账；

（6）赊销商品一批计 13 340 元，过账时误记为应收账款贷方；

（7）用银行存款支付短期借款利息 1 000 元，误作为归还短期借款 10 000 元；

（8）用银行存款支付本月水电费 1 570 元，过账时营业费用借记 5 170 元。

要求：

（1）根据上述资料采用适当的错账更正方法更正错账。

（2）编制一张正确的试算平衡表。

3 房地产开发企业货币资金

3.1 房地产开发企业货币资金的管理与控制

货币资金是企业经营资金在循环周转过程中停留在货币形态的资金。货币资金是以货币形态存在的资产，具有较强的流动性，是房地产开发企业资产的重要组成部分，是企业从事开发经营管理的基本条件。对货币资金的管理与控制是企业建立健全会计内部控制的重点，房地产企业应管好用好货币资金。

货币资金按其存放地点和用途的不同，可分为库存现金、备用金、银行存款和其他货币资金。其中，其他货币资金具体包括外埠存款、银行汇票存款、银行本票存款、信用卡存款、信用证保证金存款及在途货币资金等。

3.1.1 库存现金管理

（1）库存现金的限额管理

库存现金是指存放在企业的会计部门金库里的现钞，是企业流动性最强的货币性资产。库存现金是各企业经限额核定，为满足日常零星开支所备用的现金，房地产开发企业可按规定和实际需要核定最高限额，企业距离银行较近一般为企业 3~5 天的日常零星现金用量；远离银行或交通不便的企业，最多不超过 15 天的现金日常开支用量。库存现金的限额一经确定，企业应严格执行，每日的现金结存量若超过限额，应将超出部分及时送存银行。

（2）库存现金的使用范围

房地产开发企业在发生各种款项时，根据我国《现金管理暂行条例》的规定，允许使用库存现金结算的范围有以下方面：

① 发放职工工资、津贴；

② 个人劳动报酬；

③ 根据国家规定颁发给个人的科学技术、文化艺术、体育等各种资金；

④ 各种劳保、福利费用及国家规定对个人的其他支出；

⑤ 向个人收购农副产品和其他物资支付的价款；

⑥ 出差人员必须随身携带的差旅费；

⑦ 结算起点 1 000 元以下的零星支出；

⑧ 中国人民银行确定需要支付现金的其他支出。

不属于上述库存现金结算范围的款项支付，一律不准使用库存现金结算，而应当通过银行办理转账结算。

（3）库存现金管理与控制的有关规定

房地产开发企业在开发经营业务中，按照《现金管理暂行条例》的规定，注意以下几种情况：

① 企业收入的现金应当日送存开户银行，不得拖延。

② 用收入的现金直接支付支出，称为"坐支"。房地产开发企业不允许坐支。因特殊情况需用现金的，应事先报经开户银行审查批准，企业应定期向银行报送坐支金额和使用情况。

③ 企业从开户银行提取现金，经开户银行审核后，予以支付现金。

④ 不得"白条抵库"，即用不符合制度的凭证顶替现金；不准谎报用途套取现金；不准用银行账户代其他单位和个人存入或支取现金；不准将单位收入的现金以个人名义存储；不准保留账外公款；不得设置"小金库"等。

（4）库存现金日记账的登记

企业必须设置"库存现金日记账"，对每日发生的经济业务，保证账账相符，做到"日清月结"。

（5）库存现金的监督

为了加强对库存现金的监督，企业应定期或不定期地对现金进行清查，对现金进行实地盘点。发现有待查明原因的现金溢余或短缺，根据"库存现金盘点报告表"，通过"待处理财产损益——待处理流动资产损益"账户调整库存现金账面数，待查明原因后再行处理。如为库存现金溢余，属于应支付给有关人员或单位的，贷记"其他应付款"账户；属于无法查明原因的，经处理批准后，贷记"营业外收入"账户；如为库存现金短缺，属于应由责任人或保险公司赔偿的部分，借记"其他应收款"账户；属于无法查明原因的，根据管理权限，经批准后处理，借记"管理费用"账户。

3.1.2　银行存款管理

（1）开设银行存款账户的规定

银行存款是房地产开发企业存放在银行或其他金融机构的货币资金。按照我国《支付结算办法》的规定，凡是独立核算的企业都必须在当地的银行办理开户许可证。除在规定的范围内可以直接用现金支付外，在开发经营过程中所发生的采购材料、购买物资、销售房产等经济业务，都必须通过银行存款账户进行结算。

银行存款账户分为基本存款账户、一般存款账户、临时存款账户和专用存款账户。各种存款账户有不同的用途和使用规定。企业日常开发经营活动所发生的结算业务，除按照国家规定可以使用库存现金结算外，都必须使用银行票据和结算凭证，通过银行办理支付结算。

（2）银行结算方式

银行结算方式主要包括支票、银行汇票、银行本票、商业汇票、汇兑、委托收款、托收承付和信用卡等支付结算方法。

1）支票

支票是单位或个人签发的，委托办理支票存款业务的银行在见票时无条件支付确定的金额给收款人或出票人的票据。单位和个人在统一票据交换区域的各种款项结算，均可使用支票。支付的提示付款期限自出票日起10日。支票由银行统一印制，分为现金支票、转账支票和普通支票。现金支票只能用于支取现金；转账支票只能用于转账；普通支票既可以支取现金，也可以转账。在普通支票的左上角划两条平行线的，只能用于转账，不能支取现金。

签发支票时，须根据支票存根和有关原始凭证及时编制付款凭证。

2）银行汇票

银行汇票是汇款人将款项交存当地银行，由银行签发给汇款人持往异地办理转账结算或支取现金的票据。银行汇票使用灵活、票随人到，容易兑现，适用于单位和个人办理异地结算业务；银行汇票付款期限为自出票日起1个月内。采用银行汇票结算方法时，收款单位应根据银行的收账通知和有关原始凭证编制收款凭证；付款单位在收到银行签发的银行汇票后，根据银行汇票委托书的存根联编制付款凭证。如有多余款项或因超过付款期限等原因而退回款项时，应根据银行的付款通知编制收款凭证。

3）银行本票

银行本票是申请人将款项交存银行，由银行签发，承诺自己在见票时无条件支付确定的金额给收款人或者持票人的票据。银行本票信誉高、支付功能强、见票即付，适用于单位和个人办理同一票据交换区域内的款项支付；银行本票的付款期限为自出票日起最长不超过2个月。采用银行本票结算方法的，收款单位按照规定受理银行本票后，应将本票连同进账单送交银行办理转账，然后根据银行盖章退回的进账单第一联和有关原始凭证编制收款凭证；付款单位在收到银行签发的银行本票后，根据申请书存根联编制付款凭证。因银行本票超过付款期限或其他原因要求退款时，在交付银行本票和填制的进账单并经银行审核盖章后，可根据进账单第一联编制收款凭证。

4）商业汇票

商业汇票是出票人签发的，委托付款人在指定日期无条件支付确定的金额给收款人或持票人的票据。在银行开立存款账户的法人与一级其他组织之间必须具有真实的交易关系或债权债务关系的，才能使用商业汇票。商业汇票的付款期限由交易双方商定，但最长不得超过6个月。提示付款期限为自汇票到期日起10日。商业汇票可以背书转让，符合条件的商业汇票的持票人可持未到期的商业汇票，向银行申请贴现。商业汇票按承兑人的不同分为商业承兑汇票和银行承兑汇票。

① 商业承兑汇票由银行以外的付款人承兑。商业承兑汇票交易按交易双方的约定，由收款人签发，经付款人承兑或由付款人签发并承兑。汇票到期时，付款人的开户银行凭票将款项划给供货企业或贴现银行，收款人收到银行的收款通知时，据以编制收款凭证；付款人在收到银行的付款通知时编制付款凭证。如果付款人的银行存款不足以支付票款，开户银行应将商业承兑汇票退还，银行不负责付款，由收付款双方自行处理。

② 银行承兑汇票由银行承兑，由在承兑银行开立存款账号的存款人签发。付款人应于汇票到期前将票款足额交存开户银行。由承兑银行在汇票到期日或到期日后的见票当日支付票款。汇票到期时，承兑银行凭票将承兑款项无条件支付给收款人；如果付款人于汇票到期日未能交足票款，承兑银行除凭票向持票人无条件付款外，还可对付款人尚未支付的汇票金额按每天万分之五计收罚息。

5）汇兑

汇兑是汇款单位委托银行将款项汇往异地收款单位的一种结算方式，适用于单位和个人的各种款项的结算。汇兑分为信汇和电汇两种，由汇款人根据需要选择使用。采用汇兑结算时，收款人对于汇入的款项，在收到银行的收账通知时，据以编制收款凭证；付款人汇出款项，应在委托银行办理汇款后，根据汇款回单联编制付款凭证。

6）委托收款

委托收款是收款人委托银行向付款人收取款项的结算方式。无论单位或个人均可以凭已承兑的商业汇票、债券、存单等付款人债务证明办理款项收取同城或异地款项。委托收款结算按汇款方式分为邮寄和电报两种。收款人委托开户银行收款时，应填写委托收款结算凭证，并提供有关债务证明；收款人在收到银行的托收款项时，根据收账通知编制收款凭证。

付款人在接到未退收款凭证后，应于规定的付款期限内通知银行是否付款；如有异议，需要全部或部分拒付款项的，则在付款期限内出具拒付理由书连同债务证明、委托收款凭证，向银行提出拒绝付款。付款人在付款期满，收到银行付款通知时，编制付款凭证；全部拒付款项的，不作账务处理。

7）托收承付

托收承付是指根据购销合同由收款人发货后委托银行向异地付款人收取款项，由付款人向银行承认付款的一种结算方式。使用托收承付结算方式的收款人和付款人必须经开户银行审查同意；其办理托收承付结算的款项必须是商品交易及因商品交易而产生的劳务供应的款项。代销、寄销、赊销商品的款项不得办理托收承付。托收承付款项划回方式分为邮寄和电报两种。托收承付结算的金额起点为每笔10 000元。

采用异地托收承付结算方式的，收款人按合同发货后，应填写托收承付结算凭证，与发票和运货单据等有关凭证一并送交开户银行办理托收手续；在收到委托银行的托收款项时，根据收款通知和有关原始凭证编制收款凭证。按照《支付结算办法》的规定，承付货款分为验单付款和验货付款，由双方签订合同时约定。验单付款承付期为3天，验货付款承付期为10天。付款人在收到托收承付结算凭证和所附单据后，应审核是否符合订货合同的要求，对于承付的款项，应根据托收承付结算凭证的承付通知和有关发票账单等编制付款凭证；如有拒付的款项，应填写"拒绝付款理由书"，并出具相关证明，向开户银行办理拒付手续，由银行负责审查，签署意见进行处理。

8）信用卡

信用卡是指商业银行向个人和单位发行的，凭此向特约单位购货、消费和向银行存取现金，且有消费信用的特制卡片。信用卡按使用对象分为单位卡和个人卡，按信誉等级分为金卡和普通卡。信用卡的申领、现金的存取、使用等均有严格的管理规定，应按照执行。单位和个人申领信用卡时按银行要求交存一定的金额，开立信用卡存款账户；在使用中，也需要交存或续存资金，企业可根据支票存根及银行有关凭证，编制付款凭证。

（3）银行存款日记账的登记

为了加强对银行存款的管理，随时掌握银行存款收付的动态和结余情况，企业应当设置"银行存款日记账"，并按银行存款收付业务的先后顺序逐笔、序时地登记，每日终了时结出余额。"银行存款日记账"应定期与银行出具的"银行对账单"核对，至少每月核对一次。

企业账面结余余额与银行对账余额之间如有差额，必须查明原因，并按月编制"银行存款余额调节表"进行调整，使之相符。月末，"银行存款日记账"的余额还须与"银行存款"总账账户的余额核对相符。

3.2 房地产开发企业货币资金的核算

3.2.1 库存现金的核算

库存现金是通过"库存现金"账户进行核算的，它是资产类账户，用以核算企业的库存现金，房地产开发企业收入现金时，记入借方；房地产开发企业付出现金时，记入贷方；期末余额在借方，表示房地产开发企业的库存现金。

房地产开发企业发生的每笔现金收入和支出业务，都应根据审核无误的原始凭证编制收款凭证或付款凭证，并据以登记账簿。收入的现金，借记"库存现金"账户，贷记"主营业务收入"、"其他业务收入"、"其他应付款"等账户；支出的现金，借记"管理费用"、"销售费用"、"开发间接费用"、"其他应收款"等账户，贷记"库存现金"账户。

【例 3-1】A 房地产开发公司，提取零星备用款，用现金支票从开户银行提取 5 000 元。作会计分录如下：

借：库存现金　　　　　　　　　　　　　　　　5 000.00
　贷：银行存款　　　　　　　　　　　　　　　　　5 000.00

【例 3-2】A 房地产开发公司办公室购买办公耗材 340 元，用现金支付。作会计分录如下：

借：管理费用　　　　　　　　　　　　　　　　340.00
　贷：库存现金　　　　　　　　　　　　　　　　340.00

【例 3-3】A 房地产开发公司，根据库存限额要求，将超出限额款 2 000 元存入开户银行。作会计分录如下：

借：银行存款　　　　　　　　　　　　　　　　2 000.00
　贷：库存现金　　　　　　　　　　　　　　　　2 000.00

出纳员每天根据收款凭证和付款凭证逐笔序时登记"库存现金日记账"，详细反映库存现金收入、支出和结存情况，库存现金格式见表 3-1。

库存现金日记账（单位：元）　　　　　　表 3-1

2015 年 月	日	凭证号数	摘　要	对方科目	借方	贷方	余额
12			上年结转				1 980
	3	5	提现金		5 000		
	6	14	付办公用品款			368	
	9	16	张××预借差旅费			2 000	
	18	21	存入银行余款			2 000	
	28	29	支付运费			600	2 012

3.2.2 备用金的核算

"备用金"是资产类账户，用以核算企业内部周转使用的备用金。对于预支的备用金，拨付时可借记"备用金"科目；报销和收回余款时贷记该科目。在实行定额备用金制度的单位，除拨付、增加或减少备用金定额时通过"备用金"科目核算外，日常支用报销补足定额时，都无须通过该科目而将支用数直接记入有关成本类科目、费用类科目。

备用金指定专人负责管理，按照规定用途使用，不得转借给他人或挪作他用。可实行定额备用金制度，即由指定的备用金负责人按照规定的数额领取，支用后按规定手续报销，补足原定额。实行定额备用金制度的单位，备用金领用部门支用备用金后，应根据各种费用凭证编制费用明细表，定期向财会部门报销，领回所支用的备用金。

【例 3-4】A 房地产开发公司，5 月 6 日签发现金支票 3 000 元，拨付总务部门备用金定额，作会计分录如下：

借：备用金——总务部门		3 000.00
贷：银行存款		3 000.00

【例 3-5】A 房地产开发公司，5 月 28 日总务部门送来报账发票，其中：快递费 120元；卫生工具 350 元；修理用材料 280 元；市内运费 105 元；会计部门审核无误，当即用现金补足其备用金定额。作会计分录如下：

借：管理费用——修理费		280.00
借：管理费用——运费		225.00
借：管理费用——卫生费		350.00
贷：库存现金		855.00

非定额管理是指用款部门根据实际需要向财会部门领款的管理办法。在凭有关支出凭证向财会部门报销时，作为减少"备用金"处理，直到用完为止。如需补充备用金，再另行办理拨款和领款手续。借备用金会计分录同上例【例 3-4】。

根据上例【例 3-5】报销费用时，作会计分录如下：

借：管理费用——修理费		280.00
借：管理费用——运费		225.00
借：管理费用——卫生费		350.00
贷：备用金——总务部门		855.00

如果将余额交回时，作会计分录如下：

借：库存现金		2 145.00
贷：备用金——总务部门		2 145.00

总之，无论实行哪种管理办法，都要建立健全备用金的领用、保管和报销等手续制度，并指定专人负责经管备用金。经管人员发生变动时，必须办理交接手续，以明确经济责任。

3.2.3 银行存款的核算

（1）"银行存款"是资产类账户，用以核算企业存入银行或其他金融机构的各项款项，企业存入款项时，记入借方；企业付出款项时，记入贷方；期末余额在借方，表示企业存在银行或其他金融机构的各种款项。

【例 3-6】A 房地产开发公司 2015 年 4 月 1 日发生与银行存款有关的经济业务如下：

1）当日的销货现金 15 万元送存银行，当即收到解款回单。作会计分录如下：

借：银行存款		150 000.00
贷：库存现金		150 000.00

2）开出转账支票，支付销售商品运费 2 200 元。作会计分录如下：

借：销售费用——运费　　　　　　　　　　　　　　2 200.00
　　贷：银行存款　　　　　　　　　　　　　　　　　　　2 200.00

3）开出现金支票，提取现金 4 000 元。作会计分录如下：

借：库存现金　　　　　　　　　　　　　　　　　　4 000.00
　　贷：银行存款　　　　　　　　　　　　　　　　　　　4 000.00

4）购进材料 10 万元，增值税税率为 17%，计 1.7 万元税款，材料已验收入库，当即开出转账支票付讫。作会计分录如下：

借：原材料　　　　　　　　　　　　　　　　　　　100 000.00
借：应交税费——应交增值税（进项税额）　　　　　17 000.00
　　贷：银行存款　　　　　　　　　　　　　　　　　　117 000.00

在不同的结算方式下，房地产开发企业应根据有关的原始凭证编制银行存款的收付款凭证，进行相应的账务处理。企业还要设置银行存款日记账，按照银行存款收支发生的时间先后顺序，逐笔进行登记，逐日结出余额，并与银行存款总分类账核对，做到账账相符。银行存款格式见表 3-2。

银行存款 日 记 账（单位：元）　　　　　　　　表 3-2

2015 年		凭证 号数	摘　要	对方科目	借方	贷方	余额
月	日						
12			上年结转				109 678
	5	6	付××公司材料款	在途物资		56 800	
	7	17	提取现金	库存现金		5 000	
	23	34	收销货款	主营业务收入	20 000		
	24	38	货款存银行			2 678	
	27	45	××公司欠款		34 000		104 556

（2）银行存款日记账与银行对账单的核对

房地产开发企业的银行存款，由于收支比较频繁，房地产开发企业与银行对往来款项的入账时间又不尽相同，因此，双方账面记录可能会出现不一致的情况。为了加强银行存款的管理和监督，及时发现差错和防止舞弊，房地产开发企业应根据银行提供的对账单经常核对账目（一般每个月初至少核对一次）。

因此，银行存款的核对就是指房地产开发企业的银行存款日记账与银行提供的对账单进行对账的业务。企业同银行对账，应将企业的银行存款日记账与银行送来的对账单的记录逐笔核对结算凭证的种类、编号和收付款项的余额。如果发现双方对同一账项的记录有出入，若属于企业方面的差错，应立即纠正；若属于银行方面的差错，应通知银行予以更正。在账目核对中，对于未达账项应进行调节，以检查存款余额是否正确。

（3）未达账项的含义

所谓未达账项，是指企业和银行之间，由于收、付款结算凭证的传递和双方入账时间的不同，一方已入了账而另一方却因不能及时收到有关的结算凭证，暂时还不能入账的款项。企业的未达账项有以下四种情况：

1）银行已经收款记账，而企业尚未收款入账的款项。例如，企业委托银行代收的款项，银行已经办妥收款手续并且入了账，但是，因收款通知尚未到达企业而使企业没有入账。

2）银行已经付款记账，而企业尚未付款入账的款项。例如，企业应付给银行的借款利息，银行已经办妥付款手续并且入了账，但是，因付款通知尚未到达企业而使企业没有入账。

3）企业已经收款记账，而银行尚未收款记账的款项。例如，企业已将收到的购货单位开出的转账支票送存银行并且入了账，但是，因银行尚未办妥转账收款手续而没有入账。

4）企业已经付款记账，而银行尚未付款记账的款项。例如，企业开出的转账支票已经入账，但是，因收款单位尚未到银行办理转账手续或银行尚未办妥转账付款手续而没有入账。

由于以上四种未达账项的存在，企业与银行双方的账面余额出现差异。为了检查双方账目是否相符，应根据逐笔核对的结果，对未达账项进行调节。调节的方法有多种，通常采用的是余额调节法和差额调节法。

① 余额调节法。这是在双方账面余额的基础上，各自加上对方已收账而自己未收账的款项，减去对方已付账而自己未付账的款项，然后计算双方余额是否平衡的一种调节方法。其调节公式如下：

企业银行存款日记账余额＋银行已收而企业未收的款项－银行已付而企业未付的账项
＝银行对账单余额＋企业已收而银行未收的款项－企业已付而银行未付的款项

【例 3-7】A 房地产开发公司收到银行对账单（表 3-3），与银行存款日记账（表 3-4），将两者相核对，发现未达账项如下：

① 银行已收账，而企业未收账款项为 3 500 元。

② 银行已付账，而企业未付账款项为 9 600 元。

中国银行××营业部对账单　　　　　　　　　　表 3-3

户名：A 房地产开发公司　　　　　　　　　　　　　　　　　　　　　单位：元

2015 年		凭证字号	结算凭证号数	摘要	借方	贷方	借或贷	余额
月	日							
1	2			承前页			贷	56 000
	3	10	委托收款 1423			15 400	贷	71 400
	4	12	转支 1438		8 240		贷	63 160
	4	13	现支 4311		400		贷	62 760
	4	18	转支 1588		12 500		贷	50 260
	5	20	委托收款 1342			16 500	贷	66 760
	5	22	委托收款 1542			13 400	贷	80 160
	6	26	现支 4532		500		贷	79 660
	8	28	转支 1534		9 600		贷	70 060
	10	32	委托收款 1458			3 500	贷	73 560

银行存款 日记账　　　　　　　　　　　　表 3-4

单位：元

2015年		凭证字号	结算凭证号数	对方科目	摘要	借方	贷方	余额
月	日							
1	2				承前页			56 000
	3	15		主营业务收入	存入货款	15 400		71 400
	4	19	转支 1598	库存商品	付出货款		8 240	63 160
	4	22	现支 3211	库存现金	提取现金		400	62 760
	4	23		主营业务收入	存入销货款	16 500		79 260
	5	26	转支 1599	库存商品	付出货款		12 500	66 760
	5	29		主营业务收入	存入销货款	13 400		80 160
	6	32	转支 3126	其他应收款	收外单位欠款	2 795		82 955
	8	36	现支 3212	库存现金	提取现金		500	82 455
	10	38	转支 1600	库存商品	付出货款		9 250	73 205

③ 企业已收账，而银行未收账款项为 2 795 元。

④ 企业已付账，而银行未付账款项为 9 250 元。

要求：编制银行存款余额调节表（表 3-5）。

银行存款余额调节表　　　　　　　　　　表 3-5

2015 年 2 月 4 日

单位：元

项目	金额	项目	金额
银行存款日记账余额	73 205	银行对账单余额	73 560
加：银行已收账，企业未收账款项	3 500	加：企业已收账，银行未收账款项	2 795
减：银行已付账，企业未付账款项	9 600	减：企业已付账，银行未付账款项	9 250
调整后余额	67 105	调整后余额	67 105

上述调节方法，是将双方账面余额补充各自的未达账项，因此，余额调节法又称为补记余额调节法。

② 差额调节法。差额调节法，是计算企业和银行双方的账面差额与双方未达账项收付相抵的结果是否一致的一种调节方法。其调节公式如下：

银行对账单余额－企业银行存款日记账余额＝（银行已收而企业未收款项－银行已付而企业未付款项）－（企业已收而银行未收款项－企业已付而银行未付款项）

仍以上例资料计算，双方账面差额为 355 元，而双方未达账项收付相抵的结果亦是 355 元，两者是一致的。

经过以上调整以后，双方余额相等，或者双方账面差额同双方未达账项收付相抵的结果一致，即可证明企业与银行双方的账面记录是完全相符的。

对未达账项作出调整，其目的是为了检查账簿记录是否正确。对于银行已经入账而企业尚未入账的未达账项，一定要在结算凭证到达后，再据以进行账务处理。

在核对账目过程中，企业如果发现有长期悬置的未达账项，应主动与银行等有关部门认真核对查明原因，作出妥善处理。

3.2.4 其他货币资金的管理

其他货币资金是指企业库存现金、银行存款以外，存放在银行和其他金融机构中的其他各种货币性资金。就其性质而言，同库存现金、银行存款一样均属于货币资金，但由于存放地点用途的不同，因而在会计上是分别核算的。其他货币资金主要包括外埠存款、银行汇票存款、银行本票存款、信用卡存款和在途货币资金等。

为了单独反映企业的各种其他货币资金，应设置"其他货币资金"账户，并按照不同分类，分别设置外埠存款、银行汇票存款、银行本票存款、信用卡存款和在途货币资金等明细账户，进行核算。

"其他货币资金"是资产类账户，如外埠存款、银行汇票存款、银行本票存款、信用卡等存款增加记借方，贷方记"银行存款"账户；如用外埠存款、银行汇票存款、银行本票存款、信用卡等支付记贷方；借方记"原材料"、"库存商品"、"管理费用"等账户。

（1）外埠存款

外埠存款是指企业到外地进行临时或零星采购时，汇往采购地银行开立采购专户的款项。采购资金账户存款不计利息，除采购员差旅费可以少量支取现金外，其他一律转账。采购专户只付不收，付完结束账户。

【例3-8】A房地产开发企业委托开户银行汇款80 000元往采购地银行开立专户。作会计分录如下：

借：其他货币资金——外埠存款　　　　　　　　　　　　　　80 000.00
　　贷：银行存款　　　　　　　　　　　　　　　　　　　　80 000.00

采购员外出归来，交来购货增值税专用发票价款60 000元，增值税税金10 200元，作会计分录如下：

借：在途采购　　　　　　　　　　　　　　　　　　　　　　60 000.00
　　应交税金——应交增值税（进项税额）　　　　　　　　　　10 200.00
　　贷：其他货币资金——外埠存款　　　　　　　　　　　　70 200

剩余的外埠存款9 800元转回当地开户银行，根据银行的收账通知，作会计分录如下：

借：银行存款　　　　　　　　　　　　　　　　　　　　　　9 800.00
　　贷：其他货币资金——外埠存款　　　　　　　　　　　　9 800.00

（2）银行汇票存款、银行本票存款

银行汇票存款是指企业为取得银行汇票，按照规定存入银行的款项。

【例3-9】A房地产开发企业委托银行办理银行汇票，填送"银行汇票委托书"，金额200 000元，并将款项交存银行。取得银行汇票后，根据银行盖章的委托书存根联，作会计分录如下：

借：其他货币资金——银行汇票存款　　　　　　　　　　　200 000.00
　　贷：银行存款　　　　　　　　　　　　　　　　　　　200 000.00

企业使用银行汇票后，购货增值税专用发票价款 150 000 元，增值税税金 25 500 元，作会计分录如下：

借：在途采购 150 000.00
借：应交税费——应交增值税（进项税额） 25 500.00
　　贷：其他货币资金——银行汇票存款 175 500.00

支付实际采购款项后，银行退回银行汇票余额，作会计分录如下：

借：银行存款 25 500.00
　　贷：其他货币资金——银行本票存款 25 500.00

银行本票存款业务的会计处理与银行汇票存款业务的会计处理基本相似，只是二级明细不同，可参照银行汇票存款进行核算。但是采用银行本票结算货款时，是直接按本票的票面金额结算的，票面金额与实际交易金额之间的差额，由交易双方自行结清。

（3）信用卡存款

信用卡存款是指企业为取得信用卡而交存银行信用卡专户的款项。

【例 3-10】A 房地产开发企业已申领信用卡，由于采购物品需要，开出转账支票从基本存款户转入信用卡账户 50 000 元，根据支票存根和进账单，作会计分录如下：

借：其他货币资金——信用卡存款 50 000.00
　　贷：银行存款 50 000.00

企业持信用卡购买一批办公用品，价值 22 650 元，根据信用卡签购单和银行转来的信用卡存款付款凭证及所附发票账单，作会计分录如下：

借：管理费用——办公费 22 650.00
　　贷：其他货币资金——信用卡存款 22 650.00

（4）在途货币资金

在途货币资金是指企业同所属单位之间和上下级之间的汇款、缴款业务中，到月末时尚未到达企业的汇入款项。月末，企业如有未到达的汇入款项，根据所属单位或上级单位汇出款项的通知，依其金额，月终时如有未到达的汇入款项，应根据汇出单位的通知，记入“其他货币资金——在途资金”科目的借方和“上级拨入资金”科目的贷方。下月收到在途资金时，记入“银行存款”科目的借方和“其他货币资金——在途资金”科目的贷方。

企业发生的每一笔有关现金的收入和支出业务，都必须根据审核无误的原始凭证编制记账凭证，并据以记账。现金支出时，借记“管理费用”等账户，贷记“库存现金”账户。若企业的日常现金收支量较大，为了简化会计核算，可以根据企业实际，采用汇总记账凭证或科目汇总表等核算形式，定期登记“库存现金”账户。

3.3　房地产开发企业外币业务的核算

房地产开发企业外币业务是指用本国货币以外的货币进行的业务结算。随着我国市场经济不断发展，越来越多的企业经营业务国际化，例如 2015 年以来我国的“一带一路”政策，大量房地产项目在邻国开发，主要有项目的工程款结算、劳务结算、商品交易、接受国外投资和对外投资等，都会涉及外币业务。

3.3.1 外币与外汇的含义

外币又称外钞，是指本国货币以外的其他国家或地区的货币。目前我国可以收兑的外币有 20 多种，主要有美元、英镑、加拿大元、德国马克、欧元、日元等。

外汇是国际汇兑的简称，是指以外币表示的用于国际结算的支付手段。具体包括：

1）外国货币，包括纸币和铸币；

2）外国有价证券，包括政府公债、国库券、股票、息票等；

3）外币支付凭证，包括票据、银行存款凭证、邮政储蓄凭证等；

4）其他外汇资金，包括外币汇款、外币性进出口贸易货款等。

3.3.2 外币汇率

外币汇率简称汇率，又称汇价，是指一种货币折算为另一种货币的比率。也是用某一种货币表示的另一种货币的价格，或外币市场买卖外币的价格。

（1）直接标价法。是指以一定单位的外国货币作为标准来折算本国货币的标价方法。采用这种标价方法，外国货币数量固定不变，直接反映本国货币价值的增减变化。例如：1 美元折算为人民币 6.80 元。目前大多数国家都采用这个方法。

（2）间接标价法。是用本国货币折算成一定数量的外国货币的一种外汇折算方法。例如：1 元人民币折算为 0.161 9 美元。

外币汇率根据其作用不同分为以下三种：

1）按银行买卖外币的汇率分类

① 买入汇率（买入价），是指银行向客户买入外币时所使用的汇率。

② 卖出汇率（卖出价），是指银行向客户卖出外币时所使用的汇率。

③ 中间汇率（中间价），是指银行买入外币与卖出外币之间的平均汇率。

2）按汇率发生的时间分类

① 即期汇率，是指企业发生外币业务时的市场汇率，即中国人民银行当日公布的外币汇率。

② 历史汇率，是指企业以前的外币业务发生时所使用的汇率。

3）按企业记账所依据的汇率分类

① 记账汇率，是指企业对发生的外币业务进行会计核算时所采用的汇率。

② 账面汇率，是指企业以前发生的外币业务登记入账时所采用的汇率。账面汇率也就是历史汇率。

外汇汇率是根据国家公布的外汇牌价来确定的，每天的外汇牌价都有变化。在外币折算时，要确定汇率折算时间。按照汇率的分类我国核算一般采用即期汇率中间汇率计算。

3.3.3 外币业务的核算方法

在记账本位币为人民币的前提下，外币业务核算方法有两种：

（1）外币统账制，是以本国货币为记账本位币的记账方法，即所有外币业务都要用记账本位币进行核算。

（2）外汇分账制，是以原币直接记账，即发生外汇业务时，只用原币记账，不必折算为人民币；当涉及两种货币的交易业务时，则用"财务费用——汇兑损益"账户进行核算，分别与原币有关账户进行兑转；各种外币资产、负债及兑换，均按各种币种分别设置账户进行记录反映。采用这种方法核算，月末均需要市场当时外汇牌价折算成本位币编制财务会计报告。

汇兑损益亦称汇兑差错，就是由于汇率的浮动所产生的结果。汇兑损益是在各种外币业务的跨级处理过程中，因采用不同的汇率而产生的会计记账本位币金额的差异。

企业发生的汇兑损益，主要有以下几种情况处理：

① 属于筹建期间发生的汇兑损益，作为开办费，记入"长期待摊费用"账户；

② 属于企业日常经营开发业务发生的汇兑损益记入"财务费用"账户；

③ 与构建固定资产直接有关的汇兑损益，在资产尚未交付使用，或者虽已交付使用但尚未办理竣工决算之前，记入"在建工程"账户。资产交付使用后发生的汇兑损益，记入"财务费用"账户。

3.3.4 外币业务的核算

外币业务的汇兑差额在期末企业应当分别按外币货币性项目和外币非货币性项目进行会计处理。

1）货币性项目，是指企业持有的货币资金和将以固定或可确定的金额收取的资产或者偿付的负债。货币性资产包括库存现金、银行存款、应收账款、其他应收款、长期应收款等。货币性负债包括短期借款、应付账款、其他应付款、长期借款、应付债券、长期应付款等。以外币表示的上述项目就属于外币货币性项目。

2）非货币性项目，是指货币性项目以外的项目，包括存货、长期股权投资、固定资产、无形资产等。以历史成本计量的外币非货币性项目，由于已在交易发生日按当日即期汇率折算，资产负债表日不应改变其原记账本位币金额，不产生汇兑差额。以公允价值计量的外币非货币性项目，如交易性金融资产（股票、基金等），采用公允价值确定日的即期汇率折算，折算后的记账本位币金额与原记账本位币金额的差额，作为公允价值变动（含汇率变动）处理，计入当期损益。

3）以资本金形式投入的外币实收资本，不产生汇兑损益，因为在外币资本投入时，按规定是采用投入当天的汇率而不是月初汇率作为实收资本入账价值的，所以资本入账的时候不会因为记账汇率和实际汇率有差异导致汇差。例如：今天收到资本金100万美元，今天汇率8.2元，实收资本的入账价值就是820万元人民币，不产生外汇汇率差。

【例3-11】A房地产开发企业3月1日"银行存款——美元账户"明细余额为20 000美元，当日汇率为8.30元，折算人民币为166 000元。处理以下发生的经济业务：

1）3日向美国惠而浦购进进口商品一批，货款10 000美元，以美元存款支付，当日汇率为8.30元，作会计分录如下：

借：在途物资　　　　　　　　　　　　　　　　　　　　83 000.00

　　贷：银行存款——美元账户（10 000×8.30）　　　　　　83 000.00

2）12日销售给美国大贸公司商品一批，货款10 000美元，货款尚未结算。当日汇率为8.22元，作会计分录如下：

借：应收账款——美元账户（10 000×8.22）　　　　　　82 200.00

　　贷：主营业务收入　　　　　　　　　　　　　　　　　82 200.00

3）19日收到美国大贸公司12日销售货款10 000美元，当日汇率为8.24元，作会计分录如下：

　　借：银行存款——美元账户（10 000×8.24）　　　　　　　　　82 400.00

　　　　贷：应收账款——美元账户（10 000×8.22）　　　　　　　82 200.00

　　　　贷：财务费用——汇兑损失（10 000×0.02）　　　　　　　　200.00

　　4）28日从美元存款账户取出 2 000 美元，兑换成人民币存入银行。当日汇率为 8.21 元，买入价为 8.22 元，作会计分录如下：

　　借：银行存款——人民币账户（2 000×8.21）　　　　　　　　16 420.00

　　借：财务费用——汇兑损失（2 000×0.01）　　　　　　　　　　20.00

　　　　贷：银行存款——美元账户（2 000×8.22）　　　　　　　16 440.00

　　5）31日根据以上业务登记入账"银行存款——美元账户"明细账户，通过计算，美元账户余额为 18 000 元（表 3-6），月末汇率为 8.25 元，调整人民币余额，作会计分录为：

　　借：财务费用——汇兑损失　　　　　　　　　　　　　　　　280.00

　　　　贷：银行存款——美元账户　　　　　　　　　　　　　　280.00

银行存款——美元账户　　　　　　　　　　　　　　　　　表 3-6

2015年		凭证号数	摘要	借 方			贷 方			余 额		
月	日			外币（美元）	汇率	人民币（元）	外币（美元）	汇率	人民币（元）	外币（美元）	汇率	人民币（元）
3			上年结转							20 000	8.30	166 000
	1	3	购货				10 000	8.30	83 000	10 000		83 000
	19	18	收货款	10 000	8.22	82 200				20 000		165 200
	28	31	兑人民币				2 000	8.21	16 420	18 000		148 780
	31	68	汇率调整						280	18 000	8.25	148 500

本 章 习 题

第 1 部 分　货 币 资 金

思考题：

1.什么是货币资金？它包括哪些内容？

2.库存现金管理的内容？

3.库存现金控制的主要内容？

4.什么是定额备用金和非定额备用金？

5.未达账项的概念？主要有哪几种情况？

6.其他货币资金的概念？包括哪些内容？

7.银行结算方式有几种？

练习题：

1.练习货币资金的核算。

资料：某房地产开发公司 2016 年 5 月 31 日的库存现金为 2 300 元。12 月份发生的业务如下：

1）从银行提取现金 6 000 元。

2）采购员购买零星用材料支付现金 580 元。

3）公司管理人员王××出差，预支差旅费用 3 000 元。

4）出纳员办理汇款，委托银行汇往广州××银行 200 000 元开立采购专户。

5）公司支付到期的商业承兑汇票款项 78 000 元。

6）收到广州寄来的购料增值税发票，发票注明的价款 150 000 元，增值税 25 500 元，已从采购专户中支付。

7）向银行申请签发银行汇票，金额 18 900 元，银行已受理。

8）开出转账支票支付预定下半年报刊订阅费 4 200 元。

9）持上述银行汇票支付购料款，金额 18 720 元，已收到对方开来的发货票。

10）管理人员王××考察归来，报销差旅费 4 628 元，余款交回现金。

要求：根据上述经济业务编制会计分录。

2. 练习货币资金的核算。

资料：上海某服装公司3月下旬发生下列经济业务：

1）21 日，签发现金支票，提取现金 900 元。

2）22 日，销售商品收入 35 000 元，增值税销项税税额 5 950 元，收到转账支票，当即存入银行。

3）23 日，购进商品货款 27 000 元，增值税进项税额 4 590 元，已验收入库，款项当即以转账支票付讫。

4）23 日，购进包扎商品用尼龙带，价款 600 元，增值税进项税额 102 元，款项以现金付讫。

5）24 日，销售商品收入现金 14 040 元，其中：货款 12 000 元，增值税销项税额 2 040 元。

6）24 日，将销货现金收入 14 040 元解存银行。

7）25 日，以现金支付销售商品装卸费 120 元，电话费 256 元。

8）25 日，签发现金支票 900 元，拨付总务部门备用金定额。

9）26 日，签发现金支票 1 078 元，提取现金以补足库存限额。

10）27 日，收到银行转来专用托收凭证，支付本月房租 3 960 元。

11）28 日，签发转账支票支付前欠××工厂账款 30 420 元。

12）29 日，以现金支付保险箱修理费 129 元。

13）30 日，销售商品收入 32 760 元，其中：货款 28 000 元，增值税销项税额 4 760 元，收到转账支票存入银行。

14）31 日，总务部门送来报销发票，其中：清扫费 120 元，账页 96 元，快递费 150 元，市内交通费 75 元，招待客户费 350 元。经审核无误，当即以现金补足其备用金定额。

要求：根据上述经济业务编制会计分录。

3. 练习银行存款余额调节表的编制。

资料：××房地产开发公司 4 月 28 日至 30 日的银行存款日记账及银行对账单见下表。

银行存款日记账

2016年		摘　　要	借方	贷方	余额
月	日				
4	28	承上页			137 640
	28	领取银行汇票（银行汇票委托书）		30 000	107 640
	28	收到货款（转支 54 321）	26 910		134 550
	28	支付货款（转支 32 406）		21 060	113 490
	29	销货款（转支 351 178）	57 330		170 820
	29	支付货款（商业承兑汇票）		28 080	142 740
	30	销货款（转支 12 004）	25 740		168 480
	30	支付货款（转支 32 407）		38 610	129 870
4	30	提取现金（现支 10 211）		1120	128 750

中国银行对账单

2016年		摘要	借方	贷方	借或贷	余额
月	日					
4	28	承上页			贷	137 640
	28	转支 54 321（收到货款）		26 910	贷	164 550
	28	银行汇票委托书（领取银行汇票）	30 000		贷	134 550
	29	转支 32 406（支付货款）	21 060		贷	113 490
	29	商业承兑汇票（支付货款）	28 080		贷	85 410
	30	转支 51 178（销货款）		57 330	贷	142 740
	30	托收承付（收到货款）		56 160	贷	198 900
	30	特约委托收款（支付电费）	1880		贷	197 020
	30	短期借款计息单	9 360		贷	187 660
	30	现支 10 211（提取现金）	1 120		贷	186 540

要求：

1）将银行存款日结账和银行对账单逐笔核对，找出未达账项。

2）编制银行存款余额调节表，验算企业与银行双方账目是否相符。

第 2 部分　外 币 业 务

思考题：

1. 什么是外币汇率？它有几种分类？

2. 什么是外币业务？其核算方法有哪些？

练习题：

目的：练习外币业务的核算。

资料：上海某房地产开发公司 2 月 1 日"银行存款——美元户"账户余额为 40 000 美元，当日汇率为 8.20 元，折合人民币为 328 000 元。2 月份发生下列有关的经济业务：

1) 3 日，从美国购进口商品一批，货款 28 000 美元，以美元存款付讫，当日汇率为 8.20 元

2) 8 日，销往美国商品一批，货款 30 000 美元，尚未结算，当日汇率为 8.19 元。

3) 12 日，销往美国公司商品一批，货款 18 000 美元，尚未结算，当日汇率为 8.18 元。

4) 20 日，收到美国公司偿还本月 1 日所欠货款 30 000 美元，当日汇率为 8.20 元。

5) 22 日，从美元账户支取 3 600 美元。兑换成人民币存入银行，当日汇率为 8.19 元。

6) 26 日，收到美国公司偿还本月 12 日所欠货款 18 000 美元，当日汇率为 8.17 元。

要求：根据资料编制会计分录，开设并逐笔登记。

4 房地产开发企业应收及预付款项的核算

4.1 房地产开发企业应收账款的核算

应收款项是指房地产开发企业在开发经营过程中结算时产生的债权，是因转让、销售开发产品、提供劳务等经营活动而向其他单位或个人收取的货款或获得劳务补偿的应收而未收款项，是结算资产。应收款项是企业的短期债权，应收款项也是房地产开发企业的重要的流动资产，为了真实地反映应收项目的可实现价值，房地产开发企业还应对应收账款和其他应收款计提坏账。

具体包括：应收款项中的应收票据、应收账款和其他应收款及预付款项。应收款项的收取对象是货币资金，预付款项的收取对象是有关货物。

应收款项是会计核算的重要内容，主要特点表现为以下方面：

（1）属于结算性质的资产

应收款项是商业企业在经营结算中产生的债权，即结算资产。它是商品经济的产物，是以商业信用为基础的。

（2）具有一定的财务风险

应收款项虽然是企业的债权，但在市场经济的条件下，由于种种原因，这项资产具有一定的不确定性或商业信用问题，这项应收款项就具有一定的财务风险。

为了使商业企业对应收款项的业务进行如实反映和监督，应设置"应收票据"、"应收账款"、"预付账款"、"坏账准备"等会计账户进行核算。

4.1.1 应收账款的确认和计价

（1）应收账款的确认

应收账款是由于房地产开发企业转让、销售和结转开发产品，提供出租房屋及提供劳务等业务，而向购买、接受租用的客户收取的账款。

应收账款通常在将开发产品的所有权和控制权转移时或提供劳务时予以确认。也就是说，应收账款的确认应与商品销售收入、增值税销项税实现的确认同步进行，在商品销售收入满足了《企业会计制度》规定的条件予以确认时，应收账款便可以同时确认。

（2）应收账款的计价

《企业会计制度》规定：应收及预付款项应当按实际发生额记账，即按增值税专用票发票上列明的价税合计，应收账款通常按交易双方在成交时的实际发生额计价。但是，在确认应收账款的入账价格时，需要考虑商业折扣、现金折扣等因素。

4.1.2 商业折扣、现金折扣和销售折让

（1）商业折扣

商业折扣是指房地产开发企业根据市场供需情况，在出售开发产品的价格上给予一定数额扣除，是企业促销的策略。房地产开发企业为了扩大开发产品的销售量，提高盈利水

平，而给予客户的一种价格上的优惠政策。房地产开发企业可以通过商业折扣来调整开发产品的销售价格，以适应市场需求。

实际销售价格是扣减折扣后的净额，在销售发票上并不反映。商业折扣通常用百分数来表示，如 2％、5％ 等，由于商业折扣一般在交易发生时已经确定，交易双方是按扣除商业折扣后的价格成交和结算的，应收账款的入账金额按扣除商业折扣以后的实际售价确认。

(2) 现金折扣的核算

现金折扣是指房地产开发企业为了鼓励客户在一定期限内收回销售货款，而向债务人提供的债务扣除，即时给予客户的一种折扣优惠。现金折扣一般用符号"折扣/付款期限"表示，如 10 天内付款给予 2％ 折扣，表示为 2/10；20 天内付款给予 1％ 折扣，表示为 1/20；30 天内付款没有折扣，表示为 n/30，即全额付款。

由于现金折扣是在销售确认后发生的，销货企业应收账款的实际数额会随着客户付款的期限而有所差异，这样，就产生了应收账款入账金额的计价问题。解决这一问题，通常采用两种办法确认应收账款的入账金额：一种是总价法；另一种是净价法。

总价法是将未减去现金折扣前的金额作为实际售价，记作应收账款的入账价值。现金折扣只有客户在折扣期内付价款时，才予以确认。会计上应当作为财务费用处理。我国的会计实务中，通常采用总价法。

净价法是将最大现金折扣后的金额作为实际售价，并记作应收账款的入账价值，这种方法将客户取得现金折扣看作普遍现象，认为客户一般都会为了享受折扣而提前付款。

采用现金折扣，当事人双方应事先订立合同，作为给予折扣的依据。供货单位对给予购货单位的折扣应作为企业的理财费用，将其列入"财务费用"账户核算。

"应收账款"是资产类账户，用以核算房地产开发企业在开发经营过程中结算时产生的债权，是因转让、销售开发产品、提供劳务等经营活动而向其他单位或个人收取的货款或获得劳务补偿的应收而未收的款项。企业经营收入发生应收账款时，记入借方；企业收回应收账款，发生现金折扣、销售折让及坏账损失时，记入贷方；期末余额在借方，表示企业尚未收回的应收款项。

【例 4-1】A 房地产开发公司向 B 公司销售商品房十套，总价 2 100 万元（含税价格），价款尚未到。作会计分录如下：

借：应收账款——B 公司　　　　　　　　　　　　21 000 000.00
　　贷：主营业务收入——商品房销售收入　　　　18 918 918.92
　　　　应交税费——应交增值税（销项税额）　　 2 081 081.08

例题中销售不动产建筑物增值税税率为 11％。

收到工商银行贷款时，应作会计分录如下：

借：银行存款　　　　　　　　　　　　　　　　　21 000 000.00
　　贷：应收账款——B 公司　　　　　　　　　　21 000 000.00

在有商业折扣的情况下，企业发生的应收账款是按扣除商业折扣后的金额入账的，故应收账款的入账价与实际收到的价款是一致的，应编制的会计分录同上述一般业务的处理。企业发生的应收账款在有现金折扣的情况下，采用总价法处理，发生的现金折扣计入"财务费用"。

【例 4-2】A 房地产开发公司销售商品房五套，价值105万元，提供的现金折扣条件为1/10、n/30。作会计分录如下：

借：应收账款   1 050 000.00

 贷：主营业务收入——商品房销售收入   945 945.95

 贷：应交税费——应交增值税（销项税额） 104 054.05

如果该笔货款在10天内收到，作会计分录如下：

借：银行存款   1 039 500.00

借：财务费用   10 500.00

 贷：应收账款   1 050 000.00

核算时需要注意的是应交税费并不同步享有销售折扣。

（3）销售退回和折让的核算

房地产开发企业的销售退回是指销售开发产品以后，由于开发产品质量等不符合购销合同的规定，买方要求将全部或部分开发产品退给卖方的事项。

销售折让是销售开发产品以后，由于开发产品的质量等原因，买方要求在价格上给予减让的事项。

在发生销售退回和销售折让的情况下，应按退回产品的价款或折让的金额冲减当期的销售收入。由于收入的减少，相关税金也要同时减少。对于销售退回，在冲减销售收入的同时还要冲减相关的销售成本。

【例 4-3】A 房地产开发公司销售给 B 公司 5 套商品房，每套建筑面积 80m²，共400m²。商品房实际成本 3 400 元/m²，买卖双方签订的销售合同规定，售价 5 000 元/m²，共计 2 000 000 元，购买单位先支付 20%的购房定金，余款在商品房交付使用时一个月内一次付清。

1）收到购房定金20%时，作会计分录如下：

借：银行存款   400 000.00

 贷：预收账款——B公司   400 000.00

2）交付商品房确认收入时，作会计分录如下：

借：应收账款——B公司   1 600 000.00

借：预收账款——B公司   400 000.00

 贷：主营业务收入——商品房销售收入 1 801 801.80

 贷：应交税费——应交增值税（销项税额） 198 198.20

3）同时结转商品房销售成本，作会计分录如下：

5 套商品房实际成本为：3 400×400＝1 360 000（元）

借：主营业务成本——商品房销售成本 1 360 000.00

 贷：开发产品——房屋   1 360 000.00

商品房交付使用后，其中1套出现严重质量问题，B 公司要求退货，其余4套也存在不同程度的质量问题，甲单位提出要求折让。经双方协商同意后，1 套作为退回处理，其余4套商品房按全部价款的 5%给予折让。

4）销售退回的1套商品房价款为 80×5 000＝400 000（元），冲减当期的销售收入，发生销售退回时，作会计分录如下：

借：主营业务收入——商品房销售收入　　　　　　360 360.36

借：应交税费——应交增值税（销项税额）　　　　 39 639.64

　　贷：应收账款——B公司　　　　　　　　　　　　　　400 000.00

5）销售折让的金额应冲减当期的销售收入。4套销售折让金额为：$80 \times 4 \times 5\ 000 \times 5\% = 80\ 000$（元），发生销售折让时，作会计分录如下：

借：主营业务收入——商品房销售收入　　　　　　 72 072.07

借：应交税费——应交增值税（销项税额）　　　　　7 927.93

　　贷：应收账款——B公司　　　　　　　　　　　　　　 80 000.00

6）收到退回1套商品房实际成本为：$3\ 400 \times 80 = 272\ 000$（元），冲减销售成本，作会计分录如下：

借：开发产品——房屋　　　　　　　　　　　　　272 000.00

　　贷：主营业务成本——商品房销售成本　　　　　　　272 000.00

（注：因为销售收入的减少，当期相关税费也自然减少，所以，如果原来尚未确认税费，则期末自然按减少后的收入确认税费，所以对税费不需单独进行账务处理。）

（4）坏账损失与坏账准备的核算

1）坏账损失的确认

坏账是指企业无法收回或收回的可能性极小的应收账款。由于发生坏账而产生的损失，称为坏账损失。坏账损失是一种费用，我国将其列为管理费用。企业在确认坏账时，按照现行会计制度规定，符合下列条件之一的，应予以确认：

① 债务人死亡，以其遗产清偿后仍然无法收回；

② 债务人破产，以其破产财产清偿后仍然无法收回；

③ 债务人较长时期内未履行其偿债义务，并有足够的证据表明无法收回或收回的可能性极小。

2）坏账损失的核算

坏账损失的核算方法一般有两种：直接转销法和备抵法。我国《企业会计制度》规定，企业应采用备抵法核算坏账。

① 直接转销法。是指在实际发生坏账时，确认坏账损失，计入当期"管理费用"，同时注销该笔应收账款。直接转销法的优点是账务处理简单，但是，这种方法忽视了坏账损失与赊销业务的联系，不符合权责发生制及收入与费用配比的会计原则。同时因处理不能及时，常年虚增利润，夸大了前期资产负债表上应收账款的价值。因此，我国不允许企业采用直接转销法核算坏账损失。

② 备抵法。是指按期估计可能发生的坏账损失，计入当期费用，同时建立坏账准备，待实际发生坏账时冲减坏账准备和相应的应收账款的方法。一方面按期估计坏账损失记入资产减值损失；另一方面设置"坏账准备"科目，待实际发生坏账时冲销坏账准备和应收账款金额，使资产负债表的应收账款反映扣减估计坏账后的净额。

备抵法首先要按期估计坏账损失。估计坏账损失主要有三种方法：一是应收账款发生额百分比法；二是应收账款余额百分比法；三是账龄分析法。

"坏账准备"是资产类账户，是应收账款、预付账款和其他应收款的抵减账户，用以核算企业提取的坏账准备。企业按规定提取坏账准备时，记入贷方；企业发生坏账损失予以转销时，记入借方；期末余额通常在贷方，表示企业已经提取尚未转销的坏账准备，若期末余额在借方，则表示企业坏账损失超过坏账准备的数额。在"坏账准备"账户下，应分别设置"应收账款"、"预付账款"和"其他应收款"明细分类账。

"资产减值损失"是损益类账户，指因资产的账面价值高于其可收回金额而造成的损失。新会计准则规定资产减值范围主要是固定资产、无形资产及除特别规定外的其他资产减值的处理。确定资产发生减值的，按应减记的金额，借记本科目，贷记"坏账准备"、"存货跌价准备"、"长期股权投资减值准备"等科目。期末，应将本科目余额转入"本年利润"科目，结转后本科目无余额。

第一种方法：应收账款发生额百分比法，又称销货百分比法，是指以会计期间因赊销而发生的应收账款按一定的比例提取坏账准备的方法。这个比例由多年工作经验确定。

提取坏账准备时，借记"资产减值损失"科目，贷记"坏账准备"账户；发生坏账损失时，借记"坏账准备"账户，贷记"应收账款"账户。选择最适合企业实际的方法加以确定，但一经确定，不得随意变更。

【例4-4】A房地产开发公司对坏账损失采用应收账款发生额百分比法按月提取坏账准备。

1）3月31日，应收账款借方发生额为450 000元，坏账准备率为1‰，作会计分录如下：

借：资产减值损失——坏账损失　　　　450.00
　　贷：坏账准备　　——应收账款　　　　450.00

2）4月15日应收××公司货款56 000元，因该企业已破产无法收回，经批复作坏账损失处理，作会计分录如下：

借：坏账准备——应收账款　　　　56 000.00
　　贷：应收账款——××公司　　　　56 000.00

若已确认并转销的坏账又收回时，借记"应收账款"账户，贷记"坏账准备"账户，同时借记"银行存款"科目，贷记"应收账款"账户。

第二种方法：应收账款余额百分比法，在实际工作中企业较常用此方法。主要步骤为：根据会计期末应收账款的余额乘以估计坏账率即为当期应计提的坏账准备。估计坏账率，可以按照以往的数据加以确定。会计期末企业应计提的坏账准备大于其账面余额的，应按其差额追加提取坏账准备；应提取的坏账准备小于其账面余额的，按其差额冲回坏账准备。

【例4-5】A房地产开发公司2014年12月31日应收账款的余额为2 000万元，提取坏账准备的比率为1%。第二年4月6日发生坏账12万元，予以核销；2015年12月31日应收账款的余额为2 200万元，坏账准备率仍为1%。2016年8月19日上年核销的坏账又收回。2016年12月31日应收账款的余额为3000万元。用应收账款余额百分比法核算。

1）2014年12月31日提取坏账准备，作会计分录如下：

借：资产减值损失——坏账损失　　　　200 000.00
　　贷：坏账准备　　——应收账款　　　　200 000.00

2）2015年4月6日冲销坏账，作会计分录如下：

88

借：坏账准备——应收账款   120 000.00

  贷：应收账款——××企业   120 000.00

3）2015 年 12 月 31 日按应收账款的余额计提坏账准备，作会计分录如下：

坏账准备余额应为 22 000 000×1‰=220 000（元）

应提的坏账准备为 200 000−120 000=80 000（元）

第二年末"坏账准备"账户余额应为 220 000 元，但在期末提取坏账准备前，"坏账准备"账户尚有贷方余额 80 000 元，期末应提坏账准备数为 140 000 元。

1）应提坏账准备，作会计分录如下：

借：资产减值损失——坏账损失   140 000.00

  贷：坏账准备——应收账款   140 000.00

2）2016 年 8 月 19 日上年已冲销的坏账又收回，作会计分录如下：

借：应收账款××企业   120 000.00

  贷：坏账准备——应收账款   120 000.00

同时将货款收回，作会计分录如下：

借：银行存款   120 000.00

  贷：应收账款××企业   120 000.00

2016 年 12 月 31 日按照应收账款余额计提坏账准备：

坏账准备余额应为 30 000 000×1‰=300 000 元

应提的坏账准备为 300 000−340 000=−40 000 元

3）第三年末"坏账准备"账户余额应为 300 000 元，在期末提取坏账准备前，"坏账准备"账户已有贷方余额 340 000 元，还需冲出坏账准备 40 000 元。作会计分录如下：

借：坏账准备——应收账款   40 000.00

  贷：资产减值损失——坏账损失   40 000.00

第三种方法：账龄分析法，是根据应收账款入账时间的长短来估计坏账损失的方法。虽然应收账款能否收回及能收回多少，并非完全取决于时间的长短，但理论上认为，应收账款拖欠的期限越长，客户的信用级别就越低，其偿还债务的能力就越差，发生坏账损失的概率也就越大。

采用账龄分析法的企业，在期末一般需要编制"应收账款账龄分析表"。根据"账龄分析表"中各账龄段应收账款的余额，乘以相应的坏账损失率，即可以计算出期末企业应计提的坏账准备金额。

【例 4-6】A 房地产开发公司 2015 年 12 月 31 日应收账款账龄级估计坏账损失见表 4-1。

A 房地产开发公司账龄分析表   表 4-1

应收账款账龄	应收账款金额（元）	估计坏账损失	估计损失金额（元）
未到期	200 000	—	—
过期 1 个月	90 000	1‰	90
过期 1~3 个月	100 000	2‰	200
过期 3~6 个月	110 000	3‰	3 300

应收账款账龄	应收账款金额（元）	估计坏账损失	估计损失金额（元）
过期 6 个月至 1 年	120 000	8%	9 600
过期 1～2 年	10 000	20%	2 000
过期 2 年以上	5 000	55%	2 750
合　计	4 410 000	—	17 940

根据分析法计算，该公司 2014 年末估计的坏账损失金额为 24 500 元，因此应将公司的"坏账准备"账面记借方为 6 560 元；如果该公司 2015 年 12 月 31 日前"坏账准备"账户有贷方余额 13 600 元，则本期应提补的坏账准备金额为 13 600－17 940＝－4 340 元。作会计调整分录如下：

借：管理费用　　　　　　　　　　　　　　　　　　4 340.00

　　贷：坏账准备　　　　　　　　　　　　　　　　　　4 340.00

应收账款账龄分析法比较直接地表明了应收账款的估计可变现金额，同应收账款余额百分比法一样着眼于资产负债表的真实性，强调在资产负债表上反映应收账款的可实现价值，通常又称为"资产负债表法"。以上三种方法结合应用，即月末用应收账款发生额百分比法、年末用应收账款余额百分比法和账龄分析法。采用应收账款发生额百分比法，每年末要检查所规定的百分比是否符合企业坏账损失的实际情况，如果发生偏差时，应予以调整。

4.2　房地产开发企业应收票据的核算

4.2.1　应收票据的分类和计价

在我国，除商业汇票外，大部分票据都是即期票据，如支票、银行本票和银行汇票，持有这几种票据见票即付或存入银行成为货币资金，不需要作为应收票据核算。因此，我国的应收票据目前仅指商业汇票。

商业汇票按承兑人的不同，分为商业承兑汇票和银行承兑汇票。商业承兑汇票到期时，若付款人银行存款账户余额不足以支付票款，银行不承担付款责任，只负责将汇票退还收款人，由收款人与付款人自行处理。银行承兑汇票到期时，若承兑申请人存款账户余额不足以支付票款的，承兑银行应向收款人或贴现银行无条件支付票款，并对承兑申请人尚未支付的汇票金额按照每年万分之五计收罚息。

商业汇票按是否计息可分为带息商业汇票和不带息商业汇票。带息商业汇票是指商业汇票到期时，承兑人必须按票面金额加上应计利息向收款人或被背书人支付票款的票据。不带息商业汇票是指商业汇票到期时，承兑人只按票面金额向收款人或被背书人支付款项的票据，即到期收回的票款就是票面额。

我国现行制度规定，不论票据是否带息，企业收到票据时，应收票据均按面值入账，这是因为我国的应收票据最长期限一般不超过 6 个月，均属短期性的票据，按现值记账过于烦琐。但对于带息的应收票据，按现行制度规定，应于期末（中期期末和年度终了）按应收票据的票面价值和确定的利率计提利息，并增加至应收票据的账面。

相对于应收账款而言，应收票据发生坏账的可能性较小，因此，应收票据不需要计提坏账准备；对于承兑期满时不能如期收回的应收票据，应转作应收账款，然后再按要求提取坏账准备。

4.2.2 应收票据的会计处理

（1）应收票据

对于应收票据的取得和收回，企业应设置"应收票据"账户进行核算。不带息应收票据的到期值等于面值。企业收到应收票据时，按面值借记"应收票据"账户，贷记"主营业务收入"、"应收账款"等账户；应收票据到期按票面收回时，借记"银行存款"账户，贷记"应收票据"。商业承兑汇票到期，若承兑人违约拒付或无力偿付，则收款人应将到期票据金额转入"应收账款"账户。

对于带息应收票据，应计算到期票面利息，带息票据的到期值等于票面值与到期票面利息之和。企业应于中期、期末和年终时，按规定计算票据利息，并相应增加应收票据的票面价值，同时，冲减财务费用。票据利息的计算公式如下：

$$应收票据利息＝应收票据面值×票面利率×票据期限$$

上式中，票面利率一般以年利率表示，如需换算成月利率或日利率时，每月按 30 天计算，全年按 360 天计算；票据期限是指从票据生效之日起到票据到期日止的时间间隔。按月计算的，无论月份大小，均以到期月份的同一天为到期日；按天数计算的，应从票据生效日起，以实际日历天数计算到期日及利息，到期日这一天不计息，即计息天数"算头不算尾"。例如：2 月 16 日签发并承兑的 1 个月的商业汇票，到期日应为 3 月 16 日。

【例 4-7】A 房地产开发公司 11 月 1 日销售商品房一套，价值 500 000 元（暂时不考虑增值税），收到价款 300 000 元存入银行，余款收到 5 个月期限的银行承兑汇票一张。

1）收到销售商品房货款和票据时，作会计分录如下：

借：应收票据——银行承兑汇票——××公司　　　　　200 000.00
　　银行存款　　　　　　　　　　　　　　　　　　　300 000.00
　　贷：主营业务收入　　　　　　　　　　　　　　　　　　500 000.00

2）票据到期收回货款，作会计分录如下：

借：银行存款　　　　　　　　　　　　　　　　　　200 000.00
　　贷：应收票据——银行承兑汇票——××公司　　　　　200 000.00

（2）应收票据的贴现

持有应收票据的企业，在票据到期前，如果出现资金周转不畅，除采用其他方法解决资金外，还可以将持有的未到期的商业汇票经过背书，向银行申请贴现，以得到所需资金。所谓贴现，就是票据持有人将到期的票据在背书后送交银行，银行受理后从票据到期值中扣除按银行贴现率计算的贴现利息，将余款付给持票人的一种融资方法。

应收票据的贴现息和贴现所得按如下公式计算：

$$贴现息＝票据到期值×贴现率×贴现期$$
$$贴现所得金额＝票据到期值－贴现息$$

不带息应收票据的到期值为票据的面值，带息应收票据的到期值则为票据面值与票面利息之和。票据贴现时，票据的到期值与贴现所得金额之间的差额作为财务费用处理。

【例 4-8】2016 年 7 月 15 日，××房地产开发公司将所持有的签发日期为 6 月 15 日的银行承兑汇票、期限为 3 个月、面值为 600 000 元的不带息票据向银行申请贴现，银行年贴现率为 6%。

1）计算贴现息和贴现值，作会计分录如下：

$$贴现息＝(600\,000×6\%÷12)×3\,月＝9\,000(元)$$

$$贴现值＝600\,000－9\,000＝591\,000(元)$$

2）根据计算结果，作会计分录如下：

借：银行存款   591 000.00

借：财务费用——利息支出   9 000.00

    贷：应收票据——银行承兑汇票——××公司   600 000.00

如上例，假设该公司向银行申请贴现的银行承兑汇票为带息票据，票面利率为 5%，银行贴现率 6%。则有关计算及会计分录如下：

票据到期值＝600 000×(1＋5%÷12×3)＝607 500 元

贴现息＝607 500×6%÷12×2＝6 075 元

贴现值＝607 500－6 075＝601 425 元

借：银行存款   601 425.00

    贷：应收票据——银行承兑汇票——××公司   600 000.00

    贷：财务费用——利息支出   1 425.00

如果已贴现的商业汇票到期，承兑人的银行存款账户金额不足，银行便将已贴现的票据退回申请贴现的企业，同时从贴现企业的银行存款账户中按票据到期值将款项划回；如果贴现企业的银行存款账户的金额也不足以支付票据款，则银行将其作为逾期贷款处理。作会计处理如下：

借：应收账款——×× 公司

    贷：银行存款（或短期借款——××银行）

4.3　预付账款与其他应收款的核算

（1）预付账款

预付账款是房地产开发企业按照供货合同或劳务合同的规定，预先支付给供货方或提供劳务方的账款，包括预付给供应单位的供货款、预付给劳务提供单位的预付工程款等。

【例 4-9】A 房地产开发公司预付给工程承包单位工程款 300 000 元。

1）预付工程承包款，作会计分录如下：

借：预付账款——工程承包单位   300 000.00

    贷：银行存款   300 000.00

2）公司根据承包单位的"工程价款结算账单"与承包单位结算工程价款 500 000 元。作会计分录如下：

借：开发成本——建造工程——××项目   500 000.00

    贷：应付账款——A公司   500 000.00

3）应付工程款中扣回预付的工程款，并开出一张支票支付余款。作会计分录如下：

借：应付账款——A公司   500 000.00

贷：预付账款——工程承包单位		300 000.00
贷：银行存款		200 000.00

预付账款业务不多的企业，可以不设置"预付账款"账户，发生预付货款业务时，通过"应付账款"账户进行核算。企业在预付货款时，借记"应付账款"账户，贷记"银行存款"账户；与承包单位结算工程价或收到所购工程物资时，再按发票金额予以冲销和结算价款。

采用这种处理方法，期末时，"应付账款"的某些明细账户可能会出现借方余额，但在编制"资产负债表"时，应将"应付账款"和"预付账款"予以区别，并分别报告。

（2）其他应收款

其他应收款是指除应收账款、应收票据、预付账款、应收股利、应收利息等外，企业发生的非购销活动的应收债权。主要包括应收保险公司或其他单位和个人的各种赔款、存储保证金、备用金及应向职工收取的各种垫付款项等。

为了反映和监督其他应收款的发生和结存情况，企业应设置"其他应收款"账户，并按类别及债务人设置明细账户。

"其他应收款"是资产类账户，用以核算企业除应收账款、应收票据、预付账款、应收股利、应收利息和长期应付款等以外的其他各种应收及暂付款项。企业发生各种其他应收、暂付款项时，记入借方；企业收回各种其他应收及暂付的款项和发生确认的坏账损失转销时，记入贷方；期末余额在借方，表示企业尚未收回的其他各种应收及暂付款项。

【例 4-10】A 房地产开发公司预借王××差旅费 5 000 元。

1）10 月 9 日，办公室王××经批准预支现金 5 000 元差旅费。作会计分录如下：

借：其他应收款——王××		5 000.00
贷：库存现金		5 000.00

2）10 月 20 日，王××出差回来，报销差旅费 4 890 元，余款退回。作会计分录如下：

借：管理费用——差旅费		4 890.00
借：库存现金		110.00
贷：其他应收款——王××		5 000.00

企业对员工差旅费要严格管理，要及时报销，不能超出规定时间和规定线路。

其他应收款也有发生坏账的可能。因此，企业应当定期或至少于每年年度终了，对其他应收款进行检查，预计其可能发生的坏账损失，并计提坏账准备。对于不能收回的其他应收款应查明原因，追究责任。对确定无法收回的应收款，按照规定，经股东大会或董事会等权力机构批准，可作为坏账损失，冲减已提的坏账准备。

4.4 应收债权融资的核算

4.4.1 应收债权融资的核算原则

房地产企业将其按照销售房屋、提供服务的销售合同所产生的应收债权出售给银行等金融机构，在进行会计核算时，应按照实质重于形式的原则，充分考虑交易的经济实质。对于有明确的证据表明有关交易事项满足销售确认条件，如与应收债权有关的风险和报酬实质上已经发生转移等，应按照出售应收债权处理，并确认相关损益；否则，应作为以应收债权为质押取得借款进行会计处理。

4.4.2　以应收债权为质押取得借款的核算

房地产企业将其按照销售合同所产生的应收债权提供给银行作为其向银行借款的质押的，应将从银行等金融机构获得的款项确认为对银行等金融机构的一项负债，作为短期借款等核算。

房地产企业发生的借款利息及向银行等金融机构偿付借入款项的本息时的会计处理，应按有关借款核算的规定进行处理。

会计期末，企业应根据债务单位的情况，按企业会计制度的规定合理计提用于质押的应收债权的坏账准备。对于发生的与用于质押的应收债权相关的销售退回、销售折让及坏账等，应按照企业会计制度的相关规定处理。

房地产企业应设置备查簿，详细记录质押的应收债权的账面余额、质押期限及回款情况等。

4.4.3　应收债权出售的核算

（1）不附追索权的应收债权出售的核算

房地产企业将其按照销售合同所产生的应收债权出售给银行等金融机构，根据企业、债务人及银行等金融机构之间的协议，在所售应收债权到期无法收回时，银行等金融机构不能够向出售应收债权的企业进行追偿的，企业应将所售应收债权予以转销，结转计提的相关坏账准备，确认按协议约定预计将发生的销售退回、销售折让、现金折扣等，确认出售损益。

（2）附追索权的应收债权出售的核算

房地产企业在出售应收债权的过程中如附有追索权，即在有关应收债权到期无法从债务人处收回时，银行等金融机构有权向出售应收债权的企业追偿，或按照协议约定，企业有义务按照约定金额自银行等金融机构回购部分应收债权，应收债权的坏账风险由售出应收债权的企业负担，则企业应按照以应收债权为质押取得借款的核算原则进行会计处理。

4.4.4　应收债权贴现的核算

（1）房地产企业将应收账款等应收债权向银行等金融机构申请贴现，如企业与银行等金融机构签订的协议中规定，在贴现的应收债权到期，债务人未按期偿还时，申请贴现的企业负有向银行等金融机构还款的责任，申请贴现的企业应按照以应收债权为质押取得借款的核算原则进行会计处理。

会计期末，申请贴现的企业应根据债务单位的情况，按照企业会计制度的规定合理计提与用于贴现的应收债权相关的坏账准备。对于发生的与用于贴现的应收债权相关的销售退回、销售折让及坏账等，应按照企业会计制度和相关会计准则的规定处理。

（2）如果企业与银行等金融机构签订的协议中规定，在贴现的应收债权到期，债务人未按期偿还，申请贴现的企业不负有任何还款责任时，应视同应收债权的出售，并按相关核算规定进行处理。

企业以应收票据向银行等金融机构贴现，应比照应收债权贴现的核算原则进行处理。

本 章 习 题

问答题：

1. 应收项目包括哪些具体内容？
2. "应收账款"账户核算的主要内容是什么？
3. "应收票据"账户核算的主要内容是什么？
4. 应收票据的贴现内容是什么？
5. 商业折扣与现金折扣有什么区别？两者对会计处理各有什么影响？
6. 其他应收款核算包括哪些内容？
7. 估计坏账的方法有哪几种？会计处理有哪些方法？

练习题：

1. 练习应收账款的核算。

资料：××房地产开发公司对赊销商品给予现金折扣优惠，其条件为"2/10、1/20、n/30"，1月份发生下列有关的经济业务：

1）5日，赊销给甲公司水泥500吨，每吨1 000元，计货款500 000元，增值税额51 000元。

2）10日，销售给乙公司砂400吨，每吨100元，计货款40 000元，增值税额6 800元，签发转账支票垫付运费1 000元，今一并向银行办妥托收手续。

3）15日，甲公司付来本月5日赊购水泥货款及增值税额的转账支票1张，存入银行。

4）16日，赊销乙公司砂计货款46 000元。

5）18日，销售丙公司商品房1房，计货款800 000元，增值税额88 000元，用信用卡支付。

××房地产开发公司对坏账损失的核算平时采用应收账款发生额百分比法，年末采用应收账款余额百分比法，11月1日"坏账准备"账户的余额在贷方，金额为1 684元，接着又发生下列有关经济业务：

1）11月30日，根据本月"应收账款"账户借方发生额450 000元，按1‰提取坏账准备。

2）12月15日，应收云海公司货款1 960元，因该企业已破产无法收回，报经批准作坏账损失处理。

3）12月31日，应收账款账户余额为360 000元，按5‰坏账准备率计算的结果作为坏账准备。

××房地产开发公司11月30日坏账准备账户为贷方3 550元，11月份和12月份应收账款余额分析的接货和各种账龄的坏账准备率见下表。

账龄	坏账准备率	11月末应收账款余额（元）	12月末应收账款余额（元）
未到期		181 000	194 600
过期1个月以内	3‰	59 000	61 000
过期1~3个月	5‰	45 000	48 000
过期3~6个月	1%	38 000	42 000

账龄	坏账准备率	11月末应收账款余额（元）	12月末应收账款余额（元）
过期6个月~1年	5%	25 000	18 000
过期1~2年	20%	9 000	11 000
过期2年以上	60%	3 500	2 000
合计	—	360 500	376 600

要求：

1）根据三部分资料编制会计分录。

2）若第2部分资料采用直接转销法，则12月15日发生的坏账损失应如何核算？

2. 练习坏账准备的核算。

资料：××房地产开发公司采用应收账款余额百分比法核算坏账损失，坏账准备计提比例为5‰。

1）2014年末应收账款余额为200万元。该公司采用备抵法核算坏账。

2）2015年3月23日，公司确认坏账损失6 000元，经批准予以核销。当年年末应收账款余额为230万元。

3）2016年6月7日，上年已转销的应收账款6 000元收回。当年年末应收账款余额150万元。

要求：根据上述业务，计算各年末应提坏账准备并进行相应的会计处理。

3. 练习应收票据的核算。

资料：××房地产开发公司持有一张面值为12万元、年利率6%、期限150天的商业汇票，持有60天后向银行申请贴现，银行已受理，贴现利率为8%。

要求：

1）计算贴现利息。

2）编制票据贴现时的会计处理文件。

3）假定票据到期后，付款企业无力支付票款，贴现企业银行存款有足够存款，如何进行相应的会计处理？

5 房地产开发企业存货的核算

5.1 存 货 概 述

5.1.1 存货的概念和范围

存货是指企业在开发经营过程中为销售或耗用而储存的各项有形资产。房地产开发企业的存货是指房地产开发企业在日常活动中为销售或耗用而储存的各项有形资产。具体包括：

① 库存材料：是指房地产开发企业用于开发经营的各种材料，如木材、钢材、水泥、砖瓦等。

② 库存设备：是指房地产开发企业用于开发工程的各种设备，暖气，通风，照明设备等。

③ 低值易耗品：是指房地产开发企业各种工具器具等劳动资料，如工具，管理用具等。

④ 委托加工物资：是指房地产开发企业处于委托加工状态的材料设备等。

⑤ 在建开发产品：是指房地产开发企业正在开发建设过程中的土地和房屋等。

⑥ 开发产品：是指房地产开发企业已经完成全部开发过程，并已经验收合格达到设计标准，可以按照合同规定的条件移交生产单位或者可以作为商品对外销售的产品。

⑦ 周转房：是指房地产开发企业已经开发完成，用于安置拆迁居民周转使用的房屋等。

⑧ 出租开发产品：是指房地产开发企业已经开发完成，用于出租经营的土地和房屋。

上述各项存货中开发产品、在建开发产品、出租开发产品等是主要为销售而储存的存货；库存材料、库存设备、低值易耗品、委托加工物资、周转房等是主要为耗用而储存的存货。无论是为销售而储存，还是为耗用而储存，企业持有存货的最终目的都是为了出售。

存货确认标准：一是该存货有关的经济利益很可能流入企业；二是该存货的成本能够可靠地计量。存货价值的确定要取决于数量和单价两方面。

5.1.2 存货数量的盘存方法

企业存货数量盘存方法主要有实地盘存制和永续盘存制两种。

（1）实地盘存制

实地盘存制也称定期盘存制，指会计期末通过对全部存货进行实地盘点，以确定期末存货的结存数量，然后根据期初存货数量及本期收入的存货数量倒算本期已耗用或已销售存货的数量，再分别乘以各项存货的单价，计算出发出存货和期末存货的成本，计入各有关存货账户。采用这种方法，平时对有关存货账户只记借方，不记贷方，即只记收入，不记发出。采用实地盘存法，当期发出存货的数量和成本用下述公式计算。

$$当期存货发出数量＝期初存货数量＋本期收入存货数量－期末结存存货数量$$
$$当期发出存货的成本＝当期发出存货的数量×该存货单位成本$$

因为该方法是"以存计销"和"以存计耗"倒推成本，不能随时反映存货收入、发出和结存的动态，不便于管理人员掌握情况；掩盖了仓库管理上可能存在的问题。因此，实地盘存制的实用性较差，一般只是对一些价值低、数量大、消耗频繁的存货才采用实地盘存法。

（2）永续盘存制

永续盘存制也称账面盘存制，指对存货项目按其品名规格等设置明细账，在明细账中对存货的收入、发出逐笔进行记录，并随时结出库存存货数量的方法。永续盘存制有利于加强对存货的日常管理。在各种存货明细记录中，可以随时反映每一种存货收入、发出和结存的状态。但是永续盘存制下存货明细记录的工作量较大，存货品种规格繁多的企业更是如此。

5.1.3 存货的计价

存货的计价，即确定存货的入账价值，包括取得时计价、发出时计价和期末计价三方面。

（1）存货取得的计价

也叫存货的初始计量，是指存货取得时的入账金额的确定。

我国会计准则规定：存货应当按照实际成本进行初始计量，房地产开发企业取得存货有多种方式，存货的取得方式不同，其成本的确定方法也有所不同。

1）外购存货

外购存货的实际成本即为其采购成本，构成如下：

① 买价：指购入存货的发票价格。

② 运杂费：指运抵仓库前发生的运输费、装卸费、包装费和保险费。

③ 流通环节缴纳的税金：如关税，消费税等。

④ 应分摊的外汇差价。

⑤ 采购保管费：指企业的物资供应部门和仓库在组织材料物资采购、供应、保管、收发过程中所发生的各项费用，如采购保管人员的工资、福利费、办公费、差旅交通费、折旧费、修理费、劳动保护费、材料整理和零星运费、材料物资盘亏及毁损（减盘盈）等。需要特别指出的是，对于采购保管费，一般工商企业将其作为期间费用处理，而房地产开发企业则将其纳入存货成本，先在"采购保管费"账户中归集，然后再采用一定的分配方法将其分配计入各项存货成本。

【例5-1】A房地产公司为增值税一般纳税人。现购入原材料150kg，收到的增值税专用发票注明价款900万元，增值税额153万元。另发生运输费用9万元（运费抵扣7％增值税进项税额），包装费3万元，途中保险费用2.7万元。原材料运抵企业后，验收入库为148kg，运输途中发生合理损耗2kg。确定该原材料入账价值。

该原材料入账价值＝900＋9×（1－7％）＋3＋2.7＝914.07万元

2）自制存货

自制存货的实际成本包括制造或建造过程中发生的各项实际支出。如自营施工建设的开发项目所发生的材料费、人工费、机械使用费、其他直接费和施工间接费。

3）委托加工存货

委托加工存货的实际成本包括在委托加工过程中实际耗用的原材料或半成品成本、往返的运杂费和加工费等。如果该项委托加工采用出包方式施工的开发项目，其实际成本应为支付承包施工企业的工程价款。

4）投资者投入的存货

投资者投资存货的实际成本应为其评估确认或合同、协议约定的价值。

5）接受捐赠的存货

如果该项捐赠的存货有发票证明列示其取得金额，则其实际成本为发票账单所列金额加上企业负担的运杂费、保险费和税金；如果没有发票账单的，则按同类存货的市价计价。

6）盘盈的存货

盘盈存货的实际成本为重置完全成本。

7）企业接受的债务人以非现金资产抵偿债务方式取得的存货，或以应收债权换入的存货，按照应收债权的账面价值加上应支付的相关税费，作为实际成本。

8）以非货币性交易换入的存货，按换出资产的账面价值加上应支付的相关税费，作为实际成本。

（2）发出存货的计价

房地产开发企业的各种存货是分次购入或形成的，同一种存货由于形成的时间不同，其单位成本往往也存在着差异，所以需要选择一定的方法确定所发出的存货的单位成本，从而确定发出存货的总成本。发出存货的计价方法有两种，一种是按实际成本计价，另一种是按计划成本计价。

1）按实际成本法

在实际成本核算方式下，企业可以采用的发出存货成本的计价方法包括先进先出法、月末一次加权平均法、移动加权平均法、个别计价法等。

① 先进先出法。是指以"先购入的存货应先发出（销售或耗用）"这样一种存货实物流动假设为前提，并根据这一假定的成本流转顺序对发出存货进行计价的方法。采用这种方法，收入存货时要在存货明细账中逐笔登记存货的数量、单价和金额；发出存货时按顺序将先入库的存货成本先转出，并逐笔登记存货发出和结存金额。

【例5-2】假定A房地产公司某种存货的数据资料见表5-1。

存货成本的计算　　　　　　　　　　　　　　表5-1

数量单位：千克　　　　　　　　　　　　　　　　　　金额单位：元

日期	收入			发出			结存		
	数量	单价	金额	数量	单价	金额	数量	单价	金额
1月1日期初结存							2 000	2.00	
1月7日购货	5 000	2.20							
1月12日发货				4 000					
1月15日购货	3 000	2.40							
1月28日发货				3 000					

采用先进先出法计算的本月发出存货的成本为：

$$(2\ 000\times2+2\ 000\times2.2)+3\ 000\times2.2=8\ 400+6\ 600=15\ 000 \text{元}$$

月末结存成本为：

$$3\ 000\times2.4=7\ 200 \text{元}$$

采用先进先出法计算的存货成本见表 5-2。

先进先出法计算的存货成本 表 5-2

数量单位：千克　　　　　　　　　　　　　　　　　　　　　　金额单位：元

2016 年		摘要	收入			发出			结存		
月	日		数量	单价	金额	数量	单价	金额	数量	单价	金额
1	1	期初结存							2 000	2.00	4 000
	7	购 入	5 000	2.20	11 000				2 000	2.00	15 000
									5 000	2.20	
	12	发出				2 000	2.00	8 400	3 000	2.20	6 600
						2 000	2.20				
	15	购 入	3 000	2.40	7 200				3 000	2.20	13 800
									3 000	2.40	
	28	发出				3 000	2.20	6 600	3 000	2.40	7 200
	30	本月合计	8 000		18 200	7 000		15 000	3 000	2.40	7 200

先进先出法可以随时结转存货发出成本，及时了解存货收、发、存的成本变化情况，但是成本确定过程比较烦琐；如果存货收发业务较多且存货单价不稳定时，其工作量较大。此外，在物价持续上升时，期末存货成本接近于市价，而发出成本偏低，会高估企业当期利润和库存存货价值；反之，会低估企业存货价值和当期利润。

② 月末一次加权平均法。是指以本月全部进货成本加月初结存存货成本，除以本月全部进货数量加上月初存货数量，计算出存货的加权平均单位成本，并按加权平均单位成本确定发出存货的成本及期末库存成本的方法。相关计算公式如下：

存货单位成本＝［月初库存存货的实际成本＋∑（本月各批进货的实际单位成本×本月各批进货的数量）］÷（月初库存存货数量＋本月各批进货数量之和）

本月发出存货的成本＝本月发出存货的数量×存货平均单位成本

月末库存存货成本＝月末库存存货数量×存货平均单位成本

【例 5-3】A 房地产公司某种存货的数据资料见表 5-3。采用月末一次加权平均法计算存货成本。

月末一次加权平均法计算存货成本 表 5-3

数量单位：千克　　　　　　　　　　　　　　　　　　　　　　金额单位：元

16 年		摘要	收入			发出			结存		
月	日		数量	单价	金额	数量	单价	金额	数量	单价	金额
1	1	月初结存							2 000	2.00	4 000
	7	购 入	5 000	2.20	11 000				7 000		

续表

16 年		摘要	收入			发出			结存		
月	日		数量	单价	金额	数量	单价	金额	数量	单价	金额
	12	发出				4 000			3 000		
	15	购入	3 000	2.40	7 200				6 000		
	28	发出				3 000			3 000		
		本月合计	8 000		18 00	7 000	2.22	15 540	3 000	2.22	6 660

采用月末一次加权平均法确定发出存货的成本，平时对入库存货要逐笔登记数量、单价和金额，而对平时发出材料只登记数量，不登记单价和金额。到月末计算出加权平均单位成本，再计算发出存货和结存存货的成本。所以平时工作量较小，比较简单，有利于简化成本计算工作，但平时无法从账上随时了解发出和结存存货的单价及金额，因此不利于存货成本的日常管理与控制。

③ 移动加权平均法。移动加权平均法指以每次进货的成本加上原有库存存货的成本，除以每次进货数量与原有库存存货的数量之和，据以计算加权平均单位成本，作为下次进货前计算各次发出存货成本的依据。

存货单位成本＝（原有库存存货实际成本＋本次进货实际成本）/（原有存货结存数量＋本次进货数量）

本次发出存货的成本＝本次发出存货的数量×本次发货前存货的单位成本

本月月末库存存货成本＝月末库存存货数量×本月月末存货单价

【例 5-4】仍用表 5-1 的数据资料。采用移动加权平均法计算存货成本见表 5-4。

移动加权平均法计算存货成本　　　　　　　　　　表 5-4

数量单位：千克　　　　　　　　　　　　　　　　　　　　　金额单位：元

16 年		摘要	收入			发出			结存		
月	日		数量	单价	金额	数量	单价	金额	数量	单价	金额
1	1	月初结存							2 000	2.00	4 000
	7	购入	5 000	2.20	11 000				7 000	2.14	15 000
	12	发出				4 000	2.14	8 571	3 000	2.14	6 429
	15	购入	3 000	2.40	7 200				6 000	2.27	13 629
	28	发出				3 000	2.27	6 815	3 000	2.27	6 814
		本月合计	8 000		18 200	7 000		15 386	3 000	2.22	6 814

采用移动平均法能够使企业管理人员及时了解存货的结存情况，计算的平均单位成本及发出和结存的存货成本比较客观。但由于每次收货都要计算一次平均单价，计算工作量较大，对收发货较频繁的企业不适用。

④ 个别计价法。亦称个别认定法、具体辨认法、分批实际法，采用这种方法是假设存货具体项目的实物流转与成本流转相一致，按照各种存货逐一辨认各批发出存货和期末存货所属的购进批别或生产批别，是把每一种存货的实际成本作为计算发出存货成本和期末存货成本的基础。

个别计价法的成本计算准确，符合实际情况，但在存货收发频繁的情况下，其发出成本分辨的工作量较大。因此，这种方法适用于一般不能替代使用的存货。

在房地产开发企业的存货中，对于库存材料、库存设备、低值易耗品、委托加工物资等可以采用上述方法中适合的方法来确定其发出存货的成本。但是对于房地产开发企业的开发产品一般仅适用于个别计价法来结转成本。即将每一个工程项目单独计算和结转成本，不存在先进先出、加权平均的问题。

2）按计划成本法

按计划成本法对存货的计价是指企业在日常核算中，对存货的收入、发出和结存均按预先制定的计划成本计价。而将实际成本脱离计划成本的差异，通过"材料成本差异"账户单独核算。

采用这种方法，月末在按计划成本结转发出存货的成本后，还要按照存货的成本差异率计算和结转发出存货应承担的成本差异，从而将发出存货的计划成本调整为实际成本。

（3）存货的期末计价

按照谨慎性的会计信息质量要求，房地产开发企业对期末存货需要按成本与可变现净值孰低法进行重新计价。成本与可变现净值孰低法是指对期末存货按照成本与可变现净值两者之中较低者作为期末存货成本的方法。即当成本低于可变现净值时，期末存货按成本计价；当可变现净值低于成本时，期末存货按可变现净值计价。

成本与可变现净值孰低法中的"成本"，是指存货的历史成本；"可变现净值"是指在正常生产经营过程中，以预计售价减去预计完工成本和销售所必需的预计税金、费用后的价值，换句话说，市价并不是指存货的售价，而是目前重新取得相同存货所需的成本。例如，某种材料的历史成本（即购货时的进货单价）2 000元，到报表编制日时，该种材料的可变现净值下跌到1 800元。按照成本与可变现净值孰低法，原来用2 000元购进的材料的可变现净值为1 800元，应对尚存的该种材料改按1 800元计价，由此而发生的跌价损失计入当期损益；与此相反，如果该种材料的可变现净值升到2 500元，期末存货仍按2 000元计价而不作任何调整。在估计可变现净值时，还应当考虑持有存货的其他因素，例如，有合同约定的存货，通常按合同价作为计算基础，如果企业持有存货的数量多于销售合同订购数量，存货超出部分的可变现净值应以一般销售价格为计算基础。对期末存货的计价具体见本章5.5节内容。

5.2　库存材料的核算

房地产开发企业的库存材料主要是用于房地产开发过程中构成所构建的房地产实体的建筑材料，如库存钢材、木材、水泥等建筑材料。此外房地产开发企业的库存设备也是直接用于产品开发，并构成开发产品实体的一部分，如空调设备、监控设备、供暖设备、电照设备等，所以也作为材料的一部分进行核算。

5.2.1　材料收发的流程及原始凭证

为了正确反映开发经营过程中材料物资的实际消耗和正确计算开发产品成本中的材料物资费用，并保证各项材料物资的安全完整，企业必须建立健全账簿记录和建立定期的盘点制度。

（1）材料收入的流程及原始凭证

通过对凭证的编制、取得和审核，可以对材料的收发、保管实行监督，明确经济责任，防止存货管理混乱和损失浪费现象的发生，以确保存货的安全、完整。

1）购入材料的流程及原始凭证

企业收入的材料主要是从企业外部购进的。购进材料时，必须及时取得或正确填制并严格审核进货凭证，使各有关部门及时办理进货手续。进货业务主要由业务、仓储和财会部门分工负责共同完成。

从本地购进的材料物资，采用送货制方式的，一般先由供货单位开具"发货票"，送交购货单位业务部门，购货单位业务部门将"发货票"与合同核对无误后，再填制一式数联的"收货单"，业务部门留存一联，其他各联连同"发货票"交供货单位，到指定地点交货。仓库验收后，将实收数量计入"收货单"的"实收数量"栏，由验收人员签名盖章，并加盖收货戳记，然后留一联"收货单"据以登记存货保管账，其余各联交供货单位到财会部门结算货款。财会部门对"发货票"及"收货单"认真审核无误后，签发支票，并在"收货单"上加盖付款戳记。发货票、收货单及支票存根都是记账的原始凭证。

从外地购进的材料物资，大部分采用发货制方式，货款结算以托收承付和委托收款结算为主。供货单位根据合同规定的发货期限，在规定日期填制一式数联的发货票，将货品及发货票正本发运到购货单位指定车站或码头。货品发运以后，供货单位填制托收货款凭证，连同发运单据、发票副本一起向开户银行办理托收货款手续。供货单位财会部门收到银行转来的托收凭证及有关单证，首先由业务部门核对合同，再经财会部门审核办理结算手续。货品到达指定车站或码头以后，业务部门开出收货单，通知储运部门接货，仓库保管人员对随货同行的发票正本同收货单核对无误后，留一联"收货单"凭以登记存货保管账，其他各联送交财会部门审核记账。发票正本及收货单是据以登记收货情况的原始凭证，发票副本、运费清单及有关的付款单据是凭以记录付款业务的原始凭证。材料收货单见表5-5。

材料收货单 表5-5

供应单位：　　　　　　　　　　年　月　日

发票编号：　　　　　　　　　　　　　　　　　收料仓库：

材料（产品）编号	名称	规格	单位	数量	购入价格		计划价格		备注
					单价	金额	单价	金额	
金额　　合　计									
价格差异					借差		货差		

主管：　　　　　　复核：　　　　　　　验收：　　　　　　采购员：

2）自制材料的流程及原始凭证

对于企业收到自制材料入库时，由仓库保管人员填制收货单，并按规定程序进行凭证传递。但是对于车间已经领用，而本月尚未全部消耗的材料或不再使用的材料，应由领料单位填制退料单，对于本月已领未用，而下月仍需继续使用的材料，可以办理"假退料"

手续，即由车间同时填写退料单和领料单，办理本月退料和下月领料的手续，而材料仍留在车间。

（2）材料发出的凭证

材料的发出主要是企业进行开发领用、对外销售及委托外单位加工等，都必须填制有关发料凭证，并经有关人员批准。根据经营及存货的地点的不同，在发出存货时，需要填制的凭证也不同。

根据开发经营及材料的存放地点，在发出材料时，填制领料单、限额领料单或填制领料登记表等发货凭证。领料登记表一般存放在仓库，领料时由领料人在领料表上登记领用数量及用途并签章，仓库据以发料。领料登记表一式三联，一联交领料部门凭以记录和查对；一联留存仓库凭以登记材料保管账；另一联交财会部门凭以进行账务处理。

企业对外销售材料，应由销售部门填制销售发票凭证，仓库部门保管人员负责根据销货发票的"提货单"联发货，财会部门会计人员负责办理货款结算和账簿登记。

5.2.2 材料收发的核算

会计人员要对材料收发业务进行账务处理。其核算方法不同，用到的账户及核算过程也有所区别。

1. 按实际成本计价材料收发的核算

（1）账户设置

企业按实际成本计价即对原材料的收、发、结存及总账、明细账的核算均采用实际成本计价。为进行该核算，企业应设置"在途物资"、"原材料"、"采购保管费"、"应付账款"、"预付账款"等总分类账户。

"在途物资"是资产类账户，用以核算企业从外部购入但尚未到达或尚未验收入库的各种存货（包括材料、设备、低值易耗品等）的实际成本。该账户借方登记外购的尚未入库存货的实际采购成本（包括买价和运杂费等），贷方登记已验收入库存货的实际成本。如有余额，在借方，表示的是在途物资的实际成本。该账户应按购入物资的品种或类别设置明细账，进行明细核算。

"原材料"是资产类账户，用以核算企业各种库存材料（包括原料及主要材料、辅助材料、修理用备件、燃料等）的实际成本，借方登记已验收入库材料（包括回收作为原材料使用的废料）的实际成本，贷方登记企业已领用或发出材料的实际成本。余额在借方，表示的是库存材料的实际成本。该账户应按库存材料的类别或品种设置明细账，进行明细核算。

"采购保管费"是成本类账户，用以核算企业为采购、验收、保管和收发各项材料物资所发生的各项费用。借方登记发生的各项采购保管费，贷方登记分配计入材料物资采购成本的采购保管费，按实际分配率分配采购保管费的企业，该账户月末无余额。

"应付账款"是负债类账户，用以核算企业与供货单位间的结算款项。该账户贷方登记发生的应付账款，借方登记偿还的应付账款，余额在贷方，表示尚未偿还的账款。该账户按供应单位设置明细账，分别反映企业与各单位的结算情况。

"预付账款"是负债类账户，用来核算企业按照合同规定预付给供应单位的货款。该账户借方登记企业预付的货款和收到货物后补付的货款；贷方登记企业购货应付的货款及退回预付时多付的贷款；该账户期末借方余额表示预付货款，贷方余额为应付的货款。该账户按供应单位设置明细账。

（2）材料收入业务的总分类核算

1）外购材料业务的总分类核算

企业所取得的材料，绝大多数是从外部购入的，外购材料是企业材料的主要来源。

① 付款同时收料：材料已验收入库，发票账单已到，货款已付。企业在本地采购材料，采用同城结算的付款方式付款后，很快能取回材料；从外地采购的材料，有时付款和收到材料的时间也很接近，货款及采购费用的支付，与材料验收入库的工作在较短时间内完成，这两种情况都可以视为收料和付款同时发生。这时应根据银行结算凭证、发票、运杂费等单据和材料入库的收料单等，填制付款并收料的记账凭证。在这种情况下，可以不通过"在途物资"账户，而直接记入"原材料"账户。

【例 5-5】3 月 2 日，A 房地产公司从 B 公司购入××材料一批，发票账单已到，增值税专用发票上注明的价款 50 000 元，增值税 8 500 元，另由售货方垫付运杂费 2 000 元，款项已用银行存款支付，材料已验收入库。

收到增值税专用发票，已验收入库，作会计分录如下：

借：原材料——××材料　　　　　　　　　　　52 000.00
借：应交税费——应交增值税（进项税额）　　　　 8 500.00
　　贷：银行存款　　　　　　　　　　　　　　　　60 500.00

② 付款在先，收料在后：即发票账单已到，货款已付，但材料尚未到达或尚未验收入库。企业从外地购买材料，由于材料运输时间往往超过银行结算凭证的传递和承付时间，因此会发生货款先支付而材料尚未运到的情况。对此，需要先通过"在途物资"账户进行核算。

【例 5-6】参照【例 5-5】资料。

1）如果货款已付，材料尚未到达，作会计分录如下：

借：在途物资——××材料　　　　　　　　　　　52 000.00
借：应交税费——应交增值税（进项税额）　　　　 8 500.00
　　贷：银行存款　　　　　　　　　　　　　　　　60 500.00

2）待材料到达并验收入库后，根据在途物资明细账的记录和收料单，作会计分录如下：

借：原材料——××材料　　　　　　　　　　　52 000.00
　　贷：在途物资——××材料　　　　　　　　　　52 000.00

③ 收料在先，付款在后。外购材料在运输较顺畅而结算手续办理不够及时或传递时间过长时，会出现材料先到而结算凭证未到的情况。另外也存在材料先到并验收入库，而企业因存款不足或其他原因暂时不能付款的情况。对此，应区别不同情况进行账务处理。

第一种情况，材料已收到，结算凭证也已到达，企业因存款不足暂未付款。出现这种情况时，由于双方的购销关系已经确立，企业购入材料时应承担偿还供货单位货款的债务。因此，应通过"应付账款"账户进行反映；若企业与供方达成协议，采用商业汇票形式延期付款时，则应通过"应付票据"账户进行反映。

【例 5-7】A 房地产公司购进一批水泥，增值税专用发票上注明的价款 30 000 元，增值税 5 100 元，对方代垫运费 400 元。收到结算凭证，材料已验收入库，因存款不足尚未付款。

1）取得增值税发票，材料已验收入库，作会计分录如下：

借：原材料——水泥   30 400.00

借：应交税费——应交增值税（进项税额）   5 100.00

  贷：应付账款——××公司   35 500.00

2）待以后支付该批材料款项时，作会计分录如下：

借：应付账款——××公司   35 500.00

  贷：银行存款   35 500.00

3）若对方同意延期付款，开出并承兑商业汇票抵付上项应付账款时，作会计分录如下：

借：应付账款——××公司   35 500.00

  贷：应付票据   35 500.00

第二种情况，材料已收到，但结算凭证未到。遇到这种情况时，通常几天之内即可收到结算凭证，因此可以先暂不作会计分录，待结算凭证送达，支付款项后再据以编制付款并收料的记账凭证。若遇到月末结算凭证仍未到达时，为了如实反映企业月末资产的结存情况和负债情况，对这批材料可先按照合同价格或计划价格暂估入账，并通过"应付账款"账户下设"暂估应付账款"进行核算。

【例 5-8】 A 房地产公司购入一批木材，根据货站通知办理提货手续，并验收入库，月末结算凭证仍未到达，按合同价格 8 000 元暂估入账。

1）木材已到，发票未到，作会计分录如下：

借：原材料——木材   8 000.00

  贷：应付账款——暂估应付账款   8 000.00

2）待下月初，用红字全额冲销上述分录。作会计分录如下：

借：原材料——木材   8 000.00（红字）

  贷：应付账款——暂估应付账款   8 000.00（红字）

3）收到该批材料结算凭证时，按实际支付的木材买价 7 000 元，增值税 1 190 元和运费 200 元，作会计分录如下：

借：原材料——木材   7 200.00

借：应交税费——应交增值税（进项税额）   1 190.00

  贷：银行存款   8 390.00

④ 预付货款，收料后再结算。企业按照订货合同的规定，预付一定比例的货款给供货单位，供货单位根据合同规定的期限和批量发货，发货后双方再结算货款。

【例 5-9】 A 房地产公司订购钢材一批，货款 50 000 元，增值税税额为 8 500 元，按合同规定预付货款 20 000 元。

1）根据合同，预付货款 20 000 元，作会计分录如下。

借：预付账款——××公司   20 000.00

  贷：银行存款   20 000.00

2）收到供货方按合同规定的数量和期限发来的钢材时，作会计分录如下：

借：原材料——钢材   50 000.00

借：应交税费——应交增值税（进项税额）   8 500.00
  贷：预付账款——××公司   58 500.00

3）该批材料全部货款 58 500 元，扣除企业已预付的 20 000 元货款，其余款项通过银行付清。企业补付货款，作会计分录如下：

借：预付账款   38 500.00
  贷：银行存款   38 500.00

⑤ 如果所购材料在验收时发生短缺，需要分情况进行处理。如属于运输部门的责任，则要求运输部门赔偿；如属于合理损耗，则应计入材料的采购成本。

【例 5-10】A 房地产公司购入 ×× 材料 1 000kg，单价 5 元，增值税 850 元，单货同到，货款已付，入库时发现短缺 60kg，其中 50kg 属于运输部门的责任，10kg 属于合理损耗。作会计分录如下：

借：原材料——××材料   5 557.50
借：其他应收款——××运输单位   292.50
  贷：银行存款   5 850.00

2）采购保管费的归集和分配

① 采购费的归集保管

【例 5-11】A 房地产公司本月采购保管部门发生如下费用：应付职工薪酬——工资 30 000 元，应付职工薪酬——福利费 4 200 元，固定资产折旧 10 000 元，摊销修理费 2 000 元，领用消耗性材料 1 000 元，用银行存款支付办公费、差旅费 12 800 元。作会计分录如下：

借：采购保管费   60 000.00
  贷：应付职工薪酬——工资   30 000.00
  贷：应付职工薪酬——福利费   4 200.00
  贷：累计折旧   10 000.00
  贷：待摊费用   2 000.00
  贷：库存材料   1 000.00
  贷：银行存款   12 800.00

② 采购保管费的分配。房地产开发企业对于本月所发生的采购保管费，在月末要按照一定的方法分配给本期购入的存货。在实际成本法下采购保管费的分配是按实际分配率分配的，即将本月发生的采购保管费以当月购入材料物资的买价和运杂费为标准，全部分配计入本月购入材料物资的采购成本，分配后采购保管费账户期末无余额。其计算公式如下：

$$采购保管费实际分配率 = \frac{本月发生的采购保管费}{本月购入材料物资的买价和运杂费} \times 100\%$$

【例 5-12】A 房地产公司本月发生的采购保管费为 60 000 元，本月购入材料物资的买价和运杂费合计为 2 400 000 元，其中购入钢材的买价和运杂费为 480 000 元，则：

采购保管费实际分配率＝60 000÷2 400 000＝2.5%

月末，将本月发生的采购保管费按实际分配率计入验收入库材料的实际成本。作会计分录如下：

钢材本月应承担的采购保管费＝480 000×2.5%＝12 000元

该项材料实际成本＝480 000＋12 000＝492 000元

借：原材料——钢材   12 000.00

  贷：采购保管费   12 000.00

3）库存设备取得的总分类核算

房地产开发企业的库存设备与材料的作用相似，都是为了构成所构建的开发产品的实体，因此其核算过程基本相同。房地产开发企业应设置"原材料——设备"二级账户，并按设备的种类设置三级账户。该账户借方登记购入并已验收入库设备的实际成本；贷方登记领用、安装设备的实际成本。期末借方余额反映的是库存设备的实际成本。该账户应该按设备的类别、名称设置明细账户，进行明细核算。例如：

"原材料——设备——安全监控设备"

"原材料——设备——电照设备"等

【例 5-13】A房地产开发企业2016年5月发生以下业务：

1）采购安全监控设备一套，采购成本为100 000元，增值税为17 000元，货款已付，设备尚未到达。作会计分录如下：

借：在途物资——安全监控设备   100 000.00

借：应交税费——应交增值税（进项税额）   17 000.00

  贷：银行存款   117 000.00

2）上项安全监控设备已到达并办完验收入库手续。作会计分录如下：

借：原材料——设备——安全监控设备   100 000.00

  贷：在途物资——安全监控设备   100 000.00

3）企业购入电照设备一台，采购成本40 000元，增值税为6 800元，货款已付，设备已验收入库。作会计分录如下：

借：原材料——设备——电照设备   40 000.00

借：应交税费——应交增值税（进项税额）   6 800.00

  贷：银行存款   46 800.00

（3）材料发出的总分类核算

企业发出材料，要根据"发料凭证汇兑表"，按各部门领用材料用途的不同，进行账务处理。其中直接用于开发产品的材料，记入"开发成本"账户；属于土地和房屋开发现场管理机构领用的，计入"开发间接费用"账户；属于企业管理部门领用的，记入"管理费用"账户。

【例 5-14】A房地产开发企业2016年1月共发出材料5 000 000元，其中钢材2 000 000元，木材1 000 000元，水泥2 000 000元，所发出材料中有4 000 000元用于房地产项目开发，800 000元属于开发现场管理机构领用，200 000元属于企业管理部门领用。作会计分录如下：

借：开发成本   4 000 000.00

借：开发间接费用   800 000.00

借：管理费用   200 000.00

  贷：原材料——钢材   2 000 000.00

贷：原材料——木材	1 000 000.00
贷：原材料——水泥	2 000 000.00

（4）材料收发的明细分类核算

由于企业材料品种不一，规格复杂，收发频繁，如果材料供应不足，生产就会受影响；相反，如果材料储备过多，又会造成材料积压，影响资金周转。因此，企业必须认真地组织材料的明细分类核算。材料明细分类核算应包括数量核算和价值核算两部分。材料收发、库存的数量核算，由仓库人员负责；价值核算由财会人员负责。根据这一要求，企业可以采用设置"两套账"或"一套账"的方式，进行材料的明细分类核算。

所谓两套账方式，是指仓库设置材料卡片，核算各种材料收发结存的数量，财会部门设置材料明细分类账，核算各种材料收发结存的数量和金额。优点是各部门相互督促、制约；缺点是重复记账、工作量大。

所谓一套账方式是指仓库按品种、规格设置的材料卡片与财会部门设置的材料明细分类账合并，实行"账卡合一"，即把材料卡片与材料明细分类账合并为一套账。

按实际成本计价进行材料明细分类核算，发出材料可采用先进先出法、加权平均法、移动加权平均法、个别计价法等，计价方法一经确定，不能随意变更。

2. 按计划成本计价的材料收发的核算

材料按计划成本计价时，材料的收入、发出和结存均按预先确定的计划成本计价。材料的收发凭证及总账和明细账均按计划成本进行登记。

（1）账户设置

采用计划成本进行材料核算，应设置"材料采购"、"采购保管费"、"库存材料"、"材料成本差异"等账户。

"材料采购"是资产类账户，用以核算企业从外部购入的各种物资的采购成本。借方登记支付的材料物资价款、各项费用及月终分配计入的采购保管费等，贷方登记已验收入库材料的计划成本，月末材料实际成本低于计划成本的差异，自本账户的借方转入"材料成本差异"账户的贷方；月末材料实际成本大于计划成本的差异，自本账户的贷方转入"材料成本差异"账户的借方；月末借方余额反映尚未到达或尚未验收入库的在途物资的买价和运杂费。该账户应按购入材料物资的品种或类别设置明细账，进行明细核算。

"原材料"账户：资产类，核算企业各种库存材料的计划成本，借方登记已验收入库材料的计划成本，贷方登记企业已领用发出材料的计划成本。余额在借方，表示的是库存材料的计划成本。该账户应按库存材料的类别或品种设置明细账，进行明细核算。

"采购保管费"是成本类账户，用以核算企业为采购、验收、保管和收发物资所发生的各项费用。借方记发生的各项采购保管费，贷方记分配计入材料采购成本的采购保管费，采用按计划分配率分配采购保管费的企业，本账户借方余额反映实际发生数大于计划分配数的差额，贷方余额反映实际发生数小于计划分配数的差额。

"材料成本差异"是资产类账户，用以核算企业各种库存材料的实际成本和计划成本之差，借方登记已验收入库材料的成本超支数，贷方登记入库材料成本节约数及发出材料承担的材料成本差异，其中应负担的实际成本大于计划成本的差异（超支额）用蓝字登记，实际成本小于计划成本的差异（节约额）用红字登记；借方余额反映库存材料物资的实际成本大于计划成本的差异，贷方余额反映其实际成本小于计划成本的差异。

（2）材料收入业务的总分类核算

1）材料购入过程的核算

在计划成本法下，外购材料采购时按实际采购成本付款，计入"材料采购"账户；材料入库时，按计划价格计入"原材料"；月末一次结转"材料成本差异"。

① 付款同时收料（钱货两清）

【例 5-15】A 房地产公司购入一批钢材，买价 80 000 元，增值税 13 600 元，供货单位发货时代垫运杂费 2 000 元，共计 95 600 元，银行支付全部款项，材料验收入库，计划成本为 80 000 元。

1）根据增值税发票，付款时，作会计分录如下：

借：材料采购——钢材   82 000.00

借：应交税费——应交增值税（进项税额）   13 600.00

    贷：银行存款   95 600.00

2）材料入库时，作会计分录如下：

借：原材料——钢材   82 000.00

    贷：材料采购——钢材   82 000.00

② 款在前，收料在后。从外地购买材料，会发生货款先支付而材料未到情况，可通过"材料采购"账户进行核算。

【例 5-16】A 房地产公司购入一批水泥，买价 20 000 元，增值税 3 400 元，对方代垫运费 2 000 元，各项款项通过银行支付，钢材尚未入库。计划成本为 23 000 元。

1）根据增值税专用发票，作会计分录如下：

借：材料采购——水泥   22 000.00

借：应交税费——应交增值税（进项税额）   3 400.00

    贷：银行存款   25 400.00

2）待水泥运到并验收入库时，根据在途材料明细账的记录和收料单，作会计分录如下：

借：原材料——水泥   23 000.00

    贷：材料采购——水泥   23 000.00

③ 收料在先，付款在后。材料已收到，结算凭证也已到达，企业因存款不足暂未付款。

【例 5-17】A 房地产公司购进一批钢板，货款 30 000 元，增值税 5 100 元，对方代垫运费 600 元收到结算凭证，材料已验收入库，计划成本为 30 000 元，因存款不足尚未付款。

1）取得增值税专用发票，作会计分录如下：

借：材料采购——钢板   30 600.00

借：应交税费——应交增值税（进项税额）   5100.00

    贷：应付账款——××公司   35 700.00

2）材料验收入库，作会计分录如下：

借：原材料——钢板   30 000.00

    贷：材料采购——钢板   30 000.00

3）待以后支付该批材料款项时，作会计分录如下：

借：应付账款——××公司 　　　　　　　　　35 700.00
　　贷：银行存款 　　　　　　　　　　　　　　　　35 700.00

④ 材料已收到，但结算凭证未到。月末前可暂不作会计分录，待结算凭证送达，支付款项后再据以编制付款并作收料的记账凭证。若遇到月末结算凭证仍未到达时，为了如实反映企业月末资产的结存情况和负债情况，对这批材料可先按照合同价格或计划价格暂估入账，并通过"应付账款"账户下设"暂估应付账款"进行核算。

2）采购保管费的归集和分配

① 采购保管费的归集。采购保管费的归集过程与实际成本法相同，按各项费用的实际发生额，借记采购保管费，贷记"累计折旧"账户、"银行存款"账户、"原材料"账户、"应付职工薪酬"账户等。

② 采购保管费的分配。在计划成本计价法下，采购保管费是根据全年计划采购保管费和全年计划采购物资的买价及运杂费计算采购保管费的计划分配率，并据以分配采购保管费的一种方法，其计算公式如下：

$$采购保管费计划分配率 = \frac{全年计划采购保管费}{全年计划采购物资的买价和运杂费} \times 100\%$$

某项材料物资应负担的采购保管费＝某项材料物资的实际买价和运杂费×计划分配率

【例5-18】A 房地产公司 2016 年年初预计全年发生的材料物资的采购保管费为750 000元，预计全年采购材料物资的买价和运杂费共计 25 000 000 元，本月购进一批建筑材料，买价及运杂费共计 125 000 元，试确定该批建筑材料的实际成本。

$$采购保管费计划分配率 = \frac{全年计划采购保管费}{全年计划采购物资的买价和运杂费} \times 100\%$$
$$= 750\,000 \div 25\,000\,000 \times 100\% = 3\%$$

该批建筑材料应分摊的采购保管费＝125 000×3％＝3 750 元
该批建筑材料的实际成本＝125 000＋3 750＝128 750 元

按计划分配率分配采购保管费，在各月份采购保管费不均衡的情况下，使采购保管费的分配和材料采购成本的计算趋于合理。按计划分配率分配的采购保管费与实际发生的采购保管费的差额，平时可以保留在"采购保管费"账户不予结转，在编制资产负债表时，列入待摊费用项目，如为贷方余额则抵减待摊费用。年度终了时，应将其差额全部计入物资的采购成本，调整本年购入材料物资的实际成本，为简化核算手续，其差额也可全部调整发出材料物资的实际成本，计入有关项目的开发成本。

3）材料成本差异的形成

为了核算各类或各种材料的实际成本、计划成本和材料成本差异，还应设置材料采购明细账和材料成本差异明细账，其格式见表5-6。

材料采购明细分类账　　　　　　　　　表5-6

材料类别：　　　　　　　　　　　　　　年　月　日

记账凭证		发票账单编号	收料凭证			供货单位名称	材料名称规格	借方金额			贷方金额			材料成本差异
日期	编号		日期	编号	数量			买价	其他	合计	计划成本	其他	合计	

借方根据各种付款凭证和采购保管费分配表登记，贷方根据收料单登记，月终将借方金额和贷方金额对比，计算填列"材料成本差异"栏，做出差异结转分录并一次结转到"材料成本差异明细账"中去。月终，对于只有借方金额记录，而同行无贷方金额记录的，即为在途物资。

【例 5-19】A 房地产开发公司 2016 年 1 月 31 日材料采购明细账显示，木材的实际成本为 1 200 000 元，计划成本为 1 250 000 元，则月末结转木材的材料成本差异的分录如下：

借：材料采购——木材　　　　　　　　　　　　　　　　50 000.00

贷：材料成本差异——木材　　　　　　　　　　　　　　　　50 000.00

上述材料的实际成本小于计划成本，属于节约差异，记入材料成本差异账户贷方，若为超支差异，则记入材料成本差异账户的借方，即做上述分录的反分录。

材料成本差异明细账是用来核算各类或各种材料物资的实际成本与计划成本之间的差额及其差异率的。材料成本差异明细账的设置口径应与物资采购明细账的设置口径相一致，材料成本差异明细分类账的格式见表 5-7。

材料成本差异明细分类账　　　　　　　　　　　　表 5-7

材料类别：　　　　　　　　　　　　　　　　　　　　年　　月　　日

年		摘要	本月收入			差异分配率	本月发出			月末结存		
月	日		计划成本	成本差异			计划成本	成本差异		计划成本	成本差异	
				超支	节约			超支	节约		超支	节约

（3）材料发出业务的总分类核算

1）材料发出过程的核算

与实际成本法相同，按月编制"发料凭证汇总表"，据以填制记账凭证，月末一次登记总账。按材料的实际成本计入开发产品成本。发料凭证汇总表见表 5-8。

发料凭证汇总表　　　　　　　　　　　　表 5-8

项目名称：　　　　　　　　　　　　　　　　　　　　年　　月　　日

应贷账户	应借账户					
	甲材料		乙材料		合计	
	计划成本	差异额	计划成本	差异额	计划成本	差异额
合　计						

【例 5-20】A 房地产公司 2016 年 1 月 31 日发料凭证汇总表中列示：本月××项目共领用钢材计划成本为 80 000 元，其中 70 000 元用于房地产项目建设，10 000 元为现场管理部门使用。根据发料凭证汇总表，作会计分录如下：

借：开发成本　　　　　　　　　　　　　　　　　　70 000.00
借：开发间接费用　　　　　　　　　　　　　　　　10 000.00
　　贷：原材料——钢材　　　　　　　　　　　　　　　　80 000.00

2）材料成本差异分配的核算

材料物资的收发存都是以计划成本计价的，但是对于房地产开发项目，要确定其实际成本，就需要在月末将发出材料的计划成本，通过材料成本差异调整为实际成本。其调整过程如下：

月末计算某种材料的材料成本差异率：

$$某材料的材料成本差异率 = \frac{期初的材料成本差异 + 本期购入材料的材料成本差异}{期初材料的计划成本 + 本期购入材料的计划成本} \times 100\%$$

计划本期发出材料应承担的材料成本差异：

发出材料应分摊的材料成本差异 = 发出材料的计划成本 × 该材料的材料成本差异率

用计算得到的材料成本差异调整各成本费用类科目金额。

【例5-21】A房地产公司采用计划成本法核算库存材料，1月份甲材料的期初余额的计划成本为35 000元，材料成本差异为贷方余额800元，本月购进甲材料的实际成本为63 800元，计划成本为65 000元，本月发出甲材料的计划成本为80 000元，其中70 000元用于房地产项目建设，10 000元为现场管理部门使用。结转当月领用材料的成本。

1）材料发出时，作会计分录如下：

借：开发成本　　　　　　　　　　　　　　　　　　70 000.00
借：开发间接费用　　　　　　　　　　　　　　　　10 000.00
　　贷：原材料——甲材料　　　　　　　　　　　　　　80 000.00

2）计算材料成本差异率，作会计分录如下：

$$甲材料的材料成本差异率 = \frac{-800 - 1 200}{35 000 + 65 000} \times 100\%$$
$$= -2\%$$

发出材料应分摊的材料成本差异如下：

开发成本应分摊的成本差异 = 70 000 × (-2\%) = -1 400 元
开发间接费用应分摊的成本差异 = 1 0000 × (-2\%) = -200 元

3）对材料成本差异进行调整，作会计分录如下：

借：开发成本　　　　　　　　　　　　　　1 400.00（红字）
借：开发间接费用　　　　　　　　　　　　　 200.00（红字）
　　贷：原材料——甲材料　　　　　　　　　　1 600.00（红字）

5.3　周转房的核算

5.3.1　周转房概述

房地产开发企业经过开发过程，完成开发产品，其开发产品可以根据自身生产经营的需要，分别用于出租、出售、周转和使用。其中周转房是指房地产开发企业开发完成的用于安置拆迁居民周转使用的房屋。周转房与其他开发产品相比，不同之处在于其用途的临时性和不稳定性，周转房主要是为安置拆迁居民使用，但也可以根据需要用于出售，因此房地产开发企业会计核算过程中将周转房列为企业存货处理。

（1）周转房的计价

为了反映周转房的增减变动情况，并正确计算周转房的摊销额，对于周转房主要采用以下两种计价方法：原价和摊余价值。

原价是指房地产开发企业开发购建某项周转房时所发生的各项实际支出，根据"开发成本"账户资料计算确定。

摊余价值是指周转房的原价减去已提摊销额后的余额。周转房像其他用途的房屋一样，有较长的寿命期限，可以在若干个开发经营周期中使用。在使用过程中，其价值会逐渐减少。周转房由于是为了安置拆迁居民使用，因此其价值减少部分应按照谁受益谁承担原则，按期计入开发产品成本中，按期计入开发产品成本的周转房的价值称为摊销额。周转房应按其耐用年限分期平均摊入成本。

周转房的两种计价方法用途不同，原价可以反映企业周转房的原始投资和规模大小，并作为计提摊销额的依据；摊余价值可以反映周转房的实有价值，将其与原价对比，可以反映周转房的新旧程度。

（2）周转房的修理

周转房在使用过程中，除了正常的价值损耗，由于自然力侵蚀和意外事故，也会发生不同程度的磨损或毁损，因而需要不同规模的修理。如果修理费用数额较大，可以计入待摊费用或递延资产，分期摊入开发产品成本；如果修理费用数额不大，可全部计入当期开发产品成本。

（3）周转房的销售

根据企业生产经营情况、资金状况及市场销售等情况，如果需要将周转房作为商品房对外销售，应于销售实现时反映经营收入的取得，同时将摊余价值作为经营成本转账，并注销周转房的原价和累计摊销额。转作对外销售的周转房所发生的改装修复费用，应作为销售费用列支。

5.3.2　周转房的核算

（1）科目设置

为了核算周转房的增减变动和价值摊销情况，房地产开发企业应分别设置"周转房"账户。

"周转房"是资产类账户，用来核算企业安置拆迁居民周转使用的房屋实际成本。借方登记结转来的周转房的实际成本，贷方登记每期周转房的摊销额和转作其他用途的周转房的实际成本。借方余额反映在用的周转房的实际成本。该账户应设置"在用周转房"和"周转房摊销"两个明细账户进行核算。

（2）周转房的核算过程

【例5-22】A房地产公司发生下列经济业务：

开发完成商品房一幢，在尚未出售前用于安置拆迁居民周转使用，实际成本900 000元，已办理投入使用手续。

1）结转开发周转用房，作会计分录如下：

借：周转房——在用周转房　　　　　　　　　　　　　　900 000.00
　　贷：开发产品　　　　　　　　　　　　　　　　　　　　900 000.00

2）按月计提周转房摊销额 3 000 元。作会计分录如下：

借：开发间接费用　　　　　　　　　　　　　　　　　　3 000.00
　　贷：周转房——周转房摊销　　　　　　　　　　　　　　3 000.00

3）用银行存款支付周转房修理费 6 000 元。作会计分录如下：

借：开发间接费用　　　　　　　　　　　　　　　　　　6 000.00
　　贷：银行存款　　　　　　　　　　　　　　　　　　　　6 000.00

4）将该周转房作为商品房对外销售，售价 800 000 元，原价 900 000 元，累计摊销额 300 000 元，价款尚未收到。作会计分录如下：

借：应收账款——销售收入　　　　　　　　　　　　　　800 000.00
　　贷：主营业务收入　　　　　　　　　　　　　　　　　　800 000.00

5）结转销售商品房成本，作会计分录如下：

借：主营业务成本　　　　　　　　　　　　　　　　　　600 000.00
借：周转房——周转房摊销　　　　　　　　　　　　　　300 000.00
　　贷：周转房——在用周转房　　　　　　　　　　　　　　900 000.00

企业还应根据周转房的具体情况，按类别、栋号设置明细账进行明细核算，并建立"周转房卡片"，详细登记周转房的坐落地点、结构、层数、面积、单价等情况。

5.4　其他存货的核算

5.4.1　委托加工物资的核算

企业购入的物资有时需要经过加工后才能使用，但由于自身加工设备、技术条件等限制或其他原因，有时需要将一部分物资委托其他单位代为加工，例如委托其他单位预制板梁等。这种发往其他单位并委托其他单位进行加工的物资，会计上称为委托加工物资。

（1）委托加工物资的计价

委托加工的物资虽然发往其他单位，但其所有权仍属于本企业，因此，应纳入本企业的存货核算范围。同时，经过加工的物资，其原有实物形态、性质或用途发生了变化；原有物资的价值、对物资加工所追加的价值及支付的往返运杂费等，构成加工后物资的实际成本。因此，企业委托其他单位加工的物资，其实际成本应包括：①加工中耗用物资的实际成本；②支付的加工费用；③支付的税金；④支付的往返运杂费。

（2）委托加工物资的核算

委托加工物资的核算主要包括委托加工物资发出的核算、加工过程中发生各项支出的核算、加工完成验收入库的核算等。

1）科目设置

企业应设置"委托加工物资"账户，进行总分类核算。该账户为资产类，核算委托加工物资实际成本的增减变化。借方核算发出加工物资的实际成本及支付的加工费和运杂费等；贷方核算加工完成验收入库物资的实际成本及退回剩余物资的实际成本；期末借方余额表示在加工中物资的实际成本。同时，还应按加工合同编号和委托加工单位名称设置明细账户，进行明细分类核算。

2）委托加工物资的核算过程

【例5-23】A房地产开发企业委托外单位加工一批材料，现已加工完毕并验收入库，实际耗用材料20 000元，支付加工费及相关税金5 850元及往返运杂费2 000元。出库入库材料的计划成本分别为19 000元和26 000元。

1）发出材料时，计划成本为19 000元，材料成本差异（超支额）1 000元，作会计分录如下：

借：委托加工物资   19 000.00

  贷：原材料   19 000.00

借：委托加工物资   1 000.00

  贷：材料成本差异   1 000.00

2）支付加工费及相关税金、运杂费时，作会计分录如下：

借：委托加工物资   7 850.00

  贷：银行存款   7 850.00

3）加工完毕验收入库时，计划成本为26 000元，实际成本为27 850元，作会计分录如下：

借：原材料   26 000.00

借：材料成本差异   1 850.00

  贷：委托加工物资   27 850.00

5.4.2　低值易耗品的核算

低值易耗品是指单位价值比较低或使用期限较短，达不到固定资产标准，不能作为固定资产核算的各种用具物品，如工具、管理用具、劳保用品等。

低值易耗品的采购、入库、保管、领发等业务的会计核算与原材料、库存设备的会计处理基本相同，低值易耗品可以按实际成本核算，也可以按计划成本核算。在实际成本的构成及成本差异的处理等方面，它与原材料都是一致的。但因为低值易耗品可以在一定期间内多次周转使用，所以低值易耗品在领用后，其成本结转方法与原材料有所不同。原材料的价值在使用时一次转移到成本费用中去，低值易耗品领用后，它的成本是通过价值摊销的方式计入有关成本费用的，低值易耗品的价值摊销存在着不同的方法。

（1）低值易耗品的摊销方法

低值易耗品的价值摊销方法主要有：

1）一次摊销法

低值易耗品一次摊销法是指在领用低值易耗品时，将其全部价值一次转入有关成本费用。在低值易耗品报废时，收回残料的价值，冲减有关成本费用。一次摊销法适用于经常领用，价值较小且容易损坏的低值易耗品。

2）五五摊销法

低值易耗品的五五摊销法是指在领用低值易耗品时，将其价值的50%摊入有关成本费用，在其报废时，将余下的50%扣除收回残料的价值后摊入有关成本费用的一种方法。

3）分期摊销法

分期摊销法是指在低值易耗品领用后，将其全部价值在一定期限内分次摊入有关成本费用的方法。分期摊销法适用于单位价值较高或一次领用数量较大、使用期限较长的低值易耗品。

（2）低值易耗品摊销的会计处理（按实际成本核算）

1）账户设置

在实际成本记账情况下，为了核算低值易耗品成本和摊销情况，企业要设置"低值易耗品"账户，该账户为资产类账户，借方登记入库低值易耗品的实际成本，其贷方登记发出或摊销的低值易耗品的成本。其借方余额表示在库和在用的低值易耗品的实际成本。该账户下设"在库低值易耗品、在用低值易耗品、低值易耗品摊销明细"账户。

2）低值易耗品的核算过程

① 一次摊销法。该方法对低值易耗品的核算，是在领用低值易耗品时，就将其全部价值一次性摊入有关成本费用的方法。领用时，借记"管理费用"、"开发间接费用"等成本费用类账户，贷记"低值易耗品"账户。低值易耗品报废时收回的残料价值，作为当月低值易耗品摊销额的减少，冲减有关的成本费用。借记"原材料"等账户，贷记"开发间接费用"、"管理费用"等账户。

【例5-24】A房地产开发企业发生下列业务：

开发现场管理机构领用低值易耗品一批，成本3 200元，企业管理部门领用低值易耗品一批，成本1 300元，采用一次摊销法进行摊销。作会计分录如下：

借：开发间接费用　　　　　　　　　　　　　　　　　　3 200.00
借：管理费用　　　　　　　　　　　　　　　　　　　　1 300.00
　　贷：低值易耗品——在库低值易耗品　　　　　　　　　　4 500.00

本月企业管理部门报废低值易耗品一批，收回残料300元；开发现场报废低值易耗品一批，收回残料200元；残料均已入库。作会计分录如下：

借：原材料　　　　　　　　　　　　　　　　　　　　　500.00
　　贷：管理费用　　　　　　　　　　　　　　　　　　　　300.00
　　贷：开发间接费用　　　　　　　　　　　　　　　　　　200.00

② 五五摊销法。采用五五摊销法，在领用时，按所领用低值易耗品的实际成本，借记"低值易耗品——在用低值易耗品"账户，贷记"低值易耗品——在库低值易耗品"账户；同时将其50%价值借记"管理费用"、"开发间接费用"等账户，贷记"低值易耗品——低值易耗品摊销"账户。在报废时，应按收回的残料价值借记"原材料"等账户，按摊余的50%价值扣除收回残料价值的差额借记"管理费用"、"开发间接费用"账户，贷记"低值易耗品——低值易耗品摊销"账户，同时冲销"在用低值易耗品"和"低值易耗品摊销"明细账户。

【例5-25】A房地产开发企业开发现场管理机构领用办公用具一批，价值5 000元，采用五五摊销法摊销。

1）领用时，将在库低值易耗品转为在用。作会计分录如下：

借：低值易耗品——在用低值易耗品　　　　　　　　　　5 000.00
　　贷：低值易耗品——在库低值易耗品　　　　　　　　　　5 000.00

领用的同时，通过"低值易耗品摊销"明细账摊销其价值的50%。

借：开发间接费用　　　　　　　　　　　　　　　　　　2 500.00

　　　　贷：低值易耗品——低值易耗品摊销　　　　　　　　　　　　　　2 500.00

　　2）一定时期后，该批低值易耗品已报废，收回残料价值 300 元。将原低值易耗品价值的 50% 进行摊销。作会计分录如下：

　　　　借：开发间接费用　　　　　　　　　　　　　　　　　　　　　2 500.00

　　　　　贷：低值易耗品——低值易耗品摊销　　　　　　　　　　　　　2 500.00

　　同时，残料入库时：

　　　　借：原材料　　　　　　　　　　　　　　　　　　　　　　　　　300.00

　　　　　贷：开发间接费用　　　　　　　　　　　　　　　　　　　　　　300.00

　　或上两步直接做：

　　　　借：原材料　　　　　　　　　　　　　　　　　　　　　　　　　300.00

　　　　借：开发间接费用　　　　　　　　　　　　　　　　　　　　　2 200.00

　　　　　贷：低值易耗品——低值易耗品摊销　　　　　　　　　　　　　2 500.00

　　3）将"低值易耗品摊销"与"在用低值易耗品"两个明细账户进行对冲。作会计分录如下：

　　　　借：低值易耗品——低值易耗品摊销　　　　　　　　　　　　　5 000.00

　　　　　贷：低值易耗品——在用低值易耗品　　　　　　　　　　　　5 000.00

　　③ 分期摊销法

　　采用分期摊销法，其会计处理过程基本上同五五摊销法。在低值易耗品领用时，将其价值由在库状态全部转入在用状态，再按使用情况分次或分期转入有关成本费用。领用时，借记"低值易耗品——在用"账户，贷记"低值易耗品——在库"账户。摊销时，借记"管理费用"、"开发间接费用"等账户，贷记"低值易耗品——摊销"账户。

　　【例 5-26】A 房地产开发企业为开发产品领用一批专用工具，实际成本为 20 000 元，估计使用期限为 10 个月。报废时收回残料价值 100 元入库。

　　1）领用时，作会计分录如下：

　　　　借：低值易耗品——在用　　　　　　　　　　　　　　　　　2 000.00

　　　　　贷：低值易耗品——在库　　　　　　　　　　　　　　　　　2 000.00

　　2）按月摊销时，作会计分录如下：

　　　　借：开发间接费用　　　　　　　　　　　　　　　　　　　　　200.00

　　　　　贷：低值易耗品——摊销　　　　　　　　　　　　　　　　　　200.00

　　3）报废时，收回残料价值 100 元入库，作会计分录如下：

　　　　借：原材料　　　　　　　　　　　　　　　　　　　　　　　　100.00

　　　　　贷：开发间接费用　　　　　　　　　　　　　　　　　　　　　100.00

　　4）将"低值易耗品摊销"与"在用低值易耗品"两个明细账户进行对冲。作会计分录如下：

　　　　借：低值易耗品——低值易耗品摊销　　　　　　　　　　　　　2 000.00

　　　　　贷：低值易耗品——在用低值易耗品　　　　　　　　　　　　2 000.00

　　若按计划成本进行低值易耗品核算，在报废低值易耗品的月末，应分摊成本差异，借记"管理费用"、"开发间接费用"等账户，贷记"材料成本差异"账户。

售费用和相关税金来确定。

2）用于产品开发的各种材料设备的可变现净值

可直接按照各种建筑材料和设备的现行市场价格作为可变现净值。

（2）存货跌价准备的核算

1）存货跌价准备的计提

当有迹象表明存货发生减值时，企业应于期末计算存货的可变现净值，如果可变现净值低于存货的账面价值（账面余额－已提的跌价准备），就要计提存货跌价准备。

存货跌价准备应该按照单个存货项目计提。在存货品种较多的情况下，为了简化核算，也可以按存货的类别计提坏账准备。即将同一类型或同一用途的不同存货合并在一起计提存货跌价准备。

企业应在每一会计期末，计算出存货的可变现净值以后，再与存货的账面价值进行比较，如果可变现净值低于账面价值，其差额就是应提的存货跌价准备。如果存货的可变现净值高于账面价值，应按其差额数冲回原来已提的存货跌价准备，以冲平为限。

计提存货跌价准备，需要设置"资产减值损失"和"存货跌价准备"两个科目。

"资产减值损失"科目为损益类科目，用来核算企业计提各项资产减值准备所形成的损失。借方登记应收款项、存货、长期股权投资、持有至到期投资、固定资产、无形资产、贷款等资产因为发生减值而形成的损失，贷方登记期末转入"本年利润"科目金额，结转后本科目无余额。本科目可按资产减值损失的项目进行明细核算。

"存货跌价准备"科目为资产类科目的备抵科目，用来核算企业存货的跌价准备。贷方登记资产价值的减少数额，借方登记资产减值现象已恢复的数额，余额在贷方，反映期末存货可变现净值低于其成本的数额。

提取存货跌价准备作如下分录：

借：资产减值损失——计提存货减值准备

　　贷：存货跌价准备

冲回已提的存货跌价准备作如下分录：

借：存货跌价准备

　　贷：资产减值损失——计提存货减值准备

2）存货跌价准备冲回和转销

对过去因为跌价已经提取了跌价准备的存货，当发生跌价的因素已经消失，即存货的价值已经恢复，那么，应将以前为此已提取的存货跌价准备冲回。在以前已提跌价准备的范围内做如下会计分录。

借：存货跌价准备

　　贷：资产减值损失——计提的存货减值准备

如果已提跌价准备的存货已经销售，那么为该批存货计提的跌价准备也应同时转销。并用以冲减主营业务成本。分录如下：

借：存货跌价准备

　　贷：主营业务成本

【例5-29】A房地产公司对期末存货计价，采用成本与可变现净值孰低法。该公司各年存货有关资料如下：

1）2013 年年末，原材料的账面价值为 50 000 元，可变现净值为 45 000 元。计提存货跌价准备，作会计分录如下：

　　借：资产减值损失——计提存货减值准备　　　　　　　5 000.00
　　　　贷：存货跌价准备　　　　　　　　　　　　　　　　　5 000.00

2）2014 年末，原材料的账面价值为 75 000 元，可变现净值为 67 000 元，年末其存货跌价准备应有 8 000 元，上年末已计提 5 000 元，本年末计提 3 000 元。作会计分录如下：

　　借：资产减值损失——计提存货减值准备　　　　　　　3 000.00
　　　　贷：存货跌价准备　　　　　　　　　　　　　　　　　3 000.00

3）2015 年末，原材料的账面价值为 100 000 元，可变现净值为 96 000 元，年末其存货跌价准备数额应为 4 000 元，目前已计提存货跌价准备 8 000 元，因此需要冲回 4 000元，作会计分录如下：

　　借：存货跌价准备　　　　　　　　　　　　　　　　　4 000.00
　　　　贷：资产减值损失——计提存货减值准备　　　　　　4 000.00

4）2016 年末，原材料的账面价值为 120 000 元，可变现净值为 122 000 元，说明该项存货不存在跌价，因此将所计提的存货跌价准备 4 000 元全部冲回，作会计分录如下：

　　借：存货跌价准备　　　　　　　　　　　　　　　　　4 000.00
　　　　贷：资产减值损失——计提存货减值准备　　　　　　4 000.00

本 章 习 题

问答题：

1. 房地产开发企业存货的定义及范围是什么？

2. 存货数量的盘存方法有哪些？各自有什么优点及不足？

3. 不同来源取得的存货应如何计价？

4. 实际成本法与计划成本法在核算过程中有哪些不同？

5. 采购保管费的内容是什么？

6. 采购保管费应如何在受益对象间进行分配？

7. 周转房的界定是什么？

8. 周转房价值摊销的方法有哪些？

9. 低值易耗品的摊销方法有哪些？

10. 如何对期末存货进行计价？

练习题：

1. 练习存货的核算。

东方公司某种存货的数据资料见下表：

存货成本的计算

数量单位：千克　　　　　　　　　　　　　　　　　　　　金额单位：元

日　期	收　入			发　出			结　存		
	数量	单价	金额	数量	单价	金额	数量	单价	金额
1 月 1 日存货							300		2

日　期	收　入			发　出			结　存		
	数量	单价	金额	数量	单价	金额	数量	单价	金额
1月4日购货	200	2.2							
1月10日发货				400					
1月20日购货	300	2.3							
1月28日发货				200					
1月30日购货	200	2.5							

要求：分别采用先进先出法、全月一次加权平均法、移动加权平均法和个别计价法确定发出存货及结存存货的成本。

2. 练习周转房的核算。

东方公司本月采购保管部门发生如下费用：应付职工薪酬——工资 15 000 元，应付职工薪酬——福利费 2 100 元，固定资产折旧 5 000 元，摊销修理费 1 000 元，领用消耗性材料 500 元，用银行存款支付办公费、差旅费 6 400 元。本月购入材料物资的买价和运杂费合计为 1 200 000 元，其中购入钢材的买价和运杂费为 24 0000 元。

要求：根据上述资料做采购保管费归集和分配的分录。

3. 练习周转房的核算。

东方公司本月份发生下列经济业务：

1）企业开发完成 B 栋商品房在尚未出售前用于安置拆迁居民周转使用，实际成本800 000 元，已办理出租协议和投入使用手续。

2）按月计提周转房摊销额 900 元。

3）用银行存款支付周转房修理费 6 000 元。

4）将 C 栋周转房作为商品房对外销售，不含税售价 500 000 元，增值税税率为11%，原价 450 000 元，累计摊销额 50 000 元，价款尚未收到。

要求：根据上述资料做周转房相关的分录。

4. 练习委托加工物资的核算。

东方房地产开发企业委托外单位加工一批材料，现已加工完毕并验收入库，实际耗用材料 20 000 元，计划成本为 19 000 元，支付加工费及相关税金 5 850 元，往返运杂费2 000 元。出库入库材料的计划成本分别为 19 000 元和 26 000 元。

要求：对上述委托加工物资的各环节进行会计处理。

5. 练习低值易耗品的核算。

某房地产开发企业采用五五摊销法核算低值易耗品，本月管理部门领用管理用具一件，计划成本 2 000 元。

要求：对上述低值易耗品进行会计处理。

6. 练习材料的核算。

某房地产公司材料按计划成本计价，采购保管费按预定分配率3%进行分配。2016年8月份该材料的有关资料如下：

1）原材料账户月初余额为 24 000 元，材料成本差异账户余额为借方 720 元，材料单位计划成本为 12 元。

2）8 月 10 日，从外地购入甲材料 60 000kg，增值税专用发票上注明材料价款为 600 000 元，增值税税率为 17%，材料尚未到达。

3）8 月 15 日，从外地购入的甲材料到达。实际验收入库 58 000kg，自然损耗 2 000kg。

4）8 月 20 日，发出甲材料 45 000kg，其中 40 000kg 用于某一房屋开发，5 000kg 用于管理部门一般性耗用。

要求：根据上述业务计算本月材料成本差异率并编制相关的会计分录。

6 房地产开发企业固定资产、无形资产和长期待摊费用

6.1 固 定 资 产

6.1.1 固定资产的概述

（1）固定资产的含义、特点和确认

固定资产是指为了生产商品、提供劳务、出租或经营管理而持有的，使用寿命超过一个会计年度，单位价值较高的有形资产。其中，使用寿命是企业使用固定资产的预计期间，或者该固定资产所能生产产品或提供劳务的数量。

我国《企业会计准则——固定资产》规定"固定资产，是指同时具有以下特征的有形资产：①为生产商品、提供劳务、出租或经营管理而持有的在使用中不改变实物形态；②使用年限超过一年；③单位价值较高。"企业中符合这些特征的有形资产，包括房屋及建筑物、机器设备、运输设备、工具器具等。

企业确认固定资产必须同时满足以下两个条件：

① 该固定资产包含的经济利益很可能流入企业。

② 该固定资产成本能够可靠地计量。

（2）固定资产的实物形态

固定资产在生产过程中可以长期发挥作用，长期保持原有的实物形态，但其价值则随着企业生产经营活动而逐渐地转移到产品成本中去，并构成产品价值的一个组成部分。

固定资产的价值是根据它本身的磨损程度逐渐转移到新产品中去的，它的磨损分有形磨损固定资产和无形磨损两种情况；有形磨损又称物质磨损，是设备或固定资产在生产过程中使用或因自然力影响而引起的使用价值和价值上的损失。按其损耗的发生分为两类。一类有形磨损是指设备在使用中，因摩擦、腐蚀、振动、疲劳等原因造成的设备的损坏和变形。针对一类有形磨损，应注意在设备使用的同时，降低其磨损速度，减少和消除非正常损耗。要合理使用设备、做好维护保养工作、及时检修。二类有形磨损是设备在自然力的作用下，造成设备实体锈蚀、风化、老化等的损耗。这类损耗与设备的闲置时间有密切关系。针对二类有形磨损，应注意加强管理，减少设备闲置时间，做好闲置设备的养护工作。

6.1.2 固定资产的分类

房地产开发企业的固定资产种类繁多，价值比较高，必须加强对固定资产进行合理分类。

1）固定资产按经济用途分为生产经营用固定资产和非生产经营用固定资产两类。生产经营用固定资产是指直接服务于生产经营全过程的固定资产，如厂房、机器设备、仓库、销售场所、运输车辆等。非生产经营用固定资产是指不直接服务于生产经营，而是为了满足职工物质文化、生活福利需要的固定资产，如职工宿舍、食堂、托儿所、幼儿园、

浴室、医务室、图书馆以及科研等其他方面使用的房屋、设备等固定资产。

2）固定资产按其使用情况分为使用中固定资产、未使用固定资产和不需用固定资产三大类。使用中固定资产是指企业正在使用的各种固定资产，包括由于季节性和大修理等原因暂时停用及存放在使用部门以备替换使用的机器设备。未使用固定资产是指尚未投入使用的新增固定资产和经批准停止使用的固定资产。不需用固定资产是指企业不需用、准备处理的固定资产。

3）固定资产按产权归属分为自有固定资产和租入固定资产两大类。自有资产是指企业拥有所有权的各种固定资产。租入固定资产是指企业从外部租赁来的固定资产，租入固定资产又可分为经营租赁资产及融资租赁固定资产，经营租赁资产所有权不属于承租人；而融资租赁固定资产，在到期后，所有权归承租人，承租人可以视为自有资产进行管理，要计提折旧。

4）固定资产按其经济用途和结合使用情况分类如下：

① 经营用固定资产。用于房地产开发企业办公房屋、仓库、机械设备、运输设备等。

② 非经营用固定资产。指不直接服务于房地产开发企业经营用的固定资产，但间接为企业服务和保障作用的如职工宿舍、食堂、浴室、理发室等使用的房屋、设备和其他固定资产等。

③ 租出固定资产，是指以经营性租赁方式出租给其他企业使用的固定资产。

④ 不需用固定资产。本企业多余或不适用的各种固定资产。

⑤ 未使用固定资产。是指已完工或已购建的尚未正式使用的新增固定资产及因进行改建、扩建等原因暂停使用的固定资产。如企业购建的尚未正式使用的固定资产、经营任务变更停止使用的固定资产及主要的各种资产。

⑥ 土地，指过去已估价单独入账的土地。因征用而支付的补偿费，应计入与土地有关的房屋、建筑物的价值内，不作为土地单独入账。

⑦ 融资租入固定资产，是指企业以融资方式租入的固定资产，在租赁期内应视同自有固定资产进行管理。

6.1.3　固定资产的计价基础

《企业会计准则——固定资产》规定"固定资产应当按其成本入账"。这里面成本是指历史成本，或称原始成本。固定资产的计价基础来源不同。主要有原始价值、净值和净额三种计价基础。

（1）固定资产原始价值

固定资产的原始价值，是指房地产企业为购建某项固定资产达到预计可使用状态前所发生的一切合理的、必要的支出。企业新购建固定资产的计价、确定计提固定资产折旧的依据等采用这种计价方法。其主要优点是其具有客观性和可验证性，即历史成本确定的价值，是实际发生的且有支付凭证的支出。因此，原始价值是固定资产的基本计价基础。原始价值的构成主要有以下几方面：

1）外购的固定资产。企业购入的固定资产的成本包括买价、相关税费，为使固定资产达到预定可使用状态前所发生的可直接归属于该资产的一切支出，如：运输费、装卸费、安装费和服务人员的服务费等，相关税费指外购固定资产发生的增值税和进口固定资产进口关税等。

2）自行建造的固定资产。按该项资产达到预定可使用状态前所发生的必要支出作为入账价值。

3）投资者投入的固定资产。应以投资合同或协议约定的价值作为入账价值。

4）融资租入的固定资产。按租赁开始日租赁资产公允价值与最低租赁付款额的现值中较低者作为租入资产的入账价值。以最低租赁付款额作为长期应付款入账价值的，差额作为未确认融资费用。

5）接受捐赠的固定资产。

① 捐赠方提供了有关凭据的，按凭证上标明的金额加上应当支付的相关税费作为入账价值。

② 捐赠方没有提供有关凭据的，按以下顺序确定其入账价值：

A. 同类或类似固定资产存在活跃市场的，按同类或类似固定资产的市场价格估计的金额加上应当支付的相关税费作为入账价值。

B. 同类或类似固定资产不存在活跃市场的，按接受捐赠的固定资产的预计未来现金流量现值作为入账价值。

C. 如接受捐赠的是旧的固定资产，依据上述方法确定的新固定资产价值，减去按该项资产的新旧程度估计的价值损耗后的余额作为入账价值。

6）盘盈的固定资产。

① 同类或类似固定资产存在活跃市场的，按同类或类似固定资产的市场价值，减去按该项资产的新旧程度估计的价值损耗后作为入账价值。

② 同类或类似固定资产不存在活跃市场的，按该项固定资产的预计未来现金流量现值作为入账价值。

7）在原有固定资产基础上进行改建、扩建的固定资产，按原有固定资产账面原值，减去改建、扩建过程中发生的变价收入，加上由于改建、扩建使该资产达到预定可使用状态前发生的支出计量。

（2）固定资产净值

是指固定资产原始价值减去累计折旧后的价值，也称为折余价值。固定资产净值反映固定资产的现有价值，表明固定资产使用的新旧程度。企业在计算盘盈、盘亏、毁损固定资产的溢余或损失等情况时常采用这一计价方法。

（3）固定资产净额

是指用固定资产净值减去已计提的减值准备后的价值。它可以反映固定资产的实有价值。

6.2 房地产开发企业固定资产取得的核算

6.2.1 固定资产取得的会计处理

固定资产取得来源各不相同，其价值构成都有所差异，分别对外购、自行建造、投资者投入、改扩建转入、接受捐赠、盘盈和融资租入固定资产进行会计处理。

（1）外购的固定资产

房地产开发企业购置固定资产，一类不需要安装，如房屋、建筑物、运输设备等，原始价值计量时包括买价、相关税费、运输费、装卸费和专业人员服务费等。另一类需要安装，如机器设备、电梯设备、空调设备等，该固定资产达到预定可使用状态前所发生的可直接归属于该资产的其他支出，作为该固定资产原始价值入账。

2009 年 1 月 1 日起执行，新税法规定企业购进机器设备等生产型固定资产，其发生的进项税额也能从销项税额中抵扣。对此生产型固定资产的相关税费中不包括增值税。

《营业税改征增值税试点实施办法》中指出：为便于征纳双方执行，国家税务总局发布了《不动产进项税额分期抵扣暂行办法》（国家税务总局公告〔2016〕15 号），明确规定，增值税一般纳税人 2016 年 5 月 1 日后取得并在会计制度上按固定资产核算的不动产，以及 2016 年 5 月 1 日后发生的不动产在建工程，其进项税额，需分 2 年从销项税额中抵扣，第一年抵扣进项税额的 60%，第 2 年抵扣进项税额的 40%。

"固定资产"是资产类账户，用以核算企业持有的固定资产的原始价值。企业在购建、投资者投入、融资租入、接受捐赠和盘盈固定资产时，记入借方；企业在出售、盘亏固定资产，以及固定资产报废和毁损转入清理时，记入贷方。期末余额在借方，表示企业现有固定资产的原始价值。

"固定资产购建支出"是资产类账户，用以核算企业进行基建、安装和更新改造等在建工程发生的支出。房地产开发企业用"固定资产购建支出"这个科目，是为了与开发的商品房的开发支出相区别。其作用与其他企业的"在建工程"账户是一样的。企业发生各项工程支出时，记入借方；企业在工程竣工，达到预定可使用状态，交付使用，结转实际工程成本时，记入贷方；期末余额在借方，表示企业尚未达到预定可使用状态的在建工程的成本。该科目应按各工程项目进行明细分类核算。房地产企业用"固定资产购建支出"这个科目，是为了与开发的商品房的开发支出相区别。其作用与其他企业的"在建工程"科目是一样的。该科目同"在建工程"账户核算相同。

"工程物资"是资产类账户，用以核算企业为在建工程准备的各种物资的成本。包括工程用材料、尚未安装的设备等。企业购进各种工程物资时，记入借方；企业领用工程物资时，记入贷方；期末余额在借方，表示企业为在建工程准备的各种物资成本。

【例 6-1】A 房地产开发企业购入一台不需安装的管理设备，增值税专用发票注明价款 100 000 元，增值税额 17 000 元，发生运杂费 300 元（未取得增值税专用发票）。款项已全部由银行转账结算。作会计分录如下：

借：固定资产——经营用固定资产　　　　　　100 300.00
借：应交税费——应交增值税（进项税额）　　　17 000.00
　贷：银行存款　　　　　　　　　　　　　　117 300.00

（2）自行建造的固定资产

企业自行建造的固定资产，建造工程按其实施的方式可分为自营工程和出包工程两种：

1）自营建筑固定资产

企业自营建造的固定资产，应当按照建造该固定资产达到预定可使用状态前所发生的必要支出确定其工程成本，并单独核算。工程项目较多且工程支出较大的企业，应当按照工程项目的性质分别核算。企业将购入的工程所需专用材料通过"工程物资"账户核算，购入工程物资时，按支付的价款借记"工程物资"科目，贷记"银行存款"等科目。工程耗用的材料、人工及其他费用和交纳的有关税费，企业自营建造工程主要通过"固定资产购建支出"账户进行核算。"固定资产购建支出"账户核算企业为进行各项固定资产购建工程所发生的实际支出及改扩建工程等转入的固定资产的净值。

【例 6-2】A 房地产开发企业自建成品库一幢，取得土地使用权花费 240 000 元，设计费勘察费 50 000 元；领用原材料价款 210 000 元，增值税为 35 700 元；工程人员工资为 65 000 元，福利费 9 100 元；应分摊的开发间接费用 4 200 元。成品库已建成，验收合格投入使用。

1）支付土地征用及设计勘察费用时，作会计分录如下：

借：固定资产购建支出——成品库   50 000.00
  贷：银行存款   50 000.00

2）领用原材料时，作会计分录如下：

借：固定资产购建支出——成品库   245 700.00
  贷：原材料   210 000.00
    应交税费——应交增值税（进项税额转出）   35 700.00

3）分配工程人员工资时，作会计分录如下：

借：固定资产购建支出——成品库   74 100.00
  贷：应付职工薪酬——工资   65 000.00
    应付职工薪酬——福利费   9 100.00

4）分摊开发间接费用，作会计分录如下：

借：固定资产购建支出——成品库   4 200.00
  贷：开发间接费用   4 200.00

5）成品库已建成，验收合格投入使用，作会计分录如下：

成品库建成成本=50 000+245 700+74 100+4 200=374 000（元）

借：固定资产——房屋建筑物——成品库   374 000.00
  贷：固定资产购建支出——成品库   374 000.00

2）出包建造固定资产

房地产开发企业通过出包方式建造的固定资产，按应支付给承包企业的工程价款作为固定资产的历史成本。在出包方式下，"固定资产购建支出"账户实际成为企业与承包企业的结算账户，将与承包企业之间结算的工程价款作为工程成本，记入"固定资产购建支出"账户核算。出包工程的会计处理比较简单，在出包建造的工程为达到预定可使用状态前所应支付给承包企业的全部工程价款，均借记"固定资产购建支出"账户，贷记"银行存款"等账户；工程完工交付使用时，按实际发生的全部支出，借记"固定资产"账户，贷记"固定资产购建支出"账户。

（3）投资者投入的固定资产

投资者投入的固定资产，是指已投入资本形式投入企业的固定资产，应以投资各方确认的价值作为入账价值。企业在核算投资者投入的固定资产时，一方面反映固定资产的增加；另一方面反映投资者权益的增加。

【例 6-3】A 房地产开发企业收到 B 公司投入的卡车一台，其账面原价为 450 000 元，已提折旧 165 000 元；投资双方确认的价款为 290 000 元，作会计分录如下：

借：固定资产——运输设备——卡车　　　　　　　　290 000
　　贷：实收资本　　　　　　　　　　　　　　　　　　290 000

（4）租入固定资产

房地产开发企业由于开发生产需要租入各种固定资产，按其租赁的性质，分为经营性租入的固定资产和融资性租入的固定资产两种。在进行会计处理时，应加以区别核算。

1）经营性租赁固定资产

经营性租入是临时租入，资产所有权不属承租人，承租人只需定期支付租金。租入固定资产的所有权仍属于租出单位。租期期满将设备退还给出租方，租金按月预提到期一次性列为费用，更为有利，能实现相对节税，租期一般较短，承租企业所拥有的只是租期内的固定资产使用权，租赁资产相关的风险和报酬仍然归属于出租人。因而企业对经营性租入的固定资产不能作为自有固定资产的增加来核算，不必计提折旧，只需设置备查账记录和管理租入固定资产的情况；对于支付的租金，应计入有关的经营费用。

【例 6-4】A 房地产开发企业向 B 公司租入办公房屋，合同规定租期一年，年租金240 000 元，1 月 1 日合同生效一次支付全年租金。

1）1 月 1 日，A 房地产开发企业根据合同约定，用支票支付年租金。作会计分录如下：

借：预付账款——B公司　　　　　　　　　　　　240 000.00
　　贷：银行存款　　　　　　　　　　　　　　　　　　240 000.00

2）计提 1 月份该房地产开发企业应承担租金费用。作会计分录如下：

借：管理费用　　　　　　　　　　　　　　　　　20 000.00
　　贷：预付账款——B公司　　　　　　　　　　　　　20 000.00

该年度后 10 个月都作以上相同的会计分录。

2）融资性租赁固定资产

融资租赁是一种将借钱与借物相结合的长期租赁方式，对于出租方来说，能按时收回本息，资金风险小；对于租入方来说，租入设备视同自有固定资产，按月计提折旧，若没付款就冲减利润，可以节约所得税支出。从法律形式上讲，尽管融资租赁的固定资产的所有权在租期内仍属于出租方，但由于资产的租赁期较长，基本上包括了资产的有效使用期限，承租方实质上获得了租赁资产提供的主要经济利益，同时承担与资产有关的风险。因此，根据会计信息质量要求中的实质重于形式原则，融资性租入的固定资产可视同一项自有固定资产计价入账，同时确认相应的负债，并计提固定资产的折旧。

企业对融资性租入的固定资产核算时，应设置"固定资产——融资租入固定资产"明细账户，以有别于企业的自有固定资产的核算。按照《企业会计准则——租赁》规定，融资租入的固定资产，应在租赁开始日，按当日租赁资产的原账面价值与最低租赁付款额的现值两者中较低者作为入账价值。如果融资性租赁资产占企业资产总额的比例等于或小于30%的，在租赁开始日，也可按最低租赁付款额作为固定资产的入账价值。

【例 6-5】A 房地产开发企业融资租入一台大型设备，按协议确定的租赁价款为1 000 000 元，另支付安装等费用50 000 元。按协议租赁价款分 10 年于每年年末支付。设备已安装完毕交付使用。该企业融资租入资产占全部资产总额的8%。

1）租入设备时，支付安装等费用，作会计分录如下：

借：固定资产购建支出   1 000 000.00

    贷：长期应付款——应付融资租赁款   1 000 000.00

借：固定资产购建支出   50 000.00

    贷：银行存款   50 000.00

2）设备交付使用时，作会计分录如下：

借：固定资产——融资租入固定资产   1 050 000.00

    贷：固定资产购建支出   1 050 000.00

3）每年支付融资租赁费用时，作会计分录如下：

借：长期应付款——应付融资租赁款   105 000.00

    贷：银行存款   105 000.00

4）10年后租赁期满，设备所有权转入企业

借：固定资产——生产经营用固定资产   1 050 000.00

    贷：固定资产——融资租入固定资产   1 050 000.00

（5）接受捐赠的固定资产

企业接受捐赠的固定资产，按捐赠者提供的发票、报关单据等有关凭证入账。捐赠方提供了有关凭据的，按凭据上标明的金额加上应支付的相关税费作为入账价值；捐赠方如果没有提供有关凭据的，按同类资产当前的市场价格（包括增值税额）入账；接受固定资产时发生的各项费用，应计入固定资产原值；如果同类资产或类似固定资产不存在市场的，按该项受赠资产的预计未来现金流量现值确定。按确定价值借记"固定资产"账户，贷记"营业外收入"账户。

【例 6-6】A 房地产开发企业接受捐赠卡车一台，市场价格为 268 000 元，支付手续费等 2 000 元。手续费用转账支票支付，作会计分录如下：

借：固定资产——经营用固定资产   270 000.00

    贷：营业外收入   268 000.00

      银行存款   2 000.00

（6）盘盈的固定资产

盘盈的固定资产，按同类或类似资产的市场价格，减去按该项资产的新旧程度估计的价值损耗后的余额，或在同类或类似固定资产不存在于活跃市场时，按该项固定资产的预计未来的现金流量现值，借记"固定资产"账户，贷记"待处理财产损益"账户。

以非现金资产抵债或应收债权换入固定资产，以及以非货币性交易换入的固定资产的入账价值的确定，按相关的《企业会计制度》、《企业会计准则》的规定加以确定。

6.2.2 固定资产明细分类账

房地产开发企业为了加强固定资产的管理，准确反映和监督各类固定资产，根据固定资产的增减变化情况，除应进行总分类核算外，企业还应设置"固定资产卡片"和"固定资产登记簿"，进行明细分类核算（表6-1）。

固定资产卡片是进行固定资产明细分类核算的卡片式账簿，设立后可以使用几年不用更换。主要按固定资产的类别和保管、使用部门明晰填列。在每一张卡片中应记载该项固定资产的编号、名称、规格、技术特征、使用部门、开始使用日期、原价、预计使用年限、折旧率、停用及大修理等详细资料；凡是增加固定资产都应设置固定资产卡片；凡是

有关固定资产折旧、大修理、内部转移、停止使用及清理出售等经济业务，都应根据有关凭证在卡片内进行登记。固定资产卡片通常一式两份，一份由企业财会部负责登记保管，另一份由固定资产管理部门登记保管，各张固定资产卡片的分类合计数，必须同固定资产总账余额相等。固定资产登记簿应按固定资产的类别开设账页，账内按保管使用部门设置专栏。每年年初按规定的明细类别和保管、使用部门，将固定资产的年初余额登记簿，每月按固定资产的增减日期序时登记，以反映各类固定资产的使用、保管和增减变化及其结存情况。固定资产登记簿、固定资产卡片和固定资产总分类账户的记录，应定期进行核对，并与实物进行核对，做到账实相符。

运输设备　类

表 6-1

卡片编号：20150617890

计量单位：台

资产代码		01245	资产名称	东风水泥罐车
类别名称		运输设备	计量单位	台
购置时间		2015 年 6 月 17 日	增加方式	外购
投入使用日期		2015 年 6 月 25 日	预计使用年限	20 年
产权形式		自有	数量	1
权属证书	所有权人	自有	原值	690.120 元
	合格证书	有	累计折旧（年）	120.000 元
	保修期	3 年	净值	570 000 元
			使用状况	良好
			管理部门	业务部
	备注			

6.3 固定资产折旧的核算

6.3.1 固定资产折旧的含义

固定资产折旧是指固定资产在使用的过程中，因逐渐损耗而减少的那部分价值，是在固定资产的使用寿命内，按确定的方法对应计折旧额进行的系统分摊。其中，应计提折旧额是指应当计提折旧的固定资产扣除其预计净残值后的余额；如果该项固定资产已计提了减值准备，则还应当扣除已计提的固定资产减值准备累计金额。

固定资产折旧的概念，固定资产可以连续若干年内使用，并保持其实物形态，但其价值随着资产的使用发生磨损而逐渐转移到成本费用中去的价值，就是固定资产折旧。为了保证企业在未来有能力重置固定资产而将固定资产的价值合理地分摊到各个受益期的成本中，实现收入和费用的配比，随着收入的实现而得到补偿，并转化为货币资金。因此，企业必须在固定资产的有效使用期内计提一定数额的折旧。

6.3.2 固定资产折旧的范围

除下列情况外，企业应对所有固定资产计提折旧：

1) 已提足折旧仍继续使用的固定资产；

2) 按照规定单独估价为固定资产入账的土地；

3）除房屋建筑外的停用固定资产。

企业固定资产应当按月计提折旧。当月增加的固定资产，当月不提折旧，从下月起计提折旧；当月减少的固定资产，当月仍提折旧，从下月起停止计提折旧；对于提前报废的固定资产，不再补提折旧。

企业新建或改扩建的固定资产，已达到可使用状态的，如果尚未办理竣工决算，应当按照估计价值暂估入账，并计提折旧，待办理了竣工决算手续后，将原来暂估价值调整为实际成本，同时调整原已计提的折旧额。

6.3.3 固定资产折旧的方法

固定资产折旧方法有年限平均法、工作量法、双倍余额递减法和年数总和法。折旧方法一经选定，不得随意变更。

1）年限平均法

又称直线法，是指按固定资产使用年限平均计算折旧的方法。采用这种方法，是固定资产的应计提折旧总额均匀地分摊于预计使用年限的各个会计期间。计算公式如下：

$$年折旧额 = \frac{固定资产原价 - 预计净残值}{预计使用年限}$$

$$年折旧率 = \frac{年折旧额}{固定资产原价} = \frac{1 - 预计净残值率}{预计使用年限} \times 100\%$$

$$月折旧额 = 固定资产原价 \times 月折旧率$$

【例 6-7】A 房地产开发企业房产原价 60 000 000 元，预计可使用 40 年，预计净残值率为 4%。该项房产年折旧率、月折旧额计算如下：

$$年折旧率 = \frac{1 - 4\%}{40} = 2.4\%$$

$$月折旧额 = \frac{6\,000 \times 2.4\%}{12} = 12\, 万元$$

以上计算的折旧是按单个固定资产计算的，也称个别折旧率。个别折旧率是指某项固定资产在一定期内的折旧额与该项固定资产原始价值的比率。

房地产开发企业拥有一定数量的固定资产，如果对固定资产逐一单独计算折旧，工作量较大，为了简化计算手续，可以采用分类折旧法。分类折旧法是将相似或性质相同，使用寿命大致相同的固定资产归并为一类。计算出一个平均的折旧额，再用该折旧率计算出该类固定资产的折旧额，其计算公式如下：

$$年分类折旧率 = \frac{1 - 预计该类固定资产净残值率}{该类固定资产预计使用寿命}$$

$$= \frac{全年应提该类固定资产折旧总额}{该类固定资产原始价值总额} \times 100\%$$

2）工作量法

工作量法是按照固定资产预计完成的工作量平均计提折旧的方法。采用这种方法，固定资产的应计提折旧总额均匀地分摊于预计的各个单位工作之中。计算公式如下：

$$每一工作量折旧额 = \frac{固定资产原价 - 预计净残值}{预计总工作量}$$

$$固定资产月折旧额 = 每单位工作量折旧额 \times 该固定资产当月实际的工作量$$

【例 6-8】A 房地产开发企业运输卡车的原价为 100 000 元，预计总行驶里程为 50 万

km，其预计净残值率为 5%，本月行驶 13 500km。本月折旧额计算如下：

$$每公里折旧额 = \frac{100\ 000 - 100\ 000 \times 5\%}{500\ 000} = 0.19 元/km$$

$$本月折旧额 = 13\ 500 \times 0.19 = 2\ 565 元$$

3）加速折旧法

加速折旧法又称快速折旧法或递减折旧法，是固定资产计提折旧前期多，以后逐年减速的方法。加速折旧法是加速确认折旧费用，相对加快折旧的计提，以使固定资产成本在有效使用年限内加快得到补偿。加速折旧的方法较多，常用的方法主要有两种：双倍余额递减法和年数总和法。

① 双倍余额递减法，是快速折旧的一种，是在不考虑固定资产残值的情况下，根据每期期初固定资产账面余额和双倍的直线法折旧率计算的固定资产折旧的一种方法。计算公式如下：

$$年折旧率 = \frac{2}{预计使用年限} \times 100\%$$

$$月折旧率 = \frac{年折旧率}{12}$$

$$月折旧额 = 固定账面净值 \times 月折旧率$$

【例 6-9】A 房地产开发企业固定资产原值为 20 万元，预计净残值率 3%，预计使用年限为 5 年，采用双倍余额递减法计算该项固定资产的年折旧率和年折旧额，见表 6-2。

双倍余额递减法折旧计算表（单位：元）　　　　　　表 6-2

时间	期初账面余额 ①	年折旧率 ②	年折旧额 ③=①×②	累计折旧 ④	期末账面余额 ⑤=①-③
第一年	200 000	40%	80 000	80 000	120 000
第二年	120 000	40%	48 000	128 000	72 000
第三年	72 000	40%	28 800	156 800	43 200
第四年	43 200		18 600	175 400	24 600
第五年	24 600		18 600	194 000	6 000

$$年折旧率 = 2 \div 5 \times 100\% = 40\%$$

$$第一年年折旧额 = 200\ 000 \times 40\% = 80\ 000 元$$

$$第二年年折旧额 = 120\ 000 \times 40\% = 48\ 000 元$$

$$第三年年折旧额 = 72\ 000 \times 40\% = 28\ 800 元$$

$$第四、第五年年折旧额 = (43\ 200 - 6\ 000) \div 2 = 18\ 600 元$$

② 年数总和法。年数总和法又称合计年限法，也是一种快速折旧法，它是将固定资产的原值减去净值后的净额乘以一个逐年递减的分数计算每年的折旧额。逐年递减分数的分子代表固定资产尚可使用年限，分母代表使用年限的逐年数字总和。计算公式如下：

$$年折旧率 = \frac{尚可使用年数}{预计使用年限的年数总和} \times 100\%$$

$$月折旧率 = \frac{年折旧率}{12}$$

月折旧额 ＝（固定资产原值－预计净残值）×月折旧率

【例6-10】A 房地产开发企业管理设备原值为 155 000 元，预计使用年限为 5 年，预计净残值为 5 000 元，采用年数总和法计算折旧率及折旧额，见表6-3。

年数总和法折旧计算表（单位：元）　表6-3

时间	尚可使用年限	原值－净残值	年折旧率	年折旧额	累计折旧
第一年	5	150 000	5/15	50 000	50 000
第二年	4	150 000	4/15	40 000	90 000
第三年	3	150 000	3/15	30 000	120 000
第四年	2	150 000	2/15	20 000	140 000
第五年	1	150 000	1/15	10 000	150 000

采用快速折旧后，在固定资产使用的早期多提折旧，后期少提折旧，其递减的速度逐年加快。快速计提折旧的目的是使固定资产成本在估计的使用年限内快速得到补偿。

6.3.4　计提固定资产折旧的核算

固定资产计提折旧时，按其用途进行分配，计提时借记"管理费用"、"销售费用"、"其他业务成本"及"在建工程"等科目，贷记"累计折旧"科目。

"累计折旧"是资产类账户，用以核算固定资产的折旧额，它是固定资产的抵减账户。企业在提取固定资产折旧时，记入贷方；企业处置和盘亏固定资产时，记入借方；期末余额在贷方，表示企业固定资产的累计折旧额。"固定资产"账户余额减去"累计折旧"账户余额，就是固定资产净值。

【例6-11】A 房地产开发企业本月应提固定资产折旧费 32 400 元，其中：办公部门16 500 元；销售部门15 900 元，作会计分录如下：

计提折旧时，作会计分录如下：

借：销售费用　　　　　　　　　　　　　　　　　16 500.00
借：管理费用　　　　　　　　　　　　　　　　　15 900.00
　贷：累计折旧　　　　　　　　　　　　　　　　　　32 400.00

6.4　固定资产的后续支出

6.4.1　固定资产后续支出概述

企业的固定资产投入使用后，往往需要对固定资产进行维护、改建、扩建，提高使用效能。

固定资产有关的更新改造等后续支出，符合固定资产确认条件的，应当计入固定资产成本，同时将被替换部分的账面价值扣除。企业将固定资产进行更新改造的，应将相关固定资产的原价、已计提的累计折旧和减值准备进行转销，将固定资产的账面价值转入固定资产购建支出，并停止计提折旧。固定资产发生的可资本化的后续支出，通过"固定资产购建支出"科目核算。企业对固定资产进行定期检查发生的大修理费用，由确凿证据表明符合固定资产确认条件的部分，应予以资本化计入固定资产成本，不符合固定资产确认条件的，应当费用化，计入当期损益。因此，固定资产的后续支出有资本化支出和费用化支出情况处理。

6.4.2 资本化后续支出的核算

与固定资产有关的后续支出如果使可能流入企业的经济利益超过了原先的估计，如延长了固定资产的使用寿命，或者使产品质量实质性提高，或者使产品成本实质性降低，则应当计入固定资产账面价值，即将后续支出予以资本化，但其增计金额后的固定资产账面价值不应超过该固定资产的可收回金额。

【例 6-12】A 房地产开发公司有一台机器设备，原价 620 000 元，已计提折旧 160 000 元。进行技术改造，共支出 57 000 元，以银行存款支付。改建完毕已达到预定可使用状态，延长了使用年限 5 年，暂不考虑其他因素的影响。

1）该设备转入技术改造时，作会计分录如下：

借：固定资产购建支出 460 000.00

借：累计折旧 160 000.00

　　贷：固定资产 620 000.00

2）该设备进行技术改造时，作会计分录如下：

借：固定资产购建支出 57 000.00

　　贷：银行存款 57 000.00

3）达到预定可使用状态投入使用时，作会计分录如下：

借：固定资产 517 000.00

　　贷：固定资产购建支出 517 000.00

6.4.3 费用化后续支出的核算

固定资产的后续支出，不符合固定资产成本确认条件的，应当在发生时计入当期损益。如果不可能使流入企业的经济利益超过预先的估计，则应在发生时确认为费用。这类后续支出，一般是指包括中小修理在内的经常性修理时，企业为维护和保持固定资产正常工作状态所发生的后续支出。

中小修理，是指对固定资产进行一般拆修或更换部件，或对房屋、建筑物的维护，费用较小，可直接计入当期的"销售费用"或"管理费用"账户，即借记"销售费用"或"管理费用"科目，贷记"银行存款"、"原材料"等科目。

【例 6-13】A 房地产开发公司管理部门的车辆，定期维护保养，支付费用 5 500 元，用银行存款支付。作会计分录如下：

借：管理费用 5 500.00

　　贷：银行存款 5 500.00

6.4.4 固定资产租赁的核算

房地产开发企业有时缺少的设备或其他固定资产，需要租入某种固定资产，与出租企业联系租赁某种固定资产，互通有无，来满足企业需求。企业与出租方签订"租赁合同"，列明租赁期限、租金数额及租赁期间对设备或某种固定资产的责任。

企业租入固定资产时，应设置"租赁固定资产登记簿"作好备查记录；支付租金时，借记"销售费用"、"管理费用"账户，贷记"银行存款"账户。

固定资产租出时，不转移固定资产所有权。为了区别于企业自用的固定资产，应设置"租出固定资产"明细分类账户。租出的固定资产仍应按月计提折旧，在计提折旧时，借记"其他业务成本"，贷记"累计折旧"账户；企业收到租金时，借记"银行存款"账户，贷记"其他业务收入"账户。

6.4.5 固定资产处置的核算

企业固定资产处置指出售、报废、毁损和投资转出等。企业的固定资产经过长期的生产经营过程，会逐步失去其原有的生产能力，或由于科学技术进步等原因提前报废，或由于遭受自然灾害等非正常损失发生毁损，或由于对外投资、捐赠等中途退出企业生产经营过程，应进行相应的处置核算。

"固定资产清理"是资产类账户，用以核算企业因出售、报废、毁损、投资转出等原因转入清理的固定资产净额及在清理过程中发生的清理费用和清理收入。企业在转入出售、报废、毁损、投资转出固定资产净额，支付清理费用及将清理净收益转账时，记入借方；在企业取得清理收入及将清理净损失转账时，记入贷方；若余额期末在借方，表示企业尚未清理完毕的固定资产净损失；若期末余额在贷方，则表示企业尚未清理完毕的固定资产净收益。

（1）固定资产出售的核算

企业因设备的不适用、不需用，可以将这些固定资产出售给其他企业。固定资产出售、报废和毁损等原因减少的固定资产，会计核算上一般分为以下几个步骤：

1）固定资产转入清理。固定资产按其账面价值，借记"固定资产清理"、"累计折旧"及"固定资产减值准备"等账户，按固定资产账面原值贷记"固定资产"账户。

2）发生的清理费用。固定资产按其在清理过程中发生的各项费用及应交税费，借记"固定资产清理"账户，贷记"银行存款"、"应交税费"等账户。

3）出售收入、残料变价收入及保险赔偿和过失赔偿等，应借记"银行存款"、"周转材料"及"其他应收款"等账户，贷记"固定资产"账户。

4）清理净损益的处理。

① 固定资产清理后的净收益，应区别情况处理：

A. 属于筹建期间的，冲减开办费。

B. 属于生产经营期间的计入损益，借记"固定资产清理"账户，贷记"营业外收入——处置非流动资产利得"账户。

② 固定资产清理后的净损失，应区别情况处理：

A. 属于筹建期间的计入开办费。

B. 属于生产经营期间，由于自然灾害等非正常原因造成的损失，借记"营业外支出——非常损失"账户，贷记"固定资产清理"账户。

C. 属于生产经营期间正常的处理损失，借记"营业外支出——处置非流动资产损失"科目，贷记"固定资产清理"账户。

【例6-14】A房地产开发公司出售一台机床，原价220 000元，已使用2年，计提折旧87 000元。由于转产，出售该设备。发生清理费用800元，取得变价收入135 000元。

1）资产转入清理时，作会计分录如下：

借：固定资产清理　　　　　　　　　　　　　　　133 000.00

　　累计折旧　　　　　　　　　　　　　　　　　 87 000.00

　　贷：固定资产　　　　　　　　　　　　　　　　　　220 000.00

2）支付清理费用时，作会计分录如下：

借：固定资产清理　　　　　　　　　　　　　　　800.00
　　贷：银行存款　　　　　　　　　　　　　　　　800.00

3）收到出售收入时，作会计分录如下：

借：银行存款　　　　　　　　　　　　　　　135 000.00
　　贷：固定资产清理　　　　　　　　　　　　135 000.00

4）结转清理净损益，作会计分录如下：

借：固定资产清理　　　　　　　　　　　　　　1 200.00
　　贷：营业外收入　　　　　　　　　　　　　　1 200.00

（2）报废、毁损固定资产的核算

房地产开发企业固定资产由于长期使用而发生损耗，丧失了功能，才进行清理。报废、毁损的固定资产即使折旧没有提足，也不需要补提。

房地产开发企业固定资产经领导批准报废或毁损后，按固定资产净额，借记"固定资产清理"账户；按已计提折旧额，借记"累计折旧"账户；按已提减值准备，借记"固定资产减值准备"账户；按固定资产账面原值，贷记"固定资产"账户。

房地产开发企业在清理过程中发生各项支出，例如旧仓库翻新、设备拆卸维修等，称为清理费用。在清理过程中发生各项收入，例如变卖废料收入、旧设备变卖收入或保险赔偿款等，称为清理收入。不论是清理支出还是清理收入都应通过"固定资产清理"账户核算。固定资产净额与清理费用之和，如果小于变价收入，其差额称为固定资产清理净损失，应转入"营业外支出"账户。

【例6-15】A房地产开发公司报废一台罐车，原值560 000元，已提折旧510 000元，已计提减值12 000元。

1）经领导批准报废清理时，作会计分录如下：

借：固定资产清理——清理罐车　　　　　　　38 000.00
借：累计折旧　　　　　　　　　　　　　　　510 000.00
借：固定资产减值准备　　　　　　　　　　　12 000.00
　　贷：固定资产——经营用固定资产　　　　560 000.00

2）用支票支付清理费用10 000元时，作会计分录如下：

借：固定资产清理——清理罐车　　　　　　　　10 000
　　贷：银行存款　　　　　　　　　　　　　　　10 000

3）收到残值变价收入23 000元时，作会计分录如下：

借：银行存款　　　　　　　　　　　　　　　23 000.00
　　贷：固定资产清理——清理罐车　　　　　　23 000.00

4）结转清理净损益，作会计分录如下：

借：营业外支出——非流动资产处置损失　　　25 000.00
　　贷：固定资产清理——清理罐车　　　　　　25 000.00

（3）投资、捐赠转出固定资产的核算

房地产开发企业由于对外投资、捐赠等原因转出的固定资产，同样应将其固定资产净值转入"固定资产清理"账户，如果已计提了固定资产减值准备的，同时转出已计提的减值准备金额；按"固定资产清理"账户的余额，借记"长期股权投资"或"营业外支出"账户。

【例 6-16】A 房地产开发公司与 B 公司合资经营，准备投资一幢办公用房，原值 2 660 000 元，已提折旧 1 510 000 元，已计提减值 100 000 元。

1）转销办公用房的账面价值，作会计分录如下：

借：固定资产清理——办公用房对外投资　　　　　　　1 050 000.00
借：累计折旧　　　　　　　　　　　　　　　　　　　1 510 000.00
借：固定资产减值准备　　　　　　　　　　　　　　　　100 000.00
　　贷：固定资产 ——经营用固定资产　　　　　　　　2 660 000.00

2）投资合同约定投资办公用房按 1 000 000 元计量，作会计分录如下：

借：长期股权投资　　　　　　　　　　　　　　　　　1 000 000.00
　　贷：固定资产清理——办公用房对外投资　　　　　　500 000.00
　　贷：营业外收入——非流动资产处置损失利得　　　　500 000.00

（4）固定资产清查的核算

在固定资产的使用过程中，由于主客观原因，会出现固定资产的账实不符，企业应对固定资产定期或不定期地进行清查，以保护企业资产的安全完整。年度终了前必须进行一次全面的盘点清查。并根据判断清查的结果填写"固定资产盘盈盘亏报告表"，作为固定资产清查会计处理的依据。

1）固定资产的盘盈

清查中发现盘盈的固定资产，在未经报告批准前，应按同类或类似资产的市场价格减去按该项资产折旧新旧程度估计的价值损耗后的余额，借记"固定资产"账户，贷记"待处理财产损益"账户；待报经批准处理后，将该项盘盈的固定资产从"待处理财产损益"账户转入"营业外收入"账户。"待处理财产损益"设二级明细"待处理财产损益——流动资产损益"和"待处理财产损益——固定资产损益"。

2）固定资产的盘亏

清查中发现盘亏的固定资产，应先按盘亏固定资产的账面价值，借记"待处理财产损益"账户，按已提的折旧借记"累计折旧"账户，按固定资产账面原价贷记"固定资产"账户，如该项资产已计提减值准备的，还应借记"固定资产减值准备"账户；查明原因并报经批准处理后（或在期末时），结转固定资产盘亏损失，借记"营业外支出"账户，贷记"待处理财产损益"账户。

【例 6-17】A 房地产开发公司盘亏卡车一辆，原值 230 000 元，已计提折旧 198 000 元，已计提减值准备 15 000 元。

1）结转账面价值，作会计分录如下：

借：待处理财产损益——待处理固定资产损益　　　　　17 000.00
借：累计折旧　　　　　　　　　　　　　　　　　　　198 000.00
借：固定资产减值准备　　　　　　　　　　　　　　　15 000.00
　　贷：固定资产——不需用固定资产　　　　　　　　230 000.00

2）经领导批准后，予以转账，作会计分录如下：

借：营业外支出　　　　　　　　　　　　　　　　　　17 000.00

　　　贷：待处理财产损益——待处理固定资产损益　　　　　17 000.00

（5）固定资产减值的核算

企业在期末时，如果发现固定资产因发生损坏、技术陈旧或其他原因导致其可收回金额低于其账面价值，即发生了减值，就应在期末计价时调整固定资产账面价值。

1）固定资产减值的概念

由于企业经营环境的变化和科学技术的进步，或者其他经济原因，导致固定资产创建未来经济利益的能力有所下降，固定资产的可变现净值低于其账面价值，这种情况称之为固定资产价值减值。

可变现净值，是指资产的销售净价与预期从该资产的持续使用和使用寿命结束时的处置中形成的现金流量的现值两者之中的较高者。其中，销售净值是指资产的销售价格减去处置资产所产生的相关税费后的余额。

2）固定资产减值的判断

企业在期末发现存在下列情况，应考虑固定资产减值：

① 固定资产市价大幅度下跌，并且预计在近期内不可能恢复。

② 企业所处经营环境，如技术、市场产品营销市场发生重大变化，并对企业产生负面影响。

③ 同期市场利率等大幅度提高，影响计算固定资产可收回金额的折现。

④ 固定资产陈旧过时或发生实体损坏等。

⑤ 固定资产预计使用方式发生重大不利变化，从而对企业产生负面影响。

⑥ 其他有可能表明资产已发生减值的情况。

如果固定资产的可收回金额低于其账面价值，企业应当按可收回金额低于账面价值的差额计提固定资产减值准备，并计入当期损益。计提减值准备时，按可收回金额与账面价值的差额，借记"资产减值损失——计提固定资产减值准备"科目，贷记"固定资产减值准备"科目。

3）计提减值后的固定资产折旧

已计提减值准备的固定资产，应当按照该固定资产的账面价值及可使用寿命重新计算确定折旧率和折旧额。已计提的固定资产减值准备，一经确认，在以后会计期间不得转回。

4）固定资产减值的核算

在期末，固定资产按单项计算确定了减值准备时，企业应按固定资产账面价值超过其可收回金额的部分计提减值准备；如果有迹象表示以前期间据以计提固定资产减值的各种因素发生变化，使得固定资产的可收回金额大于其账面价值，则以前期间以确认的减值损失应当转回，但转回的金额不应超过原已计提的固定资产减值准备。

"固定资产减值准备"是资产类账户，它是"固定资产"账户的抵减账户，用以核算企业固定资产的减值准备。企业计提固定资产减值准备时，记入贷方；企业对已计提减值准备的固定资产处置时，记入借方；期末余额在贷方，表示企业已提取但尚未转销的固定资产减值准备。

【例6-18】A房地产开发公司有投影设备2台，每台原始价值28 000元，已提折旧8 000元。现由于市价持续下跌，每台可收回金额仅为14 000元，计提其减值准备。作会计分录如下：

借：资产减值损失——固定资产减值损失　　　　　　　　　6 000.00

贷：固定资产减值准备　　　　　　　　　　　　　　　　6 000.00

固定资产减值损失确认后，在未来期间作相应调整，以使该资产在剩余使用寿命内，系统地分摊调整后的资产账面价值。资产减值损失一经确认，在以后会计期间不得转回。

6.5　无　形　资　产

6.5.1　无形资产概述

（1）无形资产的含义

无形资产，是指企业拥有或者控制的没有实物形态的可辨认非货币性资产。包括专利权、非专利技术、商标权、著作权、特许权、土地使用权。

资产满足以下条件之一的，符合无形资产概念的可辨认标准：一是能够从企业中分离或者划分出来，并能够单独或与相关合同、资产或负债一起，用于出售、转移、租赁或者交换；二是源自合同性权利或者其他法定权利，无论这些权利是否可以从企业或者其他权利和义务中转移或者分离。

无形资产只有在满足以下条件时，企业才能加以确认：一是该资产为企业获得的经济利益很可能流入企业；二是该资产的成本能够可靠地计量。

广义的无形资产包括金融资产、长期股权投资、专利权、商标权等，因为它们没有物质实体，而是表现为某种法定权利或技术。

（2）无形资产的特征

无形资产一般具有如下特征：

1）无形资产不具有实物形态。它具有一定的价值存在企业所享有的权利中，它能给企业带来经济效益或取得超额利润。它可以买卖，以某种技术、专利、商标等形式存在。

2）无形资产具有较长时间使企业获得经济利益。无形资产能够供企业长期使用，从而使企业长期收益，属于一项长期资产，企业为取得无形资产发生的支出，属于资本性支出。

3）无形资产持有的目的是使用，房地产开发企业利用无形资产用于开发产品、经营或提供劳务，出租给他人；因为无形资产一旦脱离了生产经营活动，就失去了其经济价值。

4）无形资产所带来的经济效益具有不确定性。无形资产创造经济效益受外界因素影响很大，长远来看提供经济效益也很难确定，对企业盈利也很难确定。例如：某项专利技术成果，由于社会高新技术发展迅猛，会有新生代产品替代，旧专利技术的价值就失去了，随之对企业经济效益也截止了。

5）无形资产的经济价值与其成本之间无直接因果关系，企业获得的无形资产成本并不能代表其他所能为企业带来的多大经济效益，有时用比较低的成本取得，却能给企业带来较高的经济效益。

6）无形资产是有偿取得的。只有企业发生成本而取得的无形资产计量入账，如果没有计量价值的，不能作为无形资产入账。

（3）无形资产的分类

我国将无形资产分为专利权、非专利技术、商标权、著作权、土地使用权、特许权。

1）专利权。是指权利人在法定期限内对某一发明创造所拥有的独占权和专有权。企业无须将其所拥有的一切专利权都予以资本化，作为无形资产核算。只有那些能够给企业带来较大经济价值，并且企业为此花费了支出的专利，才能作为无形资产核算。

2）商标权。是指企业专门在某种指定的商品上使用特定的名称、图案、标记的权利。根据《中华人民共和国商标法》的规定，经商标局核准注册的商标为注册商标，商标注册人享有商标专用权，受法律保护。商标权的价值在于它能使享有人获得较高的赢利能力。

3）著作权。著作权又称版权，指作者对其创作的文学、科学和艺术作品依法享有的某些特殊权利，包括署名权、发表权、修改权和保护作品完整权。

4）特许权。特许权也称为专营权，指在某一地区经营或销售某种特定商品的权利或是一家企业接受另一家企业使用其商标、商品、技术秘密等的权利。前者由政府机构授权，准许企业使用或在一定地区享有经营某种业务的特权，如水、电、邮电通信等专营权，烟草专卖权等；后者是指企业间依照签订的合同，有限期或无限期使用另一家企业的某些权利，如连锁店的分店等。会计上的特许权主要是指后一种情况。只有支付了费用取得的特许权才能作为无形资产入账。

5）非专利技术。非专利技术也称专有技术，是指不为外界所知、在生产经营活动中已采用了的、不享有法律保护的各种技术和经验。非专利技术可以用蓝图、配方、技术记录、操作方法的说明等具体资料表现出来，也可以通过卖方派出技术人员进行指导，或接受买方人员进行技术实习等手段实现。非专利技术具有经济性、机密性和动态性等特点。非专利技术有些是企业自己开发研究的，有些是根据合同规定从外部购入的。如果是企业开发研究，可能成功也可能失败，研究过程中发生的相关费用，会计核算上一般将其全部列作当期费用处理，不作为无形资产核算。从外部购入的，应按实际发生的一切支出，予以资本化，作为无形资产入账核算；非专利技术可以作为资产对外投资，也可以转让。非专利技术主要包括以下三个方面：

① 工业专有技术。是指生产上已被采纳、没有公开，只有研发人员知道，不享有专利权或发明权的生产、修理、工艺和方法的技术。

② 商业、贸易专有技术。是指具有保密性质的市场情报，例如：原材料价格、竞争对手、用户资料等。

③ 管理专有技术。是管理组织或经营方式、方法、培训要点等保密知识。

6）土地使用权。是指国家准许某一企业在一定期间对国有土地享有开发、利用、经营的权利。取得土地使用权有时可能不花费任何代价，如企业所拥有的无偿划拨的土地使用权属于通过政府补助取得的无形资产，应当按公允价值计量，公允价值不能可靠取得的，按照名义金额计量。取得土地使用权时花费了支出，则应将其资本化，作为无形资产核算。这里涉及两种情况：一是企业根据《中华人民共和国城镇国有土地使用权出让和转让暂行条例》，向政府土地管理部门申请土地使用权，企业要支付一笔出让金，在这种情况下，企业应予以资本化，作为无形资产核算；二是企业在新会计准则实施之前，原先通过行政划拨获得土地使用权，没有入账核算，在将土地使用权有偿转让、出租、抵押、作价入股和投资时，应按规定将补交的土地出让价款予以资本化，作为无形资产入账核算。

（4）无形资产的初始计量

企业在取得或购置无形资产时应遵循实际成本原则，按发生时的实际成本确定入账价值；期末终了时，还需要对无形资产的价值进行评价并采用稳健性原则计提减值准备。

无形资产应按取得时的实际成本计价。企业取得无形资产的方式有多种，如从外部购入、自行开发并按法律程序申请取得、接受投资转入及接受捐赠等，其入账价值的确定有所不同，具体表现如下。

1）外购的无形资产，按实际支付的价款作为入账的实际成本。

2）自行开发的无形资产，按依法取得时发生的注册费、聘请律师等费用，作为无形资产的实际成本。在研究与开发过程中发生的材料费用、开发人员的工资及福利费、相关的租金及借款费用等，即依法申请取得的研究和开发费用，应于发生时直接计入当期损益。企业内部研究开发项目开发阶段的支出，要满足以下几方面条件，才能确认为无形资产。

① 全部完成该无形资产的研发，能够使用或出售、出租的状态。

② 该项无形资产能给企业带来效益，证明其有用性质。

③ 对该项无形资产开发支出能够可靠计量。

3）投资者投入的无形资产，按投资各方确定的价值作为实际入账成本。

4）接受捐赠取得的无形资产，应根据捐赠方提供的有关凭据所表明的金额，或按同类市场价格所估计的金额，或该资产的预计未来现金流量现值等，作为实际入账成本。

5）企业接受的债务人以非现金资产抵债方式取得的无形资产，按应收债权的账面净值加上支付的相关税费作为无形资产；以非货币交易换入的无形资产，按换出资产的账面价值加上应支付的相关税费作为无形资产。如果这两种方式的取得涉及补价的，则按相关企业会计准则进行处理。

6.5.2 无形资产取得的核算

（1）外购无形资产的核算

房地产开发企业取得无形资产主要渠道有外购、自行开发、捐赠和投资者投入等。

"无形资产"是资产类账户，用以核算企业拥有的无形资产的成本。企业取得各种无形资产时，记入借方；企业出售、对外投资无形资产等时，记入贷方；期末余额在借方，表示企业无形资产的原始价值。无形资产应按不同的类别设置明细分类账，进行明细核算。

购入无形资产应按购入时支付价款和发生的咨询费、手续费之和计量，借记"无形资产"账户，贷记"银行存款"等账户。

【例6-19】A房地产开发公司2015年10月取得一项土地使用权，价值6 000 000元，发生相关咨询费、评估费等56 000元，用银行存款支付。作会计分录如下：

借：无形资产——土地使用权　　　　　　　6 056 000.00
　　贷：银行存款　　　　　　　　　　　　　　6 056 000.00

（2）自行开发无形资产的核算

企业自行开发无形资产过程中发生费用支出，应区别研究阶段与开发阶段支出，研究阶段是为了研究某项技术发生的前期支出，例如：调研、论证、计划、实验等工作，该项所有支出记入当期损益；借记"研发支出——费用化支出"账户，贷记"银行存款"

"原材料"等账户，后结转到"管理费用"贷记"研发支出"账户。

开发阶段就是将研究的某项成功技术投入生产和使用，转化为成果。开发阶段发生的所有支出计入无形资产；研究开发成功并按法律程序申请取得的无形资产，按依法取得时发生的注册费用、聘请律师等费用，借记"研发支出——资本化支出"账户，贷记"银行存款""原材料"等账户，开发完毕后借记"无形资产——××专利"账户，贷记"研发支出——资本化支出"等账户。

"研发支出"是成本类账户，用以核算企业进行研究与开发无形资产过程中所发生的各项支出。企业发生无形资产研究、开发支出时记入借方；企业结转无形资产研究、开发成本时记入贷方；期末余额在借方，表示企业正在开发的无形资产的成本。

【例 6-20】A 房地产开发公司自行研究开发一项商品销售专有技术，主要有下列业务：

1）6 月 30 日，分配商品销售专有技术开发人员工资 58 000 元，福利费 8 120 元。作会计分录如下：

借：研发支出——费用化支出　　　　　　　　　　　66 120.00
　　贷：应付职工薪酬——工资　　　　　　　　　　　58 000.00
　　贷：应付职工薪酬——职工福利　　　　　　　　　 8 120.00

2）6 月 30 日，结转费用化支出，作会计分录如下：

借：管理费用——研究费用　　　　　　　　　　　　66 120.00
　　贷：研发支出——费用化支出　　　　　　　　　　66 120.00

3）7 月 25 日，商品销售专有技术研究进入开发阶段，领用材料 5 600 元，使用设备计提折旧费 890 元，作会计分录如下：

借：研发支出——资本化支出　　　　　　　　　　　 6 490.00
　　贷：原材料　　　　　　　　　　　　　　　　　　 5 600.00
　　贷：累计折旧　　　　　　　　　　　　　　　　　　 890.00

4）8 月 20 日，用支票支付咨询费 6 000 元，作会计分录如下：

借：研发支出——资本化支出　　　　　　　　　　　 6 000.00
　　贷：银行存款　　　　　　　　　　　　　　　　　 6 000.00

5）9 月 15 日，分配商品销售专有技术研究人员工资 89 000 元，福利费 12 460 元。作会计分录如下：

借：研发支出——资本化支出　　　　　　　　　　　101 460.00
　　贷：应付职工薪酬——工资　　　　　　　　　　　 89 000.00
　　贷：应付职工薪酬——职工福利　　　　　　　　　 12 460.00

6）12 月 5 日，商品销售专有技术研究成功，结转其开发成本，作会计分录如下：

借：无形资产——商品销售专有技术　　　　　　　　113 950.00
　　贷：研发支出——资本化支出　　　　　　　　　　113 950.00

（3）投资者投入的无形资产

按投资各方确认的价值，借记"无形资产"账户，贷记"实收资本"、"股本"等账户。如首次发行股票而接受投资者投入的无形资产，应按该项无形资产在投资方的账面价值，借记"无形资产"账户，贷记"实收资本"、"股本"等账户。

【例 6-21】A 房地产开发公司接受一项专利技术，投资合同约定的价值为 200 000 元，作会计分录如下：

借：无形资产——非专利技术　　　　　　　　　　　　200 000.00

　贷：实收资本　　　　　　　　　　　　　　　　　　　200 000.00

（4）接受捐赠的无形资产

根据《企业会计制度》及财政部的规定，企业接受捐赠资产按税法规定确定的入账价值，应通过"待转资产价值"科目核算。企业应在"待转资产价值"科目下设置"接受捐赠货币性资产价值"和"接受捐赠非货币性资产价值"两个明细科目。

具体分两种情形处理：企业取得的货币性资产捐赠，应按实际取得的金额，记入借方"库存现金"或"银行存款"等科目，记入贷方"待转资产价值——接受捐赠货币性资产价值"账户；企业取得的非货币性资产捐赠，应按会计制度及相关准则规定确定入账价值，记入借方"库存商品"、"固定资产"、"无形资产"、"长期股权投资"等账户，一般纳税人如涉及可抵扣的增值税进项税额的，按可抵扣的增值税进项税额，记入借方"应交税金——应交增值税（进项税额）"账户，按接受捐赠资产根据规定确定的入账价值，贷记"待转资产价值——接受捐赠非货币性资产价值"账户，按企业因接受捐赠资产支付或应付的金额，贷记"现金"、"银行存款"等账户。

企业应在当期利润总额的基础上，加上因接受捐赠资产产生的应计入当期应纳税所得额的接受捐赠资产按税法规定确定的入账价值或是经主管税务机关审核确认当期应计入应纳税所得额的待转捐赠非货币性资产价值部分，计算出当期应纳税所得额。企业应按"待转资产价值"账户的账面余额，借记"待转资产价值"账户，按应交的所得税（或弥补亏损后的差额计算的应交所得税），贷记"应交税金——应交所得税"账户，按其差额，贷记"资本公积——其他资本公积"账户。

接受的非货币性资产捐赠弥补亏损后的数额较大，经批准可在不超过 5 年内的期限内分期平均计入各年度应纳税所得额计交所得税的，企业应按经主管税务机关审核确认计入应纳税所得额的待转捐赠非货币性价值部分，借记"待转资产价值"账户，按当期应计入应纳税所得额的待转捐赠非货币性价值部分（或抵减亏损后的余额）计算的应交所得税，贷记"应交税金——应交所得税"账户，按其差额，贷记"资本公积——其他资本公积"账户。"待转资产价值"科目期末应为贷方余额，表示企业尚未结转的待转资产的价值。

6.5.3　无形资产的摊销

无形资产是一项长期资产，在其使用寿命内持续为企业带来经济效益，它的价值会随着使用而不断地减少，直至消失。要判断无形资产的使用寿命，在一定使用寿命内进行摊销。

无形资产应当自取得当月起分期平均摊销，处置当月不再计提摊销。无形资产的摊销期确定：

① 合同规定了受益年限但法律未规定有效期限的，按不超过合同规定的受益年限摊销；

② 合同未规定受益年限但法律规定有效期限的，按不超过法律规定的有效期限摊销；

③ 合同和法律都有规定期限的，按不超过两者规定的期限的较短者进行摊销；

④ 合同和法律都没有规定期限的，摊销期限不应超过 10 年。

企业购入或以支付土地出让金方式取得的土地使用权，在尚未开发或建造自用项目前，作为无形资产核算，并按规定的期限分期摊销。房地产企业开发商品房时，应将土地使用权的账面价值全部转入开发成本；企业因利用土地建造自用某项目时，应将土地使用权的账面价值全部转入在建工程成本。

"累计摊销"是资产类账户，它是"无形资产"账户的抵减账户，用以核算企业对使用寿命有限的无形资产计提的累计摊销。企业在计提无形资产摊销时，记入贷方；企业在处置无形资产时，记入借方；期末余额在贷方，表示企业无形资产的累计摊销额。"无形资产"账户余额，减去"累计摊销"账户余额就是无形资产的净值。

无形资产摊销应当在使用寿命内系统合理摊销。企业摊销无形资产，应当自无形资产开始使用到不作为无形资产使用时止计提摊销。一般无形资产采用直线法摊销。摊销时借记"管理费用"账户，贷记"累计摊销"账户。

【例 6-22】A 房地产开发公司 2015 年 1 月取得一项土地使用权，价值 900 000 元，法律规定的有效期限为 40 年。2015 年 5 月该企业在该项土地上开发建造商业用房。

1) 取得土地使用权时，作会计分录如下：

借：无形资产——土地使用权 　　　　　　　　　　　　900 000.00

　　贷：银行存款 　　　　　　　　　　　　　　　　　　900 000.00

2) 每月摊销土地使用权时，作会计分录如下：

借：管理费用 　　　　　　　　　　　　　　　　　　18 750.00

　　贷：累计摊销——土地使用权 　　　　　　　　　　　18 750.00

使用寿命不确定的无形资产不应计提摊销，企业应当在每个会计期间对使用寿命不确定的无形资产使用寿命进行复核，如有证据表明无形资产的使用寿命是有限的，应当估计其使用寿命并按规定摊销。

6.5.4　无形资产处置的核算

无形资产处置主要有出售、出租和对外投资。

（1）无形资产出售的核算

房地产开发企业可以对专利权、非专利技术、商标权、土地使用权和特许权进行出售。出售后企业将不具有占有权和处置权。企业出售时：按实际收到出售的收入，借记"银行存款"账户；按已计提的累计摊销额，借记"累计摊销"账户；按已计提的减值准备，借记"无形资产减值准备"账户；按出售无形资产账面原值，贷记"无形资产"账户；将这些账户相抵后的差额列入"营业外收入"或"营业外支出"。

【例 6-23】A 房地产开发公司将土地使用权出售给 B 公司，该项土地使用权原值为9 000 000 元，已摊销 6 750 000 元，取得出售收入 2 600 000 元，钱款已存入银行。作会计分录如下：

借：银行存款 　　　　　　　　　　　　　　　　　2 600 000.00

借：累计摊销 　　　　　　　　　　　　　　　　　6 750 000.00

　　贷：无形资产——土地使用权 　　　　　　　　　　9 000 000.00

　　贷：营业外收入——非流动资产处置利得 　　　　　　350 000.00

（2）无形资产出租的核算

出租无形资产是将该项无形资产使用权让渡给其他企业，仍保留对所出租的无形资产的所有权，并拥有占有、使用及处置权利。在取得出租租金收入时，一般为企业的其他收入入账，列入"其他业务收入"账户，在出租过程中发生的相关支出列入"其他业务成本"账户。

【例 6-24】A 房地产开发公司将一项经营销售专项技术使用权出租给 B 公司。

1）收到出租 B 公司一项经营销售专项技术的转账支票一张，金额为 89 000 元，作会计分录如下：

借：银行存款   89 000.00
　　贷：其他业务收入——出租无形资产   89 000.00

2）分配去 B 公司进行服务咨询人员工资 6 100 元，福利费为 854 元。作会计分录如下：

借：其他业务成本——出租无形资产   6 954.00
　　贷：应付职工薪酬——工资   6 100.00
　　贷：应付职工薪酬——福利费   854.00

（3）无形资产对外投资

房地产开发企业将本企业的无形资产向外投资，投资时按投资合同或协议约定的价值，借记"长期股权投资"账户；按该项无形资产已计提的摊销额，借记"累计摊销"账户；按该项无形资产已计提的减值准备，借记"无形资产减值准备"账户；按无形资产的账面原值，贷记"无形资产"账户；借贷方账户相抵后如有差额，应列入"营业外收入"或"营业外支出"。

【例 6-25】A 房地产开发公司将一项经营销售专项技术向 B 公司投资，该经营销售专项技术账面原值为 165 000 元，该专项技术计提摊销额 32 000 元，未计提减值准备，按投资合同约定为 135 000 元计量入账，作会计分录如卜：

借：长期股权投资——其他股权投资   135 000.00
借：累计折旧   32 000.00
　　贷：无形资产——经营销售专项技术   165 000.00
　　贷：营业外收入   2 000.00

6.5.5 无形资产减值的核算

房地产开发企业会计期末，无形资产账户的期末余额反映的是无形资产的摊余价值。企业应定期或至少于每年年末检查各项无形资产预计为企业创造未来经济利益的能力，对预计可收回金额低于其账面价值的无形资产，应当计提减值准备。无形资产可收回金额根据无形资产的销售净价、未来现金流量的现值这两项较大者确定。

1）存在下列情况时，应将该项无形资产的账面价值全部转入当期损益：

① 某项无形资产已被其他新技术所替代，且该项资产已无使用价值和转让价值；

② 某项无形资产已超过法律保护期限，且已不能为企业带来经济利益；

③ 其他足以证明某项无形资产已丧失了使用价值和转让价值的情形。

2）存在下列情况时，应计提减值准备：

① 某项无形资产已被其他新技术所替代，使其为企业创造经济利益的能力受到重大不利影响；

② 某项无形资产已超过法律保护期限，但仍然具有部分使用价值；

③ 某项无形资产的市价在当期大幅度下跌，并在剩余年限内不会恢复；

④ 其他足以证明某项无形资产实质上已发生了减值的情形。

对于发生了减值的无形资产，企业应按其可收回金额低于账面净值的差额计提减值准备，并确认为当期损失，借记"营业外支出——计提的无形资产减值准备"账户，贷记"无形资产减值准备"账户。对已计提了减值准备的无形资产，其减损的价值又得以恢复，应在已计提的减值准备的范围内转回，借记"无形资产减值准备"账户，贷记"营业外支出——计提的无形资产减值准备"账户。

"无形资产减值准备"是资产类账户，它是"无形资产"账户的抵减账户，用以核算企业提取的无形资产减值准备。企业无形资产发生减值时，记入贷方；企业处置已计提减值准备的无形资产时，记入借方；期末余额在贷方，表示企业已提取的无形资产减值准备。

【例 6-26】 A 房地产开发公司一项经营销售专项技术账面原值 165 000 元，已摊销了 32 000 元，因该项经营销售专项技术已不适应现在社会要求，其价值大幅度下降，预计未来现金流量的现值 125 000 元。计提其减值损失，作会计分录如下：

借：资产减值损失——无形资产减值准备   8 000.00

    贷：无形资产减值准备   8 000.00

6.6 长期待摊费用

6.6.1 长期待摊费用概述

长期待摊费用是指企业已经支出，但摊销期限在 1 年以上（不含 1 年）的各种费用。如租入固定资产的改良支出、股票发行费等。应由本期负担的借款利息、租金等，不能作为长期待摊费用处理。

长期待摊费用应当单独核算，在费用项目的受益期限内分期平均摊销。如果长期待摊的费用项目不能使以后会计期间受益的，应当将该项目尚未摊销的摊余价值全部转入当期损益。

1）租入固定资产改良支出。企业采用经营租赁方式从其他企业租入的固定资产，由于经营生产的需要，承租方在租赁有效期内会对其进行改装、翻修、改建等改良。而租入的固定资产，承租方依法享有使用权，对其所发生的改良支出，不能增加该项固定资产的价值，而只能作为长期待摊费用处理，也可以单独设置"租入固定资产改良支出"账户反映。

2）固定资产大修理支出。是指为恢复固定资产的性能，对其进行大部分或全部的修理。当大修理费用没有采用预提的办法，并且支出较大，收益期超过一年的大修理支出，应当作为长期待摊费用处理。固定资产大修理支出，必须同时符合下列条件：①修理支出达到取得固定资产时的计税基础 50% 以上；②修理后固定资产的使用年限延长 2 年以上。

3）其他长期待摊费用。是指企业发生的除固定资产大修理支出和租入固定资产改良支出外，摊销期限在一年以上的各项摊销费用。

4）股票发行费。是指与股票发行直接有关的费用（股票按面值发行时发生的费用，或股票溢价发行但溢价不足以支付所发生的费用），包括股票发行时的承销费、注册会计师审计费、资产评估费和印刷费等。

6.6.2　长期待摊费用的核算

发生固定资产改良、大修理或发行股票时，借记"长期待摊费用"账户，贷记"银行存款"、"原材料"、"应付职工薪酬"等账户。

发生的长期待摊费用应采用直线法分期平均摊销，摊销时借记"销售费用"、"管理费用"等账户，贷记"长期待摊费用"账户。

"长期待摊费用"是资产类账户，用以核算企业已经发生，但应由本期和以后各期负担的，分摊期限在一年以上的各项费用。企业发生各项费用时，记入借方；企业摊销各项费用时，记入贷方；期末余额在借方，表示企业尚待摊销的长期待摊费用。

对不同的长期待摊费用，其摊销期限的计算方法有所不同，租入固定资产的改良支出应在租赁期限与租赁资产尚可使用寿命两者孰短的期限内平均摊销；固定资产大修理支出按受益年限平均摊销；股票发行费用应在不超过 2 年的期限内摊销。

【例 6-27】A 房地产开发公司租入 2 000m² 仓库一座，对该仓库进行改造，仓库租赁期限为 5 年，尚可使用 10 年。

1）用转账支票支付仓库改造费用 60 000 元，作会计分录如下：

借：长期待摊费用——租入固定资产改良支出　　　　　　60 000.00
　　贷：银行存款　　　　　　　　　　　　　　　　　　56 000.00

2）按月摊销租入仓库改造时，作会计分录如下：

借：资产减值损失——无形资产减值准备　　　　　　　　1 000.00
　　贷：无形资产减值准备　　　　　　　　　　　　　　1 000.00

本　章　习　题

第 1 部分　固　定　资　产

思考题：

1. 固定资产具有哪些基本特征？确认固定资产的具体标准是什么？
2. 如何确定固定资产的原始价值？
3. 我国实务中，固定资产计提折旧的范围是什么？
4. 固定资产计提折旧有哪些方法？各种方法各自有什么特点？
5. 什么是平均折旧法？它分为哪两种方法？并说明各种方法的定义。
6. 什么是加速折旧法？它主要有哪两种方法？并说明各种方法的定义。
7. 固定资产后续支出如何划分？分别如何进行会计处理？
8. 在何种情况下，应当计提固定资产减值准备？

练习题：

1. 练习固定资产取得的核算。

资料：某房地产开发公司 2015 年 5 月发生有关固定资产取得业务如下。

1）1 日，购入不需要安装的设备一台，价款 160 万元（含增值税），增值税税率 17%，发生运杂费 6 000 元，款项已由银行存款支付。

2）2 日，投资者投入设备一台，该设备账面价值为 260 万元，已提折旧 90 万元，该设备投入时，经双方协议，确认价为 180 万元。

3）3 日，接受 XH 公司捐赠的设备一台，捐赠方提供的有关凭证表明该设备价款为 120 万元，估计已提折旧 30 万元。以银行存款支付该设备的运杂费 3 000 元。

4）4 日，向 SH 公司购进打印机 10 台，价款 40 000 元（含增值税额），增值税税率 17%，运输及装卸费 300 元，全部款项一并汇付对方。打印机也已运到，验收使用。

5）8 日，向 QA 汽车公司购进卡车，买价 210 000 元，增值税额 35 700 元，款项当即签发转账支票支付，卡车也已验收使用。

6）10 日，向 NQ 电梯厂购进电梯一部，买价 100 000 元，增值税额 17 000 元，运输及装卸费 5 000 元，款项已承付，电梯也已运到，并验收入库。

7）11 日，本公司安装队领用电梯进行安装。

8）12 日，领用其他各种安装材料，计价值 900 元，予以转账。

9）18 日，分配安装电梯人员的工资 16 000 元，并计提职工福利费 2 720 元。

10）20 日，电梯安装完毕，已经达到预定可使用的状态，验收使用，予以转账。

11）25 日，接受 DJ 公司投入吊车 2 辆，已验收使用，投资合同约定每辆吊车以 300 000 元计价，审核固定资产交接清单无误后，予以转账。

12）31 日，收到外商捐赠的一台叉车，根据提供的发票，报关单等表明叉车的买价为 80 000 元，签发转账支票支付运输费，手续费计 690 元，叉车已达到预定可试用状态，验收使用。

要求：根据上述资料，编制相关的会计分录。

2. 固定资产折旧的计算。

资料：XH 房地产开发公司新增设备一台，原始价值为 200 000 元，估计净残值 2 000 元，预计使用年限 5 年。

要求：分别按平均年限法、双倍余额递减法和年数总和法计算各年的折旧额。

3. 固定资产折旧的计算。

资料：HY 公司 8 月 1 日有关固定资产明细分类账户的资料如下所示：

固定资产明细分类账户资料

固定资产名称	计量单位	数量	原始价值	预计使用寿命	预计净残值率	月折旧额	使用部门
综合楼	幢	1	5 020 000	40 年	5		行政部
1 号仓库	座	1	330 000	40 年	4		储运部
2 号仓库	座	1	260 000	30 年	5		储运部
罐车	辆	1	520 000	180 000 公里	5		储运部
卡车	辆	1	600 000	200 000 公里	5		业务部
投影仪	台	1	20 000	5 年	4		行政部
台式电脑	台	20	70 000	5 年	5		行政部
合计			12 520 000				

发生以下有关的经济业务：

1）8 月 22 日，购入小汽车一辆，买价 230 000 元，增值税额 39 100 元，签发商业汇票支付。

2）8月30日，计提本月固定资产折旧额。

3）9月31日，有一辆罐车原价值320 000元，上月已计提足折旧，计提本月固定资产折旧额。

要求：

1）根据资料，用年限平均法计算各项固定资产的折旧额（其中罐车、吊车用工作量法计算）。

2）根据资料，编制会计分录。

3）根据资料，分别用双倍余额递减法和年数总和法计算投影仪和台式电脑年折旧额。

4.练习固定资产处置的核算。

资料：XY房地产开发公司11月份发生下列有关经济业务。

1）1日，有不需用吊车一辆，其原始价值86 000元，已计提折旧40 000元，已提减值准备4 000元，经领导批准准备出售，予以转账。

2）2日，出售不需用吊车一辆，收入45 000元，存入银行。

3）4日，结转出售不需用的吊车价值。

4）10日，经营用仓库一座，因损坏严重，无法使用，经批准提前报废进行清理。该仓库原始价值400 000元，已使用25年，预计净残值利率5%，已计提折旧385 000元，已提减值准备3 000元，予以转账。

5）12日，签发转账支票支付仓库清理费用2 000元。

6）21日，叉车一辆损坏严重，经批准进行报废清理。该叉车原始价值80 000元，已计提折旧75 000元，已提减值准备3 000元，予以转账。

7）23日，将清理仓库的残料出售，收入8 200元，存入银行。

8）26日，清理仓库完毕，费用予以转账。

9）28日，将报废清理的叉车出售收入3 100元，存入银行。

10）29日，签发转账支票支付叉车的清理费用800元。

11）30日，清理叉车完毕，予以转账。

5.练习固定资产处置的核算。

资料：SH房地产开发公司10月固定资产处置的业务如下。

1）10月8日，报废机器设备一台，原始价值800 000元，已提折旧760 000元，发生清理费15 000元，出售残值收入5 000元，以上款项均以银行存款收付。

2）10月23日，转让仓库一幢，原始价值500 000元，已提折旧210 000元，出售价格200 000元，出售时发生清理费用5 000元，有关款项已由银行存款收付。

要求：根据上述资料，编制有关的会计分录。

6.练习固定资产支出和租赁的核算。

资料：XH房地产开发公司9月发生下列有关经济业务：

1）1日，有一仓库，原值375 000元，已计提折旧280 000元，委托建筑公司进行改、扩建，费用予以转账。

2）8日，签发转账支票支付建筑公司改、扩建工程款300 000元。

3）31日，仓库已改、扩建完毕，达到预定可使用状态，验收使用，计算该仓库建造成本，予以转账。

4）5 日，签发转账支票支付储运部门卡车大修理费用 20 000 元。

5）28 日，以现金支付行政管理部门的电脑修理费 300 元。

6）10 日，签发转账支票支付租入吊车租金 880 元。

要求：根据以上资料，编制会计分录。

7. 练习固定资产清查和减值的核算。

资料：DH 商厦 12 月份发生下列有关的经济业务。

1）23 日，盘亏不再需要的吊车一辆，其原始价值为 200 500 元，已计提折旧 190 800 元，已计提减值准备 3 000 元，予以转账。

2）30 日，盘亏的叉车报经领导批准，予以核销转账。

3）31 日，有电脑 6 台，每台原始价值 5 000 元，已计提折旧 1 000 元。现由于其市场价格持续下跌，每台可回收金额仅为 3 500 元，计提减值准备。

要求：根据以上资料，编制会计分录。

第 2 部分　无形资产和长期待摊费用

思考题：

1. 什么是无形资产？试述确认无形资产的条件。

2. 无形资产有何特征？如何对无形资产进行分类？

3. 试述无形资产的初始计量。

4. 无形资产的研究与开发在核算上有何不同？

5. 哪些无形资产要摊销？哪些无形资产不予摊销？这是如何确定的？

6. 转让无形资产的使用权和所有权的会计处理有什么不同？

7. 无形资产减值准备在哪些情况下应当计提？如何计提？

8. 什么是长期待摊销费用？它包括哪些内容？

练习题：

1. 练习无形资产取得的核算。

资料：A 房地产开发公司 2016 年发生如下有关无形资产的经济业务。

1）从 B 公司购入一项非专利技术，银行存款支付的全部的价款为 300 000 元；该项非专利技术的有效使用期限为 10 年。

2）公司自行研究开发一项节能专利，并向国家专利部门申请获得批准。公司在研究开发该项专利过程中，共发生实验和研究费用 100 500 元；完成后，向专利部门申请，以银行存款支付注册登记费及其相关费用 7 600 元。该专利权法律规定的使用年限为 8 年。

3）公司接受投资人 C 公司投入一项土地使用权，投资方的账面原价为 3 500 000 元，双方确认的价值为 3 600 000 元；法律规定的使用期限为 12 年。

要求：根据上述资料，编制无形资产取得、摊销会计分录。

2. 练习无形资产处置的核算。

资料：A 房地产开发公司 2010 年 2 月购入一项专利权，实际支付价款 18 万元，根据有关法律，专利权的有效期限为 10 年；2017 年 1 月，公司估计该专利权的可收回金额为 190 000 元价款将该专利权出售。

要求：根据上述资料，编制 A 房地产开发公司无形资产的取得、摊销、转让会计分录。

3. 练习无形资产和长期待摊费用的核算。

资料：A 房地产开发公司发生有关的经济业务如下：

1）5 月 27 日，本公司自行研究开发一项管理专有技术，分配管理专有技术开发人员在研究阶段的工资 9 000 元，并计提职工福利费 1 530 元。

2）5 月 29 日，结转研发支出。

3）6 月 3 日，销售专有技术进入开发阶段，领用原材料 9 030 元，使用设备计提折旧费用 900 元。

4）6 月 11 日，签发转账支票支付咨询费 5 000 元。

5）6 月 30 日，分配销售专有技术人员在开发阶段的工资 29 000 元，并计提职工福利费 4 930 元。

6）7 月 5 日，销售专有技术项目开发成功，结转其开发成本。该项销售专有技术预计使用寿命 6 年。

7）7 月 15 日，向国家土地局支付 1 050 000 元，以取得土地使用权 20 年，洽购时，支付咨询费、手续费 21 000 元，款项一并签发转账支票支付。

8）8 月 20 日，接受某知名公司商标权作为其投资额，按投资合同约定的 200 000 元入账，该项商标权预计使用寿命 10 年。

9）8 月 30 日，摊销应由本月份负担的销售专有技术、土地使用权和商标权费用。

10）9 月 15 日，将本企业的非专利技术出租给 B 公司，收入 90 000 元，存入银行。

11）9 月 15 日，将本企业的一项专利权出售给 C 公司，收入 350 000 元，已计提摊销额 160 000 元。

12）9 月 30 日，分配去 D 公司指导应用专利技术人员的工资 4 500 元，并按工资额的 14% 计提职工福利费。

13）9 月 30 日，有一项专利权的账面原值为 220 000 元，已计提摊销额 89 000 元。因有其他新专利出现，使该专利权的盈利能力大幅度下降，预计未来现金流量的现值为 122 000 元，计提减值准备。

14）10 月 5 日，将环保项专利权向 E 公司投资，按投资合同约定的 190 000 元计量入账。

15）10 月 6 日，将租入仓库改建装修，签发转账支票支付 F 建筑公司改建费用 220 000 元。

16）10 月 30 日，租入仓库改建修建工程已竣工达到预定可使用状态。该仓库租赁期为 8 年，仓库可使用 12 年，摊销本月份应付的仓库改建修建支出。

要求：根据资料编制会计分录。

7 投资性房地产的核算

7.1 投资性房地产概述

7.1.1 投资性房地产的概念和范围

（1）投资性的房地产的概念

2006 年新会计准则颁布以前，在企业会计业务上没有单独划分的投资性房地产。房地产开发企业自行开发的房地产用于对外出租的，按存货进行处理，在"出租开发产品"这一账户进行核算；企业用自有的固定资产对外出租的，按固定资产核算；企业对外出租自用的土地使用权，按无形资产进行核算。而新会计准则对出租性房地产进行了统一规范，将对外出租的房产、对外出租的土地使用权及持有并准备增值后转让的土地使用权，统一划分为投资性房地产，定义为赚取租金或资本增值，或者两者兼有而持有的房地产，在"投资性房地产"账户进行核算。从而将投资性房地产与企业自用的厂房、办公楼等固定资产及房地产开发企业作为存货而准备对外出售的房地产区分开来。

（2）投资性房地产的特点

1）投资性房地产不是用于销售。在我国一些地区，房地产交易市场日渐完善，房地产已经具备相当的流通性。但根据准则的定义，用于销售以获取差价的房地产，应界定为存货，不是投资性房地产。

2）投资性房地产的实际使用寿命较长，应当对其后续支出与处置加以考虑。

3）由于受到法律规定的限制，我国企业持有土地的行为，只是获得了土地使用权，而并非取得了所有权，因此企业持有的自用或用于销售的土地应界定为无形资产范畴；对于为了出租或资本增值而持有的土地使用权应界定为投资性房地产。

4）企业持有投资性房地产的目的不是为了耗用，而是为了赚取长期的租金收益或获得资本增值。对于这部分资产的核算，应当充分遵循实质重于形式的原则进行收益的确认。

7.1.2 投资性房地产的确认

（1）投资性房地产的确认条件

1）与该投资性房地产相关的经济利益很可能流入企业；与投资性房地产有关的经济利益包括用于出租的房地产的租金收入，或用于资本增值的房地产增值收益。企业确定投资性房地产产生的经济利益是否很可能流入企业，需要进行职业判断，判断时需要考虑相关市场因素的变化。

2）该投资性房地产的成本能够可靠地计量；取得投资性房地产时，应当按实际成本进行计量。成本不能可靠计量，就无法予以确认。

（2）投资性房地产的确认时间

1）用于出租的投资性房地产以租赁开始日为确认日。

2）持有以备经营出租的空置建筑物，以企业管理当局就该事项作出正式书面决议的日期为准。

3）持有以备增值后转让的土地使用权以企业将自用土地使用权停止自用，准备增值后转让的日期为准。

7.1.3 投资性房地产的范围

根据《会计准则第 3 号——投资性房地产》的规定，投资性房地产包括以下范围：

（1）已出租的土地使用权

已出租的土地使用权是指企业将自有的土地使用权，以经营租赁的方式对外进行了出租。这部分土地使用权必须是现实已经处于经营性出租状态，如果是计划用于出租而尚未出租的土地使用权或者将租入的土地使用权又对外出租，则不属于投资性房地产。

（2）持有并准备增值后转让的土地使用权

企业持有并准备增值后转让的土地使用权，是指企业已经取得的并准备将来增值后再转让的土地使用权。因为这类土地使用权很可能给企业带来资本增值收益，符合投资性房地产的定义，所以应划分为投资性房地产。

（3）已出租的建筑物

已出租建筑物，是指企业将拥有产权的建筑物以经营租赁的方式对外进行了出租。

7.1.4 不属于投资性房地产的范围

1）自用房地产，是指为生产商品、提供劳务或者经营管理而持有的房地产，如企业的厂房和办公楼，企业生产经营用的土地使用权等。

2）作为存货的房地产，是指房地产开发企业销售的或为销售而正在开发的商品房和土地。这部分房地产属于房地产开发企业的存货。

3）出租柜台不属于投资性房地产。因为投资性房地产包括的是已出租的建筑物，即以经营租赁方式出租的建筑物，不是出租柜台。

4）企业持有以备经营出租的空置建筑物。这里的"空置建筑物"，是指企业新购入、自行建造或开发完工但尚未使用的建筑物及不再用于日常生产经营活动且经整理后达到可经营出租状态的建筑物。只有企业管理当局（董事会或类似机构）作出正式书面决议，明确表明将其用于经营出租且持有意图短期内不再发生变化的，即使尚未签订租赁协议，也可视为投资性房地产。

5）企业出租给本企业职工居住的宿舍，即使按照收取租金计算，也不属于投资性房地产。这部分房产间接为企业自身的生产经营服务，具有自用房地产的性质。

7.2 投资性房地产的核算

7.2.1 投资性房地产的计量及账务处理

（1）"投资性房地产"的账户设置

为核算投资性房地产业务，企业应设置"投资性房地产"账户、"投资性房地产累计折旧"账户或"投资性房地产累计摊销"账户、"公允价值变动损益"账户、"主营业务收入"账户、"其他业务收入"账户、"主营业务成本"账户、"其他业务成本"账户等进行核算。

"投资性房地产"账户为资产类，用来核算企业采用成本模式计量的投资性房地产的成本或采用公允价值模式计量投资性房地产的公允价值。借方登记企业外购、自行建造等方式取得的投资性房地产按投资性房地产准则确定的成本，贷方登记投资性房地产因出售、收回等方式的减少数，期末借方余额，反映企业投资性房地产的价值。采用公允价值模式计量的投资性房地产，还应当分别设置"成本"和"公允价值变动"明细科目进行核算。

"投资性房地产累计折旧"账户或"投资性房地产累计摊销"账户按照"累计折旧"账户或"累计摊销"账户的方式进行核算。

"公允价值变动损益"账户为损益类科目，核算企业在初始确认时，划分为以公允价值计量且其变动计入当期损益的资产或负债价值的变动情况，借方登记公允价值低于其账面余额的差额。贷方登记公允价值高于其账面余额的差额，期末，本科目余额转入"本年利润"账户，结转后本账户无余额。

（2）投资性房地产的初始计量及账务处理

投资性房地产按照成本进行初始计量。投资性房地产的取得来源不同，其实际成本的构成内容也不同。

1）外购的投资性房地产

对于外购的房地产，只有在购入的同时开始对外出租或用于资本增值，才能确认为外购的投资性房地产。企业购入的房地产如果自用一段之后再用于出租和资本增值的，属于投资性房地产的转换，将在本章投资性房地产的转换核算部分进行介绍。

外购投资性房地产的成本包括买价、相关税费和可归属于该资产的其他支出。

【例7-1】2015年3月，A房地产开发公司计划购入一栋写字楼用于对外出租，3月15日，本企业与B公司签订了经营租赁合同，约定自写字楼的购买日起将这栋写字楼出租给B公司，租期3年。4月5日，本企业实际购入写字楼，支付价款共计1 200万元，假设不考虑其他因素。

1）如果采用成本模式进行后续计量，作会计分录如下：

借：投资性房地产——写字楼　　　　　　　　　12 000 000.00

　　贷：银行存款　　　　　　　　　　　　　　　12 000 000.00

2）如果采用公允价值模式进行后续计量，作会计分录如下：

借：投资性房地产——写字楼（成本）　　　　　12 000 000.00

　　贷：银行存款　　　　　　　　　　　　　　　12 000 000.00

上述两笔分录都是按照成本对投资性房地产进行初始计量，区别是：在按公允价值进行后续计量的情况下，在初始计量时，投资性房地产科目增加了一个"成本"项目或三级科目。因为在公允价值模式下，在将来后续计量时投资性房地产还有一个"公允价值变动"项目或三级科目，投资性房地产科目的这两个项目要分别进行反映。而按成本模式进行后续计量则不存在公允价值变动项目，也就无须单独设置"成本"这一项目或明细科目。

2）自行建造的投资性房地产

房地产开发企业自行建造或开发的房地产，只有在建造或开发活动完成（即达到预定可使用状态）的同时开始对外出租或用于资本增值，才能将自建房地产确认为投资性房地产。如果在建成后不同时开始出租或用于资本增值，应先确认为固定资产、无形资产或开发产品。自租赁日起再转换为投资性房地产。

自行建造或开发的投资性房地产的成本，由建造该项房地产达到预定可使用状态前发生的必要支出构成。

【例7-2】A房地产开发公司于2015年2月初开始开发一栋商品性写字楼，2015年10月，该公司预计写字楼即将完工，与B公司签订了经营租赁合同，约定该写字楼完工达到预定可使用状态立即租赁给B公司使用，租期为10年，2015年11月1日该写字楼完工达到预定可使用状态，工程全部造价为900万元。B公司于2015年11月1日正式起租。

1）A房地产公司应于2015年11月1日起，采用成本模式进行后续计量。作会计分录如下：

借：投资性房地产——写字楼　　　　　　　　　　　　　9 000 000.00
　　贷：开发成本——房屋开发（写字楼）　　　　　　　　　　9 000 000.00

2）如果采用公允价值模式进行后续计量，作会计分录如下：

借：投资性房地产——写字楼（成本）　　　　　　　　　　9 000 000.00
　　贷：开发成本——房屋开发（写字楼）　　　　　　　　　　9 000 000.00

（3）投资性房地产的后续计量及账务处理

所谓投资性房地产的后续计量，是指对投资性房地产在资产负债表日按什么标准来计价和反映。2016年5月1日实行"营改增"后，出租不动产取得收入按11%税率计算销项税额。

按新会计准则的规定，投资性房地产的后续计量具有成本和公允价值两种模式，通常应当采用成本模式计量，满足特定条件的可以采用公允价值计量。但是，同一企业同时只能采用一种模式，不能同时采用两种模式。

1）采用成本模式进行后续计量的投资性房地产

投资性房地产采用成本模式进行后续计量，也就是在资产负债表日，对投资性房地产按成本价来计量和反映。

投资性房地产采用成本模式进行后续计量，以出租房地产为例，其会计处理过程如下：

① 外购或自建的投资性房地产，从出租日起，按成本价确定投资性房地产的账面价值，如果为外购的投资性房地产，直接减少银行存款；如果是自建的固定资产类投资性房地产，则直接冲减在建工程；如果是房地产开发企业自行开发的房地产直接出租，则要减少开发成本。

② 对投资性房地产，在每月末按照固定资产、无形资产等的有关规定，对其计提折旧或进行摊销，借记主营业务成本或其他业务成本，其中房地产开发企业出租完工产品为主营业务之一，应计入主营业务成本，其他企业出租房地产属于其他业务，所以计入其他业务成本。贷记投资性房地产累计折旧（摊销）。

③ 取得的租金收入。房地产开发企业取得出租房地产的收入计入"主营业务收入"账户，其他企业及其他投资性房地产租金收入应计入"其他业务收入"账户。

④ 会计期末（一般指年末或中期）投资性房地产存在减值迹象的，应按资产减值的

有关规定计提资产减值准备。其减值准备计提方法同固定资产减值准备的计提方法相同。按减值数额借记"资产减值损失——计提的投资性房地产减值准备",贷记"投资性房地产减值准备"账户。

⑤ 投资性房地产发生后续支出,如属于改建、扩建等支出,应将投资性房地产账面价值转入"在建工程"账户或"开发成本"账户,将改扩建支出计入工程成本或开发成本,改扩建完成后再按改扩建后的成本转入投资性房地产。如属于日常修理支出则直接计入当期损益,即计入"管理费用"账户。

【例 7-3】根据【例 7-2】资料,A 房地产开发公司 2015 年 11 月 1 日已将自行开发的写字楼在完工时直接出租给 B 公司,租期 10 年,写字楼开发成本为 900 万元。合同规定每年租金为 90 万元,租金按月支付,每月末支付 7.5 万元(不含增值税),增值税税率 11%。A 房地产开发公司规定每月按出租房原价的 0.5%摊销写字楼的成本,每月应摊销 4.5 万元。相关会计处理如下:

1)在出租日(2015 年 11 月 1 日),作会计分录如下:

借:投资性房地产——写字楼　　　　　　　　　　　9 000 000.00
　　贷:开发成本——房屋开发(写字楼)　　　　　　　　9 000 000.00

2)自 2015 年 11 月 30 日起 A 房地产开发公司每月末收取出租写字楼的租金 7.5 万元。每月末作会计分录如下:

借:银行存款　　　　　　　　　　　　　　　　　　83 250.00
　　贷:主营业务收入——出租房产收入　　　　　　　　　75 000.00
　　贷:应交税费——应交增值税(销项税额)　　　　　　8 250.00

3)A 房地产公司规定每月末摊销写字楼成本 4.5 万元。作会计分录如下:

借:主营业务成本——出租房屋摊销　　　　　　　　　45 000.00
　　贷:投资性房地产累计摊销　　　　　　　　　　　　45 000.00

4)月末,如果承租人尚未付款。作会计分录如下:

借:应收账款——B 公司　　　　　　　　　　　　　　83 250.00
　　贷:主营业务收入——出租房屋收入　　　　　　　　　75000.00
　　贷:应交税费——应交增值税(销项税额)　　　　　　8 250.00

同时结转房屋出租成本:

借:主营业务成本——出租房屋摊销　　　　　　　　　45 000.00
　　贷:投资性房地产累计摊销　　　　　　　　　　　　45 000.00

待收到款项时:

借:银行存款　　　　　　　　　　　　　　　　　　83 250.00
　　贷:应收账款——B 公司　　　　　　　　　　　　　　83 250.00

5)本月所出租的写字楼发生维修费用 12 000 元,以银行存款支付,作会计分录如下:

借:管理费用——修理费　　　　　　　　　　　　　　12 000.00
　　贷:银行存款　　　　　　　　　　　　　　　　　　12 000.00

出租房地产的租金收入应按月计算,城市维护建设税、教育费附加等有关税金及附加请参看本教材第 9 章相关内容。

2) 采用公允价值模式进行后续计量的投资性房地产

① 采用公允价值模式的前提条件。企业采用公允价值对投资性房地产进行后续计量，必须存在确凿证据表明投资性房地产的公允价值能够持续取得。企业采用公允价值对投资性房地产进行后续计量，应同时满足下列条件：

A. 投资性房地产所在地有活跃的房地产交易市场；

B. 企业能够从活跃的房地产交易市场上取得同类或类似房地产的市场价格及其他相关信息，从而对投资性房地产的公允价值作出合理估计。

② 采用公允价值模式进行后续计量的会计处理。采用公允价值模式进行后续计量的投资性房地产，相关会计处理如下：

A. 对企业外购或自建的投资性房地产从出租日起，按成本价确定投资性房地产的入账价值。具体会计处理与成本模式基本相同。借记"投资性房地产——某房地产（成本）"账户，区别是外购还是自建，贷记"银行存款"账户、"在建工程"账户、"开发成本"账户等。

B. 每月末不对投资性房地产计提折旧和摊销。资产负债表日（中期和年末），企业以公允价值为标准对投资性房地产的账面价值进行调整，公允价值与账面价值之间的差额计入当期损益（即计入"公允价值变动损益"）。对公允价值高于账面价值的差额，借记"投资性房地产——某房地产（公允价值变动）"账户，贷记"公允价值变动损益"账户；对公允价值低于账面价值的差额，借记"公允价值变动损益"账户，贷记"投资性房地产——某房地产（公允价值变动）"账户。

C. 企业每期取得租金收入时，同按成本价确定投资性房地产的会计处理相同，借记"银行存款"账户，贷记"主营业务收入"账户或"其他业务收入"账户。

【例 7-4】根据【例 7-2】资料，A 房地产开发公司 2015 年 11 月 1 日已将自行开发的写字楼在完工后直接出租给 B 公司，租期 10 年，写字楼开发成本为 900 万元。合同规定每年租金为 90 万元，租金按月支付，每月末支付 7.5 万元（不含增值税）。增值税税率 11%。假定由于该栋写字楼地处商业繁华区，所在地有活跃的房地产交易市场，而且能够从房地产交易市场上取得同类房地产的市场报价，A 房地产公司决定采用公允价值模式对该项出租的房地产进行后续计量。2015 年 12 月 31 日，该写字楼的公允价值为 930 万元，2016 年 6 月 30 日，该写字楼的公允价值为 910 万元。

1) 在出租日（2015 年 11 月 1 日），作会计分录如下：

借：投资性房地产——写字楼（成本）　　　　　　　　　9 000 000.00

　　贷：开发成本——房屋开发（写字楼）　　　　　　　　　9 000 000.00

2) 自 2015 年 11 月 30 日起 A 房地产公司每月末收取出租写字楼租金 7.5 万元。每月末作会计分录如下：

借：银行存款　　　　　　　　　　　　　　　　　　　　83 250.00

　　贷：主营业务收入——出租房产收入　　　　　　　　　75 000.00

　　贷：应交税费——应交增值税（销项税额）　　　　　　 8 250.00

3) 2015 年 12 月 31 日，该写字楼公允价值为 930 万元，高于账面价值 30 万元，作会计分录如下：

借：投资性房地产——写字楼（公允价值变动）　　　　　300 000.00

贷：公允价值变动损益　　　　　　　　　　　　　　　　300 000.00

4）2016 年 6 月 30 日，该写字楼的公允价值为 910 万元，低于账面价值 20 万元（此时的账面价值为 930 万元）。

作会计分录如下：

借：公允价值变动损益　　　　　　　　　　　　　　　　200 000.00

　　贷：投资性房地产——写字楼（公允价值变动）　　　　200 000.00

7.3　投资房地产的转换和处置

7.3.1　投资性房地产的转换

（1）投资性房地产的转换形式

投资性房地产的转换，是因房地产用途发生改变而对房地产进行的重新分类。企业有确凿证据表明房地产的用途发生改变，且满足下列条件之一的，应当将投资性房地产转换为其他资产或者将其他资产转换为投资性房地产：

1）投资性房地产开始自用。即将投资性房地产转为自用房地产。

2）作为存货的房地产改为出租。通常指房地产开发企业将其持有的开发产品以经营租赁的方式出租，存货相应地转换为投资性房地产。

3）自用建筑物或土地使用权停止自用改为出租。即企业将原本用于生产商品、提供劳务或者经营管理的房地产改用于出租，固定资产或土地使用权相应地转换为投资性房地产。

4）自用土地使用权停止自用改用于资本增值。即企业将原本用于生产商品、提供劳务或者经营管理的土地使用权改用于资本增值，该土地使用权相应地转换为投资性房地产。

（2）投资性房地产的转换日

1）投资性房地产开始自用。在此种情况下，转换日为房地产达到自用状态，企业开始将其用于生产商品、提供劳务或者经营管理的日期。

2）作为存货的房地产改为出租。在此种情况下，转换日为房地产的租赁期开始日。租赁期开始日，是指承租人有权行使其使用租赁资产权利的日期。

3）自用建筑物或土地使用权停止自用改为出租。在此种情况下，转换日为租赁期开始日。

4）自用土地使用权停止自用改用于资本增值。在此种情况下，转换日为自用土地使用权停止自用后，确定用于资本增值的日期。

（3）投资性房地产转换的会计处理

1）成本模式下的转换

① 作为存货的房地产改为出租。房地产开发企业将作为存货的房地产改为出租，应按该存货在转换日的账面价值转为投资性房地产。

【例 7-5】A 房地产开发企业于 2016 年 3 月 10 日与 B 企业签订了租赁协议，将其开发的一栋写字楼出租给 B 企业使用，租赁期开始日为 2016 年 4 月 15 日。该写字楼的账面价值为 4 500 万元，未提跌价准备。转换后采用成本模式。

1）A 房地产开发公司 2016 年 4 月 15 日，作会计分录如下：

借：投资性房地产——写字楼   45 000 000.00

    贷：开发产品——房屋（写字楼）   45 000 000.00

2）本例，如果企业开发的写字楼已经提取了 200 万元的跌价准备，在转换为投资性房地产时，作会计分录如下：

借：投资性房地产——某写字楼   43 000 000.00

借：投资性房地产减值准备   2 000 000.00

    贷：开发产品——房屋（写字楼）   45 000 000.00

② 自用的建筑物或土地使用权停止自用改为出租。企业将自用建筑物或土地使用权转换为成本模式的投资性房地产，应将该建筑物或土地使用权在转换日的原价、累计折旧、累计摊销、减值准备等，分别转入"投资性房地产"账户、"投资性房地产累计折旧（摊销）"账户和"投资性房地产减值准备"账户。

【例 7-6】A 房地产开发公司于 2016 年 3 月 10 日同 B 公司签订租赁协议将一栋自用的办公楼出租给 B 公司使用，租赁期开始日为 2016 年 4 月 15 日。该办公楼原价 5 500 万元，已提折旧 300 万元，已提减值准备 200 万元。

A 房地产公司于 2016 年 4 月 15 日，作会计分录如下：

借：投资性房地产——办公楼   55 000 000.00

借：累计折旧——办公楼   3 000 000.00

借：固定资产减值准备——办公楼   2 000 000.00

    贷：固定资产——办公楼   55 000 000.00

    贷：投资性房地产累计折旧——办公楼   3 000 000.00

    贷：投资性房地产减值准备——办公楼   2 000 000.00

③ 投资性房地产开始自用。企业采用成本模式计量将投资性房地产转为自用房地产时，应当将投资性房地产在转换日的账面原价、"投资性房地产累计折旧（摊销）"账户和"投资性房地产减值准备"账户分别转入"固定资产"、"累计折旧"、"固定资产减值准备"账户。

【例 7-7】2016 年 7 月末 A 房地产开发公司将出租在外的厂房收回，8 月 1 日开始投入本企业的生产经营。截至 2016 年 7 月 31 日，该项投资性房地产的账面原价为 5 000 万元，累计提折旧 1 200 万元。

A 房地产开发公司于 2016 年 8 月 1 日，作会计分录如下：

借：固定资产——厂房   50 000 000.00

借：投资性房地产累计折旧——厂房   12 000 000.00

    贷：投资性房地产——厂房   50 000 000.00

    贷：累计折旧——厂房   12 000 000.00

2）公允价值模式下的转换

① 作为存货的房地产改为出租。在采用公允价值进行后续计量的情况下，房地产开发企业将作为存货的房地产改为出租，应按该存货在转换日的公允价值借记"投资性房地产——某房地产（成本）"账户，并冲平该存货的账面价值（即冲平该存货的"开发产品"账户、"存货跌价准备"账户等）。然后将公允价值小于账面价值的差额借记"公允价值变

动损益"账户,将公允价值大于账面价值的差额贷记"资本公积——其他资本公积"账户。

【例 7-8】A 房地产开发企业于 2016 年 3 月 10 日与 B 企业签订了租赁协议,将其开发的一栋写字楼出租给 B 企业使用,租赁期开始日为 2016 年 4 月 15 日。该写字楼的账面价值为 4 500 万元,未计提跌价准备。转换日该写字楼公允价值 4 100 万元,采用公允价值模式。

1)4 月 15 日转换日,作会计分录如下:

借:投资性房地产——写字楼(成本)　　　　　41 000 000.00

借:公允价值变动损益　　　　　　　　　　　　4 000 000.00

　　贷:开发产品——房屋(写字楼)　　　　　　45 000 000.00

2)本例如果转换日该写字楼的公允价值为 4 800 万元,作会计分录如下:

借:投资性房地产——写字楼(成本)　　　　　48 000 000.00

　　贷:开发产品——房屋(写字楼)　　　　　　45 000 000.00

　　贷:资本公积——其他资本公积　　　　　　　3 000 000.00

待该项投资性房地产处置时,该部分资本公积应转入"其他业务收入"账户。

② 自用的建筑物或土地使用权停止自用改为出租。企业将自用建筑物和土地使用权转换为公允价值模式的投资性房地产,应按转换日该房地产的公允价值借记"投资性房地产——某房地产(成本)"账户,并将该房地产转换日的账面价值(即固定资产或无形资产原价、累计折旧、累计摊销、减值准备等)全部冲平;然后将公允价值小于账面价值的差额借记"公允价值变动损益"账户,将公允价值大于账面价值的差额贷记"资本公积——其他资本公积"账户。

【例 7-9】A 房地产开发公司于 2016 年 3 月 10 日同 B 企业签订租赁协议将一栋自用的办公楼出租给 B 企业使用,租赁期开始日 2016 年 4 月 15 日。该办公楼原价 5 500 万元,已提折旧 300 万元,已提减值准备 200 万元。转换日该办公楼公允价值 4 700 万元,采用公允价值模式。

1)A 房地产开发公司于 2016 年 4 月 15 日,作会计分录如下:

借:投资性房地产——办公楼(成本)　　　　　47 000 000.00

借:累计折旧——办公楼　　　　　　　　　　　3 000 000.00

借:固定资产减值准备——办公楼　　　　　　　2 000 000.00

借:公允价值变动损益　　　　　　　　　　　　3 000 000.00

　　贷:固定资产——办公楼　　　　　　　　　　55 000 000.00

2)上例如果转换日,该办公楼公允价值 5200 万元,作会计分录如下:

借:投资性房地产——办公楼(成本)　　　　　52 000 000.00

借:累计折旧——办公楼　　　　　　　　　　　3 000 000.00

借:固定资产减值准备　　　　　　　　　　　　2 000 000.00

　　贷:固定资产——办公楼　　　　　　　　　　55 000 000.00

　　贷:资本公积——其他资本公积　　　　　　　2 000 000.00

待该项投资性房地产处置时,该部分资本公积应转入"其他业务收入"账户。

3)投资性房地产开始自用

企业采用公允价值模式计量将投资性房地产转为自用房地产时，应当将投资性房地产在转换日的公允价值作为自用房地产的账面价值。公允价值与转换日投资性房地产账面价值之间的差额计入当期损益，即公允价值变动损益。

【例 7-10】2016 年 7 月末，A 房地产公司将出租在外的厂房收回，8 月 1 日开始用于本企业的商品生产。截至 2016 年 7 月 31 日，转换日该项投资性房地产的账面价值为"投资性房地产——厂房（成本）"账户，金额为 5 000 万元，"投资性房地产——厂房（公允价值变动）"账户明细科目借方余额 600 万元。转换日，该投资性房地产的公允价值 5500 万元。

1）A 房地产公司于 2016 年 8 月 1 日收回厂房，作会计分录如下：

借：固定资产——经营用固定资产（厂房）	55 000 000.00
借：公允价值变动损益	1 000 000.00
贷：投资性房地产——厂房（成本）	50 000 000.00
贷：投资性房地产——厂房（公允价值变动）	6 000 000.00

2）本例，如果转换日"投资性房地产——厂房（公允价值变动）"账户项目如果为贷方余额 200 万元，作会计分录如下：

借：固定资产——经营用固定资产（厂房）	55 000 000.00
借：投资性房地产——厂房（公允价值变动）	2 000 000.00
贷：投资性房地产——厂房（成本）	50 000 000.00
贷：公允价值变动损益	7 000 000.00

待该项房地产处置时，应将公允价值变动损益转入"其他业务收入"账户。

7.3.2　投资性房地产的处置

投资性房地产的处置是指将投资性房地产进行出售、转让或报废。

（1）采用成本模式计量的投资性房地产的处置

采用成本模式计量的投资性房地产在销售和转让时，按实际收到的金额，借记"银行存款"账户，贷记"其他业务收入"账户，若为房地产开发企业出售、转让用于出租的商品房，则贷记"主营业务收入"账户。同时将投资性房地产的账面价值转入"其他业务成本"账户，房地产开发企业出租商品房成本贷记"主营业务成本"账户。

【例 7-11】A 房地产开发公司将其作为投资性房地产的一栋写字楼出售给 B 公司，合同价款为 3 800 万元（含增值税），增值税税率 11%。B 公司已用银行存款支付。出售时，写字楼的账面价值为"投资性房地产——写字楼"账户的账面原价为 4 200 万元，"投资房地产累计摊销"账户金额为 500 万。

1）取得转让收入时，作会计分录如下：

借：银行存款	38 000 000.00
贷：主营业务收入——写字楼	34 234 234.23
贷：应交税费——应交增值税（销项税额）	3 765 765.77

2）结转写字楼成本时，作会计分录如下：

借：主营业务成本——写字楼	37 000 000.00
借：投资性房地产累计摊销	5 000 000.00
贷：投资性房地产——写字楼	42 000 000.00

（2）采用公允价值模式计量的投资性房地产的处置

采用公允价值模式计量的投资性房地产在销售和转让时，按实际收到的金额，借记"银行存款"账户，贷记"其他业务收入"账户或"主营业务收入"账户，若为房地产开发企业出售、转让用于出租的商品房，则贷记"主营业务收入"账户。同时将投资性房地产的账面价值转入"其他业务成本"账户或"主营业务成本"账户，然后将该投资性房地产累计形成的公允价值变动损益转入"其他综合收益"账户。若存在转换日计入资本公积的金额，也一并转入"其他综合收益"账户。

其他综合收益是指企业根据企业会计准则规定未在损益中确认的各项利得和损失扣除所得税影响后的净额。

会计准则规定的其他项目规定。根据《企业会计准则第3号——投资性房地产》中，自用房地产或存货转换为采用公允价值模式计量的投资性房地产，转换当日的公允价值大于原账面价值，其差额计入所有者权益导致的其他资本公积的增加，在处置时转出。

"其他综合收益"属于所有者权益类会计科目，贷方表示增加，借方表示减少。根据会计平衡公式：资产＝负债＋所有者权益，企业发生一项特殊业务，资产增加，负债不变，故只能增加所有者权益。例如实收资本、资本公积（资本（股本）溢价和其他资本公积）是源于所有者投入；盈余公积、未分配利润是源于企业的净利润，但投资性房地产采用公允价值模式计量处置时，这部分特殊业务创造出来的所有者权益变动额，记入"其他综合收益"。

【例7-12】A房地产公司于2014年1月1日将一幢商品房对外出租并采用公允价值模式计量，租期为3年，每年12月31日收取租金222万元（含增值税22万元），出租时，该幢商品房的成本为5 000万元，公允价值为6 000万元，2014年12月31日，该幢商品房的公允价值为6 300万元，2015年12月31日，该幢商品房的公允价值为6 600万元；2016年12月31日，该幢商品房的公允价值为6 700万元；2017年1月10日将该幢商品房对外出售，收到7 548万元（含增值税748万元）存入银行。

1）2014年1月1日，按公允价值模式计量结转商品房，作会计分录如下：

借：投资性房地产——成本　　　　　　　　　　60 000 000.00
　　贷：开发产品　　　　　　　　　　　　　　　50 000 000.00
　　贷：其他综合收益　　　　　　　　　　　　　10 000 000.00

2）2014年12月31日，收取租金时，作会计分录如下：

借：银行存款　　　　　　　　　　　　　　　　2 220 000.00
　　贷：其他业务收入　　　　　　　　　　　　　2 000 000.00
　　贷：应交税费——应交增值税（销项税额）　　　220 000.00

同时结转公允价值变动损益。

借：投资性房地产——公允价值变动　　　　　　3 000 000.00
　　贷：公允价值变动损益　　　　　　　　　　　3 000 000.00

3）2015年12月31日，收取租金时，作会计分录如下：

借：银行存款　　　　　　　　　　　　　　　　2 220 000.00
　　贷：其他业务收入　　　　　　　　　　　　　2 000 000.00
　　贷：应交税费——应交增值税（销项税额）　　　220 000.00

同时结转公允价值变动损益。

借：投资性房地产——公允价值变动　　　　　　　　3 000 000.00

　　贷：公允价值变动损益　　　　　　　　　　　　　　　3 000 000.00

4）2016 年 12 月 31 日，收取租金时，作会计分录如下：

借：银行存款　　　　　　　　　　　　　　　　　　2 220 000.00

　　贷：其他业务收入　　　　　　　　　　　　　　　　2 000 000.00

　　贷：应交税费——应交增值税（销项税额）　　　　　220 000.00

同时结转公允价值变动损益。

借：投资性房地产——公允价值变动　　　　　　　　1 000 000.00

　　贷：公允价值变动损益　　　　　　　　　　　　　　1 000 000.00

5）2017 年 1 月 10 日，出售商品房时，作会计分录如下：

借：银行存款　　　　　　　　　　　　　　　　　　75 480 000.00

　　贷：其他业务收入　　　　　　　　　　　　　　　68 000 000.00

　　贷：应交税费——应交增值税（销项税额）　　　　7 480 000.00

同时结转商品房成本。

借：其他业务成本　　　　　　　　　　　　　　　　67 000 000.00

　　贷：投资性房地产——成本　　　　　　　　　　　60 000 000.00

　　贷：投资性房地产——公允价值变动　　　　　　　7 000 000.00

同时结转收益。

借：其他综合收益　　　　　　　　　　　　　　　　10 000 000.00

借：公允价值变动损益　　　　　　　　　　　　　　7 000 000.00

　　贷：其他业务成本　　　　　　　　　　　　　　　17 000 000.00

本 章 习 题

思考题：

1. 什么是投资性房地产？

2. 投资性房地产有哪些主要特征？

3. 如何界定投资性房地产的范围？

4. 成本模式和公允价值模式的投资性房地产有何本质上的区别？

练习题：

1. 练习投资性房地产公允价值模式计量的核算。

资料：A 建筑公司本期对一幢用于出租房产进行改造，账面价值 300 万元，改造支出材料费 30 万元，职工薪酬 10 万元，银行存款支付其他支出 20 万元，12 月 31 日，该房产的公允价值确定为 380 万元。

要求：写出相关会计处理。

2. 练习投资性房地产出租、销售的核算。

资料：A 房地产公司于 2014 年 1 月 1 日将一幢商品房对外出租并采用公允价值模式计量，租期为 3 年，每年 12 月 31 日收取租金 100 万元，出租时，该幢商品房的成本为 2 000 万元。公允价值为 2 200 万元，2014 年 12 月 31 日，该幢商品房的公允价值为

2 150 万元，2015 年 12 月 31 日，该幢商品房的公允价值为 2 120 万元，2016 年 12 月 31 日，该幢商品房的公允价值为 2 050 万元，2017 年 1 月 5 日将该幢商品房对外出售，收到 2080 万元存入银行。

要求：编制 A 公司上述经济业务的会计分录（假定按年确认公允价值变动损益和确认租金收入）（金额单位：万元）。

3. 练习投资性房地产出租、销售的核算。

资料：A 房地产公司于 2013 年 12 月 31 日将一建筑物对外出租并采用公允价值模式计量，租期为 3 年，每年 12 月 31 日收取租金 150 万元，出租时，该建筑物的成本为 2 800 万元，已提折旧 500 万元，已提减值准备 300 万元，尚可使用年限为 20 年，公允价值为 1 800 万元，2014 年 12 月 31 日，该建筑物的公允价值为 1 850 万元；2015 年 12 月 31 日，该建筑物的公允价值为 1 820 万元；2016 年 12 月 31 日，该建筑物的公允价值为 1 780 万元，2017 年 1 月 5 日将该建筑物对外出售，收到 1 800 万元存入银行。

要求：编制 A 房地产公司上述经济业务的会计分录（假定按年确认公允价值变动损益和确认租金收入）（金额单位：万元）。

4. 练习投资性房地产折旧的核算。

资料：A 公司于 2015 年 1 月 30 日将采用公允价值模式计量的投资性房地产（一建筑物）转为行政管理部门使用，该建筑物 2015 年 12 月 31 日的公允价值为 2 000 万元（成本 1 900 万元，公允价值变动 100 万元）；2016 年 1 月 30 日的公允价值为 2 070 万元，转换日该建筑物的尚可使用年限为 15 年，采用年限平均法计提折旧，无残值。要求：

① 编制 A 公司 2016 年 1 月 30 日将投资性房地产转为自用的会计分录；

② 计算 A 公司 2016 年计提的折旧额并编制会计分录（金额单位：万元）。

5. 投资性房地产改扩建的核算。

资料：A 公司于 2014 年 7 月 1 日，开始对一生产用厂房进行改扩建，改扩建前该厂房的原价为 2 000 万元，已提折旧 200 万元，已提减值准备 100 万元。

在改扩建过程中领用工程物资 400 万元，领用生产用原材料 200 万元，原材料的进项税额为 34 万元，发生改扩建人员薪酬 50 万元，用银行存款支付其他费用 66 万元。

该厂房于 2014 年 12 月 20 日达到预定可使用状态。该企业对改扩建后的厂房采用年限平均法计提折旧，预计尚可使用年限为 20 年，预计净残值为 50 万元。

2016 年 12 月 10 日，由于所生产的产品停产，A 公司决定将上述厂房以经营租赁方式对外出租，租期为 2 年，每年末收取租金，每年租金为 180 万元，起租日为 2016 年 12 月 31 日，到期日为 2018 年 12 月 31 日，对租出的投资性房地产采用成本模式计量，租出后，该厂房仍按原折旧方法、折旧年限和预计净残值计提折旧。要求：

① 计算厂房改扩建后的入账价值并编制会计分录；

② 计算 2015 年厂房计提的折旧额并编制会计分录；

③ 编制 2016 年 12 月 31 日租出厂房业务的会计分录；

④ 编制 2017 年 12 月 31 日收到租金、计提折旧的会计分录。

8 房地产开发企业对外投资的核算

8.1 房地产开发企业对外投资概述

对外投资是指企业通过分配来增加财富，或为了谋求其他利益而将资产让渡给其他企业所获取的另一项资产。

8.1.1 对外投资的概念及分类

（1）对外投资的概念

对外投资是企业在其主要经营业务以外，以现金、实物、无形资产或以购买股票、债券等有价证券方式向其他单位进行的投资，以期在未来获得投资收益的经济行为。

（2）对外投资的分类

1）按投资时间长短分为长期投资与短期投资

短期投资是指能够随时变现、持有时间不超过一年的有价证券投资及其他投资。具有投资风险小、变现能力强、收益率低等特点。短期投资有"交易性金融资产"科目来核算。

长期投资是指不准备随时变现、持有时间超过一年的有价证券投资或其他投资。长期投资可以利用现金、实物、无形资产、有价证券等形式进行，具有投资风险大、变现能力差、收益率高等特点。长期投资主要有"持有至到期投资"、"可供出售金融资产"、"长期股权投资"账户来核算。

2）按投资形成的产权关系分为股权投资和债权投资

股权投资是指投资企业以购买股票、兼并投资、联营投资等方式向被投资企业进行的投资。投资企业拥有被投资企业的股权，股权投资形成被投资企业的资本金。股权投资根据投资方式的不同分为股票投资和项目投资：股票投资是指企业以购买公司股票的方式对其他企业进行的投资；项目投资是指企业以现金、实物资产、无形资产等方式对其他企业的投资。债权投资与股权投资相比具有投资收益小、风险小的特点。

3）按投资方式不同分为实物投资与证券投资

实物投资又称直接投资，是指企业以现金、实物、无形资产等投入其他企业进行的投资。投资直接形成生产经营活动的能力并为从事某种生产经营活动创造必要条件。它具有与生产经营紧密联系、投资回收期较长、投资变现速度慢、流动性差等特点。实物投资包括联营投资、兼并投资等。

证券投资又称间接投资，是指以购买有价证券（如股票、债券等）的方式对其他企业进行的投资。投资证券按其性质分为三类：一是债券性证券，包括国库券、金融债券和其他公司债券。二是权益性证券，如其他公司发行的普通股股票。三是混合性证券，指企业购买的优先股股票。优先股股票是介于普通股股票和债券之间的一种混合性有价证券。

8.1.2 对外投资的目的和特点

（1）短期投资的目的和特点

企业短期对外投资有利于企业闲置资金得到充分利用，提高资金的使用效益。企业可通过购买股票、债券、基金等进行短期投资，谋求更高利益。股票、债券、基金等流动性强，一旦企业有需求，可随时出售这些股票、债券、基金，收回现金。

短期投资具有投资收回快，风险小，变现能力强，机动而灵活等特点。

（2）长期投资的目的和特点

通过长期对外投资，是为了取得更长远的经济利益。第一，与被投资方建立长远联系，影响和控制其经营业务。例如：为了保证原材料的供应，扩大企业产品销售畅通，对原材料供应商可投入资金或占有一定股份，利用控股投资方式，可以使企业以较少的资金实现扩张的目的，确保经营稳定。第二，为生产经营筹集资金，有计划、有目的地进行长期投资。例如：开辟企业新的产品市场，扩大销售规模；通过合资、联营，便于从国内外其他单位直接获取先进技术，快速提高企业的技术档次。第三，长期投资是获取经济信息的重要途径。在对外投资的可行性调研、合资联营谈判、投资项目建设、管理的过程中，可以利用各种渠道和有利条件，及时捕捉各种信息，实现增值。

长期投资具有投资金额大，投资回收期长，投资风险大，投资收益大等特点。

8.2 房地产开发企业交易性金融资产的核算

8.2.1 金融资产概述

金融资产是指企业所拥有的以价值形态存在的资产。是一种索取实物资产的无形的权利，是一切可以在有组织的金融市场上进行交易、具有现实价格和未来估价的金融工具的总称。金融资产的最大特征是能够在市场交易中为其所有者提供即期或远期的货币收入流量。

《企业会计准则第22号——金融工具确认和计量》规定，金融资产，是指企业的下列资产：

1）现金；

2）持有的其他单位的权益工具；

3）从其他单位收取现金或其他金融资产的合同权利；

4）在潜在有利条件下，与其他单位交换金融资产或金融负债的合同权利；

5）将来须用或可用企业自身权益工具进行结算的非衍生工具的合同权利，企业根据该合同将收到非固定数量的自身权益工具；

6）将来须用或可用企业自身权益工具进行结算的衍生工具的合同权利，但企业以固定金额的现金或其他金融资产换取固定数量的自身权益工具的衍生工具合同权利除外。其中，企业自身权益工具不包括本身就是在将来收取或支付企业自身权益工具的合同。

符合《企业会计准则第22号——金融工具确认和计量》的金融资产，企业在初始确认时就应按照管理者的意图、风险管理上的要求和资产的性质，将资产分为：①交易性金融资产；②持有至到期投资；③贷款和应收款项；④可供出售金融资产。

8.2.2　交易性金融资产概述

交易性金融资产主要是指企业为了近期内出售而持有的金融资产，例如企业以赚取差价为目的从二级市场购入的股票、债券、基金等。其特征是投资的变现能力强；投资目的是为了利用生产经营过程的暂时闲置资金以获得一定的收益；近期内出售，回收金额不固定或不可确定。

8.2.3　交易性金融资产的核算

（1）会计科目的设置

为了核算和监督交易性金融资产的取得、收取现金股利或利息、处置等业务，房地产开发企业应设置下列会计科目：

1）设置"交易性金融资产"科目。它属于资产类科目，用来核算企业为交易目的所持有的债券投资、股票投资、基金投资等交易性金融资产的公允价值。企业持有的直接指定为以公允价值计量且其变动计入当期损益的金融资产，也在本科目核算。本科目应当按照交易性金融资产的类别和品种，分"成本"、"公允价值变动"等进行明细核算。其中：

①"交易性金融资产——成本"科目，反映交易性金融资产取得成本的增减变动和结余情况。借方登记交易性金融资产的取得成本（即取得时的公允价值）；贷方登记出售交易性金融资产时转出的成本；期末借方余额反映结余的交易性金融资产的取得成本。

②"交易性金融资产——公允价值变动"科目，反映企业持有的交易性金融资产在资产负债表日其公允价值的变动情况。借方登记交易性金融资产的公允价值高于账面余额的差额及企业出售交易性金融资产时转出的公允价值变动金额；贷方登记交易性金融资产公允价值低于账面余额的差额及企业出售交易性金融资产时转出的公允价值变动金额；期末如为借方余额，反映企业期末持有的交易性金融资产公允价值的净增加额；如为贷方余额，则反映企业持有的交易性金融资产公允价值的净减少额。

2）设置"公允价值变动损益"是损益类账户，用来核算企业交易性金融资产公允价值变动形成的应计入当期损益的利得和损失。贷方登记期末企业持有的交易性金融资产的公允价值高于账面余额的差额和出售交易性金融资产时转出的公允价值变动金额；借方登记期末企业持有的交易性金融资产的公允价值低于账面余额的差额和出售交易性金融资产时转出的公允价值变动金额；期末应将本科目的余额转入"本年利润"科目，结转后本科目无余额。

3）"投资收益"是损益类账户，用来核算企业对外投资所取得的收益或发生的损失。

（2）交易性金融资产的核算

取得交易性金融资产时，应当按照公允价值计量入账，相关的交易费用应当直接计入当前损益。

1）企业取得交易性金融资产时，应当按其公允价值作为初始确认金额，借记"交易性金融资产——成本"账户，按发生的相关交易费用，借记"投资收益"账户，按已到付息期但尚未领取的利息或已宣告但尚未发放的现金股利，借记"应收利息"账户或"应收股利"账户，按实际支付的款项，贷记"银行存款"账户或"其他货币资金"账户。

2）交易性金融资产持有期间被投资单位宣告发放的现金股利，或在资产负债表日按分期付息、一次还本债券投资的票面利率计算的利息，借记"应收股利"账户或"应收利息"账户，贷记"投资收益"账户。实际收到现金股利或债券利息时，借记"其他货币资金"账户或"银行存款"账户，贷记"应收股利"账户或"应收利息"账户。

3）在资产负债表日，交易性金融资产以公允价值计量，企业应比较交易性金融资产的公允价值和账面余额，如果交易性金融资产的公允价值高于其账面余额，应按差额借记"交易性金融资产——公允价值变动"账户，贷记"公允价值变动损益"账户；如果交易性金融资产的公允价值低于其账面余额，则应按差额作相反的会计分录。

4）企业出售交易性金融资产时，应按实际收到的金额，借记"银行存款"账户、"其他货币资金"账户等，按交易性金融资产的账面余额，贷记"交易性金融资产"账户，按其差额贷记或借记"投资收益"账户。同时，将原计入该金融资产的公允价值变动转出，借记或贷记"公允价值变动损益"账户，贷记或借记"投资收益"账户。

【例 8-1】 A 房地产开发企业 2016 年 3 月 18 日从证券交易所购入××股份股票 2 万股准备短期持有，以银行存款支付投资款 300 000 元，其中含有 2 000 元相关交易费用。其账务处理如下：

借：交易性金融资产——成本	300 000.00
借：投资收益	2 000.00
贷：银行存款	302 000.00

2016 年 6 月 18 日，××公司宣告发放现金股利 5 000 元，编制会计分录如下：

借：应收股利	5 000.00
贷：投资收益	5 000.00

收到现金股利时：

借：银行存款	5 000.00
贷：应收股利	5 000.00

2016 年 12 月 31 日该股票的市价为 16 元/股，编制会计分录如下：

借：交易性金融资产——公允价值变动	20 000.00
贷：公允价值变动损益	20 000.00

2017 年 6 月 18 日，该企业将所持的甲公司的股票出售，共收取款项 380 000 元。编制会计分录如下：

按售价与账面余额之差确认投资收益：

借：银行存款	380 000.00
借：公允价值变动损益	20 000.00
贷：交易性金融资产——成本	300 000.00
贷：交易性金融资产——公允价值变动	20 000.00
贷：投资收益	80 000.00

8.3 房地产开发企业持有至到期投资的核算

8.3.1 持有至到期投资的概念与特征

（1）持有至到期投资的概念

持有至到期投资是指到期日固定、回收金额固定或可确定，且企业有明确意图和能力持有至到期的非衍生金融资产，是购买日在一年以上的长期投资。下列不应当划分为持有至到期投资：

1）初始确认时被指定为以公允价值计量且其变动计入当期损益的非衍生金融资产；

2）初始确认时被指定为可供出售的非衍生金融资产；

3）贷款和应收款项。

（2）持有至到期投资特征

1）到期日固定、回收金额固定或可确定

持有至到期投资主要是指债券投资或债权性投资，不包括股票投资或权益性投资。债券投资有固定的到期日，持有期间或到期日可以收到金额固定的利息或本金。

2）有明确意图持有至到期

企业在取得相应投资时应当有明确的意图，企业准备将该项投资持有至到期。持有该项投资的期限不确定，或者在发生市场利率变化、流动性需求变化、替代投资机会及其投资收益率变化等情况下准备出售该项投资，那么，取得的相应投资不能划分为持有至到期投资。

存在下列情况之一的，表明企业没有明确意图将金融资产投资持有至到期：

① 持有该金融资产的期限不确定。

② 发生市场利率变化、流动性需要变化、替代投资机会及其投资收益率变化、融资来源和条件变化、外汇风险变化等情况时，将出售该金融资产。但是，无法控制、预期不会重复发生且难以合理预计的独立事项引起的金融资产出售除外。

③ 该金融资产的发行方可以按照明显低于其摊余成本的金额清偿。

④ 其他表明企业没有明确意图将该金融资产持有至到期的情况。

3）有能力持有至到期

企业在取得相应的投资时，应当有足够的财务资源支持企业可以将此次投资持有至到期。如果企业没有准备好足够的财务资源支持相应的投资可以持有至到期，或者企业受到法律法规限制难以将相应的投资持有至到期，那么，企业就没有能力将相应的具有固定期限的投资持有至到期，相应的投资在取得时也不能划分为持有至到期投资。

存在下列情况之一的，表明企业没有能力将具有固定期限的金融资产投资持有至到期：

① 没有可利用的财务资源持续地为该金融资产投资，以使该金融资产投资持有至到期。

② 受法律、行政法规的限制，使企业难以将该金融资产投资持有至到期。

③ 其他表明企业没有能力将具有固定期限的金融资产投资持有至到期的情况。

企业应当在资产负债表日对持有至到期投资的持有意图和持有能力进行评估。如果情况发生变化，应当对持有至到期投资重新进行分类。

8.3.2　持有至到期投资的核算

（1）设置"持有至到期投资"账户

"持有至到期投资"是资产类账户，用来核算企业持有至到期投资的价值。应当按照持有至到期投资的类别和品种，分别 按"成本"、"利息调整"、"应计利息"等进行明细核算。其中，"利息调整"实际上反映企业债券投资溢价和折价的相应摊销。

1）企业取得的持有至到期投资，应按该投资的面值，借记本科目（成本），按支付的价款中包含的已到付息期但尚未领取的利息，借记"应收利息"科目，贷记"银行存款"等科目，按其差额，借记或贷记本科目（利息调整）。

2）资产负债表日，持有至到期投资为分期付息、一次还本债券投资的，应按票面利率计算确定的应收未收利息，借记"应收利息"账户，按持有至到期投资摊余成本和实际利率计算确定的利息收入；贷记"投资收益"账户，按其差额，借记或贷记本科目（利息调整）。

持有至到期投资为一次还本付息债券投资，应于资产负债表日按票面利率计算确定的应收未收利息，借记本科目（应计利息），持有至到期投资摊余成本和实际利率计算确定的利息收入。

收到取得持有至到期投资支付的价款中包含的已到付息期的债券利息，借记"银行存款"账户，贷记"应收利息"账户。

收到分期付息、一次还本持有至到期投资持有期间支付的利息，借记"银行存款"账户，贷记"应收利息"账户。

3）出售持有至到期投资时，应按实际收到的金额，借记"银行存款"账户等，已计提减值准备的，借记"持有至到期投资减值准备"账户，按其账面余额，贷记本科目（成本、利息调整、应计利息），按其差额，贷记或借记"投资收益"账户。

4）本科目期末借方余额，反映企业持有至到期投资的摊余成本。

（2）"持有至到期投资"账户的核算

1）按面值购进债券的核算

按面值购进债券时，按债券的面值和交易费用之和，借记"持有至到期投资——成本"，贷记"银行存款"账户。

持有至到期投资应当按期计提利息，计提的利息按债券面值乘以票面利率计算。对于分期付息，到期还本的持有至到期投资，在计提利息时，借记："应收利息"账户，贷记"投资收益"账户；对于到期一次还本付息的持有至到期投资，则借记"持有至到期投资——应计利息"账户，贷记"投资收益"账户。

【例 8-2】A 房地产开发公司 6 月 30 日购进 B 公司 3 年期债券 150 张，每张面值 1 000 元，按面值购进该债券，年利率为 7%，到期一次还本付息。该债券准备持有至到期。

1）6 月 30 日签发转账支票 150 150 元，支付 150 张债券的价款 150 000 元，并按交易金额 1‰ 支付佣金，作会计分录如下：

借：持有至到期投资——成本——B 公司债券　　　　　　　　150 150.00
　　贷：银行存款　　　　　　　　　　　　　　　　　　　　　　150 150.00

2）7 月 31 日预计本月份该债券应收利息入账，作会计分录如下：

借：持有至到期投资——应计利息——B 公司债券　　　　　　875.00
　　贷：投资收益　　　　　　　　　　　　　　　　　　　　　　875.00

3）3 年期满，6 月 30 日，收到债券本息计 181 500 元，其中已预计入账的应收利息为 30 625 元，作会计分录如下：

借：银行存款　　　　　　　　　　　　　　　　　　　　　　181 500.00
　　贷：持有至到期投资——成本——B 公司债券　　　　　　　150 150.00
　　贷：持有至到期投资——应计利息——B 公司债券　　　　　30 625.00

贷：投资收益 725.00

2）溢价购进债券的核算

企业溢价购进债券，是债券价格大于票面价值的差额。债券溢价受两方面因素的影响：一是受市场利率的影响。当债券的票面利率高于金融市场的通行利率即市场利率时，债券就会溢价。二是受债券兑付期的影响，距兑付期越近，购买债券所支付的款项就越多，溢价额就越高。因此，溢价是为以后各期多得利息而预先付出的款项，在投资企业以后各期收到的利息中，还包括溢价购进时预先付出的款项，这部分多付出的款项在发生时应列入"持有至到期投资——利息调整"账户的借方，在确定各期利息收入时再进行摊销，以冲抵投资收益。利息调整额摊销的方法有直线法和实际利率法两种。直线法是指将债券的利息调整额按债券的期限平均摊销的方法。

"应收利息"是资产类账户，用以核算企业交易性金融资产、持有至到期投资、可供出售金融资产等应收取的利息。发生应收利息时，借记该科目；收到应收利息时，贷记该科目，期末余额在借方，表示企业尚未收回的利息。

【例8-3】A房地产开发公司9月30日购进B公司3年期债券300张，每张面值1 000元，购进价格为1 028元/张，该债券年利率为9%，每年9月30日支付利息，该债券准备持有至到期。

1）9月30日签发转账支票308 708.40元，支付300张债券的价款308 400元，并按交易金额1‰支付佣金，作会计分录如下：

借：持有至到期投资——成本——B公司债券　　　　300 308.40
借：持有至到期投资——利息调整——B公司债券　　　 8 400.00
　　贷：银行存款　　　　　　　　　　　　　　　　　308 708.40

2）10月31日，预计本月该债券应收利息入账，用直线法摊销利息调整额，作会计分录如下：

借：应收利息——B公司债券　　　　　　　　　　　　750.00
　　贷：持有至到期投资——利息调整——B公司债券　　 233.33
　　　　投资收益　　　　　　　　　　　　　　　　　 516.67

3）第二年9月30日，收到B公司一年债券利息入账，作会计分录如下：

借：银行存款　　　　　　　　　　　　　　　　　　9 000.00
　　贷：应收利息——B公司　　　　　　　　　　　　 8 250.00
　　贷：持有至到期投资——利息调整——B公司债券　　 233.33
　　贷：投资收益　　　　　　　　　　　　　　　　　516.67.00

上题采用直线法来摊销利息调整额，该方法简单易行，工作量小，随着各期利息调整的摊销，企业投资额有了减少，而各期的投资收益却始终保持不变，因此反映的投资收益不够准确。为了更准确反映各期的投资收益，可以采用实际利率法。

实际利率法是指根据债券期初账面价值减去交易费用后，乘以实际利率确定各期的利息收入，然后将其与按票面利率计算的应计利息收入相比较，将其差额作为各期利息调整额的方法。

实际利率法计算摊销借方利息调整额，溢价购进债券的实际利息收入会随着债券账面价值的逐渐减少而减少，从而却使利息调整随之增加，计算方法见表8-1。

【例8-4】资料同【例8-3】，如金融机构市场实际利率为8%，用实际利率法计算债券各期摊销的利息调整额见表8-1。

计算各年应收利息收入、实际利息收入和利息调整额。10月31日预计本月应收利息和利息调整时，用第一年利息除以12月计算。作会计分录如下：

借：应收利息——B公司债券　　　　　　　　　　　750.00
　贷：持有至到期投资——利息调整——B公司债券　　194.00
　贷：投资收益　　　　　　　　　　　　　　　　　556.00

实际利率法利息调整表（借方余额）（单位：元）　　　　　　　表8-1

付息期数	应收利息收入	实际利息收入	本期利息调整额	利息调整借方余额	债券账面价值（不含交易费用）
(1)	(2)=面值×票面利率(9%)	(3)=上期(6)×实际利率(8%)	(4)=(2)-(3)	(5)=上期利息调整余额-(4)	(6)=面值+(5)
购进债券				8 400.00	308 400.00
1	27 000.00	24 672.00	2 328.00	6 072.00	306 072.00
2	27 000.00	24 485.76	2 514.24	3 557.76	303 557.76
3	27 000.00	24 284.62*	3 557.76	0	300 000.00

注：＊由于计算上尾差，因此24 284.62元是近似值。

3）折价购进债券的核算

企业折价购入债券，是因为债券的票面利率低于市场利率，投资企业按票面利率收到的利息将低于市场实际利率所得到的利息，因此，折价是为了补偿投资企业以后各期少收利息而预先少付的款项，少付的款项应在发生时列入"持有至到期投资——利息调整"账户贷方，在确定各期利息收入时，再进行摊销，这是投资收益的一部分。

【例8-5】A房地产开发公司3月31日购进B公司3年期债券200张，每张面值1 000元，购进价格为972元/张，该债券年利率为7%，每年3月31日支付利息，该债券准备持有至到期。

1）3月31日签发转账支票194 594.40元，支付200张债券的价款194 400元，并按交易金额1‰支付佣金，作会计分录如下：

借：持有至到期投资——成本——B公司债券　　　200 194.40
　贷：持有至到期投资——利息调整——B公司债券　　5 600.00
　贷：银行存款　　　　　　　　　　　　　　　　194 594.40

2）4月30日，预计本月份该债券应收利息收入入账，用直线法摊销利息调整额，作会计分录如下：

借：应收利息——B公司债券　　　　　　　　　　　1 166.67
借：持有至到期投资——利息调整——B公司债券　　　155.56
　贷：投资收益　　　　　　　　　　　　　　　　　1 322.23

3）第二年3月31日，收到B公司一年债券利息入账，作会计分录如下：

借：银行存款　　　　　　　　　　　　　　　　　14 000.00
借：持有至到期投资——利息调整——B公司债券　　　155.56

　　贷：应收利息——B公司　　　　　　　　　　　　　12 833.33

　　贷：投资收益　　　　　　　　　　　　　　　　　 1 322.23

　　上题是用直线法摊销贷方利息调整额。如果用实际利率法摊销贷方利息调整额，折价购进债券的实际利息收入会随着债券账面价值逐渐增加而增加，从而使利息调整额也随之逐期增加。其计算方法见表 8-2。

　　【例 8-6】 根据【例 8-5】资料，如金融机构市场实际利率为 8%，用实际利率法计算债券各期摊销的利息调整额见表 8-2。

　　计算各年应收利息收入、实际利息收入和利息调整额。4 月 30 日预计本月应收利息和利息调整时，用第一年利息除以 12 月计算。作会计分录如下：

　　借：应收利息——B公司债券　　　　　　　　　　　　1 166.67

　　借：持有至到期投资——利息调整——B公司债券　　　　155.56

　　贷：投资收益　　　　　　　　　　　　　　　　　　 1 322.23

实际利率法利息调整表（贷方余额）　　（单位：元）　　　　表 8-2

付息期数	应收利息收入	实际利息收入	本期利息调整额	利息调整借方余额	债券账面价值（不含交易费用）
(1)	(2)＝面值×票面利率(7%)	(3)＝上期(6)×实际利率(8%)	(4)＝(3)－(2)	(5)＝上期利息调整余额－(4)	(6)＝面值－(5)
购进债券				5 600.00	194 400.00
1	14 000.00	15 552.00	1 552.00	4 048.00	195 952.00
2	14 000.00	15 676.16	1 676.16	2 371.84	197 628.16
3	14 000.00	15 810.25*	2371.84	0	200 000.00

　　注：＊由于计算上尾差，因此 15 810.25 元是近似值。

　　4）持有至到期投资减值的核算

　　企业要经常对持有至到期投资进行检查，如果发行方有严重财务困难，并有对方证据表明该持有至到期投资发生减值，应计提减值准备。按持有至到期投资账面价值与预计现金流量现值之间差额计算确认减值损失。

　　资产负债表日，持有至到期投资发生减值的，按应减记的金额，借记"资产减值损失"账户，贷记"持有至到期投资减值准备"账户。

　　"持有至到期投资减值准备"账户是资产类账户，也是"持有至到期投资"账户的抵减账户，用以核算企业持有至到期投资的减值准备。计提持有至到期投资减值准备时，记入贷方；当减值的持有至到期投资出售、重新分类和减值的金额恢复时，记入借方，期末余额在贷方，表示企业已计提但尚未转销的持有至到期投资减值准备。

　　【例 8-7】 A 房地产开发公司 7 月 31 日持有 B 公司去年 6 月 20 日溢价发行的 3 年期债券 300 张，每张面值 1 000 元，每年 6 月 20 日支付利息。账面价值投资成本为 300 408.65 元，利息调整为借方余额 5 782 元。B 公司发生严重的财务困难，现 1 000 元面值的债券市场价仅 1 000 元，其交易费用为 1‰，计提其减值准备，作会计分录如下：

　　持有至到期投资可收回金额＝1 000×300×（1－1‰）＝299 700 元

　　B 公司债券减值损失值＝300 408.65＋5 782－299 700＝6 490.65 元

　　借：资产减值损失——持有至到期投资减值损失　　　　　　6 490.65
　　　　贷：持有至到期投资减值准备——B公司债券　　　　　　6 490.65

已计提减值准备的持有至到期投资价值以后又得以恢复的，应在原已计提的减值准备金额内，按恢复增加的金额，借记"持有至到期投资减值准备"账户，贷记"资产减值损失"账户。

　　5）持有至到期投资出售和重分类的核算

出售持有至到期投资，应按实际收到的金额，借记"银行存款"账户、"存放中央银行款项"账户、"结算备付金"账户等，按已计提的减值准备，借记"持有至到期投资减值准备"账户；按其账面余额，贷记"持有至到期投资"账户（成本、利息调整、应计利息），差额列入"投资收益"账户。

　　【例8-8】续前例，8月28日，A房地产开发公司出售持有B公司3年期债券300张，每张面值1000元，按998元出售，按交易金额1‰支付佣金，收到出售净收入，款存入银行，作分录如下：

　　借：银行存款　　　　　　　　　　　　　　　　　　　299 400.00
　　借：持有至到期投资减值准备——B公司债券　　　　　　6 490.65
　　借：投资收益　　　　　　　　　　　　　　　　　　　300.00
　　　　贷：持有至到期投资——成本——B公司债券　　　　300 408.65
　　　　贷：持有至到期投资——利息调整——B公司债券　　5 782.00

企业因持有意图和能力发生改变，使某项投资不再适合划分为持有至到期投资的，应当将其重新分类为可供出售金融资产，应在重分类日按其公允价值后续计量，借记"可供出售金融资产"账户，按其账面余额，贷记"持有至到期投资"账户（成本、利息调整、应计利息），按其差额，贷记或借记"资本公积——其他资本公积"账户。已计提减值准备的，还应同时结转减值准备。

　　【例8-9】4月1日，A房地产开发公司持有B公司3年期债券200 000元，年利率8%，到期一次还本付息，已按持有至到期投资入账。现决定将其重新分类为可供出售金融资产，该债券的账面价值成本为200 210元，应计利息为16 800元，现公允价值为219 800元，予以转账，作会计分录如下：

　　借：可供出售金融资产——成本——B公司债券　　　　　219 800.00
　　　　贷：持有至到期投资——成本——B公司债券　　　　200 210.00
　　　　贷：持有至到期投资——应计利息——B公司债券　　16 800.00
　　　　贷：资本公积——其他资本公积　　　　　　　　　　2 790.00

8.4　房地产开发企业可供出售金融资产的核算

8.4.1　可供出售金融资产的含义

通常是指企业初始确认时即被指定为可供出售的非衍生金融资产，及没有划分为以公允价值计量且其变动计入当期损益的金融资产、持有至到期投资、贷款和应收款项的金融资产。比如，企业购入的在活跃市场上有报价的股票、债券和基金等，没有划分为以公允价值计量且其变动计入当期损益的金融资产或持有至到期投资等金融资产的，可归为此类。存在活跃市场并有报价的金融资产到底应该划分为哪类金融资产，完全由管理者的意图和金融资产的分类条件决定。

可供出售金融资产是企业持有的可供出售金融资产的价值，包括划分为可供出售的股票投资、债券投资等金融资产。

8.4.2　房地产开发企业可供出售金融资产取得的核算

可供出售金融资产，初始确认时，都应按公允价值计量，但对于可供出售金融资产，相关交易费用应计入初始入账金额；资产负债表日，都应按公允价值计量，但对于可供出售金融资产，公允价值变动不是计入当期损益，而通常应计入其他综合收益。

"可供出售金融资产"是资产类账户，用于核算房地产开发企业持有的可供出售金融资产的公允价值计量。取得可供出售的金融资产，应按其公允价值与交易费用之和，借记"可供出售金融资产"账户（成本），贷记"银行存款"账户、"存放中央银行款项"账户、"结算备付金"账户等。

【例8-10】3月1日，A房地产开发公司购进B公司股票10 000股，每股6.80元，交易金额3‰支付佣金，1‰缴纳印花税，全部款项用转账支票支付，该股票准备日后出售，作会计分录如下：

借：可供出售金融资产——成本——B公司股票　　　　　68 272.00
　　贷：银行存款　　　　　　　　　　　　　　　　　　　68 272.00

企业取得可供出售金融资产按支付的价款中包含的已宣告但尚未领取的债券利息或已宣告但尚未发放的现金股利时，按实际支付的金额借记"应收股利"账户或"应收利息"账户。

可供出售金融资产在持有期间取得被投资单位的债券利息或现金股利时，借记"银行存款"账户，贷记"投资收益"账户。

【例8-11】续前例，3月25日，A房地产开发公司收到B公司发放的现金股利，每股0.20元，计2 000元，存入银行，作会计分录如下：

借：银行存款　　　　　　　　　　　　　　　　　　　　2 000.00
　　贷：投资收益　　　　　　　　　　　　　　　　　　　　2 000.00

8.4.3　房地产开发企业可供出售金融资产期末计量的核算

房地产开发企业对可供出售金融资产应按公允价值进行调整，如公允价值高于账面余额的，按其差额，借记"可供出售金融资产——公允价值变动"账户，贷记"资本公积——其他资本公积"账户；如公允价值低于账面余额的，按其差额，借记"资本公积——其他资本公积"账户，贷记"可供出售金融资产——公允价值变动"账户。

【例8-12】续前例，3月29日，A房地产开发公司持有B公司10 000股股票，当日公允价值每股6.92元，调整其账面价值，作会计分录如下：

借：可供出售金融资产——公允价值变动——B公司股票　　928.00
　　贷：资本公积——其他资本公积　　　　　　　　　　　　928.00

房地产开发企业如果发现可供出售金融资产的公允价值发生较大幅度的下降，或经过董事会综合考虑，预期将有下降趋势，研究确定该可供出售金融资产发生了减值，应当将其可收回金额低于账面价值的差额确认减值损失。按其减值损失，借记"资产减值损失"账户；按所有者权益中转出原计入资本公积的累计损失金额，贷记"资本公积——其他资本公积"账户；将两者之间的差额记入"可供出售金融资产——公允价值变动"账户的贷方。

【例8-13】5月31日，A房地产开发公司持有可供出售金融资产的B公司股票10 000股，因该公司股票公允价值发生较大幅度下降，每股市价下跌为6.10元，该股票的交易费用为4‰。原购股票成本为68 500元，公允价值变动为贷方余额2 640元，因公允价值低于账面余额列入"资本公积——其他资本公积"账户借方余额为2 640元，计提减值准备，作会计分录如下：

可供出售金融资产可收回金额＝6.10×10 000×(1－4‰)＝60 756元

资产减值损失＝68 500－60 756＝7 744元

借：资产减值损失——可供出售金融资产损失   7 744.00

  贷：资本公积——其他资本公积   2 640.00

  贷：可供出售金融资产——公允价值变动——B公司股票 5 104.00

如已确认损失的可供出售金融资产在随后的会计期间公允价值上升的，应在原已计提的减值准备金额内，按恢复增加的金额，借记"可供出售金融资产——公允价值变动"账户，贷记："资产减值损失"账户，如果可供出售金融资产为股票等权益工具投资的，借记"可供出售金融资产—公允价值变动"账户，贷记"资本公积——其他资本公积"账户。

8.4.4 房地产开发企业可供出售金融资产出售的核算

当可供出售金融资产出售时，应按实际收到的金额，借记"银行存款"账户；按可供出售金融资产的账面余额，贷记"可供出售金融资产"账户，其差额列入"投资收益"账户，将原记入"资本公积——其他资本公积"账户予以转销。

【例8-14】6月10日，A房地产开发公司出售B公司股票10 000股，每股为7.20元，交易金额3‰支付佣金，1‰缴纳印花税，收到出售净收入，存入银行，该股票成本为68 272元，公允价值变动为借方余额2 214元，因公允价值高于账面余额列入"资本公积——其他资本公积"账户，借方余额为2 214元，计提减值准备，作会计分录如下：

1) 将出售净收入存入银行，作会计分录如下：

借：银行存款   71 712.00

  贷：可供出售金融资产——成本——B公司股票 68 272.00

  贷：可供出售金融资产——公允价值变动——B公司股票 2 214.00

  贷：投资收益   1 226.00

2) 转销列入资本公积的金额，作会计分录如下：

借：资本公积——其他资本公积   2 214.00

  贷：投资收益   2 214.00

8.5 房地产开发企业长期股权投资的核算

8.5.1 长期股权投资初始投资成本确定和核算

(1) 长期股权投资的初始投资成本确定

房地产开发企业与企业合并形成的长期股权投资，应当按照下列规定确定其初始投资成本：

1）同一控制下的企业合并，合并方以支付现金、转让非现金资产或承担债务方式作为合并对价的，应当在合并日按照取得被合并方所有者权益账面价值的份额作为长期股权投资的初始投资成本。长期股权投资初始投资成本与支付的现金、转让的非现金资产及所承担债务账面价值之间的差额，应当调整资本公积；资本公积不足冲减的，调整其留存收益。

合并方以发行权益性证券作为合并对价的，应当在合并日按照取得被合并方所有者权益账面价值的份额作为长期股权投资的初始投资成本。按照发行股份的面值总额作为股本，长期股权投资初始投资成本与所发行股份面值总额之间的差额，应当调整资本公积；资本公积不足冲减的，调整其留存收益。

同一控制下的企业合并形成长期股权投资具有两项特点：一是不属于交易事项，而是资产和负债的重新组合；二是合并作价往往不公允，因此合并方应当在合并日按取得被合并方所有者权益账面价值的份额作为初始投资成本。合并日是指合并方实际取得对被合并方控制权的日期。

2）非同一控制下的企业合并的长期股权投资，购买方在购买日应当按照《企业会计准则第20号——企业合并》确定的合并成本作为长期股权投资的初始投资成本。企业合并成本包括购买方付出的资产，发生或承担的债务，发生权益性证券的公允价值，及为进行企业合并发生的各项直接相关费用之和。

非同一控制下的企业合并的长期股权投资具有两项特点：一是它们是非关联企业的合并；二是合并以市价为基础，交易作价相对公平合理。

3）以支付现金取得的长期股权投资，应当按照实际支付的购买价款作为初始投资成本。初始投资成本包括与取得长期股权投资直接相关的费用、税金及其他必要支出。

4）以发行权益性证券取得长期股权投资，应按照发行权益性证券的公允价值作为初始投资成本。

5）投资者投入的长期股权投资，应当按照投资合同或协议约定的价值作为初始投资成本，但合同或协议约定价值不公允的除外。

6）通过非货币性资产交换取得的长期股权投资，其初始投资成本应当按照《企业会计准则第7号——非货币性资产交换》确定。

7）通过债务重组取得的长期股权投资，其初始投资成本应当按照《企业会计准则第12号——债务重组》确定。

（2）房地产开发企业长期股权投资初始成本的核算

核算长期股权投资主要用"长期股权投资"、"应收股利"等账户。

"长期股权投资"是资产类账户，用以核算企业持有的采用成本法和权益法核算的长期股权投资，企业取得长期股权投资及长期股权投资增值时，记入借方；企业处置长期股权投资时，记入贷方；期末余额在借方，表示企业持有的长期股权投资的价值。

"应收股利"是资产类账户，用以核算企业应收取的现金股利和应收取其他单位分配的利润。企业发生应收现金股利或利润时，记入借方；企业收到现金股利或利润时，记入贷方；期末余额在借方，表示企业尚未收回的现金股利或利润。

1）同一控制下企业合并形成的长期股权投资，应在合并日按取得被合并方所有者权益账面价值的份额，借记"长期股权投资"科目，按享有被投资单位已宣告但尚未发放的现金股利或利润，借记"应收股利"账户，按支付的合并对价的账面价值，贷记有关资产或借记有关负债科目，按其差额，贷记"资本公积——资本溢价或（股本溢价）"账户；为借方差额的，借记"资本公积——资本溢价（或股本溢价）"账户，资本公积（资本溢价或股本溢价）不足冲减的，借记"盈余公积"、"利润分配——未分配利润"账户。

【例 8-15】A 房地产开发集团公司有一分司 B 建材公司，其"资本公积——资本溢价"账户余额为 60 000 元，"盈余公积"账户余额为 110 000 元，现合并集团内另一分公司 C 公司，取得 C 公司 60%的股权，C 公司所有者权益账面价值为 3 500 000 元，B 建材公司支付合并对价资产的账面价值为 2 100 000 元，其中固定资产 1 200 000 元，已提折旧 205 000 元，其余 1 105 000 元签发转账支票支付。6 月 30 日为合并日。

1) 转销固定资产价值，作会计分录如下：

借：固定资产清理   995 000.00
借：累计折旧   205 000.00
  贷：固定资产   1 200 000.00

2) 长期股权投资初始投资成本确认，作会计分录如下：

借：长期股权投资——成本   2 100 000.00
借：资本公积——资本溢价   60 000.00
借：盈余公积   60 000.00
  贷：固定资产清理   995 000.00
  贷：银行存款   1 105 000.00

2) 非同一控制下企业合并形成的长期股权投资，应在购买日按企业合并成本（不含应自被投资单位收取的现金股利或利润），借记"长期股权投资"账户，按享有被投资单位已宣告但尚未发放的现金股利或利润，借记"应收股利"账户，按支付合并对价的账面价值，贷记有关资产或借记有关负债科目，按发生的直接相关费用，贷记"银行存款"账户等，按其差额，贷记"营业外收入"账户或借记"营业外支出"账户等。

非同一控制下企业合并，购买方作为合并对价付出的资产，应当按照公允价值处置，其中付出资产为固定资产、无形资产的，其公允价值与账面价值的差额，列入"营业外收入"账户或借记"营业外支出"账户，涉及以库存商品等作为合并对价的，应按库存商品的公允价值作商品销售处理，同时结转其销售成本，发生的增值税销项税额也是企业合并成本的组成部分。

【例 8-16】A 房地产开发集团公司用 1 800 000 元合并成本从 B 公司的股东中购入 40%股权，而对价付出资产的账面价值为 1 650 000 元，其中：固定资产 700 000 元，已计提折旧 150 000 元，其公允价值为 560 000 元，库存商品 610 000 元，其余 409 300 元签发转账支票支付，而库存商品公允价值为 710 000 元，增值税税率为 17%。

1) 转销参与合并的固定资产账面价值，作会计分录如下：

借：固定资产清理   550 000.00
借：累计折旧   150 000.00
  贷：固定资产   700 000.00

2) 长期股权投资初始投资成本确认，作会计分录如下：

借：长期股权投资——成本	1 800 000.00	
贷：固定资产清理		550 000.00
贷：主营业务收入		710 000.00
贷：应交税费——应交增值税（销项税额）		120 700.00
贷：银行存款		409 300.00
贷：营业外收入		10 000.00

3）同时结转库存商品成本，作会计分录如下：

借：主营业务成本	610 000.00
贷：库存商品	610 000.00

3）以支付现金形成的长期股权投资的核算，应在购买日按实际支付的价款及相关税费扣除已宣告但尚未发放的现金股利，借记"长期股权投资"账户；按已宣告但尚未发放的现金股利，借记"应收股利"账户；按实际支付的价款及相关税费，贷记"银行存款"账户。比照非同一控制下企业合并形成的长期股权投资的相关规定进行处理。

【例 8-17】6 月 5 日，A 房地产开发集团公司从证券二级市场购买 B 公司股票 200 000 股，准备长期持有，该股票每股 6.20 元，占该公司股份的 8%，另按交易金额的 3‰支付佣金，1‰缴纳印花税，款项签发银行转账支票支付。该公司已宣告将于 6 月 15 日发放现金股利，每股 0.15 元。作会计分录如下：

借：长期股权投资——成本	1 214 960.00
借：应收股利	30 000.00
贷：银行存款	1 244 960.00

4）以发行权益性证券取得的长期股权投资的核算，应在证券发行日，按证券的公允价值（包括相关税费），借记"长期股权投资"；按发行证券的面值，借记"股本"（股份制企业采用该科目）账户；按公允价值与面值的差额，贷记"资本公积"账户；按发行支付相关税费，贷记"银行存款"账户。

【例 8-18】A 房地产开发集团公司以发行股票 500 000 股的方式取得 B 公司 20%的股权，股票每股面值 1 元，发行价为 5.00 元，另需支付相关税费 28 000 元，签发转账支票支付。作会计分录如下：

借：长期股权投资——成本	2 528 000.00
贷：股本	100 000.00
贷：资本公积——资本溢价	2 400 000.00
贷：银行存款	28 000.00

8.5.2 长期股权投资成本法和权益法的核算

企业取得长期股权投资按对被投资单位的控制和影响的程度不同，分为成本法和权益法两种。

如果投资企业能够对被投资单位实施控制的长期股权投资，投资企业对被投资单位不具有共同控制或重大影响，并且在活跃市场中没有报价、公允价值不能可靠计量的长期股权投资，应采用成本法核算；如果投资企业对被投资单位具有共同控制或者重大影响的长期股权投资，应采用权益法核算。

控制，是指有权决定一家企业的财务和经营政策，并能据以从该企业的经营活动中获取利益。投资企业能够对被投资单位实施控制的，被投资单位为其子公司，投资企业应当将子公司纳入合并财务报表的合并范围。编制合并财务报表时按照权益法进行调整。

共同控制，是指按照合同约定对某项经济活动所共有的控制，仅在与该项经济活动相关的重要财务和经营决策需要分享控制权的投资方一致同意时存在。投资企业与其他方对被投资单位实施共同控制的，被投资单位为其合营企业。

重大影响，是指对一家企业的财务和经营政策有参与决策的权力，但并不能够控制或者与其他方一起共同控制这些政策的制定。投资企业能够对被投资单位施加重大影响的，被投资单位为其联营企业。通常投资企业拥有被投资单位 20％以上 50％以下的表决权时，表明对被投资单位实施控制或施加重大影响。

（1）成本法的核算

成本法是指长期股权投资按投资成本计价的方法。采用成本法进行核算时，长期股权投资以取得股权时的成本计价，除了投资企业追加投资、收回投资等情形外，长期股权投资的账面价值保持不变。被投资单位宣告分派的现金股利或利润，确认为当期投资收益。

投资企业确认投资收益，仅限于被投资单位接受投资后产生的累积净利润的分配额，所获得的利润或现金股利超过数额的部分作为初始投资成本的收回。

【例 8-19】A 房地产开发集团公司 1 月 1 日以 400 万元购入尚未上市的 B 公司 4％的股份，购买过程中支付手续费 10 万元，其股权不存在活跃的市场价格，且 B 房地产开发集团公司未参与投资后的有关生产经营决策。

1）签发支票 4 100 000 元，支付股票和手续费。作会计分录如下：

借：长期股权投资——成本　　　　　　　　　　　4 100 000.00
　贷：银行存款　　　　　　　　　　　　　　　　　　4 100 000.00

2）3 月 15 日，B 公司分配上一年及以前的所有的利润，A 房地产开发集团公司按持股比例应分得 40 万元，作会计分录如下：

借：应收股利——B 公司　　　　　　　　　　　400 000.00
　贷：投资收益　　　　　　　　　　　　　　　　　　400 000.00

3）收到股利时，作会计分录如下：

借：银行存款　　　　　　　　　　　　　　　　400 000.00
　贷：应收股利——B 公司　　　　　　　　　　　　400 000.00

（2）权益法的核算

投资企业对被投资单位具有共同控制或重大影响的长期股权投资，应当采用权益法核算。主要程序如下：

1）长期股权投资的初始投资成本大于投资时应享有被投资单位可辨认净资产公允价值份额的，不调整已确认的初始投资成本。长期股权投资的初始投资成本小于投资时应享有被投资单位可辨认净资产公允价值份额的，应按其差额，借记"长期股权投资"账户（成本），贷记"营业外收入"账户。

2）根据被投资单位实现的净利润或经调整的净利润计算应享有的份额，借记"长期股权投资"科目（损益调整），贷记"投资收益"账户。被投资单位发生净亏损作相反的会计分录，但以"长期股权投资"账户的账面价值减记至零为限；还需承担的投资损失，应将其他实质上构成对被投资单位净投资的"长期应收款"等的账面价值减记至零为限；

除按照以上步骤已确认的损失外，按照投资合同或协议约定将承担的损失，确认为预计负债。发生亏损的被投资单位以后实现净利润的，应按与上述相反的顺序进行处理。

被投资单位以后宣告发放现金股利或利润时，企业计算应分得的部分，借记"应收股利"账户，贷记"长期股权投资"账户（损益调整）。收到被投资单位宣告发放的股票股利，不进行账务处理，但应在备查簿中登记。

3）在持股比例不变的情况下，被投资单位除净损益以外所有者权益的其他变动，企业按持股比例计算应享有的份额，借记或贷记"长期股权投资"账户（其他权益变动），贷记或借记"资本公积——其他资本公积"账户。

4）长期股权投资核算方法的转换。将长期股权投资自成本法转按权益法核算的，应按转换时该项长期股权投资的账面价值作为权益法核算的初始投资成本，初始投资成本小于转换时占被投资单位可辨认净资产公允价值份额的差额，借记"长期股权投资"账户（成本），贷记"营业外收入"账户。长期股权投资自权益法转按成本法核算的，除构成企业合并的以外，应按中止采用权益法时长期股权投资的账面价值作为成本法核算的初始投资成本。

5）因追加投资等原因能够对被投资单位实施共同控制或重大影响但不构成控制的，应当改按权益法核算，并以成本法下长期股权投资的账面价值或按照《企业会计准则第22号——金融工具确认和计量》确定的投资账面价值作为按照权益法核算的初始投资成本。

【例 8-20】A 房地产开发集团公司从 B 公司的股东中购入该公司 42% 的股权，取得了对 B 公司的共同控制权，而对价付出资产的账面价值为 2 890 000 元，其中：固定资产 1 200 000 元，已计提折旧 240 000 元，其余 1 930 000 元签发转账支票支付。

1）3 月 5 日为购买日，作会计分录如下：

借：长期股权投资——成本	2 890 000.00	
借：累计折旧	240 000.00	
贷：固定资产		1 200 000.00
贷：银行存款		1 930 000.00

2）3 月 6 日，B 公司接受 A 房地产开发集团公司投资后，可辨认净资产公允价值为 7 000 000 元，按享有 42% 的份额，调整长期股权投资，作会计分录如下：

借：长期股权投资——成本	50 000.00	
贷：营业外收入		50 000.00

3）12 月 31 日，B 公司利润表上的净利润为 690 000 元，按照应享有的 42% 的份额调整"长期股权投资"账户，作会计分录如下：

借：长期股权投资——损益调整	289 800.00	
贷：投资收益		289 800.00

4）12 月 31 日，B 公司资产负债表上所有者权益增加的金额中，有 60 000 元发生资本溢价，可供出售金融资产公允价值变动等因素而产生的，按照应享有的份额转账，作会计分录如下：

借：长期股权投资——其他权益变动	25 200.00	
贷：资本公积——其他资本公积		25 200.00

5）第二年 3 月 5 日，B 公司宣告将于 3 月 15 日按净利润的 50％分配利润，作会计分录如下：

借：应收股利　　　　　　　　　　　　　　　　　　　144 900.00
　　贷：长期股权投资——损益调整　　　　　　　　　　　　144 900.00

8.5.3　长期股权投资减值的核算

期末对长期股权投资要进行核对核查，如果有持续低于市价，或被投资单位经营环境有重大变化情况，表明长期股权投资的可收回金额低于账面价值，从而发生减值的，应当计提减值准备。

按照准则规定的成本法核算的、在活跃市场中没有报价、公允价值不能可靠计量的长期股权投资，其减值应当按照《企业会计准则第 22 号——金融工具确认和计量》处理；其他按照准则核算的长期股权投资，其减值应当按照《企业会计准则第 8 号——资产减值》处理。

"长期股权投资减值准备"是资产类账户，它是"长期股权投资"账户的抵减账户，用以核算企业长期股权投资发生减值时计提的减值准备。企业计提长期股权投资减值准备时，记入贷方；企业出售以计提减值准备的长期股权投资时，记入借方；期末余额在贷方，表示企业已计提但尚未转销的长期股权投资减值准备。

资产负债表日，长期股权投资发生减值的，按应减记的金额，借记"资产减值损失"账户，贷记"长期股权投资减值准备"账户。

【例 8-21】9 月 30 日，A 房地产开发集团公司持有 B 公司股票 100 000 股，占该公司股份的 6％，因该公司发生严重财务困难，每股市价下跌为 4.90 元，交易费用为 4‰。查该股票账面价值：成本为 509 000 元，损益调整为借方余额 12 000 元，计提其减值准备，作会计分录如下：

长期股权投资可收回金额＝4.90×100 000×（1－4‰）＝488 040 元

借：资产减值损失——长期股权投资减值损失　　　　　32 960.00
　　贷：长期股权投资减值准备　　　　　　　　　　　　　32 960.00

长期股权投资减值损失一经确认，在以后会计期间不得转回。

8.5.4　长期股权投资处置的核算

企业处置长期股权投资时，应按实际收到的金额，借记"银行存款"账户，原已计提减值准备的，借记"长期股权投资减值准备"账户；按其账面余额，贷记"长期股权投资"账户；按尚未领取的现金股份或利润，贷记"应收股利"账户，将这些账户之间差额列入"投资收益"账户。

【例 8-22】续上例，12 月 1 日 A 公司出售 B 公司股票 100 000 股，每股 5.00 元，交易金额的 3‰支付佣金，1‰支付印花税，收到出售净收入，存入银行。作会计分录如下：

借：银行存款　　　　　　　　　　　　　　　　　　　498 000.00
借：长期股权投资减值准备　　　　　　　　　　　　　 32 960.00
　　贷：长期股权投资——成本　　　　　　　　　　　　　509 000.00
　　贷：长期股权投资——损益调整　　　　　　　　　　　 12 000.00
　　贷：投资收益　　　　　　　　　　　　　　　　　　　 9 960.00

如果按权益法核算的长期股权投资处置时，有除净损益以外的所有者权益的其他变动，还应将原已记入"资本公积——其他资本公积"账户的金额转入"投资收益"账户。

处置长期股权投资，其账面价值与实际取得价款的差额，应当计入当期损益。采用权益法核算的长期股权投资，因被投资单位除净损益以外所有者权益的其他变动而计入所有者权益的，处置该项投资时应当将原计入所有者权益的部分按相应比例转入当期损益。

【例 8-23】 A 房地产开发集团公司持有 B 公司 1200 000 股，并对该公司有重大影响。6 月 30 日，出售 A 公司股票 1 200 000 股，每股 6.70 元，按交易金额的 3‰支付佣金，1‰支付印花税，收到出售净收入，存入银行。查长期股权投资明细账户的余额，其中：成本为 7 200 000 元，损益调整为 600 000 元，其他权益变动为 90 000 元，因其他权益变动形成的"资本公积——其他资本公积"账户余额为 90 000 元。

1) 将出售收入入账，作会计分录如下：

借：银行存款　　　　　　　　　　　　　　　　8 007 840.00

　贷：长期股权投资——成本　　　　　　　　　7 200 000.00

　贷：长期股权投资——损益调整　　　　　　　　600 000.00

　贷：长期股权投资——其他权益变动　　　　　　 90 000.00

　贷：投资收益　　　　　　　　　　　　　　　117 840.00

2) 结转因其他权益变动形成的资本公积，作会计分录如下：

借：资本公积——其他资本公积　　　　　　　　 90 000.00

　贷：投资收益　　　　　　　　　　　　　　　 90 000.00

本 章 习 题

思考题：

1. 什么是短期投资？

2. 什么是交易性金融资产？它包括哪些内容？

3. 试述交易性金融资产取得时的计量和期末的计量。

4. 持有至到期投资的初始投资成本是如何确定的？

5. 什么是债券的溢价购进和折价购进？为什么会出现溢价购进和折价购进？

6. 利息调整额有哪两种摊销方法？分述它们的优缺点。

7. 什么是长期投资？按目的不同分为哪四种？它们的概念是什么？

8. 试述短期投资的目的和特点。

9. 试述长期投资的目的和特点。

10. 持有至到期投资成本如何确定？

11. 可供出售金融资产期末计价与持有至到期投资相比较有何不同？

12. 长期股权投资初始投资的确定分为哪几方面？

13. 什么是长期股权投资成本法？

14. 什么是长期股权投资权益法？

练习题：

1. 练习交易性金融资产的核算。

资料：A 房地产开发公司发生下列有关经济业务：

1) 2 月 1 日，购进 B 公司股票 20 000 股，每股 7.60 元，另以交易金额的 3‰支付佣金，1‰缴纳印花税，款项一并签发转账支票支付。该股票为交易目的而持有。

2）3月5日购进C公司股票10 000股，每股8.00元，另以交易金额的3‰支付佣金，1‰缴纳印花税，款项一并签发转账支票支付。C公司已于3月1日宣告分派现金股利，每股0.12元，定于3月11日起，按3月10日的股东名册支付。该股票为交易目的而持有。

3）4月15日，收到本公司持有3月5日购进的C公司10 000股股票的现金股利1200元存入银行。

4）5月8日，收到本公司持有2月1日购进的B公司股票20 000股的现金股利3 200元存入银行。

5）5月20日，以1 070元购进D公司去年按面值发行的债券100张，每张面值100元，以交易金额1‰支付佣金，款项一并签发转账支票支付。该债权年利率为8‰，每年5月20日支付利息。该债权为交易目的而持有。

6）6月28日，收到D公司来付债券利息10 000元存入银行。

7）6月28日，B公司股票每股公允价值为7.65元，B公司股票每股公允价值8.10元，D公司1 000元面值债券的公允值为1 001元，予以转账。

8）6月28日，将公允价值变动损益结转"本年利润"账户。

9）7月15日，出售持有的B公司股票10 0000股，每股7.80元，另按交易金额3‰支付佣金，1‰缴纳印花税，收到出售净收入，存入银行。

10）7月25日，出售持有的C公司股票10 000股每股8.40元，按交易金额的3‰支付佣金，1‰缴纳印花税，收到出售净收入，存入银行。

11）7月30日，出售持有的D公司债券10张，每张面值1 000元，现在按1 005元成交，另按交易金额1‰支付佣金。收到出售净收入，存入银行。

要求：根据以上资料，编制会计分录。

2.练习持有至到期投资的核算。

资料：A房地产开发公司发生下列有关经济业务：

1）5月31日，购进新发行的B公司2年债券80张，每张面值1 000元，按面值购进，并按交易金额1‰支付佣金，当即签发转账支票，支付全部款项。债券的票面年利率为8‰，到期一次还本付息。该债券准备持有至到期。

2）5月31日，购进新发行的C公司5年期债券100张，每张面值1 000元，购进价格为1 020元，并按交易金额1‰支付佣金，当即签发转账支票支付全部款项。债券的票面年利率为9%，而实际年利率为8%，每年5月31日支付利息。该债券准备持有至到期。

3）5月31日，购进新发行的D公司2年期债券100张，每张面值1 000元，购进价格为989元，并交易金额的1‰支付佣金，债券的票面年利率为7%，实际年利率为8%，每年5月31日支付利息。该债券准备持有至到期。

4）6月30日，分别计提三种债券本月份的应收利息入账。

5）6月30日，今决定将持有的B公司债券分类为可供出售金融资产，该1 000元面值债券的公允值为1 013元，予以转账。

下一年接着又发生下列有关经济业务：

1）7月31日，B公司支付去年发行的债券利息，存入银行。

2）7月31日，收到C公司支付去年发行的债券利息，存入银行。

3）7月25日，出售D公司发行的2年期债券90张，每张面值1 000元，现按999元出售，另按交易金额的1‰支付佣金，收到出售净收入，存入银行。

4）7月30日，B公司因发生严重的财务困难，将1 000元面值的债券降为980元，计提其减值准备。

5）8月15日，出售C公司发行的5年期债券100张，每张面值1 000元，出售价格为998元，另按交易金额的1‰支付佣金，收到出售净收入，存入银行。

要求：

1）编制会计分录（用直线法摊销利息调整额）。

2）用实际利率法计算利息调整各年的摊销。

3. 练习可供出售金融资产的核算。

资料：A房地产开发公司发生下列有关的经济业务。

1）5月5日，购进B公司股票20 000股，每股7元，另以交易金额3‰支付佣金，1‰缴纳印花税，款项一并签发转账支票付讫，该股票准备日后出售。

2）5月10日，购进C公司股票10 000股，每股9元，另以交易金额3‰支付佣金，1‰缴纳印花税，款项一并签发转账支票付讫，C公司已于5月5日宣告将于5月20日分派现金股利，每股0.36元。该股票准备日后出售。

3）5月30日，收到C公司发放的现金股利，每股0.36元，计3 600元，存入银行。

4）5月25日，收到C公司发放的现金股利，每股0.22元，计4 400元，存入银行。

5）5月30日，购进D公司按面值发行的2年期债券100 000张，另以交易金额的1‰支付佣金，款项一并签发转账支票支付，该债券年利率为8%，每年4月30日付息。该债券准备日后出售。

6）5月30日，B公司股票每股公允价值7.20元，C公司股票每股8.90元，调整其账面值。

7）5月25日，出售B公司股票20 000股，每股7.50元，另按交易金额3‰支付佣金，1‰缴纳印花税，收到出售净收入，存入银行。

8）6月30日，C公司因经营失误发生严重财务困难，其股票的公允值大幅度降低，每股为7.90元，计提其减值损失。

要求：编制会计分录。

4. 练习长期股权投资初始成本核算。

资料：A房地产开发公司内的B公司"资本公积——资本溢价"账户余额为80 000元；"盈余公积"账户余额为250 000元。现发生下列有关的经济业务：

1）2月5日，现合并本集团内的C公司，取得该公司55%的股权。C公司所有者权益账面价值为4 100 000元，支付并合并对资产的账面价值为3 660 000元，其中：固定资产2 2400 000元，已提折旧1 000 000元，其余2 420 000元签发转账支票。

2）3月25日，以1 787 000元合并成本从D公司的股东中购入该公司46%的股权。对价付出资产的账面价值为1600 000元，其中：固定资产900 000元，已提折旧150 000元，其公允价值为790 000元，库存商品300 000元，其余510 000元签发转账支票付讫。

库存商品的公允价值为 350 000 元，增值税税率为 17%。

3）5 月 22 日，从证券市场购买 E 公司股票 200 000 股，准备长期持有。该股票每股 10 元，占该公司股份 5%，另按交易金额的 3‰支付佣金，1‰缴纳印花税，款项一并签发转账支票支付。该公司已宣告将于 5 月 30 日发放现金股利，每股 0.15 元。

4）7 月 25 日，以发行股票 1 000 000 股的方式取得 F 公司的 15%的股权，股票每股面值 1 元，发行价为 7.50 元，另需支付相关税费 32 600 元，款项一并签发转账支票支付。

要求：编制会计分录。

5. 练习长期股权投资后续计量的核算。

资料：（1）A 房地产开发公司发生下列有关的经济业务：

1）6 月 30 日，购进 B 公司的股票 500 000 股，占公司有表决权股份的 10%，并准备长期持有。该股份每股 6 元，另按交易金额的 3‰支付佣金，1‰缴纳印花税。款项一并签发转账支票支付。

2）次年 1 月 12 日，B 公司宣告将于 1 月 20 日发放现金股利 60 000 元，存入银行。

3）次年 1 月 27 日，收到 B 公司发放的现金股利 60 000 元，存入银行。

4）次年 3 月 31 日，B 公司发生严重财务困难，每股下跌 5.50 元，计提其减值准备。

5）次年 6 月 20 日，出售 B 公司股票 20 000 股，每股 6.20 元，另按交易金额的 3‰支付佣金，1‰缴纳印花税。收到出售净收入，存入银行。

（2）A 房地产开发公司发生下列有关的经济业务：

1）1 月 2 日，从 C 公司股东中购入该公司 46%的股权，取得了对 D 公司的共同控制权。而对价付出资产的账面价值为 2 660 000 元，其中：固定资产 1 300 000 元，已提折旧 120 000 元，其余 1 480 000 元签发转账支票付讫。

2）1 月 3 日，C 公司接受本公司投资后，可辨认净资产公允价值为 6 000 000 元，按本公司享有 46%的份额，调整长期股权投资。

3）12 月 31 日，C 公司的利润表上的净利润为 860 000 元。

4）12 月 31 日，C 公司的资产负债表上因资本溢价因素增加了所有者权益 300 000 元，按持股比例，确认应享有的份额入账。

5）次年 3 月 20 日，C 公司宣告将于 3 月 20 日按净利润的 50%分配利润。

6）次年 3 月 30 日，以 390 000 元出售本公司持有 C 公司 6%的股权，扣除交易费用 2 500 元后，收到出售股权净收入 477 500 元，存入银行。

要求：编制会计分录。

9 房地产开发企业负债的核算

9.1 负 债 概 述

9.1.1 负债的含义及特征

（1）负债的含义

企业的资金来自两个方面：一是投资者投入的资金；二是通过融资的形式借入的资金，即形成企业的负债。需要以资产或劳务来偿还，故负债又称为债权人权益。

负债是指由于过去的交易、事项形成的现时义务，履行该义务预期会导致经济利益流出企业。负债又称债权人权益，表示企业对债权人所承担的债务。现时义务是指企业在现行条件下已承担的义务。负债的确认条件：

① 与该义务有关的经济利益很可能流出企业；

② 未来流出的经济利益的金额能够可靠的计量。

（2）负债的特征

负债具有以下特征：

1）负债是企业承担的现时义务。负债必须是企业承担的现时义务，它是负债的一个基本特征。其中，现时义务是指企业在现行条件下已承担的义务；未来发生的交易或者事项形成的义务，不属于现时义务，不应当确认为负债。

2）负债的清偿预期会导致经济利益流出企业。如果不会导致企业经济利益流出的，就不符合负债的定义。在履行现时义务清偿负债时，导致经济利益流出企业的形式多种多样，例如用现金偿还或以实物资产形式、提供劳务等形式偿还。

3）负债是由过去的交易或事项形成的。负债应当由企业过去的交易或事项所形成。企业将在未来发生的承诺、签订的合同等交易或者事项，不形成负债。

4）负债以法律、有关制度条例或合同契约的承诺作为依据。负债实质上是企业在一定时期之后必须偿还的经济债务，按照法规所规定与制约，是企业必须履行的一种义务。

9.1.2 负债的分类

负债是指企业过去交易或事项形成的、预期会导致经济利益流出企业的现时义务。负债是企业承担的，以货币计量的在将来需要以资产或劳务偿还的债务。它代表着企业偿债责任和债权人对资产的求索权。

（1）按照负债偿还期限分类

按照负债偿还期限不同，可分为流动负债和非流动负债。流动负债是指将在一个营业周期内偿付的债务，或者为了交易目的 1 年内到期应予以偿清的。非流动负债是指偿还期在一年或者超过一年的一个营业周期以上的各种债务。

（2）按照负债偿还的方式分类

按照负债偿还的方式不同，可分为货币性负债和非货币性负债。货币性负债是指以货币形态存在的各项负债，包括应付账款，长期借款等金额固定的各项负债。非货币性负债是指负债的偿还不是通过货币的支付实现的，而是通过提供劳务或资产使债务消失。例如，企业预收租金引起的负债。

（3）按照负债形成的原因分类

按照负债形成的原因不同，可分为经营性负债、融资性负债和其他负债。经营性负债是指企业因经营活动而发生的负债，如应付票据、应付账款、预收账款和应付职工薪酬等；融资性负债是指企业因融通资金而发生的负债，如短期借款、长期借款、应付债券、长期应付款等；其他负债是指不属于以上两种的负债，例如其他应收款、预提费用、预计负债等。

9.2　流动负债的核算

9.2.1　流动负债的含义

流动负债是指将于1年或超过1年的一个营业周期内偿还的债务，包括短期借款、应付票据、应付账款、预收账款、应付职工薪酬、应交税金、应付股利、其他应交款、预提费用等。

流动负债除具有负债的基本特征外，还有其自身的特点：①偿还期限短必须在一年内偿还，或者在一个营业周期内偿还的债务才能算是流动负债；②流动负债一般以企业的流动资产来清偿，通过流动资产和流动负债的比例，可以了解企业的短期偿债能力。

流动负债的分类如下：

1）按形成来源和渠道分类

流动负债按形成来源和渠道分类，分为短期借款和应付及预收款项。应付及预收款项分为三类：

① 因购买商品、周转材料和劳务而发生的各种债务，如应付票据、应付账款和预收账款等。

② 在经营过程中发生的非商品购销形成的债务，如应付职工薪酬和其他应付款。

③ 企业应缴付国家财税部门和企业所有者的款项，如应交税费、应付利润等。

2）按偿付金额是否确定分类

流动负债按偿付金额是否确定分类，可分为以下三类：

① 应付金额可以确定的流动负债，即根据契约或法律规定，到期日须予归还的、有确定金额的流动负债，如短期借款、应付票据、应付账款、应交税费和应付利润等。

② 应付金额视经营情况而决定的流动负债，即根据会计期终时，才能确定经营成果的流动负债，如应交税费、应付利润等。

③ 应付金额须估计的流动负债，即经营活动已经发生，负债已确定存在，但无确切的应付金额，如商品出售后的质量三包债务，需要根据历史经验和调查研究，估计其负债金额。

9.2.2　短期借款的核算

（1）短期借款的核算内容

短期借款，是指企业向银行或其他金融机构借入的期限在一年以内的各种借款。

短期借款利息属于筹资费用，应计入"财务费用"账户。在实际工作中银行一般于每季度末收取短期借款利息，为此企业的短期借款利息一般采用分月预提的方式进行核算；如果企业按月支付利息或利息数额较小，也可于实际支付时直接计入"财务费用"账户。

房地产开发企业的短期借款主要有：开发经营借款、临时借款、结算借款等。

（2）短期借款的账务处理

"短期借款"是负债类账户，用以核算企业向银行金融机构借入的期限在一年以下的各项借款。企业取得短期借款时，记入贷方；企业归还短期借款时，记入借方；期末余额在贷方，表示企业尚未归还的短期借款数额。该账户一般按短期借款种类或债权人进行明细核算。核算主要步骤如下：

① 企业从银行或其他金融机构取得借款时，借记"银行存款"账户，贷记"短期借款"账户；

② 每月月末预提利息时，借记"财务费用"账户，贷记"应付利息"账户；

③ 每季度末支付利息时，根据已预提利息，借记"应付利息"账户，根据期末计提利息，借记"财务费用"账户，根据应付利息总额，贷记"银行存款"账户；

④ 借款到期偿还本金时，应借记"短期借款"账户，贷记"银行存款"账户。

1）境内借款的账务处理

【例 9-1】A 房地产开发公司于 2015 年 1 月 1 日向银行借入 800 000 元，期限为 9 个月，年利率 6％。该借款到期后按期如数归还，按季支付利息。

1）1 月 1 日借款时，作会计分录如下：

借：银行存款 800 000.00
　　贷：短期借款——建设银行 800 000.00

2）1 月末，预提当月利息 4 000 元（800 000×6％÷12），作会计分录如下：

借：财务费用——利息支出 4 000.00
　　贷：应付利息——建设银行借款 4 000.00

注意：2 月末时，预提当月利息的处理与 1 月末相同。

3）3 月末，支付本季度应付利息时，作会计分录如下：

借：财务费用——利息支出 4 000.00
借：应付利息——建设银行借款 8 000.00
　　贷：银行存款 12 000.00

注意：每月利息的账务处理同上。

4）10 月 1 日偿还借款本金时，作会计分录如下：

借：短期借款 800 000.00
　　贷：银行存款 800 000.00

2）境外借款的账务处理

境外借款取得的外汇，可以按规定在外汇指定银行开立现汇账户，借记"银行存款——外汇存款"账户，贷记"短期借款——短期外汇借款"账户，并按当日外汇牌价折合为人民币记账。

借款本息偿还时，可以按规定手续，用人民币向外汇指定银行购汇偿还。还款时借记"短期借款——短期外汇借款"、"财务费用——利息支出"账户，贷记"银行存款——外汇存款"账户。如月底或还款时汇率变动应调整汇兑损益。如果向境内外汇指定银行借款，可按当月汇率向外汇指定银行结汇。

【例 9-2】A 房地产开发企业向中国银行借入 100 000 美元，期限为 3 个月，借款利息 4%，本息到期一次归还。借款时汇率为 8.20 元，假设第 1 月、第 2 个月底汇率均为 8.20 元，还款时汇率为 8.10 元。

1) 借入时，作会计分录如下：

借：银行存款——外汇存款——美元

820 000.00 (US$ 100 000×8.20)

  贷：短期借款——中国银行——短期外汇借款   820 000.00

2) 还款时，利息 = 100 000×4%×3/12 = 1 000（美元），作会计分录如下：

借：短期借款——中国银行——短期外汇借款

810 000.00(US$ 100 000×8.10)

借：财务费用——利息支出   8 100.00 (US$ 1000×8.10)

  贷：银行存款——外汇存款——美元

818 100.00(US$ 101 000×8.10)

3) 调整汇率变动，作会计分录如下：

借：短期借款——短期外汇借款   1 000.00

  贷：财务费用——利息支出   1000.00

9.2.3 应付票据的核算

（1）应付票据的核算内容

应付票据，是指企业采用商业汇票支付方式购买商品和接受劳务时，委托付款人允诺在一定时期内支付一定款项的书面证明，在指定日期无条件支付确定金额给收款人或者持票人的票据。异地使用，付款期最长为 6 个月。商业汇票按其承兑人不同，可分为商业承兑汇票和银行承兑汇票。

应付票据是一种期票，是延期付款的证明，有承诺付款的票据作为凭据。应付票据分为带息和不带息两种。由于应付票据的期限较短，不论是否带息，在收到票据时一般按面值入账。

"应付票据"是负债类账户，为了反映房地产开发企业购买材料、商品和接受劳务供应等而开出商业汇票的情况。贷方登记开出的商业汇票面值和应计利息，借方登记支付票据的款项，期末贷方余额反映企业持有的尚未到期的应付票据账面价值。

（2）应付票据的账务处理

1) 不带息商业汇票

企业开出商业汇票或以承兑商业汇票抵付货款或应付账款时，借记"原材料"账户"库存商品"账户或"应付账款"账户等，贷记"应付票据"账户。

支付商业汇票的手续费，借记"财务费用"账户，贷记"银行存款"账户。收到银行支付到期票据的付款通知，借记"应付票据"账户，贷记"银行存款"账户。

应付票据到期，如企业无力支付票款，对于商业承兑汇票按应付票据的账面余额，借记"应付票据"账户，按未计利息借记"财务费用"账户，按票据到期价值贷记"应付账款"账户。对于银行承兑汇票应按其到期价值转入"短期借款"账户。企业应当设置"应付票据各查簿",详细登记每一应付票据的种类、签发日、到期日、票面价值、票面利率、合同交易号、收款人姓名或单位名称等资料。应付票据结清时,应当在各查簿内逐笔注销。

【例 9-3】A 房地产开发企业向 B 公司购入一批木材,根据增值税专用发票,买价 200 000 元(按实际成本法核算),增值税额为 34 000 元,木材已验收入库,开出 3 个月银行承兑汇票。

① 按增值税发票,作会计分录如下:

借:原材料——木材   200 000.00

借:应交税费——应交增值税(进项税额)   34 000.00

 贷:应付票据——银行承兑汇票——B 公司   234 000.00

② 支付银行承兑手续费 100 元,作会计分录如下:

借:财务费用——银行手续费   100.00

 贷:银行存款   100.00

③ 3 个月后票据到期,用银行存款支付票据款,作会计分录如下:

借:应付票据——银行承兑汇票——B 公司   234 000.00

 贷:银行存款   234 000.00

④ 假设票据到期企业无力支付票据款,承兑银行已代为支付,则应将"应付票据"转为"短期借款",作会计分录如下:

借:应付票据——银行承兑汇票——B 公司   234 000.00

 贷:短期借款——××银行   234 000.00

⑤ 假设该企业取得的商业承兑汇票,到期无力偿还票据款,则将"应付票据"转为"应付账款",作会计分录如下:

借:应付票据——商业承兑汇票——B 公司   234 000.00

 贷:应付账款——B 公司   234 000.00

注意:以上④和⑤商业承兑汇票和银行承兑汇票账务处理的区别,为企业选择结算方式做到心中有数。

2)带息商业汇票

商业汇票分为带息票据和不带息票据。带息票据的票面金额仅表示本金,票据到期时除按面值支付外,还应根据票面利率另行计算和支付利息。对于计算支付的应付票据利息,应当计入财务费用。

房地产开发企业开出的商业汇票,如为带息票据,应于期末计算应付利息,借记"财务费用"账户,贷记"应付票据"账户;票据到期支付本息时,按票据账面余额,借记"应付票据"账户;按期末计提的利息,借记"财务费用"账户,按实际支付的金额,贷记"银行存款"账户。

应付票据到期全额偿付票款时,借记"应付票据"、"财务费用"账户,贷记"银行存款"账户。如果企业不能按期足额付款,对于商业承兑汇票应转入"应付账款"账户;对于银行承兑汇票应转入"短期借款"账户。

【例 9-4】6 月 1 日,A 房地产开发企业向 B 公司购入一批木材,根据增值税专用发票,买价 200 000 元(按实际成本法核算),增值税额为 34 000 元,木材已验收入库,开出 5 个月银行承兑汇票 234 000 元，票面利率为 10％。

① 按增值税发票，作会计分录如下：

借：原材料——木材 200 000.00

借：应交税费——应交增值税（进项税额） 34 000.00

   贷：应付票据——银行承兑汇票——B公司——面值 234 000.00

② 6 月 30 日，计提票据利息时，作会计分录如下：

每月利息＝234 000×10％÷12 月＝1 950（元）

借：财务费用——利息支出 1 950.00

   贷：应付票据——银行承兑汇票——B公司——利息 1 950.00

以后 4 个月每月末作以上相同分录。

③ 11 月 1 日，票据到期，用银行存款支付票据款和利息款，作会计分录如下：

借：应付票据——银行承兑汇票——B公司——面值 234 000.00

借：应付票据——银行承兑汇票——B公司——利息 9 750.00

   贷：银行存款 243 750.00

9.2.4 应付账款及预收账款的核算

（1）应付账款的核算

1）应付账款的核算内容

房地产开发企业应付账款，是指企业因购买材料、商品、接受劳务供应等应支付给供应方的款项。应付账款的入账时间应为商品货物的所有权发生转移的时间。

为了反映和监督应付账款的形成及其偿还情况，企业应设置"应付账款"账户，该账户按供应单位名称设置明细账户。

应付账款一般按应付金额入账，而不按到期应付金额的现值入账。如果购入的资产在形成一笔应付账款时是带有现金折扣的，应付账款入账金额的确定按发票上记载的应付金额的总值（即不扣除折扣）记账。

2）应付账款的账务处理

企业发生应付账款时，借记"库存商品"、"应交税费——应交增值税（进项税额）"账户等，贷记"应付账款"账户；偿还应付账款，或开出商业汇票抵付应付账款的款项，或冲销无法支付的应付账款时，借记"应付账款"账户，贷记有关账户。

应付账款一般在较短期限内支付，有些应付账款由于债权单位撤销或其他原因而无法支付，或者将应付账款划转给关联方等其他企业的，无法支付或无须支付的应付账款则应计入营业外收入。

"应付账款"是负债类账户。该账户核算购买材料、商品、接受劳务供应产生的应付而未付的款项，贷方登记因购买材料、商品、接受劳务供应产生的应付而未付的款项，借方登记偿还的应付账款及用商业汇票抵付的应付账款；期末余额在贷方，反映尚未偿还或抵付的应付账款。该账户应按债权人设置明细账。核算主要步骤如下：

① 企业购入材料、商品等验收入库，但货款尚未支付时，根据有关凭证借记"在途物资"账户、"原材料"账户、"库存商品"账户等，贷记"应付账款"账户。

② 企业接受供应单位提供劳务而发生的应付未付款项时，根据供应单位的发票账单，借记"开发成本"、"管理费用"账户等，贷记"应付账款"账户。

③ 企业开出承兑商业汇票抵付应付账款时，借记"应付账款"账户，贷记"应付票据"账户。企业偿付应付账款时，借记"应付账款"账户，贷记"银行存款"账户。

④ 企业将确实无法支付应付账款，借记"应付账款"账户，贷记"营业外收入"账户。

⑤ 现金折扣又称销货折扣，它是销货单位为了及早收回销售货款而给予购货单位的货款扣减额。购货单位在规定条件下支付货款，即可获得该项折扣。折扣条件通常写成下述形式：2/10，1/20，n/30。即如果购货单位在 10 天内付款，可获得 2% 折扣；20 天内付款，获得 1% 折扣；如果放弃折扣，可以延至 30 天，但不得超过 30 天付款。由于现金折扣使得购货单位应付账款的实际数额随着付款的时间而异，就产生了应付账款的入账金额问题，这在会计处理上有两种方法可供选择：一是总价法，二是净价法。我国一般用总价法。

总价法又称全价法，是按发票上记载的应付金额的总值（即未减现金折扣前的金额）记账。采用这种处理方法，应付账款应按发票上记载的全部价款记账，而不能按其净值记账。如果在折扣期内支付了货款，应是企业理财有方，可以视为一项理财收益。在总价法下，企业购买物资等，货款暂欠时，应按发票上记载的全部应付金额，借记"原材料"账户、"应交税金"账户应交增值税（进项税额）账户等，贷记"应付账款"账户。如果在折扣期内支付了货款，则按全部应付金额，借记"应付账款"账户，按实际支付的价款，贷记"银行存款"账户，不获得的折扣金额，应贷记"财务费用"科目，即冲减账务费用，一般不调整购货成本。

净价法，是按发票上记载的全部应付金额扣除折扣后的净值记账（此方法我国一般不采用，不再详细叙述）。

【例 9-5】11 月 1 日，A 房地产开发公司向 B 公司购入一批木材，根据增值税专用发票，买价 300 000 元（按实际成本法核算），增值税额为 51 000 元，木材已验收入库，B 公司在合同中承诺给予本企业如下现金折扣条件：2/10，1/20，n/30。该公司采用总价法核算。

① 11 月 1 日，购入木材，作会计分录如下：

借：原材料	300 000.00
借：应交税金——应交增值税（进项税额）	51 000.00
贷：应付账款——B 公司	351 000.00

② 如果本企业在 11 月 10 日（10 天内）付清了货款，则可按价款的 2% 获得现金折扣 6 000 元（300 000×2%），实际付款为 345 000 元。作会计分录如下：

借：应付账款——B 公司	351 000.00
贷：银行存款	345 000.00
贷：财务费用——其他费用	6 000.00

③ 如果本企业在 11 月 16 日（20 天内）付清了货款，则可按价款的 1% 获得现金折扣 3 000 元（300 000×1%），实际付款为 348 000 元。作会计分录如下：

借：应付账款——B 公司	351 000.00
贷：银行存款	348 000.00
贷：财务费用——其他费用	3 000.00

④ 如果本企业在 11 月 30 日以后才付款，则丧失折扣，应按全额付款，作会计分录如下：

借：应付账款——B公司   351 000.00

    贷：银行存款   351 000.00

应付账款的其他账务处理在本书第 5 章 房地产企业存货的核算中已有叙述，在此不再赘述。

（2）预收账款的核算

房地产开发企业预收账款，是指企业按照合同的规定，由购货单位预先收取的款项。根据购销合同的规定，销货企业可向购货企业先收取一部分货款，待向对方发货后再收取其余货款。企业在发货前所收取的货款，就成为企业的负债。与应付账款不同，这一负债不是以货币偿付，而是以货物偿付。

预收账款账户核算企业按照合同规定或交易双方之约定，而向购买单位或接受劳务的单位在未发出商品或提供劳务时预收的款项。一般包括预收的货款、预收购货定金等。企业在收到这笔钱时，商品或劳务的销售合同尚未履行，因而不能作为收入入账，只能确认为一项负债，即贷记"预收账款"账户。企业按合同规定提供商品或劳务后，再根据合同的履行情况，逐期将未实现收入转成已实现收入，即借记"预收账款"账户，贷记有关收入账户。预收账款的期限一般不超过一年，通常应作为一项流动负债反映在各期末的资产负债表上，若超过一年（预收在一年以上提供商品或劳务）则称为"递延贷项"，单独列示在资产负债表的负债与所有者权益之间。

在预收款项业务不多的企业可以将预收的款项直接记入"应收账款"的贷方，不单独设置本科目，在使用本科目时，要注意与"应收账款"账户的关系，预收账款与应收账款的共同点是：两者都是企业因销售商品、产品、提供劳务等，应向购物单位或接受劳务单位收取的款项，不同点是预收账款是收款在先，出货或提供劳务在后，而应收账款是出货或提供劳务在先，收款在后，预收账款是负债性质、应收账款是债权类资产性质。

预收账款的账务处理在本书第 5 章 房地产企业存货的核算中已有叙述，在此不再赘述。

9.2.5 应付职工薪酬的核算

（1）职工薪酬核算的内容

职工薪酬是企业根据有关规定应付给职工的各种薪酬，按照工资、奖金、津贴、补贴、职工福利、社会保险费、住房公积金、工会经费、职工教育经费、解除职工劳动关系补偿、非货币性福利、其他与获得职工提供的服务相关的支出等应付职工薪酬项目进行明细核算。

为了核算和监督企业与职工有关工资的结算和分配情况，正确反映应付职工薪酬的形成和支付情况，企业应设置"应付职工薪酬"账户，并应设置"应付职工薪酬明细账"，根据企业的具体情况，按职工类别、工资总额的组成内容进行明细核算。凡是包括在工资总额内的各种工资、奖金、津贴等，不论是否在当月支付，都应通过"应付职工薪酬"账户核算。

"应付职工薪酬"是负债类账户，用以核算企业根据规定应付给职工的各项薪酬，企业发生职工薪酬时，记入贷方；企业支付职工薪酬时，记入借方；期末余额在贷方，表示企业尚未支付的职工薪酬。

"其他应付款"是负债类账户，用以核算企业除应付票据、应付账款、预收账款、应付职工薪酬、应付利息、应付利润、应交税费等以外的其他各项应付、暂收的款项。企业发生各种其他应付、暂收款项时，记入贷方；企业支付或归还其他应付、暂收款项时，记入借方；期末余额在贷方，表示企业尚未支付的其他应付款项。

（2）工资总额的组成

房地产开发企业根据国家统计局发布《关于工资总额组成的规定》，工资总额指企业在一定时期内直接支付给本企业全部职工的劳动报酬的总额，由计时工资、计件工资、奖金、津贴和补贴、加班加点工资、特殊情况下支付的工资六个部分组成。

房地产开发企业根据具体规定，职工工资一般按照工作责任大小、技能高低、时间长短、繁简程度等来确定工资标准，按照此标准支付薪酬。主要包括以下内容：

1）计时工资：是指按计时工资标准（包括地区生活费补贴）和工作时间支付给个人的劳动报酬。计时工资可分为：周工资制、日工资制和小时工资制。主要包括：①对已做工作按计时工资标准支付的工资；②实行结构工资制的单位支付给职工的基础工资和职务（岗位）工资等；③新参加工作职工的见习工资（学徒的生活费）等。是按照劳动者的工作时间来计算工资的一种方式。

2）计件工资：指对已做工作按计件单价支付的劳动报酬。主要包括：①实行超额累进计件、直接无限计件、限额计件、超定额计件等工资制，按劳动部门或主管部门批准的定额和计件单价支付给个人的工资；②按工作任务包干方法支付给个人的工资；③按营业额提成或利润提成办法支付给个人的工资。

3）奖金：是指支付给职工的超额劳动报酬和增收节支的劳动报酬。主要包括：①生产奖；②节约奖；③劳动竞赛奖；④机关、事业单位的奖励工资；⑤其他奖金。

房地产开发企业的奖金，是对与工作直接相关的超额劳动给予报酬或给予的物质补偿。例如：房地产开发企业的绩效工资就是根据公司效益及员工在生产过程中的工作表现，所作贡献而给予的超额报酬，即奖金。

4）津贴和补贴：是指为了补偿职工特殊或额外的劳动消耗和因其他特殊原因支付给职工的津贴，及为了保证职工工资水平不受物价影响支付给职工的物价补贴。

房地产开发企业员工在相应岗位和特殊条件下的额外劳动消耗或额外费用支出是企业给予补偿的一种工资形式。津贴和补贴分配一般依据员工所处的环境和条件的优劣程度，与员工的技术业务水平及劳动成果没有直接对应和联系。它是一种补充性的工资分配形式。津贴和补贴具有很强的针对性，也具有相对均等分配的特点。房地产开发企业主要津贴和补贴如下：

① 津贴。包括：补偿职工特殊或额外劳动消耗的津贴，保健性津贴，技术性津贴，年功性津贴及其他津贴。房地产开发企业主要有以下类别津贴：

A. 岗位津贴，根据员工本人情况及工作岗位确定，通过评价员工所具资格及公司岗位的不同职责和要求，确定员工的工资等级及水平，反映员工的技能及贡献。

B. 工龄津贴：补偿员工对公司过去的劳动贡献。

C. 福利津贴：用以保证员工必需生活水平的各类国家、公司规定的津贴补贴。

D. 公司补偿养老保险金：公司根据员工所具有资格给予员工的养老保险福利补贴，

以补偿员工对国家及公司的贡献。

　　E. 交通津贴：补贴员工上下班的费用。

　　F. 特殊津贴：对从事特殊工种所设的特殊补贴。

　　G. 午餐补贴：对员工上班工作给予的一定伙食补助。

　　H. 公积金：公司根据当地政府有关规定对员工购买住房给予的补助。

　　I. 基本养老金：公司根据当地政府有关规定对员工离、退休、养老而给予的补助。

　　J. 医疗保险：公司根据当地政府有关规定对员工看病、就医而给予的补助。

　　② 物价补贴。包括：为保证职工工资水平不受物价上涨或变动影响而支付的各种补贴。

　　5）加班加点工资：是指按规定支付的加班工资和加点工资。

　　房地产开发企业加班工资及中夜班津贴是员工在规定工作时间以外继续工作的报酬。

　　6）特殊情况下支付的工资

　　① 根据国家法律、法规和政策规定，因病、工伤、产假、计划生育假、婚丧假、事假、探亲假、定期休假、停工学习、执行国家或社会义务等原因按计时工资标准或计时工资标准的一定比例支付的工资；

　　② 附加工资、保留工资。

　　（3）工资总额不包括的项目

　　工资总额不包括的项目主要有：

　　1）根据国务院发布的有关规定颁发的发明创造奖、自然科学奖、科学技术进步奖和支付的合理化建议和技术改进奖及支付给运动员、教练员的奖金；

　　2）有关劳动保险和职工福利方面的各项费用；

　　3）有关离休、退休、退职人员待遇的各项支出；

　　4）劳动保护的各项支出；

　　5）稿费、讲课费及其他专门工作报酬；

　　6）出差伙食补助费、误餐补助、调动工作的旅费和安家费；

　　7）对自带工具、牲畜来企业工作职工所支付的工具、牲畜等的补偿费用；

　　8）实行租赁经营单位的承租人的风险性补偿收入；

　　9）对购买本企业股票和债券的职工所支付的股息（包括股金分红）和利息；

　　10）劳动合同制职工解除劳动合同时由企业支付的医疗补助费、生活补助费等；

　　11）因录用临时工而在工资以外向提供劳动力单位支付的手续费或管理费；

　　12）支付给家庭工人的加工费和按加工订货办法支付给承包单位的发包费用；

　　13）支付给参加企业劳动的在校学生的补贴；

　　14）计划生育独生子女补贴。

　　（4）应付职工薪酬的核算

　　1）应付职工工资的核算

　　房地产开发企业按照劳动制度的规定，根据考勤、工时记录、产量记录、工资标准、工资等级，编制工资计算表。通过“应付职工薪酬”账户，核算应付职工薪酬的分配、提取、发放等情况。

　　【例 9-6】11 月 15 日，A 房地产开发企业根据工资计算表见表 9-1。

① 15 日按照工资计算表，实发工资金额为 181 559.20 元，签发现金支票提取现金，备发工资，作会计分录如下：

借：库存现金   181 559.20

   贷：银行存款   181 559.20

② 15 日，根据工资明细表，发放工资。作会计分录如下：

借：应付职工薪酬——开发人员工资   142 520.00

借：应付职工薪酬——开发现场人员工资   50 070.00

借：应付职工薪酬——管理人员工资   29 620.00

   贷：库存现金   181 559.20

   贷：其他应付款——住房公积金   15 554.70

   贷：其他应付款——养老保险费   17 776.80

   贷：其他应付款——医疗保险费   4 444.20

   贷：其他应付款——失业保险费   2 222.10

   贷：应交税费——应交个人所得税   653.00

③ 31 日将本月发放职工薪酬进行分配，作会计分录如下：

借：开发成本——职工薪酬   142 520.00

借：开发间接费用——职工薪酬   50 070.00

借：管理费用——职工薪酬   29 620.00

   贷：应付职工薪酬——开发人员工资   142 520.00

   贷：应付职工薪酬——开发现场人员工资   50 070.00

   贷：应付职工薪酬——管理人员工资   29 620.00

2）应付职工福利费、工会经费、职工教育经费的核算

职工福利费是房地产开发企业用于卫生医疗、困难职工补助、集体福利设施和员工活动等支出。根据《企业会计准则》规定按工资总额 14% 计提职工福利费。工资总额是每月直接支付全部员工的劳动报酬总额，包括工资、奖金、津贴等。

工会会费是房地产开发企业工会组织的活动经费。根据《公司法》规定按工资总额 2% 计提工会会费。该经费用于职工文体活动、困难职工补贴等。

职工教育经费是房地产开发企业按工资总额的 1.5%～2.5% 提取用于职工教育事业的一项费用，是企业为职工学习先进技术和提高文化水平而支付的费用。企业发生的职工教育经费支出，不超过工资薪金总额 2.5%。

计提职工福利费、工会会费、职工教育经费时，按开发人员工资总额计提，列入"开发成本"；按开发现场人员工资总额计提，列入"开发间接费用"；按管理人员工资总额计提，列入"管理费用"账户。

【例 9-7】A 房地产开发企业根据 11 月工资计算表，工资总额为 222 210 元，其中，开发人员工资总额为 142 520 元，开发现场人员工资总额为 50 070 元，管理人员工资总额为 29 620 元，分别按工资总额 14%、2%、1.5% 计提职工福利费、工会会费、职工教育经费（见表 9-1）。作会计分录如下：

借：开发成本——职工薪酬   24 941.00

借：开发间接费用——职工薪酬   8 762.25

工资计算表

2015 年 11 月 15 日

表 9-1

单位：元

姓名	工资	缺勤应扣工资 病假工资	缺勤应扣工资 事假工资	应发工资	奖金	津贴和补贴 中夜班津贴	津贴和补贴 副食补贴	应发薪酬合计	代扣款项 住房公积金	代扣款项 养老保险金	代扣款项 医疗保险金	代扣款项 失业保险金	代扣款项 个人所得税	合计	实发工资金额	签章
林××	2 900			2 900	200	80	60	3 240	226.80	259.20	64.80	32.40		583.20	2 656.80	
张××	3 100		260	2 840	290	100	60	3 290	230.30	263.20	65.80	32.90		592.20	2 697.80	
庞××	3 500		100	3 400	320		60	3 780	264.60	302.40	75.60	37.80		680.40	3 099.60	
薛××	4 300	150		4 150	400		60	4 610	322.70	368.80	92.20	46.10	20.41	850.21	3 759.79	
张××	5 100	150	360	5 100	600	180	60	5 760	403.2	460.80	115.20	57.60	33.06	1 069.86	4 690.14	
小计	18 900			18 390	1810		300	20 680	1 447.60	1 654.40	413.60	206.80	53.47	3 775.87	16 904.13	
开发人员工资合计	1 289 00	320	460	128 120	12 600	140 720	1800	142 520	9 976.40	11 401.60	2 850.40	1 425.20	357.00	26 010.60	116 509.40	
开发项目现场人员工资	46 800	220	310	46 270	3 200	49 470	600	50 070	3 504.90	4 005.60	1001.40	500.70	198.00	9 210.60	40 859.40	
管理人员工资合计	26 700		100	26 600	2 600	29 200	420	29 620	2 073.40	2 369.60	592.40	296.20	98.00	5 429.60	24 190.40	
工资总计	202 400	540	870	200 990	18 400	219 390	2 820	222 210	15 554.70	17 776.80	4 444.20	2 222.10	653.00	40 650.80	181 559.20	

借：管理费用——职工薪酬   5 183.50

  贷：应付职工薪酬——职工福利   31 109.40

  贷：应付职工薪酬——工会会费   4 444.20

  贷：应付职工薪酬——职工教育经费   3 333.15

房地产开发企业职工福利费开支范围主要有：职工医药费、职工的生活困难补助、职工及其供养直系亲属的死亡待遇、集体福利的补贴、职工浴室、理发室、洗衣房维修、退休职工的费用、被辞退职工的补偿金、职工劳动保护费、职工在病假、生育假、探亲假期间领取的补助、伙食补助费等。

支付职工福利费、工会会费、职工教育经费时，借记"应付职工薪酬"账户，贷记"银行存款"或"库存现金"账户。

3）"五险一金"核算

"五险一金"指的是五种社会保险及一个公积金，"五险"包括养老保险、医疗保险、失业保险、工伤保险和生育保险；"一金"指的是住房公积金。其中养老保险、医疗保险和失业保险，这三种保险是由企业和个人共同缴纳的保费；工伤保险和生育保险完全是由企业承担的，个人不需要缴纳。这里要注意的是"五险"是法定的，而"一金"不是法定的。

2016 年 3 月 23 日《中华人民共和国国民经济和社会发展第十三个五年规划纲要》提出，将生育保险和基本医疗保险合并实施。这意味着，未来随着生育保险和基本医疗保险的合并，人们熟悉的"五险一金"或将变为"四险一金"。2016 年 12 月 19 日，全国人大常委会审议相关决定草案，拟授权国务院在河北省邯郸市等 12 个生育保险和基本医疗保险合并实施试点城市行政区域暂时调整实施《中华人民共和国社会保险法》有关规定，拟将邯郸、郑州等 12 地作为试点，实施生育保险基金并入职工基本医疗保险基金征缴和管理。两险合并之后，未来就是四险一金了。参加医疗保险的职工可以享受到生育保险的待遇。

住房公积金，是指国家机关、国有企业、城镇集体企业、外商投资企业、城镇私营企业及其他城镇企业、事业单位、民办非企业单位、社会团体及其在职职工缴存的长期住房储备金。

"五险一金"缴纳比例见表 9-2，但各地区计提比例标准略有差异。

"五险一金"缴纳比例表   表 9-2

缴纳项目	个人缴费比例	单位缴费比例
养老保险	8%	20%
医疗保险	2%＋3	12%
失业保险	1%	2%
工伤保险	—	0.5%～1.2%
生育保险	—	0.8%
住房公积金	7%～12%	7%～12%

房地产开发企业负担的职工养老保险、医疗保险、失业保险、工伤保险、生育保险和住房公积金按月计提，根据不同人员分别借记"开发成本"、"管理费用"、"开发间接费

用"等账户，贷记"应付职工薪酬"账户。

根据【例 9-6】职工负担的养老保险、医疗保险、失业保险和住房公积金在发放职工薪酬时已代扣，并列入"其他应付款"账户。

按规定将养老保险、医疗保险、失业保险、工伤保险、生育保险缴纳社会保险事业基金结算管理中心，将住房公积金缴纳到公积金管理中心时，借记"应付职工薪酬"、"其他应付款"账户，贷记"银行存款"账户。

【例 9-8】根据前例的资料对社保费和住房公积金进行计提和核算。

① 按工资总额 12% 计提医疗保险，作会计分录如下：

借：应付职工薪酬——职工薪酬   26 665.20
  贷：应付职工薪酬——社会保险费   26 665.20

② 按工资总额 20%、2%、7% 计提养老保险、失业保险和住房公积金，作会计分录如下：

借：开发成本——职工薪酬   41 330.80
借：开发间接费用——职工薪酬   14 520.30
借：管理费用——职工薪酬   8 589.80
  贷：应付职工薪酬——社会保险   48 886.20
  贷：应付职工薪酬——住房公积金费   15 554.70

③ 计算本月企业负担和个人负担合计数，将养老保险、医疗保险、失业保险和住房公积金分别缴纳到社会保险事业基金结算管理中心和公积金管理中心。作会计分录如下：

借：应付职工薪酬——社会保险   75 551.40
借：应付职工薪酬——住房公积金费   15 554.70
借：其他应付款——住房公积金   15 554.70
借：其他应付款——养老保险费   17 776.80
借：其他应付款——医疗保险费   4 444.20
借：其他应付款——失业保险费   2 222.10
  贷：银行存款   31 109.40
  贷：银行存款   99 994.50

9.2.6 应交税费的核算

税金是国家根据税法的税率向企业和个人征收的税款，它是国家财政预算收入的重要组成部分。房地产开发企业必须按照国家规定履行纳税义务，对其经营所得依法缴纳各种税金。其主要税种如下：

1）增值税；

2）消费税；

3）城市维护建设税及教育费附加；

4）土地增值税；

5）房产税；

6）城镇土地使用税；

7）车船使用税；

8）印花税；

9）契税；

10）企业所得税。

各种税种的课税对象、计税依据、税率和计算方法也不尽相同。

（1）增值税的核算

增值税是指对我国境内以商品（含应税劳务）在流转过程中产生的增值额作为计税依据而征收的一种流转税。从计税原理上看，增值税是对商品生产、流通、劳务服务中多个环节的新增价值或商品的附加值征收的一种流转税。实行价外税，也就是由消费者负担，有增值才征税，无增值不征税。

增值税是对销售货物或者提供加工、修理修配劳务及进口货物的单位和个人就其实现的增值额征收的一个税种。增值税已经成为中国最主要的税种之一，增值税的收入占中国全部税收的60％以上，是最大的税种。增值税由国家税务局负责征收，税收收入中75％为中央财政收入，25％为地方财政收入。进口环节的增值税由海关负责征收，税收收入全部为中央财政收入。

由于增值税实行凭增值税专用发票抵扣税款的制度，因此对纳税人的会计核算水平要求较高，要求能够准确核算销项税额、进项税额和应纳税额。但实际情况是有众多的纳税人达不到这一要求，因此《中华人民共和国增值税暂行条例》将纳税人按其经营规模大小及会计核算是否健全划分为一般纳税人和小规模纳税人。

1）一般纳税人具备的条件：

① 生产货物或者提供应税劳务的纳税人，及以生产货物或者提供应税劳务为主（即纳税人的货物生产或者提供应税劳务的年销售额占应税销售额的比重在50％以上）并兼营货物批发或零售的纳税人，年应税销售额超过50万的；

② 从事货物批发或者零售经营，年应税销售额超过80万元的；

③ 有健全的财务管理人员和财务制度。

2）小规模纳税人具备的条件：

① 从事货物生产或者提供应税劳务的纳税人，及从事货物生产或者提供应税劳务为主（即纳税人的货物生产或者提供劳务的年销售额占年应税销售额的比重在50％以上），并兼营货物批发或零售的纳税人，年应征增值税销售额（简称应税销售额）在50万元以下（含本数）的。

② 除上述规定以外的纳税人，年应税销售额在80万元以下（含本数）。

③ 没有健全的财务管理人员和财务制度。

增值税部分税目税率表见表9-3。

（2）一般纳税人增值税的核算

1）房地产开发企业进项税额允许抵扣的范围

① 纳税人从销售方取得的增值税专用发票上注明的增值税额。主要范围有材料、库存商品、固定资产、现代服务、无形资产或不动产等都可抵扣。其中准予抵扣的固定资产使用期限须超过12个月。

② 自2009年1月1日起，增值税一般纳税人购进（包括接受捐赠、实物投资）或者自制（包括改扩建、安装）固定资产发生的进项税额，可凭增值税专用发票、海关进口增值税专用缴款书和运输费用结算单据从销项税额中抵扣。纳税人允许抵扣的固定资产进项

税额，是指纳税人2009年1月1日以后（含）实际发生，并取得2009年1月1日以后开具的增值税扣税凭证上注明的或者依据增值税扣税凭证计算的增值税额。

增值税部分税目税率表

2017年7月1日　　　　　　　　　　　　　　　　　　　　　　表 9-3

序号	行 业	税 率
	一般纳税人	
1	纳税人销售货物或者进口货物，除第2项、第3项规定外	17%
2	（1）粮食、食用植物油	11%
	（2）自来水、暖气、冷气、热水、煤气、石油液化气、天然气、沼气、居民用煤炭制品	
	（3）图书、报纸、杂志	
	（4）饲料、化肥、农药、农机、农膜	
	（5）农产品	
	（6）音像制品	
	（7）电子出版物	
	（8）二甲醚	
	（9）食用盐	
	（10）国务院规定的其他货物	
3	纳税人出口货物，国务院另有规定的除外	0%
4	纳税人提供加工、修理修配劳务（以下称应税劳务）	17%
5	提供增值电信服务、金融服务、现代服务（租赁服务除外）、生活服务、转让土地使用权以外的其他无形资产	6%
6	提供交通运输、邮政、基础电信、建筑、不动产租赁服务，销售不动产、转让土地使用权	11%
7	提供有形动产租赁服务	17%
8	境内单位和个人发生的跨境应税行为。具体范围由财政部和国家税务总局另行规定	0%
	小规模纳税人	3%

③自2013年8月1日起，增值税一般纳税人购进小汽车发生的进项税额可凭增值税专用发票、海关进口增值税专用缴款书和运输费用结算单据从销项税额中抵扣。

2）房地产开发企业进项税额不允许抵扣的范围

①购进货物，用于非增值税应税项目、免征增值税项目、集体福利或者个人消费的固定资产。

②前款所称固定资产，是指使用期限超过12个月的机器、机械、运输工具及其他与生产经营有关的设备、工具、器具等。

③个人消费。

④非增值税应税项目，是指提供非增值税应税劳务、转让无形资产、销售不动产和不动产在建工程。

⑤ 是指不能移动或者移动后会引起性质、形状改变的财产，包括建筑物、构筑物和其他土地附着物。纳税人新建、改建、扩建、修缮、装饰不动产，均属于不动产在建工程。

⑥ 非正常损失，是指因管理不善造成被盗、丢失、霉烂变质的损失。

⑦ 应征消费税的摩托车、汽车、游艇，其进项税额不得从销项税额中抵扣。

⑧ 小规模纳税人。

3）房地产开发企业销项税额的确认

销项税额即销售额乘以增值税税率。销售额是指纳税人销售货物或提供应税劳务，从购买方所收取的全部价款，包括收取的一切价外费用，但不包括应收取的增值税额。如果纳税人以外汇结算销售额的，应折合人民币计算。以下活动视同销售：

① 委托他人代销货物。

② 销售代销货物。

③ 设有两个以上机构的纳税人，将货物从一个机构移送到其他机构，但机构在同一县（市）的除外。

④ 将自产货物用于不征增值税的项目或固定资产建设项目。

⑤ 将自产货物用于集体福利或个人消费。

⑥ 将自产货物无偿转让给其他单位或个人或作为投资。

⑦ 因停业、破产、解散等原因，将余存货物抵偿债务，分配给股东投资者。

4）增值税的明细账户设置

根据《企业会计准则——应用指南》、财政部关于印发《营业税改征增值税试点有关企业会计处理规定》的通知，可以按表9-4、表9-5内容设置增值税相关会计科目：

应交税费明细科目 表9-4

借方	贷方二级明细科目	三级明细科目
	01 应交增值税	
	02 未交增值税	01 一般计税
		02 简易计税
	03 增值税留抵税额	
	04 待抵扣进项税额	01 未认证或已认证未申报抵扣进项税额
		02 营改增待抵减的销项税额
		03 新增不动产购进未满12月进项税

5）增值税的计算公式如下：

应纳增值税税额＝销项税额＋出口退税＋进项税额转出＋转出多交增值税－进项税额－已交税金－减免税额－出口抵减内销产品应纳税额－转出未交增值税

6）增值税的账务处理

设置"应交税费"是负债类账户，用以核算企业按照税法等规定缴纳的各种税费和代扣代交的个人所得税。企业发生应缴纳的各种税费时，记入贷方；企业缴纳各种税费时，记入借方；若期末余额在贷方，表示企业尚未缴纳的税费，若期末余额在借方，则表示企业多缴或尚未抵扣的税款。

应交税费——应交增值税 表9-5

借方二级明细	借方三级明细	四级明细	贷方一级明细	贷方三级明细
01 进项税额	17%	货物劳务	11 销项税额	17%货物劳务
		有形动产租赁		
	11%	运输		11%应税服务
		建筑安装		6%应税服务
		不动产租赁	12 营改增抵减的销项税额	
		购入不动产	13 出口退税	
		其他		用于简易计税转出
	6%	金融		用于集体福利(个人消费、餐饮娱乐、居民日常、贷款服务、旅客运输服务及相关)
		财保	14 进项税额转出	非正常损失
		其他		免抵退税不得免征和抵扣税额
				免税项目
	3%			其他转出
02 出口抵减内销产品应纳税额				
03 进项税额转入			15 转出多交增值税	
04 预交增值税				
05 营改增抵减的销项税额				
06 减免税额				
07 转出未交增值税				

【例9-9】A 房地产开发企业纳税期为 1 个月,该企业为一般纳税人,3 月应交增值税账户三级明细账户如下:

销项税额 68 541 元;进项税额 45 670 元;进项税额转出 350 元;转出未交增值税 7 641元。

①3月31日,根据以上资料计算本月应缴纳增值税额如下:

应交增值税额＝68 541＋350－45 670－7 641＝15 580(元)。根据计算结果,作会计分录如下:

借:应交税费——应交增值税——转出未交增值税　　　　　15 580.00
　　贷:应交税费——未交增值税　　　　　　　　　　　　　　15 580.00

②4月10日,填制增值税缴款单,缴纳 3 月份增值税,作会计分录如下:

借:应交税费——未交增值税　　　　　　　　　　　　　15 580.00
　　贷:银行存款　　　　　　　　　　　　　　　　　　　　15 580.00

如当期的销项税额小于进项税额不足抵扣时,其不足部分可结转下期继续抵扣,称为留抵税额。小规模纳税人销售货物或者应税劳务所取得的销售额,按 3% 的征收率计算应纳税额,不得抵扣进项税额。

小规模纳税人购进商品时，应将购进商品时支付的货款和增值税额作为商品的进价，记入"库存商品"账户；在销售商品时，不得填制增值税专用发票，只能采用普通发票，将销售商品取得的收入全部记入"主营业务收入"账户。"主营业务收入"账户反映的是含税收入，月末用公式调整出销售额，分离出增值税额。公式如下：

$$销售额 = 含税收入 \div (1 + 征收率)$$
$$应交增值税额 = 销售额 \times 征收率$$

【例9-10】 A房地产开发企业纳税期为1个月，该企业为小规模纳税人，3月"主营业务收入"账户余额为66 580元，增值税征收率3%，将增值税额从含税收入分离，计算结果为：

$$销售额 = 66\,580 \div (1 + 3\%) = 64\,640.78(元)$$

应交增值税额 $= 64\,640.78 \times 3\% = 1\,939.22$(元)

① 根据计算结果，作会计分录如下：

借：主营业务收入   1 939.22

 贷：应交税费——应交增值税   1939.22

② 4月10日，填制增值税缴款单，缴纳3月份增值税，作会计分录如下：

借：应交税费——应交增值税   1939.22

 贷：银行存款   1939.22

（3）消费税的核算

消费税，是指从事生产、委托加工和进口应税消费品的单位和个人所取得的销售收入而征收的一种税。开征消费税的意义在于调节社会的消费结构，正确引导消费方向，抑制超前消费需求，保证财政收入。

1）消费税的征税范围

① 特殊消费品。

② 奢侈品，非生活必需品。

③ 不能再生和替代的石油类消费品。

④ 为配合产品结构需要，在某个特定时期内要加以限制的长线产品等。

2）消费税的纳税环节

① 境内生产的应税消费品，由生产者于销售时收讫销货款或者取得索取销货款的凭证时纳税。

② 生产者自产自用的应税消费品，用于连续生产的不纳税，而用于其他方面的则在移送使用时纳税。

③ 委托加工的应税消费品，由受托方于委托方提货时代收代缴税款。

④ 进口的应税消费品，由进口报关者于报关进口时纳税。

3）消费税的征收方法

消费税的征收方法有两种：从价定率和从量定额。其计算公式如下：

$$实行从价定率办法计算的应纳税额 = 销售额 \times 税率$$
$$实行从量定额办法计算的应纳税额 = 销售数量 \times 单位税额$$

① 生产者自产自用的应税消费品，用于连续生产的不纳税，而用于其他方面的则在移送使用时纳税；

②委托加工的应税消费品，由受托方于委托方提货时代收代缴税款；

③进口的应税消费品，由进口报关者于报关进口时纳税。

4) 消费税的计税口径

①实行从价定率征收的应税消费品的销售额，是指纳税人销售应税消费品所收取的全部价款，包括收取的一切价外费用，但不包括应交的增值税税款。如果企业应税消费品的销售收入中未扣除或不允许扣除增值税税款的，在计算消费税时，应当换算为不含增值税的计税销售额。其计算公式如下：

应纳消费税的销售额＝含增值税的销售额÷（1＋增值税税率或征收率）

②纳税人自产自用的应税消费品，属于规定应纳税的，在计算纳税时，按以下两种情况分别作出处理：其一，按照纳税人生产的同类消费品的销售价格计算纳税，如果当月同类消费品各期销售价格高低不同，应按销售数量加权平均计算。但当销售价格明显偏低而又无正当理由或无销售价格者，不得列入加权平均计算。其二，若没有同类消费品销售价格可供参照，则按组成计税价格计算。其计算公式如下：

组成计税价格＝（成本＋利润）÷（1－消费税税率）

③委托加工的应税消费品，按照受托同类消费品的销售价格计算纳税；没有同类消费品销售价格的，按照组成计税价格计税。其计算公式如下：

组成计税价格＝（材料成本＋加工费）÷（1－消费税税率）

④进口实行从价定率征收的应税消费品，按照成本计税价格计算纳税。计算公式如下：

组成计税价格＝（关税完税价格＋关税）÷（1－消费税税率）

⑤包装物的计税口径：实行从价定率办法的应税消费品连同包装物销售的，无论包装物是否单独计价，包装物的价格应并入应税消费品的销售额中征收消费税。如果包装物不作价随同产品销售，而是收取押金（不包括白酒的包装物），以便回收周转使用，这项押金就不应并入应税消费品的销售额中征。但是，纳税人应按规定的期限对包装物押金及时进行清理，将因逾期未收回的包装物不予退还的或者已收取的时间超过 12 个月的押金转作应税消费品的销售额，按照消费品的适用税率征收消费税。

5) 消费税的账务处理

在"应交税费"账户下，设置"应交消费税"明细账户。发生的应交消费税，贷记"应交税费——应交消费税"、"银行存款"科目，借记"税金及附加"、"库存商品"科目。期末贷方余额，反映企业未交的消费税；若为借方余额，反映企业多交的消费税。

【例 9-11】 A 房地产开发企业从美国进口实木地板 2000m²，CIF 价为 USD 10 000，关税 20％，增值税 17％，消费税税率为 5％，USD1.00＝RMB8.20，货款通过银行已支付美国外商。

关税完税价为 89 200 元，关税为 27 800 元，进口实木地板，进口计算应交消费税，

组成计税价格＝（10 000＋ 10 000×20％）÷（1－ 5％）×8.20＝103 578.95（元）

缴纳关税＝（10 000×20％）×8.20＝16 400（元）

应纳消费税额＝103 578.95×5％＝5 178.95（元）

应交增值税＝103 578.95×17％＝17 608.42（元）

根据计算结果，作会计分录如下：

借：库存商品——实木地板　　　　　　　　　　　　125 157.90
借：应交税费——应交增值税（进项税额）　　　　　17 608.42
　　贷：银行存款　　　　　　　　　　　　　　　　　142 766.32

（4）城市维护建设税和教育费附加的核算

1）城市维护建设税的核算

① 城市维护建设税，是国家为了对城市的公用事业和公共设施进行维护建设，而对交纳增值税、消费税的企业和个人，就其实际交纳税额为计税依据而征收的一种税。

城市维护建设税，实行地区差别的三档比例税率，具体如下：

A. 纳税人所在地为市区的，税率为7%；

B. 纳税人所在地为县城、镇的，税率为5%；

C. 纳税人所在地不在市区、县城或镇的，税率为1%。

② 企业对城市维护建设税（以下简称城建税）进行账务处理时，应设置"应交税费——应交城市维护建设税"明细账户，反映城建税的计算与交纳情况。计算每月应纳城建税时，借记"税金及附加"科目，贷记"应交税费——应交城市维护建设税"科目。实际交纳时，借记"应交税费——应交城市维护建设税"科目，贷记"银行存款"科目。该账户期末贷方余额，表示和反映企业应交未交的城建税。

"税金及附加"是损益类账户，根据财会［2016］22号文件，我国实行营改增，将原来"营业税金及附加"账户改成"税金及附加"账户，其核算内容由原来"管理费用"核算的房产税、土地使用税、车船使用税、印花税四种税，调整到"税金及附加"账户内核算。所以"税金及附加"是核算企业经营活动发生的消费税、城市维护建设税、资源税、教育费附加、土地使用税、车船使用税、印花税等相关税费。企业按规定计算确定的与经营活动相关的税费，借记本科目，贷记"应交税费"等科目。企业收到的返还的消费税等原记入本科目的各种税金，应按实际收到的金额，借记"银行存款"科目，贷记本科目。期末，应将本科目余额转入"本年利润"账户，结转后本科目应无余额。

2）教育费附加的核算

教育费附加，是国家为了发展地方教育事业而对交纳增值税、消费税的企业和个人，就其实际交纳税额为计税依据而征收的一种税。

教育费附加的征收对象、计费依据、计算方法和征收管理与城市维护建设税相同，其计征比例统一为3%，一般与城市维护建设税同时计提和交纳。

企业对教育费附加进行账务处理时，通过"应交税费——应交教育费附加"明细科目核算。计算每月应交教育费附加时，借记"税金及附加"账户，贷记"应交税费——应交教育费附加"账户。实际缴纳时，借记"应交税费——应交教育费附加"账户，贷记"银行存款"账户。

【例9-12】A房地产开发企业2017年3月实际交纳的增值税200 000元、消费税为40 000元。

① 计算应交纳的城市维护建设税及教育费附加如下：

应交纳城市维护建设税＝(200 000＋40 000)×7%＝16 800(元)

应交纳教育费附加＝(200 000＋40 000)×3%＝7 200(元)

② 根据计算结果，作会计分录如下：

借：税金及附加　　　　　　　　　　　　　　　　　　　　24 000.00

　　贷：应交税费——应交城市维护建设税　　　　　　　　　16 800.00

　　贷：应交税费——应交教育费附加　　　　　　　　　　　7 200.00

次月，缴纳城建税及教育费附加，作会计分录如下：

借：应交税费——应交城市维护建设税　　　　　　　　　　16 800.00

借：应交税费——应交教育费附加　　　　　　　　　　　　7 200.00

　　贷：银行存款　　　　　　　　　　　　　　　　　　　24 000.00

（5）土地增值税的核算

土地增值税是指转让国有土地使用权、地上的建筑物及其附着物并取得收入的单位和个人，以转让所取得的收入包括货币收入、实物收入和其他收入为计税依据向国家缴纳的一种税赋，不包括以继承、赠予方式无偿转让房地产的行为。

土地增值税的概念，是指对土地使用权转让及出售建筑物时所产生的价格增值量征收的税种。土地价格增值额是指转让房地产取得的收入减除规定的房地产开发成本、费用等支出后的余额。

计算增值额的扣除项目包括：

① 取得土地使用权所支付的金额，包括纳税人为取得土地使用权所支付的地价款和在取得土地使用权时按国家统一规定交纳的有关费用。

② 房地产开发的成本，包括土地征用及拆迁补偿费、前期工程费、建筑安装工程费、基础设施费、公共配套设施费和开发间接费用等。

③ 开发新建房及配套设施的成本和费用，是与房地产开发项目有关的经营费用、管理费用、财务费用。包括：第一种情况，凡纳税人能够按照转让房地产项目计算分摊利息支出，并能够提供金融机构的贷款证明的，其允许扣除的房地产开发费用为：利息＋①＋②三项金额之和的 5% 以内计算扣除；第二种情况，凡纳税人不能按照转让房地产项目计算分摊利息支出或不能提供金融机构贷款证明的，其允许扣除的房地产开发费用为：①＋②两项金额之和的 10% 以内计算扣除。计算扣除的具体比例，由各省、自治区、直辖市人民政府规定。

④ 或者旧房及建筑物的评估价格，由政府批准设立的房地产评估机构评定的重置成本价乘以成新度折扣率后的价格。评估价格须经当地税务机关确认。

⑤ 与转让已使用房产有关的税金。

⑥财政部规定的其他扣除项目，是指对从事房地产开发业务的纳税人可按①和②两项规定计算的金额之和，加计 20% 的扣除。其计算公式如下：

　　　　加计扣除费用＝（取得土地使用权支付的金额＋房地产开发成本）×20%

土地增值税税率见表 9-6。

土地增值税额公式为：应纳土地增值税额＝增值额×适用税率－扣除项目金额×速算扣除系数。

免征土地增值税的项目有：

① 纳税人建造普通标准住宅出售。

② 增值额未超过扣除项目金额 20% 的。

③ 因国家建设需要依法征用、收回的房地产。

土地增值税税率表　　　　　　　　　　　　　　表 9-6

档次	级　距	税率 (%)	速算扣除 系数（%）	税额计算公式	说　明
1	增值额未超过扣除项目金额 50%的部分	30	0	增值额 30%	扣除项目指取得土地使用权所支付的金额；开发土地的成本、费用；新建房及配套设施的成本、费用或旧房及建筑物的评估价格；与转让房地产有关的税金；财政部规定的其他扣除项目
2	增值额超过扣除项目 50%，未超过 100%的部分	40	5	增值额 40%－扣除项目金额 5%	
3	增值额超过扣除项目 100%，未超过 200%的部分	50	15	增值额 50%－扣除项目金额 15%	
4	增值额超过扣除项目 200%的部分	60	35	增值额 60%－扣除项目金额 35%	

财政部国家税务总局税〔2016〕43 号《关于营改增后契税、房产税、土地增值税、个人所得税计税依据问题的通知》第三条：土地增值税，纳税人转让房地产取得的收入为不含增值税收入。财税〔2016〕36 号附件 1 "营业税改征增值税试点实施办法"第三十五条、简易计税方法的销售额不包括其应纳税额。

【例 9-13】A 房地产开发企业开发一项目，此项目已缴纳土地出让金 500 万元，获得土地使用权后，开发建成 20 000m² 的标准住宅，现已全部竣工结算，以 9 000 元/m² 的价格全部出售，土地征用费用、前期工程费、建筑安装工程费等合计 3 000 万元，不能按转让房产项目计算分摊利息支出，账面房产开发费用为 360 万元。已缴纳增值税、城市建设维护税、教育税附加、地方教育费附加、印花税合计 520 万元，计算应缴纳的土地增值税见表 9-7。

A 房地产开发企业土地增值税计算表　　单位：万元　　　　表 9-7

计算步骤和项目		根据例题资料提供结果和计算过程
第一步	商品房销售收入	20 000×0.9＝18 000 万元
第二步 (扣除项目金额)	1. 购买土地使用权费用	500 万元
	2. 土地征用费用、前期工程费、建筑安装工程费等合计	3 000 万元
	3. 房屋开发费用：因不能按转让房产项目计算分摊利息支出，房产开发费用扣除限额金额	（5 00＋3 000）×10%＝350 万元
	4. 其他的加计扣除金额	（5 00＋3 000）×20%＝700 万元
	5. 各项税金	520 万元
	合　计	5 070 万元
第三步	销售商品房增值额	18 000－5 070＝12 930 万元
第四步	销售商品房增值率	12 930÷5 070×100%＝255.03%
第五步	增值率超过扣除项目金额 200%以上，适用税率为 60%，速算扣除系数 35%。计算土地增值税额	根据土地增值税税率表计算：12 930×60%－5 070×35% ＝7 758－1 774.5＝5 983.50 万元

根据表 9-7 计算结果，A 房地产开发企业开发项目应缴纳土地增值税为 5 983.50 万元。土地增值税的账务处理将在本教材第 12 章中叙述，在此不再赘述。

（6）房产税、土地使用税、车船使用税和印花税的核算

1）房产税

房产税是指对在城市、县城、建制镇和工矿区的产权所有人征收的一种税。

房产税是从价计征和从租计征两种：企业自用房产从价计征，根据房产原值减除 10%～30% 后的余值计算缴纳，税率为 1.2%。

$$应交房产税额=房产余值×1.2\%$$

$$房产余值=房产原值×[1-(10\%～30\%)]$$

企业房产出租的，根据房产租金收入，按 12% 的税率缴纳。

$$应交房产税额=房产租金收入×12\%$$

2）土地使用税

土地使用税是指对在城市、县城、建制镇和工矿区范围内使用土地的单位和个人征收的一种税。土地使用税以纳税人实际占用的土地面积为计税依据，依照规定税额计算征收。

城镇土地使用税是以城镇土地为征税对象，对拥有土地使用权的单位和个人征收的税额。大城市的标准为 1.50～30 元/（平方米·年）；中等城市标准为 1.20～24 元/（平方米·年）；小城市的标准为 0.90～18 元/（平方米·年）；县城、建制镇、工矿区的标准为 0.60～12 元/（平方米·年），具体按不同地区，地段档次计算征收。

城镇土地使用税根据实际土地的面积，按税法规定计算，其计算公式如下：

$$应交城镇土地使用税额=应税土地实际占用面积×适用单位税额$$

3）车船使用税是指对在我国境内车辆、船舶的所有人或者管理人按照我国税法征收的税款。车船使用税是以车船的计税标准和年适用税率计算缴纳。其中：机动船按净吨位计征；非机动船按载重吨位计征；车辆中除载货汽车按净吨位计征外，其余无论机动车还是非机动车均按辆计征。

车船税采用按年申报和缴纳的方法。

【例 9-14】A 房地产开发企业房产原值 2 600 000 元，允许抵扣 30% 计税，房产税年利率为 1.2%，占用土地面积为 300m²，每平方米年税额为 20 元；有轿车一台，每年税额为 450 元，根据税务部门 5 月 15 日前缴纳。4 月末计算税额。

$$应交房产税额=2\ 600\ 000×(1-30\%)×1.2\%=21\ 840(元)$$

$$应交城镇土地使用税额=[300×20]÷12=500(元)$$

$$应交车船税额=450(元)$$

根据以上计算结果，作会计分录如下：

借：税金及附加	22 790.00
贷：应交税费——应交房产税	21 840.00
贷：应交税费——应交城镇土地使用税	500.00
贷：应交税费——应交车船税	450.00

以上企业应缴纳的房产税、土地使用税、车船使用税，在"应交税费"账户下设置"应交房产税"、"应交土地使用税"、"应交车船使用税"明细账户进行核算。月份终了，

企业计算出当月应缴纳的房产税、土地使用税、车船使用税时，借记"税金及附加"账户，贷记"应交税费——应交房产税、应交土地使用税、应交车船使用税"账户；实际上交时，借记"应交税费——应交房产税、应交土地使用税、应交车船使用税"账户，贷记"银行存款"账户。

4）印花税

印花税是指对在我国境内书立、领受应纳税凭证的单位和个人征收的一种税。

应纳税凭证包括：①购销、加工承揽、建设工程承包、财产租赁、货物运输、仓储保管、借款、财产保险、技术合同或者具有合同性质的凭证；②产权转移书据；③营业账簿；④权利、许可证照；⑤经财政部确定征税的其他凭证。

印花税纳税人根据应纳税凭证的性质，分别按比例税率或者定额税率计算应纳税额。其中：比例税率包括0.5‰、0.3‰、1‰三档；定额税率按件定额贴花，每件5元。

营业账簿中记载资金的账簿，根据"实收资本"和"资本公积"两项合计金额的5‰税率缴纳；其他账簿每件缴纳5元，许可证照每件缴纳5元。

印花税由纳税人自行计算自行购买税票，自行粘贴，并由纳税人在印花税票骑缝处盖章注销。企业根据业务需要购买印花税票时，借记"税金及附加"账户，贷记"库存现金"。

根据《中华人民共和国契税暂行条例实施细则》第四条规定：契税的计税依据（二）：土地或"银行存款"。

（7）契税的核算

1）契税的含义

根据税法规定，契税是对在中华人民共和国境内转移土地、房屋权属转移时向承受土地使用权、房屋所有权的单位征收的一种税。纳税义务人为土地和房屋权属的承受者。

契税的征税对象是境内转移的土地、房屋权属。具体包括以下几项内容：

① 国有土地使用权的出让。国家将国有土地使用权在一定年限内让与土地使用者的行为。例如，土地使用权出售、房屋买卖为成交价格，纳税人应按照合同确定的成交价格全部计算缴纳契税，是由承受方交。

② 土地使用权的转让、房屋所有权的转让，是指土地和房屋使用者以出售、赠予、交换或者其他方式将土地使用权转移给其他单位和个人的行为。土地使用权的转让不包括农村集体土地承包经营权的转移。除了考虑土地增值税，另由承受方交契税。

③ 以划拨方式取得土地使用权的。经批准转让房地产时，除承受方按规定缴纳契税外，房地产转让者应当补交契税，计税依据为补交的土地使用权出让费用或者土地收益。

④ 承受土地、房屋部分权属的，为所承受部分权属的成交价格；当部分权属改为全部权属时，为全部权属的成交价格，原已缴纳的部分权属的税款应予扣除。计算公式如下：

$$应交契税税额＝计税依据×相应税率$$

2）契税的账务处理

实际工作中契税不需要预交，所以不通过"应交税费"账户核算，在实际交纳时，借记"开发成本"账户、"在建工程"账户、"无形资产"账户等，贷记"银行存款"账户。

【例9-15】A房地产开发企业2015年购入国有土地2万平方米，按规定缴纳土地出让费 2 000 000 元，用于房屋开发。按税法规定申报缴纳契税，当地政府规定契税税率为 5%。计算契税金额如下：

$$应交契税税额＝2\ 000\ 000×5\%＝100\ 000(元)$$

企业按应交契税金额签发转账支票时，作会计分录如下：

借：开发成本——房屋　　　　　　　　　　　　　　　　　100 000.00
　贷：银行存款　　　　　　　　　　　　　　　　　　　　　　100 000.00

【例 9-16】A 房地产开发企业 2015 年购入办公房产，价值为 12 498 000 元（暂不考虑增值税），按税法规定申报缴纳契税，当地政府规定契税税率为 3%。计算契税金额如下：

$$应交契税税额＝12\ 498\ 000×3\%＝374\ 940\ (元)$$

该房产已验收合格，投入使用，企业按应交契税金额签发转账支票时，作会计分录如下：

借：固定资产——办公房屋　　　　　　　　　　　　　　12 872 940.00
　贷：银行存款　　　　　　　　　　　　　　　　　　　　12 872 940.00

有关企业所得税内容，在本教材第 12 章　房地产开发企业经营成果的核算中已叙述，在此不再赘述。

9.2.7　其他应付款的核算

其他应付款是指企业在商品交易业务以外发生的应付和暂收款项。指企业除应付票据、应付账款、应付工资、应付利润等以外的应付、暂收其他单位或个人的款项，是一项流动负债。

核算范围通常情况下，该科目核算企业应付、暂收其他单位或个人的款项，如应付租入固定资产和包装物的租金，存入保证金、应付、暂收所属单位、个人的款项，管辖区内业主和物业管户装修存入保证金；应付职工统筹退休金，及应收暂付上级单位、所属单位的款项。

而企业经常发生的应付供货单位的货款，则是在"应付账款"和"应付票据"账户中核算。

在我国会计核算中，应设置"其他应付款"账户进行核算。当发生各种应付、暂收款项时，借记"银行存款"账户等，贷记"其他应付款"账户；当实际偿还、支付时，借记"其他应付款"账户，贷记"银行存款"账户。

【例 9-17】A 房地产开发企业将打印机出租给 B 企业，收取押金 1 500 元，租期 3 个月。

① 收到押金时，作会计分录如下：

借：银行存款　　　　　　　　　　　　　　　　　　　　1 500.00
　贷：其他应付款——B 企业　　　　　　　　　　　　　　　1 500.00

② 3 个月后，B 企业交回打印机，退还押金时，作会计分录如下：

借：其他应付款——B 企业　　　　　　　　　　　　　　1 500.00
　贷：银行存款　　　　　　　　　　　　　　　　　　　　　1 500.00

③ 假设 3 个月后，B 企业没有保管好打印机，有损坏，按合同规定，扣押金的 50% 作为罚款，其余押金退还。作会计分录如下：

借：其他应付款——B 企业　　　　　　　　　　　　　　1 500.00

　　贷：营业外收入　　　　　　　　　　　　　　　　　　　　750.00
　　贷：银行存款　　　　　　　　　　　　　　　　　　　　　750.00

9.3　非流动负债的核算

9.3.1　非流动负债的意义及特点

　　非流动负债是指偿还期在一年或超过一年的一个会计年度的债务，它是企业向债权人筹集、可供企业长期使用的资金。房地产开发企业的非流动负债主要包括长期借款、应付债券、长期应付款、专项应付款和预计负债等。

　　房地产开发企业在开发阶段需要大量资金，为了弥补投资者投入资金的不足，保证业务顺利开展，并由于经营带来的利润率高于长期债务所确定固定利率，形成利润只有原投资者才能分享，债权人无权分享。房地产开发企业举借长期债务的利息支出，是非资本化的费用开支，可以在税前扣除，从而企业可以少交所得税。因此通过非流动负债筹集资金是一种有效方式。

　　如果企业经营不善，房地产市场不景气，开发产品销售、转让、出租不出去，这笔固定的利息支出就会成为企业沉重的负担。因此，必须计算各种负债的资金成本，分析资金投入后的盈利水平，权衡筹资风险，认真决策。

　　房地产开发企业需要长期占用资金，其资金来源有：投资者投入和举借长期债务，其中企业举借长期债务与发行股票筹资的优缺点如下：

　　优点：①举借不会影响企业股权结构，避免差分股权。②举借成本相对较低，发生的利息可在所得税前列支，保障企业利润。③如果企业取得较好的业绩，举债也成为投资人利用金融杠杆而得到的利益。

　　缺点：①长期举债也成为企业一项固定支出，也是企业的一项负担。②长期举借是通过签订合同，许多合同条款对企业有一定约束，造成财务决策时缺乏灵活性。

　　非流动负债与流动负债相比较，具有负债数额大，偿还期限长、可以分期偿还等特点。

9.3.2　房地产开发企业借款费用处理

　　房地产开发企业借款费用是借款利息及其他相关成本。包括：借款利息、利息调整的摊销、辅助费用以及因外币借款而发生的汇率差额等。其中辅助费用是借款手续费、发行债券发行费用等。

　　1）因借款发生的利息，包括向银行和其他金融机构等借入资金发生的利息、发行债券发生的利息，及承担带息债务应计的利息。

　　2）因借款发生的折价或溢价的摊销，是指发行债券的溢价和折价。溢价和折价的摊销实质是对每期借款利息的调整，是借款费用一部分。

　　3）因借款发生的辅助费用，是借款过程中发生的评估费、手续费、佣金等费用。

　　4）因外币借款会发生汇兑差额，汇率每天都不一样，进口、出口发货和收款时间不同，形成的汇兑差额也是借款费用一部分。

　　借款费用的确认原则为资本化支出和费用化支出，具体如下：

　　1）借款费用予以资本化的范围是固定资产，只发生在固定资产购置或建造过程中的借款费用，才能在符合条件的情况下予以资本化；发生在其他资产，例如：库存商品、原材料、无形资产上的借款费用不能予以资本化。这里指的固定资产不论企业购入、自行建造或委托其他单位建造的固定资产，一旦达到固定资产预定可使用状态，就不能借款予以资本化了。例如：购买不需安装的固定资产，在未购入时就已达到预定可使用状态，所以不属于资本化的资产范围。

2) 应予以费用化的资产范围，按规定应予以资本化的借款范围为专门借款，即为构建固定资产而专门借入的款项。不包括流动资金借款等。

9.3.3 房地产开发企业长期借款的核算

（1）长期借款的概念

长期借款是指房地产开发企业向金融机构或其他单位借入期限在一年以上的各种借款。

从事房地产开发业务的企业，为开发房地产而借入的资金所发生的借款利息，在开发产品完工之前，计入开发产品成本中，用"开发成本"账户核算；在开发产品完工之后，计入损益类账户。为购建固定资产而借入的长期借款，其利息发生在资产达到预定可使用状态前的，计入有关固定资产的购建成本；发生在资产达到预定使用状态后的，应计入损益类账户。

（2）长期借款的账务处理

为了核算和监督企业长期借款的借入、应计利息和归还本息情况，房地产开发企业应设置"长期借款"账户。其贷方登记企业借入的长期借款和计提的借款利息；借方登记企业归还的长期借款和借款利息。期末贷方余额反映企业尚未偿还的长期借款本息。该账户应按借款单位设置明细账户，按借款种类进行明细核算。

$$\frac{\text{一般借款利息}}{\text{费用资本化金额}} = \frac{\text{累计资本支出超过专门借款}}{\text{部分的资产支出加权平均数}} \times \frac{\text{所占用一般借}}{\text{款的资本化率}}$$

$$\frac{\text{所占用一般借}}{\text{款的资本化率}} = \frac{\text{所占用一般借款当期实际发生的利息之和}}{\text{所占用一般借款本金加权平均数}} \times 10\%$$

$$\frac{\text{所占用一般借款}}{\text{本金加权平均数}} = \Sigma \left(\frac{\text{所占用每笔}}{\text{一般借款本金}} \times \frac{\text{每笔一般借款在当期所占用的天数}}{\text{当期天数}} \right)$$

"长期借款"是负债类账户，用以核算企业向银行等金融机构借入的期限为一年以上的长期借款及其应计利息。企业发生长期借款和应计利息时，记入贷方；企业归还长期借款和支付利息时，记入借方；期末余额在贷方，表示企业尚未偿还的长期借款。

"在建工程"是资产类账户。指企业固定资产的新建、改建、扩建，或技术改造、设备更新和大修理工程等尚未完工的工程支出。在建工程通常有"自营"和"出包"两种方式。自营在建工程指企业自行购买工程用料、自行施工并进行管理的工程；出包在建工程是指企业通过签订合同，由其他工程队或单位承包建造的工程。在建过程中借记本科目，贷记"银行存款"账户、"原材料"账户、"工程物资"账户、"应付职工薪酬"账户等；工程结束，验收合格投入使用时，归集"在建工程"账户所发生一切支出，借记"固定资产"账户，贷记本科目。

【例 9-18】A 房地产开发企业为建造简易车间向银行借款 6 000 000 元、借款期限 2年，借款年利率为 7%，单利计算，到期一次归还本息。

① 2015 年 6 月 30 日，企业取得专门借款，款已转入银行时，作会计分录如下：

借：银行存款　　　　　　　　　　　　　　　　　6 000 000.00

　贷：长期借款——专门借款——本金　　　　　　　　　　6 000 000.00

② 2015 年 6 月 30 日，签发支票支付第一期工程款 5 000 000 元，作会计分录如下：

借：在建工程——建造工程——简易车间　　　　　　5 000 000.00

　贷：银行存款　　　　　　　　　　　　　　　　　5 000 000.00

③ 2015 年 7 月 31 日，计提本月专门借款利息，作会计分录如下：

计提利息额＝［6 000 000×7％］÷12＝35 000（元）

借：在建工程——建造工程——简易车间　　　　　　35 000.00

　贷：长期借款——专门借款——利息　　　　　　　　35 000.00

工程没结束前，计提利息费用，以后各月都作以上会计分录。

④ 2015 年 12 月 31 日，收到尚未动用 1 000 000 元专门借款利息 6 250 元，作会计分录如下：

借：银行存款　　　　　　　　　　　　　　　　　6 250.00

　贷：在建工程——建造工程——简易车间　　　　　　6 250.00

⑤ 2016 年 5 月 31 日，签发支票支付第二期工程款 1 200 000 元，作会计分录如下：

借：在建工程——建造工程——简易车间　　　　　　1 200 000.00

　贷：银行存款　　　　　　　　　　　　　　　　　1 200 000.00

⑥ 2016 年 6 月 30 日，简易车间竣工，签发支票支付剩余工程款 50 000 元，作会计分录如下：

借：在建工程——建造工程——简易车间　　　　　　50 000.00

　贷：银行存款　　　　　　　　　　　　　　　　　50 000.00

⑦ 2016 年 6 月 30 日，计提本月份专门借款利息费用和建造简易车间占用一般借款的利息费用，一般借款的利率为 6.5％，作会计分录如下：

计提一般借款利息额＝［200 000×6.5％］÷12＝1083.33（元）

借：在建工程——建造工程——简易车间　　　　　　36 083.33

　贷：长期借款——专门借款——利息　　　　　　　　35 000.00

　贷：长期借款——一般借款——利息　　　　　　　　1083.33

⑧ 2016 年 6 月 30 日，建造的简易车间达到预定可使用状态，交付使用，结算全部工程款项如下：全部工程款 6 250 000 元，加 12 个月计提专门借款利息 420 000 元，加占用一般借款的费用资本化金额 1 083.33 元，减去尚未动用资金收到利息 6 250 元，结算结果为：6 664 833.33 元。作会计分录如下：

借：固定资产——经营用固定资产——简易车间　　　6 664 833.33

　贷：在建工程——建造工程——简易车间　　　　　　6 664 833.33

⑨ 2016 年 7 月 31 日，计提本月专门借款利息 35 000 元，作会计分录如下：

借：财务费用——利息支出　　　　　　　　　　　　35 000.00

　贷：长期借款——专门借款——利息　　　　　　　　35 000.00

⑩ 2017 年 6 月 30 日，签发支票归还专门借款本金 6 000 000 元，利息为 840 000 元，作会计分录如下：

借：长期借款——专门借款——本金　　　　　　　　　　6 000 000.00
借：长期借款——专门借款——利息　　　　　　　　　　805 000.00
借：财务费用——利息支出　　　　　　　　　　　　　　35 000.00
　贷：银行存款　　　　　　　　　　　　　　　　　　　6 840 000.00

9.3.4　房地产开发企业应付债券的核算

（1）债券的含义

债券是一种金融契约，是政府、金融机构、工商企业等直接向社会借债筹措资金时，向投资者发行，同时承诺按一定利率支付利息并按约定条件偿还本金的债权债务凭证。它是企业筹集资金的书面证明，具有法律效力，是一种长期应付票据。

我国只有股份有限公司、国有独资公司和两个以上的国有投资主体设立的有限责任公司才能发行公司债券，企业发行债券的总面额不得大于该企业自有资产净值；债券的票面利率不得高于银行相同期限居民定期存款利率的40%。但必须经中国人民银行批准，委托银行或其他金融机构代理发行债券。债券必须具备的内容有：

1）债券的面值。又称本金，它是举债企业到期偿还持票人的金额；

2）票面利率和付息日期。债券分别标明票面利率为年利率；支付利息的日期；

3）债券的发行日期、编号和还本日期。

（2）债券的发行价格

债券是指企业按照法定程序发行，约定在未来某一特定日期还本付息的有价证券。它是企业筹集长期资金的一种重要方式。

企业发行债券的价格受同期市场实际利率的影响较大。一般情况下，当企业发行债券的票面利率与实际利率一致时，可按发行债券的票面价值作为债券的发行价格，即按面值发行；当企业发行债券的票面利率高于实际利率时，可按超过债券的票面价值作为债券的发行价格，即溢价发行。溢价表明企业为将来多付利息而事先得到的补偿；当企业发行债券的票面利率低于实际利率时，可按低于债券的票面价值作为债券的发行价格，即折价发行，折价表明企业为将来少付利息而事先付出的代价。

债券的发行价格从资金时间价值的观念来理解，一是债券面值偿还时按市场利率折算的现值；另一部分是债券各期所支付利息按市场利率折算的现值，所谓现值是指未来某一时点上的一定量的现金折合为现在的价值。年金是指一定时期内每次等额收付的系列款项。计算公式如下：

债券发行价格＝债券面值偿还时的现值＋各期债券利息之和的现值

债券面值偿还时的现值＝债券面值×复利现值系数

各期债券利息之和的现值＝支付一期的利息额×年金现值系数

公式中的复利现值系数，在复利现值系数表查阅；公式中的年金现值系数也可以通过年金现值系数表查阅。复利现值系数和年金现值系数分别见本教材附表。

（3）应付债券的账务处理

企业发行的长期债券按照债券面值计价，实际发行的价格超过或者低于债券面值的差额，即溢价或折价，在债券到期以前分期摊销利息额。

企业发行债券时支付的债券代理发行手续费，如发行债券是用于购建固定资产的，在资产达到预定可使用状态前，计入购建固定资产的价值；在所购建的资产达到预定可使用状态后，或不是为购建固定资产而发行的，则应计入当期损益。

"应付债券"是负债类账户，用以核算企业应支付的债券本息。企业发行债券的面值、因溢价而发生的利息调整额，债券应计利息和摊销债券因折价而发生的利息调整额记入贷方；企业发行债券因折价而发生的利息调整额、支付债券的应计利息、摊销债券因溢价而发生的利息调整额和偿还投资者的本金时记入借方；期末余额在贷方，表示企业尚未偿还投资者的债券本金和利息。

"应付利息"是负债类账户，用以核算企业按照合同约定应支付的短期借款、分期付息到期还本的长期借款、长期债券等应支付的利息。企业发生应付利息时，记入贷方；企业支付利息时，记入借方；期末余额在贷方，表示企业尚未支付的利息。

【例 9-19】A 房地产开发企业发行面值为 1 000 元的债券，票面利率为 8%，期限为 3 年，按年付息，而市场利率为 7%，计算债券发行价格如下：

按 7%利率查得 3 年期的复利现值系数为 0.816 3；年金现值系数为 2.624 3。

债券发行价格=1 000×0.816 3+1 000×8%×2.624 3=1 026.24（元）

结算结果表明，债券的发行价格为 1 026.24 元，溢价为 26.24 元。

1）按面值发行债券的核算

企业按面值发行债券，收到发行债券时，借记"银行存款"账户，贷记"应付债券——在债券面值"账户。

债券的利息一般是按年支付，或到期一次支付，为了使企业利息均衡负担，应按约预提债券利息费用，借记"在建工程"账户或"财务费用"账户，如果按年付息的，贷记"应付利息"账户；对于到期一次支付利息的，则贷记"应付债券"账户。

债券支付利息时，借记"应付利息"账户或"应付债券"账户，贷记"银行存款"账户。

【例 9-20】A 房地产开发企业建造培训楼，2015 年 1 月 25 日按面值 10 000 000 元发行债券，债券票面利率为 9%，期限为 2 年，于 2017 年 1 月 31 日到期还本付息。

① 2015 年 1 月 25 日，签发支票 80 000 元支付债券发行费用时，作会计分录如下：

借：在建工程——建筑工程——建造培训楼　　　　　　　　80 000.00
　　贷：银行存款　　　　　　　　　　　　　　　　　　　　80 000.00

② 2015 年 1 月 31 日，收到发行债券款项 10 000 000 元，存入银行，作会计分录如下：

借：银行存款　　　　　　　　　　　　　　　　　　　1 000 000.00
　　贷：应付债券——债券面值　　　　　　　　　　　　1 000 000.00

③ 2015 年 1 月 31 日，签发支票支付第一期工程款 9 000 000 元，作会计分录如下：

借：在建工程——建筑工程——建造培训楼　　　　　　9 000 000.00
　　贷：银行存款　　　　　　　　　　　　　　　　　　9 000 000.00

④ 2015 年 2 月 28 日，按 9%票面利率计提本月债券利息，作会计分录如下：

计提债券利息额=[10 000 000×9%]÷12=75 000（元）

借：在建工程——建筑工程——建造培训楼　　　　　　　　75 000.00
　　贷：应付债券——应计利息　　　　　　　　　　　　　　75 000.00

⑤ 2016 年 1 月 31 日，建造培训楼已竣工，支付余款 1 000 000 元，作会计分录如下：

借：在建工程——建筑工程——建造培训楼　　　　　　　1 000 000.00

　贷：银行存款　　　　　　　　　　　　　　　　　　　　　1 000 000.00

⑥ 2016 年 1 月 31 日，收到未动用 1 000 000 元债券利息 6 250 元，作会计分录如下：

借：银行存款　　　　　　　　　　　　　　　　　　　　6 250.00

　贷：在建工程——建筑工程——建造培训楼　　　　　　　　6 250.00

⑦ 2016 年 1 月 31 日，建造的培训楼达到预定可使用状态，交付使用，结算全部工程款项如下：全部工程款 10 000 000 元，加 12 个月计提专门借款利息 900 000 元，加上发行债券费用 80 000 元，减去尚未动用资金收到利息 6 250 元，结算结果为：10 973 750 元。作会计分录如下：

借：固定资产—经营用固定资产——培训楼　　　　　　10 973 750.00

　贷：在建工程——建筑工程——建造培训楼　　　　　　　10 973 750.00

⑧ 2017 年 1 月 31 日，债券到期，签发转账支票 11 800 000 元，支付本息。作会计分录如下：

借：应付债券——债券面值　　　　　　　　　　　　10 000 000.00

借：应付债券——应计利息　　　　　　　　　　　　　1 725 000.00

借：财务费用——利息支出　　　　　　　　　　　　　　75 000.00

　贷：银行存款　　　　　　　　　　　　　　　　　　　11 800 000.00

2）溢价和折价发行债券的核算

① 溢价发行债券，是债券发行企业发行债券价格高于债券面值，其高于面值的差称为债券溢价。通过债券溢价的摊销冲减企业的利息费用；企业发行债券的票面利率高于市场实际利率时，意味着企业将高于市场实际利率支付利息，届时需要溢价发行，是向投资者多收的款项，这笔款项以补偿以后各期多给投资者的利息。

企业溢价发行债券后，按实际取得的款项，借记"银行存款"账户；按债券面值，贷记"应付债券——债券面值"账户；实际发行额与面值的差额，贷记"应付债券——利息调整"账户。

【例 9-21】A 房地产开发企业建造培训楼，2015 年 1 月 25 日按面值 8 000 000 元发行债券，债券票面利率为 8.5%，期限为 2 年，每年 1 月 31 日付息日，于 2017 年 1 月 31 日到期还本。市场实际利率为 7%。

① 2015 年 1 月 25 日，签发支票 50 000 元支付债券发行费用时，作会计分录如下：

借：在建工程——建筑工程——建造培训楼　　　　　　　50 000.00

　贷：银行存款　　　　　　　　　　　　　　　　　　　　50 000.00

② 2015 年 1 月 31 日，债券面值为 1 000 元，按 1 026.75 元发行，收到溢价发行债券款 8 214 000 元，存入银行，作会计分录如下：

借：银行存款　　　　　　　　　　　　　　　　　　　8 214 000.00

　贷：应付债券——债券面值　　　　　　　　　　　　　　8 000 000.00

　贷：应付债券——利息调整　　　　　　　　　　　　　　　214 000.00

② 折价发行债券，是债券发行企业发行债券价格低于债券面值，其低于面值的差称为债券折价。通过债券折价摊销企业的利息费用；企业发行债券的票面利率低于市场实际

利率时，意味企业将低于市场实际利率支付利息，届时需要折价发行，是向投资者少收的款项，这笔款项以补偿以后各期少给投资者的利息。

企业折价发行债券后，按实际取得款项，借记"银行存款"账户；按债券面值，贷记"应付债券——债券面值"账户；实际发行额与面值差额，借记"应付债券——利息调整"账户。

【例 9-22】 A 房地产开发企业因流动资金不足，2015 年 1 月 25 日发行面值 1 000 000 元的债券，债券票面利率为 7％，期限为 2 年，每年 1 月 31 日为付息日，于 2017 年 1 月 31 日到期还本。市场实际利率为 8％。

① 2015 年 1 月 25 日，签发支票 10 000 元支付债券发行费用时，作会计分录如下：

借：财务费用 10 000.00
　贷：银行存款 10 000.00

② 2015 年 1 月 31 日，债券面值为 1000 元，按 980.15 元发行，收到折价发行债券款 980 150 元存入银行，作会计分录如下：

借：银行存款 980 150.00
借：应付债券——利息调整 19 850.00
　贷：应付债券——债券面值 1 000 000.00

3）利息调整额摊销的核算

企业溢价发行和折价发行从而产生利息调整额。每月不仅要计提债券利息，还要摊销利息调整额，经过摊销后，使企业实际负担的利息费用与按市场实际利率计算的结果相一致。债券溢价和折价的摊销方法有直线法和实际利率法两种。

直线法摊销利息调整额的核算，直线法是指将利息调整额在债券到期前分期平均摊销的方法。摊销利息调整贷方余额时，借记"应付债券——利息调整"账户，贷记"在建工程"或"财务费用"账户。

【例 9-23】 根据【例 9-21】A 房地产开发企业建造培训楼，溢价 214 000 元，发行 2 年期的债券 8 000 000 元。

① 2015 年 1 月 31 日，签发支票支付第一期工程款 7 000 000 元，作会计分录如下：

借：在建工程——建筑工程——建造培训楼 7 000 000.00
　贷：银行存款 7 000 000.00

② 2015 年 2 月 28 日，按 8.5％票面利率计提本月债券利息，作会计分录如下：

计提债券利息额＝8 000 000×8.5％÷12＝56 666.67(元)

借：在建工程——建筑工程——建造培训楼 56 666.67
　贷：应付债券——应计利息 56 666.67

同时摊销本月份的利息调整额，作会计分录如下：

利息调整额＝214 000÷24＝8 916.67(元)

借：应付债券——利息调整 8 916.67
　贷：在建工程——建筑工程——建造培训楼 8 916.67

每月月末作相同分录。

③ 2016 年 1 月 31 日，将本月债券利息入账，并支付投资者一年期债券利息 680 000

元，作会计分录如下：

      借：应付利息   623 333.33

      借：在建工程——建筑工程——建造培训楼   56 666.67

        贷：银行存款   680 000.00

同时摊销本月份的利息调整额，作会计分录如下：

      借：应付债券——利息调整   8 916.67

        贷：在建工程——建筑工程——建造培训楼   8 916.67

④ 2016 年 1 月 31 日，收到尚未动用 1 214 000 元发行债券款利息 7 850 元，作会计分录如下：

      借：银行存款   7 850.00

        贷：在建工程——建筑工程——建造培训楼   7 850.00

⑤ 2016 年 1 月 31 日，建造培训楼已竣工，支付余款 1 220 000 元，作会计分录如下：

      借：在建工程——建筑工程——建造培训楼   1 220 000.00

        贷：银行存款   1 220 000.00

⑥ 2016 年 1 月 31 日，建造的培训楼达到预定可使用状态，验收合格交付使用，结算全部工程款项如下：全部工程款 8 220 000 元，加上发行债券费用 50 000 元，加 12 个月计提专门借款利息 680 000 元，减去尚未动用资金收到利息 7 850 元，减利息调整额摊销为 107 000 元，结算结果为：8 835 150 元。作会计分录如下：

      借：固定资产—经营用固定资产——培训楼   8 835 150.00

        贷：在建工程——建筑工程——建造培训楼   8 835 150.00

通过两年的摊销，利息调整额全部摊销完毕，债券到期时，还本付息的核算方法与按面值发行债券的方法相同。摊销利息调整借方余额时，借记"在建工程"账户或"财务费用"账户，贷记"应付债券——利息调整"账户。

【例 9-24】 根据【例 9-22】A 房地产开发企业因流动资金不足，折价 19 850 元债券票面利率为 7%，期限为 2 年。

① 2015 年 1 月 25 日，按 7% 票面利率计提本月份债券利息，作会计分录如下：

      借：财务费用——利息支出   5 833.33

        贷：应付利息   5 833.33

同时摊销本月份的利息调整额，作会计分录如下：

$$利息调整额 = 19\ 850 \div 24 = 827.08\ （元）$$

      借：财务费用——利息支出   827.08

        贷：应付债券——利息调整   827.08

每月月末作相同分录。

② 2016 年 1 月 31 日，将本月债券利息入账，并支付投资者一年期债券利息 700 000 元，作会计分录如下：

      借：应付利息   64 166.67

      借：财务费用——利息支出   5 833.33

        贷：银行存款   70 000.00

同时摊销本月份的利息调整额，作会计分录如下：

借：财务费用　　　　　　　　　　　　　　　　　　827.08

　　贷：应付债券　　　　　　　　　　　　　　　　　827.08

实际利率法摊销利息调整额的核算。是指将按债券面值和票面利率计算的票面利息，与按每付息期初债券现值和实际利率计算的实际利息之间的差额，作为每付息期利息调整额摊销数的方法。采用实际利率法摊销利息调整溢价金额，实际利息将会随着表示负债数额的应付债券现值的逐期减少而减少，而利息调整额却随之逐期增加。

【例 9-25】根据【例 9-21】A 房地产开发企业建造培训楼，溢价 214 000 元，发行 8 000 000 元面值债券等内容为资料，债券票面利率 8.5%，实际利率为 7%，用实际利率法计算债券各期利息调整摊销额（表 9-8）。

利息费用摊销计算表（单位：元）　　　　　　　　　　　表 9-8

付息日期	票面利息	实际利息	摊销利息调整额	利息溢价调整	应付债券现值
2015 年 1 月 31 日				214 000	8 214 000
2016 年 1 月 31 日	680 000	574 980	105 020	108 980	8 108 980
2017 年 1 月 31 日	680 000	571 020*	108 980	0	8 000 000

注：＊计算上存在尾差，因此 571 020 是近似值。

以上计算是各期的票面利息，实际利息和利息调整摊销额，各月的票面利息、实际利息和利息调整额摊销都是按年计算的，要求每月还要除以 12 求得。计算如下：

第一年每月应承担的票面利息为 680 000÷12＝56 666.67（元）

第一年每月应承担的实际利息为 574 980÷12＝47 915（元）

第一年每月利息调整摊销额为 105 020÷12＝8 751.67（元）

2015 年 2 月 28 日，根据计算结果，计提债券利息。作会计分录如下：

借：在建工程——建筑工程——建造培训楼　　　　　47 915.00

借：应付债券——利息调整　　　　　　　　　　　　　8 751.67

　　贷：应付利息　　　　　　　　　　　　　　　　　56 666.67

采用实际利率法摊销利息调整折价金额，实际利息将会随着表示负债数额的应付债券现值的逐期增加而增加，而利息调整额却随之逐期增加。

【例 9-26】根据【例 9-22】A 房地产开发企业因流动资金不足，折价 19 850 元，发行 1 000 000 元面值债券，债券票面利率 7%，实际利率为 8%，用实际利率法计算债券各期利息调整摊销额（表 9-9）。

利息费用摊销计算表（单位：元）　　　　　　　　　　　表 9-9

付息日期	票面利息	实际利息	摊销利息调整额	利息折价调整	应付债券现值
2015 年 1 月 31 日				19 850	980 150
2016 年 1 月 31 日	70 000	78 412	8 412	11 438	988 562
2017 年 1 月 31 日	70 000	79 084.96*	11 438	0	1 000 000

注：＊计算上存在尾差，因此 79 084.96 是近似值。

该题按实际利率摊销利息调整折价金额的核算方法与直线法相同，不再重述。

以上结果表明直线法摊销和实际利率法摊销优缺点如下：

优点：直线法计算比较简单，就是在应付债券的存续期内平均分摊。实际利率法是使得分配额更加接近于实际，更为客观，可靠。

缺点：直线法计算结果不够精确。实际利率法要计算出实际利率，再来计算推销额。计算复杂，运用较为繁琐。

9.3.5 房地产开发企业长期应付款的核算

（1）长期应付款的含义

长期应付款是指企业除长期借款、应付债券以外的其他各种长期应付款，房地产开发企业通常包括融资租入固定资产的租赁费、以分期付款方式购入固定资产发生的应付款项等。

应付融资租入固定资产的租赁费等。包括设备的买价、运输费、保险费、利息费用、手续费等。企业采用融资租赁方式租入的固定资产，在租赁期内，由于租赁资产的风险和报酬已转移给了承租企业，因此，企业应将融资租入固定资产按照自有固定资产进行核算。融资租赁的特点主要体现在：

1）租期较长（一般达到租赁资产使用年限）；

2）租约一般不能取消；

3）支付的租金包括了设备的价款、租赁费和借款利息等；

4）租赁期满，承租人有优先选择廉价购买租赁资产的权利。

从上述分析可以看出，企业采用融资租赁方式租入固定资产，尽管从法律形式上资产的所有权在租赁期间仍然属于出租方，但由于资产租赁期基本上包括了资产有效使用年限，承租企业实质上获得了租赁资产所提供的主要经济利益，同时承担与资产有关的风险。因此企业应将融资租入资产作为一项固定资产计价入账，同时确认相应的负债，并计提固定资产的折旧。

为了区别融资租入固定资产和企业其他自有固定资产，企业应对融资租入固定资产单独设立"融资租入固定资产"明细科目核算，新《企业会计准则第21号——租赁》中规定：在租赁开始日，承租人应当将租赁开始日租赁资产公允价值与最低租赁付款额现值两者较低者作为租入资产的入账价值，将最低租赁付款额作为"长期应付款"的入账价值，其差额作为"未确认融资费用"。承租人在租赁谈判和签订租赁合同过程中发生的，可归属于租赁项目的手续费、律师费、印花税等初始直接费用，应当计入租入资产价值，而不是确认为当期费用。

（2）长期应付款的核算

承租企业在计算最低租赁付款额的现值时，可以采用租赁合同规定的利率作为折现率，当采用每期期末支付租金时，最低租赁付款额的现值计算公式如下：

最低租赁付款额的现值＝每期租金×年金现值系数＋担保余值×复利现值系数

承租人将租赁开始日租赁资产公允价值与最低租赁付款额现值两者较低者作为租入资产的入账价值。借记"固定资产"账户，按最低租赁付款额，贷记"长期应付款——应付融资租赁款"账户，按其差额，借记"未确认融资费用"账户。未确认融资费用在租赁期间各个期间可以采用直线法、实际利率法等方法进行摊销，借记"财务费用"账户，贷记"未确认融资费用"账户。按期支付融资租赁费时，借记"长期应付款——应付融资租赁款"账户，贷记"银行存款"等账户。租赁期满，如合同规定将设备所有权转归承租企业，应当进行转账，将固定资产从"融资租入固定资产"明细科目转入有关明细科目。

"长期应付款"是负债类账户，用以核算企业除长期借款和应付债券以外的各种其他长期应付款。企业发生长期应付款，记入贷方；企业偿还长期应付款时，记入借方；期末余额在贷方，表示企业尚未偿还的各种其他长期应付款。

"未确认融资费用"是负债类账户，它是"长期应付款"的抵减账户，用以核算企业应当分期计入利息费用的未确认融资费用。企业融资租入固定资产发生未确认融资费用时，记入借方；企业摊销融资费用时，记入贷方；期末余额在借方，表示企业未确认融资费用的摊余数额。

【例 9-27】A 房地产开发企业年初融资租赁方式租入水泥罐车一辆，租赁期限为五年，租金为 400 000 元，公允价值为 392 000 元，租赁合同中规定折现率为 9%，租金每年年末支付 100 000 元，租赁到期再支付 2 000 元，取得水泥罐车所有权，届时水泥罐车公允价值为 36 000 元。

① 计算水泥罐车最低租赁付款额现值＝100 000×3.889 7＋2 000×0.649 9＝390 269.80（元）

② 用转账支票支付租赁过程中发生咨询费、手续费、印花税等共计 2 300 元，作会计分录如下：

借：固定资产——融资租入固定资产	2 300.00
贷：银行存款	2 300.00

③ 水泥罐车验收合格，达到预定使用状态。由于最低付款额现值低于公允价值，作会计分录如下：

借：固定资产——融资租入固定资产	390 269.80
借：未确认融资费用	11 730.20
贷：长期应付款——应付融资租赁款	402 000.00

④ 按月用直线法摊销未确认融资费用（11 730.20÷60＝195.50 元），作会计分录如下：

借：财务费用——利息支出	195.50
贷：未确认融资费用	195.50

以后每月作以上相同的分录。

⑤ 年末用转账支票支付水泥罐车本年度租金。作会计分录如下：

借：长期应付款——应付融资租赁款	80 000.00
贷：银行存款	80 000.00

⑥ 5 年后，租赁到期，按合同约定，用转账支票 2 000 元支付水泥罐车购买价款，作会计分录如下：

借：长期应付款——应付融资租赁款	2 000.00
贷：银行存款	2 000.00

同时取得水泥罐车的所有权，作会计分录如下：

借：固定资产——生产经营同固定资产	392 569.80
贷：固定资产——融资租入固定资产	392 569.80

9.3.6 房地产开发企业专项应付款的核算

专项应付款，是企业接受国家作为企业所有者拨入的具有专门用途的款项所形成的不需要以资产或增加其他负债偿还的负债。

专项应付款包括新产品试制费拨款、中间试验费拨款和重要科学研究补助费拨款等科技三项拨款等。其特点为：①属于企业的负债；②专款专用；③不需要以资产或新的负债偿还。

"专项应付款"是负债类账户，用于核算企业接受国家拨入的具有专门用途的拨款，如专项用于技术改造、技术研究等，及从其他来源取得的款项。企业取得该项款，借记"银行存款"账户，贷记在"专项应付款"账户，企业完成拨款项目，形成各项长期资产或者未形成长期资产，都应转销并将余款返还，借记"专项应付款"账户，贷记"银行存款"账户，期末余额在贷方，表示企业尚未转销或者返还的专项应付款。应按专项应付款种类设置明细账，进行明细核算。

企业收到或应收的政府拨款，借记"银行存款"等账户，贷记本账户。将专项或特定用途的拨款用于工程项目，借记"在建工程"等账户，贷记"银行存款"、"应付职工薪酬"等账户。工程项目完工形成长期资产的部分，借记本账户，贷记"资本公积——其他资本公积"账户；对未形成长期资产需要核销的部分，借记本账户，贷记"在建工程"等科目；拨款结余需要返还的，借记本账户，贷记"银行存款"账户。

【例 9-28】A 房地产开发企业由于研发环保建筑材料设备，政府对此拨款 200 000 元。予以支持。

① 收到政府拨款 200 000 元时，作会计分录如下：

借：银行存款   200 000.00
    贷：专项应付款   200 000.00

② 研发环保建筑材料设备时，领用材料 155 000 元，研发人员工资 35 000 元，计提福利费 4 900 元。作会计分录如下：

借：在建工程——研发环保建筑材料设备   194 900.00
    贷：原材料   155 000.00
    贷：应付职工薪酬——应付工资   35 000.00
    贷：应付职工薪酬——职工福利   4 900.00

③ 研发环保建筑材料设备完成，验收合格，达到使用状态。作会计分录如下：

借：固定资产   194 900.00
    贷：在建工程——研发环保建筑材料设备   194 900.00

④ 转销专项应付款。作会计分录如下：

借：专项应付款   194 900.00
    贷：资本公积——其他资本公积   194 900.00

⑤ 用转账支票 5 100 元，将研发环保建筑材料设备余款支付。作会计分录如下：

借：专项应付款   5 100.00
    贷：银行存款   5 100.00

9.3.7 房地产开发企业预计负债的核算

（1）或有事项的含义

或有事项，是指过去的交易或事项形成的，其结果须由某些未来事件的发生或不发生才能决定的不确定事项。主要包括：未决诉讼或仲裁、债务担保、产品质量保证（含产品安全保证）、承诺、亏损合同、重组义务、环境污染整治等。其主要特征如下：

1）由过去的交易或事项形成。即或有事项的现存状况是过去交易或事项客观存在。

2）结果具有不确定性。即或有事项的结果是否发生具有不确定性，或有事项的结果预计将会发生但发生的具体时间或金额具有不确定性。

3）由未来事项决定。即或有事项的结果只能由未来不确定事项的发生或者不发生才能决定。

或有负债是具有过去交易或事项形成的潜在义务，履行该义务不一定能导致经济利益流出企业或该义务的金额不能可靠地计量。由此可见，或有负债包括两类义务：一类是潜在义务，一类是特殊的现时义务。

（2）或有事项的确认成为预计负债的条件

企业对或有事项的确认，如果与或有事项相关的义务同时符合以下三个条件，企业应将其确认为预计负债：

1）该义务是企业承担的现时义务

是指与或有事项有关的义务是在企业当前条件下已承担的义务。例如，A 公司司机因违反交通规则造成严重交通事故，为此，A 公司将要承担赔偿义务。A 公司随即承担的是一项现时义务。

2）该义务的履行很可能导致经济利益流出企业

是指履行与或有事项产生的现时义务时，导致经济利益流出企业的可能性大于 50％，但小于或等于 95％。例如，2016 年 7 月，A 企业与 B 企业签订协议，承诺为 C 企业的两年期银行借款提供全额担保。A 企业由于担保事项而承担了一项现时义务。假设 C 企业的财务状况恶化，且没有好转迹象。此种情况出现，表明 B 企业很可能违约，从而 A 企业履行承担的现时义务将很可能导致经济利益流出企业。

3）该义务的金额能够可靠地计量

是指与或有事项相关的现时义务的金额能够合理预计，要将或有事项确认为一项负债，其相关现时义务的金额应能够可靠地预计。例如，A 房地产开发企业涉及一桩诉讼案而成为被告，根据以往的审判案例推断，A 房地产开发企业很可能要败诉，相关的赔偿金额也可以估算出一个范围。这种情况下，可以认为该企业因未决诉讼承担的现时义务的金额能够可靠地估计，如果满足其他两个条件，就可以将所形成的义务确认为一项负债。

（3）预计负债的计量

预计负债，是指根据或有事项等相关准则确认的各项预计负债，包括对外提供担保、未决诉讼、产品质量保证、重组义务等产生的预计负债。

预计负债应承担的现时义务的金额往往具有不确定性，因此需要对预计负债进行计量。涉及以下方面：

一方面是所需支出存在一个连续范围，并且范围内各种结果发生的可能性是相同的，最佳估计数的确定，应当按照该范围内的中间值确定。例如，假设 A 公司认为很可能赔偿的金额在 50 万元～70 万元之间这个范围。

另一方面所需支出不存在一个连续范围，则最佳估计数的确定应当按如下方法确定：

① 或有事项涉及单个项目，最佳估计数应当按最可能发生的金额确定。如诉讼、担保等。

② 或有事项涉及多个项目，应当按照各种可能结果及相关概率计算确定。如商品质量保证、商品售后服务等。要承担这样义务，最佳估计数应当按各种可能的结果及相关的概率计算确定。

【例 9-29】2017 年 1 月，A 房地产开发企业涉及担保一项诉讼案，根据以往类似案例法律顾问判断，对该企业不利，在判决前赔偿金额无法确定，但企业根据行业专家判断估计，赔偿金额可能在 360 000～400 000 元之间，则确认该企业预计负债的金额如下：

A 房地产开发企业预计负债金额＝（360 000＋400 000）÷2＝380 000（元）

【例 9-30】2017 年 2 月，A 房地产开发企业销售 2 套房产，价款 4 000 000 元，根据房产售后规定，客户在验收新房出现的门窗、墙面、地面，水和电等问题免费维修，一般售房单位应从售房款中提取 10％的比例作为共用部分和共作设备的维修储备金，但不得因此提高房价。以上费用专户存入银行，专项用于房屋维修。计算该或有事项所需的最佳估计数如下：

A 房地产开发企业销售房产售后费用最佳估计数＝4 000 000×10％＝400 000（元）

（4）预计负债的核算

企业由于对外担保、未决诉讼等产生的预计负债，应当按照确定的金额，会计应记入"营业外支出"账户，贷记"预计负债"账户。

"预计负债"是负债类账户，用以核算企业确认的预计负债。企业发生预计负债或者调整增加预计负债时，记入贷方；企业实际清偿预计负债或调整减少预计负债时，记入借方；期末余额在贷方，表示企业已确认而尚未支付的预计负债。

【例 9-31】根据【例 9-29】2017 年 1 月，A 房地产开发企业涉及担保一项诉讼案，根据以往类似案例法律顾问判断，对该企业不利，月末，未接到法院判决。但企业根据行业专家判断估计，赔偿金额可能在 360 000～400 000 元之间，则确认该企业预计负债的金额如下：

借：营业外支出——赔偿支出　　　　　　　　　　　　　　380 000.00
　贷：预计负债——未决诉讼　　　　　　　　　　　　　　　380 000.00

如果未决诉讼或担保案件，经过法院及其他仲裁部门裁决后，借记"预计负债"等账户，贷记"其他应付款"或"银行存款"等有关账户。

【例 9-32】根据【例 9-29】有关资料，2017 年 5 月，A 房地产开发企业涉及担保一项诉讼案，根据法律判决后，应赔原告 395 000 元，款项于判决生效日后 10 日内支付，并承担 45 000 元诉讼费。

① 用转账支票 45 000 元支付诉讼费用，作会计分录如下：

借：管理费用——诉讼费　　　　　　　　　　　　　　　　45 000.00
　贷：银行存款　　　　　　　　　　　　　　　　　　　　　45 000.00

② 根据法院判决，结转赔偿款，作会计分录如下：

借：营业外支出——赔偿支出　　　　　　　　　　　　　　15 000.00
借：预计负债——未决诉讼　　　　　　　　　　　　　　　380 000.00

　　贷：其他应付款——××企业　　　　　　　　　　　395 000.00

　　如果房地产开发企业销售房产，为客户提供售后义务，在确定最佳估计数时，借记"销售费用"账户，贷记"预计负债"账户。

　　【例9-33】根据【例9-30】有关资料，2017年2月，A房地产开发企业计提预计负债，作会计分录如下：

　　借：销售费用　　　　　　　　　　　　　　　　　400 000.00
　　　　贷：预计负债——售后维修　　　　　　　　　　400 000.00

　　当实际为客户提供保修服务时，如果出现不在保修范围内的维修，要收取客户相关费用时，借记"预计负债"账户，贷记"其他业务收入"账户；如果是保修范围内的维修，根据维修时确定的维修费用，借记"预计负债"账户，贷记"银行存款"账户等。

　　企业在年末应对预计负债的账面金额进行判断分析，如有确凿证据表明该预计负债不能真实反映当前最佳估计数值时，经企业领导审批，应按最佳分析估计数对该账面进行调整。

本 章 习 题

思考题：

1. 什么是负债？它有哪些特征？

2. 负债的分类？

3. 什么是流动负债？它包括哪些内容？

4. 什么是职工薪酬？它包括哪些内容？

5. 什么是职工福利费？其提取依据和主要用途有哪些？

6. 什么是工资总额？它包括哪些内容？分述其构成内容？

7. 什么是非流动负债？它有何作用和特点？

8. 什么是借款费用？试述借款费用予以资本化的条件和借款利息资本化金额的确定。

9. 什么是长期借款？什么是债券？它们之间有哪些不同？

10. 债券应具备哪些内容？

11. 债券发行价格是如何确定的？

12. 什么是债券溢价？什么是债券折价？它们的实质是什么？

13. 利息调整的摊销有哪两种方法？它们各有哪些优缺点？

14. 什么是最低租赁付款额？

15. 什么是或有事项？或有事项的特征是什么？

16. 什么是预计负债？

17. 预计负债如何计量？

练习题：

1. 练习短期借款的核算。

资料：某企业2015年1月1日向银行借入1 000 000元，借款利率为7%，借款期限为2年，每年年末偿还借款利息。该企业用该项借款建造厂房，厂房于2017年1月1日完工，支付工程款900 000元（不含借款利息），并办理了竣工结算手续，2017年1月1日贷款到期。

要求：对该项业务逐年进行账务处理。

2. 练习长期借款的核算。

资料：A房地产开发公司于2014年1月1日发行5年期、一次还本、分期付息的公司债券，每年12月31日支付利息。该公司债券票面年利率为5%，面值总额为300 000万元，发行价格总额为313 347万元；支付发行费用120万元，发行期间冻结资金利息为150元。假定该公司每年年末采用实际利率法摊销债券溢折价，实际利率为4%。2015年12月31日该应付债券的账面余额为308 348.56元。

要求：对该项业务逐年进行账务处理。

3. 练习长期借款的核算。

资料：A房地产开发公司发生下列有关经济业务：

1）2015年3月31日，为建造仓库向银行借入专门借款600 000元，转入银行存款户。借款合同规定借款期限为2年，年利率8%，单计利息，到期一次还本付息。

2）2015年4月1日，仓库由B建筑公司承建，签发转账支票400 000元支付第一期工程款。

3）2015年4月30日，计提本月份专门借款利息。

4）2016年3月31日，收到尚未动用专门借款200 000元存入银行的利息收入2440元。

5）2016年3月31日，签发转账支票支付第二期工程款240 000元。

6）2016年4月30日，建造的仓库工程竣工，签发转账支票支付B建筑公司建造仓库剩余工程款20 000元。

7）2016年4月30日，计提本月专门借款利息费用和建造仓库占用一般借款的利息费用，一般借款的费用化率为6.5%。

8）2016年4月30日，建造的仓库已达到预定可使用状态，验收使用，工程决算包括工程款、工程应负担借款利息，扣除尚未动用借款资金存入银行取得的利息收入，予以转账。

9）2016年5月31日，计提本月份专门借款利息。

10）2017年3月31日，签发转账支票归还为建造仓库的专门借款本金及支付专门借款的利息支出。

要求：编制会计分录。

4. 练习应付债券的核算

资料（1）：A公司为扩大经营规模建造仓库，决定按面值420 000元发行债券，债券票面利率为8%，期限为2年，到期还本付息。将发生下列有关经济业务：

1）2015年4月25日，签发转账支票支付债券发行费用6 300元。

2）2015年4月30日，按面值发行的420 000元的债券发行完毕，收到债券发行款存入银行。

3）2015年4月30日，签发转账支票支付建造仓库第一期工程款240 000元。

4）2015年5月31日，按8%年利率计提本月份债券利息。

5）2016年4月30日，收到发行债券尚未动用的180 000元存入银行的利息收入1 296元。

6）2016 年 4 月 30 日，建造仓库竣工，签发转账支票支付建造仓库剩余工程款 180 000 元。

7）2016 年 4 月 30 日，建造仓库工程已达到预期可使用状态，并验收使用，建造仓库的全部工程款连同债券发行费用和应负担的应付债券利息，扣除尚未动用发行债券资金存入银行取得的利息收入构成了工程的全部决算，予以转账。

8）2015 年 5 月 31 日，按 8％年利率计提本月份债券利息。

9）2016 年 4 月 30 日，债券到期，签发转账支票，偿还本金并支付利息。

资料（2）：B 公司拓展经营业务建造售楼处，发行面值 600 000 元债券，债券票面利率为 9％，期限 3 年，每年付息一次，而市场实际利率为 8％，现发生下列有关经济业务：

1）2014 年 2 月 25 日，签发转账支票支付债券发行费用 9 000 元。

2）2014 年 2 月 28 日，面值 600 000 元债券发行完毕，收到溢价发行债券的全部款项，存入银行。

3）2014 年 3 月 1 日，签发转账支票支付建造售楼处第一期工程款 450 000 元。

4）2014 年 3 月 31 日，按 9％年利率计提本月份债券利息，并摊销本月份利息调整额。

5）2015 年 2 月 28 日，收到发行债券尚未动用的 150 000 元的存入银行的利息收入 1 080元。

6）2015 年 2 月 28 日，签发转账支票支付投资者 1 年期债券利息。

7）2015 年 2 月 28 日，建造的售楼处竣工，以银行存款付建造商场剩余工程款15 000元。

8）2015 年 2 月 28 日，建造的售楼处已达到预定可使用状态，并验收使用，工程决算包括工程款、债券发行费用、工程应负担的债券利息、扣除利息调整额和尚未动用发行债券资金存入银行取得的利息收入构成了工程的全部决算，予以转账。

资料（3）：A 公司为补充流动资金不足，发行面值 240 000 元的债券。债券票面利率为 7％，期限为 2 年，每年付息一次，而市场实际利率为 8％，现发生下列有关经济业务：

1）2014 年 3 月 28 日，以银行存款支付债券发行费用 3 600 元。

2）2014 年 3 月 31 日，面值 240 000 元的债券发行完毕，收到折价发行债券的全部款项，存入银行。

3）2014 年 4 月 30 日，按 7％年利率计提本月份债券利息，并摊销本月份利息调整额。

4）2015 年 3 月 31 日，支付投资者 1 年期利息。

5）2016 年 3 月 31 日，签发转账支票偿还债券全部本金并支付最后一年期债券利息。

要求：

（1）分别根据"资料（1）"、"资料（2）"、"资料（3）"，计算债券的发行价格。

（2）编制会计分录（利息调整额用直线法摊销）。

（3）用实际利率法计算利息调整各年的摊销额。

5. 练习长期应付款和专项应付款的核算。

资料（1）：A 房地产开发公司发生下列有关的经济业务：

1）1 月 2 日，签发转账支票支付融资租赁机器发生的手续费、律师费、印花税等初始直接费用 40 000 元。

2）1 月 12 日，以融资方式租入机器一台，租赁期为 4 年，租金为 120 000 元，其公允价值为 101 000 元。租赁合同规定折现率为 8%。租金于每年年末支付 30 000 元，租赁期届满时，再支付 1 200 元购买价，即取得机器的所有权，届时该机器的公允价值为 12 000 元。机器已达到预定可使用状态，验收使用。

3）1 月 31 日，摊销本月份未确认的融资费用。

4）12 月 31 日，签发转账支票，支付本年度机器的租金。

5）4 年后，12 月 31 日，租赁期已到，签发转账支票 1 200 元支付机器的购买价，取得了机器的所有权，予以转账。

资料（2）：B 房地产开发公司 2016 年发生下列有关的经济业务：

1）3 月 1 日，收到地方政府拨款 110 000 元，用于对陈旧设备进行技术改造，以解决其对环境的污染。

2）3 月 31 日，技术改造工程领用原材料 85 500 元，分配工资 9 000 元，计提职工福利费 1 260 元。

3）4 月 10 日，除污设备竣工，已达到预定可使用状态，验收使用，予以转账，并转销专项应付款。

4）4 月 15 日，将剩余的专项应付款返还地方政府。

要求：编制会计分录。

6. 练习预计负债的核算。

资料：A 房地产开发公司 2016 年发生下列有关的经济业务：

1）1 月 31 日，今年 1 月 15 日 B 公司因合同违约而涉及一项诉讼案，根据法律顾问判断，最终的判决很可能对本公司不利。至今尚未收到法院的判决，据专业人士估计，赔偿金额可能在 60 000 元至 80 000 元之间。

2）1 月 31 日，今年 1 月 22 日 B 公司因与 C 公司签订了互相担保协议而成为相关诉讼的第二被告，但至今尚未判决。由于 C 公司经营困难，本公司很可能要承担还款连带责任。据预计，本公司承担还款金额 100 000 元，责任的可能性为 55%，而承担还款金额 80 000 元的可能性为 45%。

3）1 月 31 日，本月共销售商品房 2 套，价款 4 000 000 元，根据售后保修规定，根据以往经验，商品房免费修理费占房款 10%；计提本月的预计负债。

4）1 月 31 日，本月修理商品房墙面、水管，共计修理费用 90 820 元，予以转账。

5）4 月 20 日，本公司因合同违约诉讼案经法院判决应赔偿原告 82 000 元，款项于判决生效后 10 日内支付，并承担诉讼费 6 200 元，诉讼费当即签发转账支票付讫。

6）4 月 30 日，签发转账支票 82 000 元，支付违约诉讼案的赔偿款。

7）5 月 10 日，因担保协议诉讼案经法院判决本公司应承担 C 公司的还款连带责任，还款金额为 70 000 元，款项于判决生效后 10 日内支付，并承担诉讼费 6 000 元，诉讼费当即签发转账支票支付。

要求：根据资料编制会计分录。

10 房地产开发企业所有者权益的核算

10.1 所有者权益概述

10.1.1 所有者权益的概念

所有者权益是企业资产扣除负债后，由所有者享有的剩余权益。在股份有限公司中，所有者权益又称为股东权益。

房地产开发企业必须拥有一定数量的资产，才能进行开发业务。企业取得资产的途径只有两个：一是由投资者投入；二是由债权人提供，投资人和债权人对企业资金运营的经济利益享有要求权，属于投资部分的权益称为所有者权益；属于债权人部分权益称为债权人权益。二者都是权益但是有区别的，主要表现在以下五个方面：

1) 性质不同。表现为负债是债权人对企业资产的求偿权，是债权人的权益，债权人与企业只有债权债务关系，到期可以收回本息；而所有者权益则是企业所有者对企业净资产的求偿权，包括所有者对企业投入的资本及其对投入资本的运作所产生的盈余的要求权，没有偿还期限。

2) 偿还责任不同。债权人要求企业按规定的时间和利率支付利息，到期偿还本金；而所有者权益在企业经营期内无须偿还，国有企业按照国家规定分配收益，股份制企业按照董事会的决定支付股利，其他企业按照企业最高层管理机构的决定分配利润。

3) 享受的权利不同。债权人通常只有享受收回本金和按事先约定的利息率收回利息的权利，既没有参与企业经营管理的权利，也没有参与企业收益分配的权利；而企业的所有者通常既具有参与企业经营管理的权利，也具有参与企业收益分配的权利。企业的所有者不仅享有法定的自己管理企业的权利，而且还享有委托他人管理企业的权利。

4) 计量特性不同。负债通常可以单独直接计量，而所有者权益除了投资者投资时以外，一般不能直接计量，而是通过资产和负债的计量来间接计量。

5) 风险和收益的大小不同。负债由于具有明确的偿还期限和约定的收益率，而且一旦到期就可以收回本金与相应的利息，因而风险较小，因为债权人承担的风险小，所以相应地债权人所获得的收益也较小；而所有者的投入资本，一旦投入被投资企业，一般情况下，不论企业未来经营状况如何，都不能抽回投资，因而承担的风险较大，相应地，收益也较高，当然也有可能要承担更大的损失。

10.1.2 所有者权益的分类

所有者权益按其形成的来源不同，可分为投入资本和留存收益两类。

（1）投入资本

投入资本是投资者投入资本和投入资本本身的增值，是所有者权益的主体。原始投入的所有者权益主要有国家、法人单位、个人及外商投资的资本金。按投入资本形成的渠道不同，又分为实收资本和资本公积。

（2）留存收益

留存收益是企业历年实现的净利润留存于企业的积累。主要包括累计计提的盈余公积和未分配利润。指定用途的叫盈余公积，未指定用途的叫未分配利润。企业提取的盈余公积可用于弥补亏损、转增资本（或股本），在符合规定的情况下也可用于发放现金股利或利润。

未分配利润通常用于留待以后年度向投资者进行分配。由于未分配利润属于未确定用途的留存收益，所以，企业在使用未分配利润上有较大的自主权，受国家法律法规的限制比较少。未分配利润是指企业留待以后年度分配的利润或未指定用途的利润。

10.2 实收资本的核算

10.2.1 实收资本与注册资金

实收资本指企业实际收到的投资者投入作为资本金的资金，及按照有关规定由资本公积金、盈余公积金转为资本金的资金。开办企业，必须依法筹集最低限度的资本金即注册资本。但是投资者的资本金，往往允许分次缴付，因此在核算上就有必要设置"实收资本"科目，来反映实际收到的资本金。投资者在缴清资本金后，企业的实收资本应与注册资本相一致。

公司的注册资本是公司的登记机关登记注册的资本额，也叫法定资本。注册资金是国家授予企业法人经营管理的财产或企业法人自有财产的数额体现。注册资本与注册资金的概念有很大差异。注册资金所反映的是企业经营管理权；注册资本则反映的是公司法人财产权，所有股东投入的资本一律不得抽回，由公司行使财产权。注册资金是企业实有资产的总和，注册资本是出资人实缴的出资额的总和。注册资金随实有资金的增减而增减，当企业实有资金比注册资金增加或减少20％以上时，要进行变更登记。而注册资本未经法定程序，不得随意增减。

二者区别，实收资本账面上等于注册资本，可以是钱、物、债权、技术等无形资产，在经评估后按估价计入实收资本，产生的费用支出，计入资本公积，它是对各股东所占份额的确认，在各股东所占比例确定时，股东多投入的部分不能计入实收资本，应计"资本公积"，实收资本在股份公司称为股本。有限责任公司的注册资本为在公司登记机关登记的全体股东认缴的出资额。公司全体股东的首次出资额不得低于注册资本的20％，也不得低于法定的注册资本最低限额（3万），其余部分由股东自公司成立之日起两年内缴足；其中，投资公司可以在5年内缴足。现金不低于注册资本的30％。

10.2.2 公司制企业

公司制企业是指由两个以上投资人（自然人或法人）依法出资组建，有独立法人财产，自主经营，自负盈亏的法人企业。出资者按出资额对公司承担有限责任。

其主要形式分为有限责任公司和股份有限公司两种，其区别如下：

1）公司设立时对股东人数要求不同。设立有限责任公司必须有2个以上股东，最多不得超过50个；设立股份有限公司应有3个或3个以上发起人，多者不限。

2）股东的股权表现形式不同。有限责任公司的权益总额不作等额划分，股东的股权是通过投资人所拥有的比例来表示的；股份有限公司的权益总额平均划分为相等的股份，股东的股权是用持有多少股份来表示的。

3）股份转让限制不同。有限责任公司不发行股票，对股东只发放一张出资证明书，股东转让出资需要由股东会或董事会讨论通过；股份有限公司发行股票，股票可以自由转让和交易。

10.2.3　房地产开发企业实收资本核算

房地产开发企业要进行开发经营，必须要有一定的资金。企业经营所需资金可以是投入的，也可以是借来的，投资者投入的资金就是企业的资本金。

房地产开发企业筹集的资本金，按照投资主体，分为国家资本金、法人资本金、个人资本金和外商资本金等。企业的资本金可以一次或分期筹集。一次筹集的，房地产开发企业根据国家法律、法规的规定，可以采取国家投资、各方集资或者发行股票等方式筹集资本金。投资者可以用货币、实物、无形资产等形式向企业投资。企业在筹集资本过程中，吸收投资者无形资产（不包括土地使用权）的出资额不得超过企业注册资本的20%；因情况特殊，需要超过20%的，应当经有关部门审查批准，但最高不得超过30%。企业筹集的资本金，必须聘请注册会计师验资并出具验资报告，由企业据以发给投资者出资证明书。房地产开发企业筹集的资本金，在开发经营期间内，投资者除依法转让外，不得以任何方式抽走投入资金。投资者按照出资比例或者合同章程的规定，分享企业利润和分担风险及亏损。

房地产开发企业对投资人的资本金，在"实收资本"账户（股份制房地产开发企业在"股本"账户）进行核算。

（1）设置"实收资本"账户

"实收资本"是所有者权益账户，用以核算企业接受投资者投入的资本。企业收到投资者投入的资本时，记入贷方；企业按照法定程序报批，经批准推出资本时，记入借方；期末余额在贷方，表示企业实收资本的总额。实收资本应按投资者进行明细分类核算。

（2）"实收资本"账户的核算

1）投资者以货币资金投资，应按投资者实际投入的货币资金，借记"银行存款"账户、"库存现金"账户，贷记"实收资本"账户；以人民币以外的某种外币作为记账本位币的企业，收到投资者投入的外币时，按规定的汇率折合为人民币，借记"银行存款"账户等，贷记"实收资本"账户，由于汇率不同产生的折算差额计入"资本公积"账户。

【例10-1】A房地产开发企业收到国家投入资金10 000 000元，B公司投资2 000 000元，均存入银行。作会计分录如下：

借：银行存款　　　　　　　　　　　　　　　　　10 000 000.00
借：银行存款　　　　　　　　　　　　　　　　　 2 000 000.00
　　贷：实收资本——国家资本金　　　　　　　　10 000 000.00
　　贷：实收资本——B公司　　　　　　　　　　　 2 000 000.00

2）投资者以非货币性资产投资，收到投资者投入的固定资产、材料物资、库存商品和无形资产时，按投资各方确认的价值借记"固定资产"账户、"原材料"账户、库存商品"账户、"无形资产"账户等，贷记"实收资本"账户。经营期间，企业需增资扩股时，如有新的投资者介入，其实际出资额超过投资者在企业注册资本中所占的份额部分，作为资本溢价，计入"资本公积"账户。

【例 10-2】 A 房地产开发企业收到 B 公司投入木材一批，双方协议作价 1 000 000 元，木料已验收入库。作会计分录如下：

借：原材料——木料   1 000 000.00

贷：实收资本——B 公司   1 000 000.00

【例 10-3】 A 房地产开发企业根据联营协议收到 B 公司投入挖掘机一台，其原值 550 000 元，已提折旧 180 000 元，投资双方确认价 390 000 元；同时又收到 B 公司专利权一项，双方协议 280 000 元。作会计分录如下：

借：固定资产——挖掘机   390 000.00

无形资产——专利权   280 000.00

贷：实收资本——B 公司   670 000.00

企业拨给所属内部独立核算单位用于房地产开发经营所需资金，应通过拨付所属资金账户进行核算，企业所属内部独立核算单位收到上级拨入资金，应通过"上级拨入资金"（所有者权益）账户核算，"上级拨入资金"账户借方核算上级企业从本单位收回的拨入资金，贷方核算上级企业实际拨入的资金，期末贷方余额反映上级企业拨入资金期末数额。

10.2.4 房地产开发企业库存股的核算

"库存股"作为所有者权益类科目，用来核算公司收购的尚未转让或注销的本公司股份金额，其特性与未发行的股票类似，没有投票权和分配股利的权利。

（1）库存股的用途

1）分配公司多余现金，通过股票回购方式增加股东利益，直接减少流通在外股票数，在盈利不变的情况下，每股股利增加，会使股价上升，股东会因此获得资本收益，相当于公司支付给股东股利。同时对资本收益征收的所得税远远低于对现金股利征收的所得税。

2）用于公司兼并或收购公司拥有回购的库存股，可用来交换被兼并或被收购公司的股票，以此减少公司的现金支出。

3）避免被兼并通过股票回购，可避免公司被他人控制。

4）改善公司资本结构。当公司的负债对权益的比率失衡时，就有可能对外举债，并用举债所得资金去回购自身股票，由此实现合理的资本结构，并发挥财务杠杆的作用。我国 2005 年修订的《公司法》第 143 条规定：公司不得收购本公司股票，但是减少公司注册资本，与持有本公司股份的其他公司合并，将股份奖励给本公司职工，股东因对股东大会作出的公司合并，分立决议持异议而要求公司收购其股份等 4 种情况除外。公司的库存股虽然仍可以在市场上销售出去（再发行），再度成为发行在外的股票，成为融通资金，是调度财务收支的一种手段。但在收回后未再出售之前，应该视为流通在外股票数的减少，在资产负债表上不能作为公司的资产，而是列为股东权益的减少；同时，这些股票不带有表决权，也无须为其支付股利。

（2）回购与再发行库存股会计处理

库存股回购与再发行，会计方法有面值法和成本法两种。

1）面值法，即库存股按面值记账的方法。面值法将库存股的购入和再售出分别视为独立的交易事项，两者之间没有关联，故又称为双重交易观点，面值法其会计处理要点是：当购入库存股时，按股票最初发行时的面值借记"库存股"；当收购库存股的成本，即取得库存股，超过面值时，超过部分先按库存股原来发行时的溢价借记"资本公积——

股本溢价"账户，然后将收购成本超过原来发行成本部分借记"利润分配——未分配利润"账户。如果取得库存股所付代价等于原来发行成本，应按原来发行时的溢价借记"资本公积——股本溢价"账户，若低于原来发行成本，原来发行价与取得库存股的成本之间的差额，应贷记同类股票的"资本公积——股本溢价"账户。当重新出售库存股时，视同新发行股票处理。

【例 10-4】A 房地产开发公司的普通股每股面值 10 元，原先以每股 11 元发行，现以每股 12 元收回 1 000 股。收回时，作会计分录如下：

借：库存股	10 000.00
借：资本公积——股本溢价（普通股）	1 000.00
借：利润分配——未分配利润	1 000.00
贷：银行存款	12 000.00

上例如低于面值（如 9.5 元）再发行，作会计分录如下：

借：银行存款	9 500.00
借：资本公积——股本溢价（普通股）	500.00
贷：库存股	10 000.00

假如普通股溢价在收回股票前贷方余额只有 1 200 元，由于收回时已减去 1 000 元，剩下 200 元，那么低于面值再发行形成的 500 元，只能在"资本公积——股本溢价"账户冲 200 元，另外 300 元则应在"利润分配"账户中扣除，重新作会计分录如下：

借：银行存款	9 500.00
借：资本公积——（股本溢价）普通股	200.00
借：利润分配——未分配利润	300.00
贷：银行存款	10 000.00

面值法主要适用于正式的资本收缩或意图减少资本，而一时又来不及办理正规的法定减资手续，或暂时还不愿办理这种手续的情况。

2）成本法，即库存股按成本计价，即按重新取得的成本入账。成本法是将库存股的购入和出售视为单一的交易，购入交易只是第一步，必须待将来再发行后交易才算完成。再发行价格如果超过购入成本，差额贷记"资本公积——股本溢价"账户；再发行价如果低于购入成本，应将损失先借记该类股票的"资本公积——股本溢价"账户，不足部分再借记"利润分配——未分配利润"账户。

【例 10-5】A 房地产开发公司的股东持有面值 10 元的普通股 2 000 股，公司后来以每股 12 元的价格重新购回 1 000 股。

① 重新购回时，作会计分录如下：

借：库存股	12 000.00
贷：银行存款	12 000.00

② 按收回成本再发行时，作会计分录如下：

借：银行存款	12 000.00
贷：库存股	12 000.00

③ 按高于成本（如 13 元）再发行时，作会计分录如下：

借：银行存款	13 000.00

贷：库存股	12 000.00
贷：资本公积——股本溢价（库存股）	1 000.00

④ 按低于成本（如 11 元）再发行时，（若"资本公积——股本溢价"足够冲销）作会计分录如下：

借：银行存款	11 000.00
借：资本公积——股本溢价（库存股）	1 000.00
贷：库存股	12 000.00

所以，成本法一般适用于收回的股票日后还要再发行的情况。我国回购库存股会计处理主要用成本法核算。

公司为减少注册资本而收购本公司股份的，应按实际支付的金额，借记"库存股"，贷记"银行存款"等账户；为奖励本公司职工而收购本公司股份的，应按实际支付的金额，借记"库存股"账户，贷记"银行存款"账户等，同时做备查登记。

（3）库存股转让及注销的会计处理

按照我国会计准则的规定，转让库存股，应按实际收到的金额，借记"银行存款"账户等，按转让库存股的账面余额，贷记"库存股"账户，按其差额，贷记"资本公积——股本溢价"账户；为借方差额的，借记"资本公积——股本溢价"账户，股本溢价不足冲减的，应借记"盈余公积"账户、"利润分配——未分配利润"账户。

注销库存股，应按股票面值和注销股数计算的股票面值总额，借记"股本"账户，按注销库存股的账面余额，贷记"库存股"账户，按其差额，借记"资本公积——股本溢价"账户，股本溢价不足冲减的，应借记"盈余公积"账户、"利润分配——未分配利润"账户。

【例 10-6】A 房地产开发公司以每股 11 元收回每股面值 10 元的普通股 1 000 股，注销时，假定"资本公积——股本溢价"余额只有 500 元，在成本法下作会计分录如下：

借：股本——普通股	10 000.00
借：资本公积——股本溢价	500.00
借：利润分配——未分配利润	500.00
贷：库存股	11 000.00

若所注销的库存股每股收回成本为 10.5 元时，则作会计分录如下：

借：股本——普通股	10 000.00
借：资本公积——股本溢价	500.00
贷：库存股	10 500.00

但是，如果上述经济业务是在面值法下，其会计处理却变得相当简单，只需作一笔简单的会计分录：

借：股本——普通股	10 000.00
贷：库存股	10 000.00

10.3 资本公积的核算

10.3.1 资本公积的概念

资本公积是指企业收到投资者出资额超过其在注册资本或股本中所占的份额及直接计

入所有者权益的利得和损失，它由资本溢价和其他资本公积两部分组成。

资本公积与实收资本虽然都属于投入资本范畴，但两者又有区别。实收资本一般是投资者投入的，为谋求价值增值的原始投资，而且属于法定资本。资本公积有特定来源，其主要来源是资本溢价，是投资者投入的超额资本。

10.3.2 资本溢价的核算

资本溢价是指企业收到投资者出资额超出其在注册资本中所占份额部分的金额。房地产开发企业的资本溢价主要发生在合资企业，由于企业在经营初期，收益较低，经过后期生产经营，会产生一定数额的留存收益，其盈利能力也会逐渐提高。当投资者中的一方要增加投资，或新的投资者要参与投资，新投资者要分享企业开创时的成果，因此新追加投资要付出大于原有投资者出资额的部分，即为资本溢价。另股份有限公司的资本溢价是发行股票的溢价净收入，这两类均列为"资本公积"账户。

"资本公积"账户是所有者权益类账户，用以核算企业收到投资者出资额超过其在注册资本或股本中所占份额的部分及直接计入所有者权益的利得和损失。当企业发生资本溢价和直接计入所有者权益利得及转销直接计入所有者权益损失时，记入贷方；当企业将资本公积转增资本和发生直接计入所有者权益损失及转销直接计入所有者权益利得时，计入借方；期末余额在贷方，表示企业资本公积的结存数额。"资本公积"账户二级明细有"资本公积——资本溢价"账户、"资本公积——其他资本公积"账户。

该明细账户反映企业实际收到的资本金额大于注册资本的差额。企业收到投资者投入资本时，按实际收到的资金价值，借记"银行存款"账户、"原材料"账户、"固定资产"账户等，按注册资本数额贷记"实收资本"账户，两者的差额贷记"资本公积"账户。

【例 10-7】A 房地产开发企业接受 B 公司投入仓库一座，按投资合同约定的价值 580 000元计量，投入的资金占企业注册资本 3 000 000 元的 18％。仓库已达到预定可使用状态，已验收使用，作会计分录如下：

借：固定资产——仓库　　　　　　　　　　　　　580 000.00
　　贷：实收资本—— B公司　　　　　　　　　　　　540 000.00
　　贷：资本公积——资本溢价　　　　　　　　　　　 40 000.00

股份有限公司溢价发行股票时，按实际收到金额，借记"银行存款"账户，按股票面值，贷记"股本"账户，按两者的差额，贷记"资本公积——资本溢价"账户。

对于股份有限公司发行股票时支付的手续费、佣全等，应从溢价收入中扣除；无溢价的或溢价收入不足以扣除的，作为财务费用，直接计入当期损益。

【例 10-8】A 股份有限公司发行普通股 100 万股，每股面值 1 元，发行价 6 元，发行过程中，支付手续费、佣全共计 18 万元。公司收到股款存入银行。作会计分录如下：

实收全额：$6 \times 100 - 18 = 582$（万元）

股票面值：$1 \times 100 = 100$（万元）

股本溢价：$582 - 100 = 482$（万元）

借：银行存款　　　　　　　　　　　　　　　　5 820 000.00
　　贷：股本　　　　　　　　　　　　　　　　　1 000 000.00
　　贷：资本公积——股本溢价　　　　　　　　　 4 820 000.00

【例 10-9】如上例发行价为每股 1.15 元，作会计分录如下：

实收全额：1.15×100－18＝97（万元）

借：银行存款   970 000.00

借：财务费用   30 000.00

 贷：股本   1 000 000.00

10.3.3　其他资本公积的核算

其他资本公积是指直接计入所有者权益的利得和损失。

其他资本公积，是指除资本溢价（股本溢价）、股权投资准备、拨款转入、外币资本折算差额、关联交易差价等各项来源形成的资本公积以外，因其他来源或原因形成的资本公积，其中主要是直接计入所有者权益的利得和损失。其他资本公积的核算内容如下：

1）权益法核算下，被投资单位除净损益之外的其他所有者权益变动，投资方计入"资本公积——其他资本公积"账户。

借：长期股权投资

 贷：资本公积——其他资本公积

2）存货或自用房地产转换为"以公允价值计量的投资性房地产"，转换日公允价值高于账面价值的金额计入"资本公积——其他资本公积"账户。

借：投资性房地产（以转换当日的公允价值计量）、累计折旧、公允价值变动损益（公允价值小于账面价值的差额列为损失）、资产减值准备（转换当时已提减值准备）。

 贷：固定资产、无形资产或存货（按转换当时的账面余额结转）、资本公积（公允价值大于账面价值的差额不得列为收益，而是追加资本公积）。

3）可供出售金融资产公允价值变动计入"资本公积——其他资本公积"账户。

借：可供出售金融资产——公允价值变动

 贷：资本公积——其他资本公积，或反之

4）金融资产重分类，在本教材第8章中已有叙述。

10.4　留存收益的核算

企业在生产经营中实现的净利润，属于所有者权益。可作为集体福利设施的资金来源，或留待以后年度予以分配。这部分净利润，在会计上就称为留存收益。留存收益按是否指定用途，分为盈余公积和未分配利润两大类。

1. 盈余公积的核算

（1）盈余公积的内容

盈余公积是指企业从税后利润中提取形成的，存留于企业内部，具有特定用途的收益积累。盈余公积根据用途不同分为两类：一是法定盈余公积。法定盈余公积按照税后利润的10％提取，法定盈余公积累计额已达注册资本的50％时可以不再提取。二是任意盈余公积。是企业按照股东大会的决议提取。但必须在公司发放了优先股股利后才能提取。法定盈余公积和任意盈余公积的区别就在于其各自计提的依据不同。前者以国家的法律或行政规章为依据提取；后者则由企业自行决定提取。在计算法定盈余公积的基数时，不应包括企业年初未分配利润。

企业提取的盈余公积可用于弥补亏损、扩大生产经营、转增资本（或股本）或派送新股等。盈余公积主要用于以下用途：

1）用于弥补企业亏损。弥补亏损的渠道主要有三条：一是用以后年度税前利润弥补。按照现行制度规定，企业发生亏损时，可以用以后五年内实现的税前利润弥补，即税前利润弥补亏损的期间为五年。二是用以后年度税后利润弥补。企业发生的亏损经过五年期间未弥补足额的，尚未弥补的亏损应用所得税后的利润弥补。三是以盈余公积弥补亏损。企业以提取的盈余公积弥补亏损时，应当由公司董事会提议，并经股东大会批准。

2）用于企业转增资本。根据股东大会决议，企业可以将盈余公积转增资本。但转增资本时要注意以下几个问题：①先要办理增资手续；②要按原有资本或股份比例进行结转；③转增资本后留存的盈余公积不得少于注册资本的25％。

3）用于分配股东股利。为了维护企业信誉，盈余公积分配股利时，股利率不能太高，不得超过股票面值的6％，且法定盈余公积金不得低于注册资本的25％。

（2）盈余公积的核算

"盈余公积"是所有者权益类账户，用以核算企业按规定从净利润中提取的盈余公积，其二级明细为"盈余公积——法定盈余公积"账户、"盈余公积——任意盈余公积"账户。企业提取盈余公积时，记入贷方；企业以盈余公积弥补亏损、转增资本、计提股东股利时，记入借方；期末余额在贷方，表示企业盈余公积的结存数。

【例10-10】A房地产开发公司实现净利润为3 000 000元，按10％的比例提取法定盈余公积，按5％提取任意盈余公积，作会计分录如下：

借：利润分配——提取法定盈余公积　　　　　　　　300 000.00
借：利润分配——提取任意盈余公积　　　　　　　　150 000.00
　　贷：盈余公积——法定盈余公积　　　　　　　　　　300 000.00
　　贷：盈余公积——任意盈余公积　　　　　　　　　　150 000.00

【例10-11】A房地产开发公司亏损380 000元，经批准以法定盈余公积弥补亏损。作会计分录如下：

借：盈余公积——法定盈余公积　　　　　　　　　　380 000.00
　　贷：利润分配——盈余公积补亏　　　　　　　　　　380 000.00

【例10-12】A房地产开发公司经股东大会批准以任意盈余公积200 000元转增资本。作会计分录如下：

借：盈余公积——任意盈余公积　　　　　　　　　　200 000.00
　　贷：实收资本或股本　　　　　　　　　　　　　　200 000.00

企业经股东大会或类似机构决议，用盈余公积分配现金股利或利润时，应借记"盈余公积"账户，贷记"应付股利"账户。

【例10-13】A房地产开发公司经股东大会批准以任意盈余公积300 000元转增资本。作会计分录如下：

借：盈余公积——任意盈余公积　　　　　　　　　　300 000.00
　　贷：应付股利——计提股东股利　　　　　　　　　　300 000.00

2. 未分配利润的核算

（1）未分配利润的含义

未分配利润是指企业留待以后年度进行分配的结存利润，它是企业所有者权益的组成部分。相对于所有者权益的其他部分来讲，企业对于未分配利润的使用分配有较大的自主权。从数量上来讲，未分配利润是期初未分配利润，加上本期实现的净利润，减去提取的各种盈余公积和分出利润后的余额。未分配利润有两层含义：一是留待以后年度分配的利润；二是未指定用途的利润。

（2）未分配利润的会计处理

在会计核算上，未分配利润是通过"利润分配——未分配利润"账户进行核算的。企业在生产经营过程中取得的收入和发生的成本费用，最终通过"本年利润"账户进行归集，计算出当年的净利润，然后转入"利润分配——未分配利润"账户进行分配。年度终了，再将"利润分配"账户下的各明细账户（其他转入、提取法定盈余公积、提取任意盈余公积、应付普通股股利等）余额转入"未分配利润"明细账户。结转后，"未分配利润"明细账户的贷方余额，就是年末未分配利润的数额。如出现借方余额，则表示年末未弥补亏损的数额。其具体核算方法将在本教材第12章中阐述，在此不再赘述。

本 章 习 题

思考题：

1. 什么是所有者权益？

2. 试述所有者权益与负债的关系。

3. 什么是投入资本？什么是留存收益？

4. 什么是实收资本？什么是注册资金？

5. 企业增减资本的途径主要有哪些？

6. 什么是股份？什么是股票？

7. 什么是库存股？怎样支付股份？

8. 什么是资本公积？什么是资本溢价和其他资本公积？

9. 什么是盈余资本？

10. 什么是留存收益？

11. 什么是利润分配？怎样形成？

练习题：

1. 练习实收资本的核算。

资料：（1）A房地产开发企业2015年5月发生如下经济业务。

①5月2日，收到某股东投入人民币10 000 000元，存入银行。

②5月4日，收到B公司投入钢材一批，双方协议作价100 000元，材料已验收入库。

③5月6日，根据联营协议收到C单位投入机器设备1台，设备原值200 000元，已提折旧50 000元，投资双方确认价150 000元；同时收到一项专利，双方协议作价100 000元。

（2）D房地产开发企业创立时由甲、乙、丙三人各投资100 000元，总资本共3 000 000元，3年后取得留存收益800 000，现有丁投资者出资1 500 000元，以银行存款支付出资额，取得甲、乙、丙相同的投资比例。

（3）丙房地产股份有限公司委托证券公司代理发行普通股100 000股，每股面值1

元，发行价 2.50 元，代理发行的手续费按发行收入的 3％从发行收入中扣除。

要求：根据上述资料编制会计分录。

2. 练习股东权益结构变化的核算。

资料：A 房地产股份有限公司发行在外的普通股为 10 000 000 股，每股面值为 1 元，2015 年 12 月 31 日资产负债表中的股东权益项目构成如下：

股本（普通股 10 000 000 股，每股面值 1 元）　　　　10 000 000

资本公积　　　　　　　　　　　　　　　　　　　　　15 000 000

盈余公积　　　　　　　　　　　　　　　　　　　　　　4 500 000

未分配利润　　　　　　　　　　　　　　　　　　　　　2 000 000

股东权益合计　　　　　　　　　　　　　　　　　　　　31 500 000

2016 年 5 月 12 日，股东大会决议并宣告于 6 月 15 日按 10％的比例发放股票股利，每股的价格为 1.8 元。

要求：

(1) 根据上述资料编制会计分录。

(2) 列示发放股票股利后的股东权益构成。

3. 练习盈余公积的核算。

资料：① A 房地产开发企业 2015 年实现税后利润 7 500 000 元，分别按税后利润的 10％、5％提取法定盈余公积和法定公益金。

② 该企业 2015 年用法定公益金自建职工宿舍楼，价值 1 200 000 元，竣工后交付使用。

③ 2016 年，该企业亏损 5 000 000 元，经董事会决议用以前年度提存的盈余公积弥补亏损。

④ 2016 年，该公司董事会决议，将盈余公积 300 000 元转增资本，经有关部门批准并办妥增资手续。

要求：根据上述资料编制会计分录。

4. 练习利润分配的核算。

资料：

① 2016 年 12 月，A 房地产开发企业收到甲公司投入的设备一台，原价为 500 000 元，已提折旧 18 200 000 元，双方协商作价为 350 000 元；存货一批，其中原材料协商作价 58 500 元，专用工具协商作价 35 100 元，均已验收入库。

② 该企业年初累计未弥补亏损 700 000 元，现在决定用以前年度提取的盈余公积来弥补亏损。

③ 2016 年，该企业取得税后净利润 2 000 000 元，分别按税后利润的 10％、5％提取法定盈余公积和法定公益金；经股东会决议，以税后利润分配现金股利 250 000 元；另外，企业为职工之家购置音响设备一台，共计 50 000 元，以银行存款支付。

要求：根据上述资料编制会计分录。

5. 练习资本公积和盈余公积的核算。

资料：A 房地产开发公司 12 月份发生下列经济业务：

① 1 日，公司原有注册资本 4 000 000 元，留存收益 320 000 元。经批准将注册资本

增至 5 000 000 元。今收到 B 公司出资的支票 520 200 元，存入银行。其投入资金占企业注册资本的 8.7%。

② 2 日，公司收到外商 C 公司汇入 110 000 美元，当日汇率为 1∶8.18。其投入资金占企业注册资本的 11.33%。

③ 31 日，本公司持有 D 公司 40% 的股权，采用权益法核算，年末 D 公司除净损益外，所有者权益增加了 30 000 元，持股比例不变，予以转账。

④ 31 日，本公司净利润为 5 000 000 元，按 10% 的比例提取法定盈余公积，按 5% 的比例提取任意盈余公积。

⑤ 31 日，经批准将资本公积 100 000 元、法定盈余公积 150 000 元转增资本。

要求：根据题中资料编制会计分录。

11 房地产开发企业开发成本核算

11.1 房地产开发企业开发成本的构成

房地产的开发、建设和经营，是房地产开发经营企业的基本经济活动。在开发经营过程中，企业一方面要建成并向社会提供可供使用的房屋、建设场地、基础设施和配套设施；另一方面还要发生人、财、物等耗费。房地产开发企业在开发经营过程中发生的各种耗费，包括物化劳动耗费和活劳动的耗费，统称为成本与费用。成本与费用包括了开发成本与期间费用两大类。其中开发成本是指开发现场发生的各项耗费，包括土地受让金、土地征用及拆迁补偿费、前期工程费、建筑安装工程费、基础设施建设费、公共配套设施费及为进行现场管理发生的各项开发间接费用。期间费用是指企业在现场以外，企业行政管理部门为组织管理生产发生的管理费用、销售部门为开发产品的销售而发生的各项销售费用及企业为筹集资金发生的财务费用。

11.1.1 房地产开发企业开发成本的内容

房地产开发企业开发成本是房地产开发企业在房地产开发经营过程中所耗费的对象化的各项费用，要核算开发成本，首先要确定开发成本的种类和内容。

开发成本按其所开发的产品种类和性质的不同，可分为以下四类：

（1）土地开发成本

土地开发成本指房地产开发企业开发土地（即建设场地）所发生的各项费用支出。包括：开发房地产而取得的土地使用权所支付的土地出让金、土地征用费、耕地占用费、劳动力安置费、地上和地下附着物拆迁净支出及安置拆迁用房支出等。

（2）房屋开发成本

房屋开发成本是指房地产开发企业开发各种房屋（包括商品房、出租房、周转房、代建房等）所发生的各项费用支出。

（3）配套设施开发成本

配套设施开发成本是指房地产开发企业开发能有偿转让的大型配套设施及不能有偿转让、不能直接计入开发成本的公共配套设施所发生的各项费用支出。

（4）代建工程开发成本

代建工程开发成本是指房地产开发企业接受委托单位的委托，代为开发土地、房屋以外的其他工程，如市政工程等所发生的各项费用支出。

11.1.2 房地产开发企业开发成本的项目

为了正确核算房地产开发企业开发成本，在会计核算中，按照开发成本的费用组成特点将开发成本总体划分为以下六个项目，即为成本项目。

（1）土地征用及拆迁补偿费或批租地价

指为取得土地开发使用权而发生的各项费用，主要包括以下内容：

1）土地征用费：支付的土地出让金、土地转让费、土地效益金、土地开发费，交纳的契税、耕地占用税，土地变更用途和超面积补交的地价、补偿合作方地价、合作项目建房转入分给合作方的房屋成本和相应税金等。

2）拆迁补偿费：有关地上、地下建筑物或附着物的拆迁补偿支出，安置及动迁支出，农作物补偿费，危房补偿费等；拆迁旧建筑物回收的残值应估价入账，分别冲减有关成本。

3）公共配套设施费：指向政府部门交纳的大市政配套费，征用生地向当地市政公司交纳的红线外道路、水、电、气、热、通信等工程的建造费、管线铺设费等。

4）其他：如土地开发权批复费、土地面积丈量测绘费等。

（2）前期工程费

指在取得土地开发权之后、项目开发前期的筹建、规划、设计、可行性研究、水文地质勘察、测绘、"三通一平"等前期费用。主要包括以下内容：

1）项目整体性批报建费：项目报建时按规定向政府有关部门交纳的报批费。如：人防工程建设费、规划管理费、新材料基金（或墙改专项基金）、教师住宅基金（或中小学教师住宅补贴费）、拆迁管理费、招投标管理费等。

2）规划设计费：项目立项后的总体规划设计费、单体设计费、管线设计费、改造设计费、可行性研究费（含支付社会中介服务机构的市场调研费），制图、晒图费，规划设计模型制作费，方案评审费。

3）勘测丈量费：水文、地质、文物和地基勘察费，沉降观测费，日照测试费、拨地钉桩验线费、复线费、定线费、放线费、建筑面积丈量费等。

4）"三通一平"费：接通红线外施工用临时给水排水（含地下排水管、沟开挖铺设费用）、供电、道路（含按规定应交的占道费、道路挖掘费）等设施的设计、建造、装饰和进行场地平整发生的费用（包括开工前垃圾清运费）等。

5）临时设施费：工地甲方临时办公室，临时场地占用费，临时借用空地租费及沿红线周围设置的临时围墙、围栏等设施的设计、建造、装饰等费用。临时设施内的资产，如空调、电视机，家具等不属于临时设施费。

6）预算编、审费，支付社会中介服务机构受聘为项目编制或审查预算而发生的费用。

7）其他：包括挡光费、危房补偿鉴定费、危房补偿鉴定技术咨询费等。

（3）基础设施费

指项目开发过程中发生的小区内、建筑安装工程施工图预算项目之外的道路、供电、供水、供气、供热、排污、排洪、通信、照明、绿化等基础设施工程费用，红线外 2m 与市政接口的费用，以及向水、电、气、热、通信等大市政公司交纳的费用。主要包括以下内容：

1）道路工程费：小区内道路铺设费。

2）供电工程费：变（配）电设备的购置费，设备安装及电缆铺设费、电源建设费，交纳的电增容费等。

3）给水排水工程费：自来水、雨（污）水排放、防洪等给水排水设施的建造、管线铺设费用及向自来水公司交纳的水增容费等。

4）煤气工程费：煤气管道的铺设费、增容费、集资费，煤气配套费，煤气发展基金、煤气挂表费等。

5）供暖工程费：暖气管道的铺设费、集资费。

6）通信工程费：电话线路的铺设、电话配套费，电话电缆集资费，交纳的电话增容费等。

7）电视工程费：小区内有线电视（闭路电视）的线路铺设和按规定应交纳的有关费用。

8）照明工程费：小区内路灯照明设施支出。

9）绿化工程费：小区内人工草坪、栽花、种树等绿化支出；绿地建设费。

10）环卫工程费：指小区内的环境卫生设施支出。如垃圾站（箱）、公厕等支出。

11）其他：小区周围设置的永久性围墙、围栏支出、园区大门、园区监控工程费、自然下沉整改费等。

（4）建筑安装工程费

指项目开发过程中发生的列入建筑安装工程施工图预算项目内的各项费用（含设备费、出包工程向承包方支付的临时设施费和劳动保险费），有甲供材料、设备的，还应包括相应的甲供材料、设备费。发包工程应依据承包方提供的经甲方审定的"工程价款结算单"来确定。主要包括以下内容：

1）土建工程费

① 基础工程费：土石方、桩基、护壁（坡）工程费，基础处理费、桩基咨询费。

② 主体工程费：即土建结构工程费（含地下室部分）。

③ 有甲供材料的，还应包括相应的甲供材料费。

2）安装工程费

① 电气（强电）安装工程费：主体工程内的照明等电气设施安装费，有甲供材料、设备的，还应包括相应的甲供材料、设备费。

② 电信（弱电）安装工程费：主体工程通信、保安监视、有线电视系统等电信设施安装费。

③ 给水排水安装工程费：主体工程内的上下水、热水等给水排水设施安装费。

④ 电梯安装工程费：主体工程内的电梯及其安装、调试费。

⑤ 空调安装工程费：主体工程内的换热站、冷冻站、风机盘管控制、楼宇自控系统等空调设施安装费。

⑥ 消防安装工程费：主体工程内的自动喷洒、消防栓、消防报警系统等消防设施安装费。

⑦ 煤气安装工程费：主体工程内的煤气管线等燃气设施安装费。

⑧ 采暖安装工程费：主体工程内的水暖、汽暖等供热设施安装费。

⑨ 上述各项如有甲供材料、设备，还应分别包括相应的甲供材料、设备费。

3）装修工程费

内外墙、地板（毯）、门窗、厨洁具、电梯间、天（顶）篷、雨篷等的装修费，有甲供材料的，还应包括相应的甲供材料费。

4）项目或工程监理费

指支付给聘请的项目或工程监理单位的费用。

5）其他

工程收尾所发生的零星工程费和乙方保修期后应由开发商承担的维修费（零星工程费和乙方保修期后应由开发商承担的维修费能够归类的，应按从属主体原则归类计入上述相应费用中）、现场垃圾清运费、工程保险费等。

（5）配套设施费

指房屋开发过程中，根据有关法规，产权及其收益权不属于开发商，开发商不能有偿转让也不能转作自留固定资产的公共配套设施支出。该成本项目下按各项配套设施设立明细科目，具体核算内容可区别以下情况：

1）在开发小区内发生的不会产生经营收入的不可经营性公共配套设施支出，如建造消防、水泵房、水塔、锅炉房（建筑成本）、变电所（建筑成本）、居委会、派出所、岗亭、儿童乐园、自行车棚、景观（建筑小品）、环廊、街心公园、凉亭等设施的支出。

2）在开发小区内发生的根据法规或经营惯例，其经营收入归于经营者或业委会的可经营性公共配套设施的支出，如建造幼托、邮局、图书馆、阅览室、健身房、游泳池、球场等设施的支出。

3）开发小区内城市规划中规定的大配套设施项目不能有偿转让和取得经营收益权时，发生的没有投资来源的费用。

4）对于产权、收入归属情况较为复杂的地下室、车位等设施，应根据当地政府法规、开发商的销售承诺等具体情况确定是否摊入本成本项目。如开发商通过补交地价或人防工程费等措施，得到政府部门认可，取得了该配套设施的产权，则应作为经营性项目独立核算。

（6）开发间接费

开发间接费用是指房地产开发企业内部独立核算单位在开发现场组织管理开发产品而发生的各项费用。这些费用虽也属于直接为房地产开发而发生的费用，但它不能确定其为某项开发产品所应负担，因而无法将它直接记入各项开发产品成本。为了简化核算手续，将它先记入"开发间接费用"账户，然后按照适当分配标准，将它分配记入各项开发产品成本。开发间接费用应设如下明细项目进行核算：

1）工资指开发企业内部独立核算单位现场管理机构行政、技术、经济、服务等人员的工资、奖金和津贴。

2）福利费指按上项人员工资总额的一定比例（目前为14%）提取的职工福利费。

3）折旧费指开发企业内部独立核算单位使用属于固定资产的房屋、设备、仪器等提取的折旧费。

4）修理费指开发企业内部独立核算单位使用属于固定资产的房屋、设备、仪器等发生的修理费。

5）办公费指开发企业内部独立核算单位各管理部门办公用的文具、纸张、印刷、邮电、书报、会议、差旅交通、烧水和集体取暖用煤等费用。

6）水电费指开发企业内部独立核算单位各管理部门耗用的水电费。

7）劳动保护费指用于开发企业内部独立核算单位职工的劳动保护用品的购置、摊销和修理费，供职工保健用营养品、防暑饮料、洗涤肥皂等物品的购置费或补助费及工地上职工洗澡、饮水的燃料费等。

8）周转房摊销不能确定为某项开发项目安置拆迁居民周转使用的房屋计提的摊销费。

9）利息支出指开发企业为开发房地产借入资金所发生而不能直接记入某项开发成本的利息支出及相关的手续费，但应冲减使用前暂存银行而发生的利息收入。开发产品完工以后的借款利息，应作为财务费用，记入当期损益。

10）其他费用指上列各项费用以外的其他开发间接费用支出。

11.1.3 房地产开发企业开发成本核算的特点

（1）成本构成复杂，核算难度大

房地产开发企业的开发成本从构成角度来讲，由六个成本项目构成。但是针对具体的成本核算对象，其包含的成本项目及具体内容也存在着极大的差别，因此其核算难度大。

（2）核算时间跨度长

房地产项目的开发时间相对于普通的产品生产时间而言，耗用时间更长，因此其成本核算周期跨度大。

（3）不同项目核算差异性较大

房地产开发企业的开发产品具有单件性的特点，不同的开发项目，其设计、开发过程中材料的使用及开发过程都存在着差异，其成本核算也就存在着不同。

（4）滚动开发核算难度大

房地产项目一般具有开发周期长的特点，因此其项目的完工通常具有分期性、滚动性的特点。相应地，其成本的核算也具有滚动性特点，增加了核算难度。

11.1.4 房地产开发企业开发成本核算的注意事项

在房地产开发企业成本核算过程中，为了正确计算开发成本，需要对开发过程中所发生的各项费用进行正确划分。

1）划清成本核算对象的界限；

2）划清各成本项目的界限；

3）划清各期成本之间的界限（权责发生制）；

4）划清主体工程与公共配套设施工程之间的界限。配套设施竣工后，不能有偿转让的按照合理的分配方法分配计入有关开发产品的成本，能有偿转让的配套设施，单独作为库存商品处理，不得分配计入其他开发产品的成本；

5）划清完工开发产品与未完工开发产品的界限；

6）划清实际成本与计划成本、预算成本之间的界限。做到计算口径一致，不得以计划成本代替实际成本。

11.1.5 开发成本费用核算的账务处理程序

开发项目采用不同方式进行施工，成本费用核算的账务处理程序不尽相同。鉴于房地产开发企业属于高智能的管理组织，一般采用出包方式进行开发项目的施工。开发成本费用核算的具体步骤如下。

1）将属于直接费用的土地征用及补偿费、前期工程费、基础设施费和建筑安装工程费等，直接计入"开发成本"账户及相应的成本核算项目中；

2）将日常应由开发产品成本负担的间接费用，记入"开发间接费用"账户进行归集；

3）期末，按一定的分配标准将开发间接费用在开发产品之间进行分配，计入相关的开发产品的"开发成本"账户中；

4）计算并结转完工开发工程成本；

5）结转本期发生的期间费用，将其计入当期损益。

11.1.6 开发成本费用核算的科目设置

（1）"开发成本"账户

为了核算各项开发成本，房地产开发企业要设置"开发成本"总账科目。该科目为成本类，核算房地产企业在开发过程中所发生的各项实际成本的增减变化，借方登记产品开发过程中所发生的各项费用，贷方登记开发产品完工后结转到"开发产品"账户的开发产品的实际成本。期末借方余额反映的是正在开发，尚未完工的各开发项目已发生的实际成本。

该账户应按开发产品的内容不同设置开发成本二级账，设置"土地开发"、"房屋开发"等二级账户进行分类核算。例如：开发成本——土地开发、开发成本——配套设施开发等。

为了具体核算每一开发项目的成本，应在开发成本二级账户下再按各个开发项目设置明细账（三级账），进行明细核算。例如：开发成本——土地开发（A 土地）/（B 土地）等。

开发成本一级账户和二级账户应采用三栏式账页，而三级账应采用借方多栏式账页，以分别记录和反映各不同的成本项目。

（2）"开发间接费用"是成本类账户：是用来核算房地产开发企业在开发现场发生的为直接组织和管理开发项目而发生的各项间接费用，如现场管理人员的薪酬、现场房屋设备的折旧费、现场办公费、水电费、劳动保护费、工程借款利息支出和周转房摊销等。

该账户借方登记开发现场发生的各项间接费用，贷方登记期末分配转入"开发成本"账户的开发间接费用。月末结转后，该账户应无余额。

该账户应按企业不同的开发现场设置明细账，进行明细核算。例如：

开发间接费用——甲开发现场

开发间接费用——乙开发现场等

开发间接费用明细账应采用借方多栏式账页，以记录和反映各不同的费用项目。

（3）"开发产品"，是资产类账户，核算房地产开发企业已经完成全部开发建设过程，并已验收合格，符合国家建设标准和设计要求，可以按照合同规定的条件移交订购单位，或作为对外销售、出租的产品的增加、减少、结存情况。本账户借方登记已竣工验收的开发产品的实际成本，贷方登记月末结转的已销售、转让、结算或出租的开发产品的实际成本。月末借方余额表示尚未销售、转让、结算或出租的各种开发产品的实际成本。本账户应按开发产品的种类，如土地、房屋、配套设施和代建工程等设置明细账户，并在明细账户下，按成本核算对象设置账页。

成本、费用的核算是房地产开发企业会计核算的中心环节。由于成本与费用发生于企业开发经营过程的始终，它代表了企业整体的消耗水平，也反映了企业的经营管理水平，因此搞好企业的成本、费用核算，对于控制企业的各项费用支出、降低开发成本、提高经济效益，增强企业的市场竞争力，有着重要的意义。

11.2　房地产开发企业土地开发成本的核算

11.2.1　土地开发成本核算对象的确定及成本项目的设置

土地开发也称建设场地开发，是指对原有土地进行改造使之具备一定的建设条件。

（1）土地开发的用途

房地产开发企业开发的土地按用途可将其分为如下两种：一种是为了转让、出租而开发的商品性土地，土地本身就是开发产品，其费用单独构成土地开发成本；另一种是为开发商品房、出租房等而开发的自用土地，其最终是为了开发房屋，其费用直接或分配构成房屋开发成本。前者是企业的最终开发产品，其费用支出单独构成土地的开发成本；而后者则是企业的中间开发产品，其费用支出应计入商品房、出租房等有关房屋开发成本。

（2）土地开发成本计算对象的确定

确定成本核算对象，就是为了按成本计算对象归集各项费用，并结转成本。为了既有利于土地开发支出的归集，又有利于土地开发成本的结转，对需要单独核算土地开发成本的开发项目，可按下列原则确定土地开发成本的核算对象：

1）一般的土地开发，对开发面积不大、开发工期较短的土地，应以每一个独立的开发项目作为一个成本核算对象。但对于开发面积较大、工期较长、分区域开发的土地，可以将一个独立的开发项目划分若干区域，以一定的区域作为成本核算对象。

2）对开发面积较大、开发工期较长、分区域开发的土地，可以一定区域作为土地开发成本核算对象。

成本核算对象应在开工之前确定，　经确定就不能随意改变，更不能相互混淆。

（3）土地开发账户及成本项目的设置

土地开发成本应在"开发成本——土地开发"账户这一二级账中进行核算。该账户借方登记各项土地开发发生的成本，贷方登记土地开发完成结转到"开发产品"账户的土地开发成本。

为了具体核算每一项土地开发的成本情况，在该二级账户下要设置多栏式"土地开发成本明细账"账户（三级账）进行核算。该明细账按不同的土地开发项目或不同的开发区域设置明细账户。该明细账应采用借方多栏式账页。

在明细账（三级账）内要按照不同的成本项目设置专栏。土地开发成本通常划分以下成本项目：

1）土地征用及拆迁补偿费。包括为开发房地产而取得土地使用权所支付的土地出让金、土地征用费、耕地占用税、劳动力安置费及地上、地下拆迁补偿的净支出、安置动迁房等。

2）前期工程费。包括设计规划费、项目可行性研究费、水文地质及工程地质勘察费、测绘费及"三通一平"支出等。

3）基础设施费。包括开发小区内道路、供水、供气、排污、排洪、通信、照明、环卫、绿化等工程发生的支出。

4）公共配套设施费。指不能有偿转让的开发小区内建设公共配套设施发生的支出，如开发小区内消防、锅炉房、水塔等设施的支出。

5）开发间接费用。是指企业所直属组织、管理开发项目发生的各项费用。包括现场管理人员的薪酬、现场房屋设备的折旧费、现场办公费、水电费、劳动保护费、工程借款利息支出和周转房摊销等，见表11-1。

土地开发明细账

表 11-1

成本核算对象：××土地

| 年 | | 凭证号 | 摘要 | 借 方 | | | | | 贷方 | 余额 |
月	日			土地征用及拆迁补偿费	前期工程费	基础设施费	公共配套设施费	开发间接费用		

11.2.2 房地产开发企业土地开发成本的归集和结转

（1）土地开发成本的归集

1）土地开发成本归集的会计处理

① 开发商品性建设场地所发生的成本，直接计入"开发成本——土地开发"账户明细成本账的项目中。

② 开发自用建设场地所发生的成本费用，能够分清负担对象的，可以直接计入"开发成本——房屋开发成本"账户明细账户的成本项目中，不必单独核算土地开发的成本。

③ 开发自用建设场地所发生的费用，如果涉及两个以上的成本核算对象的，应先归集所发生的费用，计入"开发成本——土地开发"账户明细成本账的项目中。待开发完毕投入使用时，再按照一定的标准分配计入房屋建筑物等的开发成本。为了避免多次分配，对需要分配计入不能有偿转让的公共配套设施费，可以直接分配计入有关商品房等开发产品成本，不再进行归集。

2）土地开发成本归集举例

【例 11-1】A 房地产开发企业 2016 年 8 月份共对两块土地进行开发，其中甲土地为商品性土地开发，乙土地为自用土地开发，乙土地开发完工后供建设商品房 1 号楼和 2 号楼使用，1 号楼与 2 号楼标准和规格不同，需要单独核算成本。8 月份共发生下列经济业务：

① 8 月 2 日，用银行存款支付甲土地征用费 50 万元，支付乙土地拆迁补偿费 48 万元。作会计分录如下：

借：开发成本——土地开发（甲土地）　　　　　　　　　　500 000.00
借：开发成本——土地开发（乙土地）　　　　　　　　　　480 000.00
　贷：银行存款　　　　　　　　　　　　　　　　　　　　980 000.00

② 8 月 4 日，用银行存款支付项目可行性研究费，其中甲土地 1.5 万元，乙土地 2 万元。作会计分录如下：

借：开发成本——土地开发（甲土地）　　　　　　　　　　 15 000.00
借：开发成本——土地开发（乙土地）　　　　　　　　　　 20 000.00
　贷：银行存款　　　　　　　　　　　　　　　　　　　　 35 000.00

③ 8 月 15 日，B 施工企业承包的基础设施工程已经竣工，甲土地应付工程款 28 万

元，乙土地应付工程款 20 万元，款未付。作会计分录如下：

　　借：开发成本——土地开发（甲土地）　　　　　　　　280 000.00
　　借：开发成本——土地开发（乙土地）　　　　　　　　200 000.00
　　　贷：应付账款——B 施工企业　　　　　　　　　　　480 000.00

　　④ 8 月 20 日，由 C 建筑公司承建的甲土地不能有偿转让的公共配套设施水塔已竣工，实际成本 22 万元，款项尚未支付。作会计分录如下：

　　借：开发成本——土地开发（甲土地）　　　　　　　　220 000.00
　　　贷：应付账款——C 建筑公司　　　　　　　　　　　220 000.00

　　⑤ 8 月 31 日分配土地开发应负担的开发间接费用 8 万元，其中甲土地承担 5 万元，乙土地承担 3 万元。作会计分录如下：

　　借：开发成本——土地开发（甲土地）　　　　　　　　50 000.00
　　借：开发成本——土地开发（乙土地）　　　　　　　　30 000.00
　　　贷：开发间接费用　　　　　　　　　　　　　　　　80 000.00

　　（2）土地开发成本的结转

　　1）土地开发成本结转的原则

　　已完工土地开发成本的结转，应根据已完成开发土地的用途——商用性土地或自用性土地，采用不同的结转方法，将成本转入到相应的受益对象成本之中。

　　① 房地产开发企业取得的土地使用权用于建造对外出售的房屋建筑物，相关的土地使用权应当计入所建造的房屋建筑物成本。

　　② 企业外购的房屋建筑物，实际支付的价款中包括土地及建筑物的价值，则应当对支付的价款按照合理的方法，在使用权之间进行合理分配的，应当全部作为固定资产，按照固定资产确认和计量的规定进行处理。

　　③ 依照土地使用权的用途，将其用于出租或增值目的时，应将其转为投资性房地产。

　　2）土地开发成本结转的会计处理

　　① 商品性建设的场地，开发完工后，应作借记"开发产品——土地"账户，贷记"开发成本——商品性土地开发成本"账户。

　　② 自用的建设场地，开发完工投入使用时，借记"开发成本——房屋开发"账户，贷记"开发成本——土地开发"账户。

　　③ 自用的建设场地，开发完工暂时不使用时，应作借记"开发产品——土地"账户，贷记"生产成本——土地开发"账户。

　　3）土地开发成本结转的方法

　　① 分项平行结转法。就是将应结转土地开发费用，按成本项目分别平行转入有关房屋开发成本成本项目内。

　　② 归类集中结转法。就是将应结转的各项土地开发费用，归类合并为"土地征用及拆迁补偿费"账户和"基础设施费"账户两个费用项目，然后转入有关房屋开发成本的"土地征用及拆迁补偿费"账户和"基础设施费"账户成本项目。

　　4）土地开发成本结转核算举例

　　【例 11-2】根据【例 11-1】资料，A 房地产公司 8 月份的土地开发项目于月末完工，8 月 31 日，甲土地已开发完工，共开发建设场地 10 000m²，总成本 1 065 000 元。乙土地已开发完工并交付1号楼和2号楼开发使用，实际总成本73万元，按各楼实际占用面积进行分配，1号楼应负担土地开发成本28万元，2号楼应负担土地开发成本45万元。

完成结转甲土地开发成本，作会计分录如下：

借：开发产品——土地（甲土地）　　　　　　　　1 065 000.00
　　贷：开发成本——土地开发（甲土地）　　　　　　1 065 000.00

完成结转乙土地开发成本，作会计分录如下：

借：开发成本——房屋开发（1号楼）　　　　　　　280 000.00
借：开发成本——房屋开发（2号楼）　　　　　　　450 000.00
　　贷：开发成本——土地开发（乙土地）　　　　　　730 000.00

并登记甲土地、乙土地成本明细账见表11-2、表11-3。

土地开发明细账　　　　　　　　表11-2

成本核算对象：甲土地

| 2016 | | 凭证号 | 摘要 | 借方 | | | | | 贷方 | 余额 |
月	日			土地征用拆迁补偿费	前期工程费	基础设施费	公共配套设施费	开发间接费		
8	2	1	土地征用费	500 000						
8	4	2	可行性研究费		15 000					
8	15	3	应付基础设施费			280 000				
8	20	4	应付公共配套设施费				220 000			
8	31	5	分配开发间接费					50 000		
8	31	6	结转已完工建设场地实际成本						1 065 000	
			本月合计	500 000	15 000	280 000	220 000	50 000	1 065 000	0

土地开发明细账　　　　　　　　表11-3

成本核算对象：乙土地

| 2016 | | 凭证号 | 摘要 | 借方 | | | | | 贷方 | 余额 |
月	日			土地征用拆迁补偿费	前期工程费	基础设施费	公共配套设施费	开发间接费		
8	2	1	土地征用费	480 000						
8	4	2	可行性研究费		20 000					
8	15	3	应付基础设施费			200 000				
8	31	5	分配开发间接费					30 000		
8	31	6	结转已完工建设场地实际成本						730 000	
			本月合计	480 000	20 000	200 000		30 000	730 000	0

如果自用土地开发完成后，还不能确定房屋和配套设施等项目的用地，则应先将其成本结转"开发产品——自用土地"账户的借方，于自用土地投入使用时，再从"开发产品——自用土地"账户的贷方，将其开发成本转入"无形资产"等账户的借方。

11.3 房地产开发企业房屋开发成本的核算

11.3.1 房屋开发成本核算对象及成本项目

（1）房地产开发企业开发房屋的类型

房屋开发是房地产开发企业的主要经营业务。其开发建设的房屋，按用途不同可以分为以下四种类型：

1）为了销售而开发建设的商品房；

2）为了出租经营而开发建设的出租房；

3）为了安置被拆迁居民周转使用而开发的周转房；

4）企业接受其他单位委托代为开发建设的代建房。

以上四类房屋虽然用途不同，但其所发生的开发费用的性质和用途都大体相同，在成本核算上也可采用相同的方法。为了既能总括反映房屋开发所发生的支出，又能分门别类地反映企业各类房屋的开发支出，并便于计算开发成本，在会计上除设置"开发成本——房屋开发成本"账户外，还应按开发房屋的性质和用途，分别设置商品房、出租房、周转房、代建房等三级账户，并按各成本核算对象和成本项目进行明细分类核算。

（2）房屋开发成本核算对象的确定

房地产开发企业在确定房屋成本核算对象时，应结合房屋建设的特点和实际开发情况，按以下原则确定：

1）一般的房屋建设项目，应以每一独立编制设计概预算或每一独立的施工图预算所列的单项工程，作为成本核算对象。

2）同一建设地点、结构类型相同、用途相同的若干个单位工程，如果由同一单位施工，开竣工时间又相近的，可以合并为一个成本核算对象（如由同一建设单位同时建设几栋结构类型相同的住宅楼，可合并成一个成本核算对象）。

3）对规模较大、工期较长的单位工程，可以将工程划分成若干部位或区域，以分部位、分区域的工程作为成本核算对象。

（3）开发房屋成本核算的项目

房地产开发企业对房屋开发成本的核算，应设置如下几个成本项目：

1）土地征用及拆迁补偿费或批租地价：是指房屋开发中征用土地所发生的土地征用费、耕地占用税、劳动力安置费及有关地上、地下物拆迁补偿费，或批租地价。

2）前期工程费：前期工程费是指房屋开发前期发生的规划设计、项目可行性研究、水文地质勘察、测绘等支出。

3）基础设施费：是指房屋开发中各项基础设施发生的支出，包括道路、供水、供电、供气、排污、排洪、照明、绿化、环卫设施等支出。

4）建筑安装工程费：是列入房屋开发项目和建筑安装工程施工图预算内的各项费用支出（包括设备费用）。

5）配套设施费：指按规定应计入房屋开发成本，不能有偿转让的公共配套设施（如锅炉房、水塔、居委会、派出所、幼儿园、消防设施、自行车棚、公厕等）的支出。

6）开发间接费用：是指应由房屋开发成本负担的开发间接费用。

11.3.2 房屋开发成本的归集和结转

（1）房屋开发成本的归集

1）土地征用及拆迁补偿费

① 在房屋开发建设过程中的土地征用及拆迁补偿费，能够分清负担对象的，可以直接计入有关房屋成本核算对象的"土地征用及拆迁补偿费"成本项目，即借记"开发成本——房屋开发"账户，贷记"银行存款"、"应付账款"等账户。

② 在房屋开发建设过程中的自用土地征用及拆迁补偿费，如不能够分清负担对象的，应先归集计入"开发成本——土地开发"账户，待土地开发完工使用时，再按一定标准将其分配计入有关房屋成本核算对象的"土地征用及拆迁补偿费"成本项目，借记"开发成本——房屋开发成本"账户，贷记"开发成本——自用土地开发成本"账户。

③ 综合开发的土地，一部分销售，另一部分自用建设商品房。所发生的土地征用及拆迁补偿费，应先归集计入"开发成本——土地开发"账户，待土地开发完工使用时，再按一定标准将商品房开发建设应负担的土地征用及拆迁补偿费转入有关房屋成本核算对象的"开发成本——房屋开发"的"土地征用及拆迁补偿费"成本项目，销售部分转入"开发产品——土地"账户。如开发完成的商品性土地，在用以建造房屋时，将其应负担的土地征用及拆迁补偿费计入有关房屋开发成本核算对象，借记"开发成本——房屋开发成本"账户，贷记"开发产品"账户。

2）前期工程费

① 在房屋开发建设过程中的前期工程费，能够分清负担对象的，可以直接计入有关房屋成本核算对象的"前期工程费"成本项目，即借记"开发成本——房屋开发成本（前期工程费）"账户，贷记"银行存款"账户、"应付账款"账户等。

② 应由两个以上成本对象负担的前期工程费，须按一定标准将其分配计入有关房屋开发成本核算对象的前期工程费成本项目，借记"开发成本——房屋开发成本"账户，贷记"银行存款"账户。另外，开发房屋所占用的土地，在开发土地时所发生的前期工程费，能够分清负担对象的，可以直接计入有关房屋成本核算对象的"前期工程费"成本项目，不能够分清负担对象的，应先归集计入"开发成本——土地开发"账户，待土地开发完工使用时，再分配计入有关房屋成本核算对象的"前期工程费"成本项目。

3）基础设施费

① 在房屋开发建设过程中的前期基础设施费，能够分清负担对象的，可以直接计入有关房屋成本核算对象的基础设施费成本项目，即借记"开发成本——房屋开发"账户，贷记"银行存款"账户、"应付账款"账户等。

② 应由两个以上成本对象负担的基础设施费，应按一定的标准分配计入有关房屋的成本核算对象的"基础设施费"成本项目。

另外，开发房屋所占用的土地，在开发土地时所发生的基础设施费，能够分清负担对象的，可以直接计入有关房屋成本核算对象的"基础设施费"成本项目，不能够分清负担对象的，应先归集计入"开发成本——土地开发"账户，待土地开发完工使用时，再分配计入有关房屋成本核算对象的"基础设施费"成本项目。

4）建筑安装工程费的核算

① 出包方式：采用这种方式发生的建筑安装工程费，应根据企业承付的已完工程的"工程价款结算账单"，直接计入有关房屋成本核算对象的"建筑安装工程费"成本项目，即借记"开发成本——房屋开发"账户，贷记"银行存款"账户、"应付账款"账户。如果开发企业对建筑安装工程采用招标方式发包，并将几个工程一并招标发包，则在工程完工结算工程价款时，按各项工程预算造价的比例，计算它们的标价，即实际建筑安装工程费。

【例 11-3】A 房地产开发企业将两幢商品房的建筑安装工程进行招标，标价为 2 160 000 元，这两幢商品房的预算造价如下。

101	商品房	1 260 000 元
102	商品房	1 008 000 元
合计		2 268 000 元

在工程完工，结算工程价款时，按如下方法计算各幢商品房的实际建筑安装工程费。

某项工程实际建筑安装工程费＝工程造价×（该项工程预算造价÷各项工程预算造价合计）

101 商品房实际建筑工程费＝2 160 000×（1 260 000÷2 268 000）＝1 200 000（元）

102 商品房实际建筑工程费＝2 160 000×（1 008 000÷2 268 000）＝960 000（元）

借：开发成本——房屋开发成本——101 商品房　　　　1 200 000.00
借：开发成本——房屋开发成本——102 商品房　　　　960 000.00
　　贷：应付账款　　　　　　　　　　　　　　　　　　2 160 000.00

对于企业按照合同预付给承包单位的工程款和备料款，不能直接作为建筑安装工程费支出，在发生时作为预付账款核算。

另外，企业按照合同规定，拨付给承包单位抵作预付备料款和预付账款的材料，应按照预算价格结算。预算价格与实际成本的差额，应计入有关房屋成本核算对象的"建筑安装工程费"成本项目，即借记"预付账款（预算价格）"账户，贷记"原材料（实际成本）"账户，借记或贷记"开发成本——房屋开发（预算价格与实际成本的差额）"账户。

② 自营方式：即房地产开发企业自己组织施工力量进行施工建设。采用自营方式的，其发生的各项建筑安装工程支出，一般可直接记入有关房屋开发成本核算对象的建筑安装工程费成本项目，借记"开发成本——房屋开发成本"账户，贷记"原材料"账户、"应付职工薪酬"账户、"银行存款"账户等科目。如果开发企业自行施工大型建筑安装工程，可以设置"工程施工"账户等，用来核算和归集各项建筑安装工程支出，月末将其实际成本转入"开发成本——房屋开发成本"账户，并记入有关房屋成本核算对象的建筑安装工程费成本项目。

企业用于房屋开发的各项设备，即附属于房屋工程主体的各项设备，应在出库交付安装时，记入有关房屋开发成本核算对象的建筑安装工程费成本项目，借记"开发成本——房屋开发成本"账户，贷记"原材料"账户。另外，企业开发房屋占用的土地，在开发阶段发生的建筑安装费用，分清负担对象的直接计入相关房屋成本核算对象的"建筑安装工程费"成本项目，有两个以上项目共同承担的，先归集再按照合理的标准分配。

5）配套设施费的核算

房屋开发成本应负担的配套设施费，是指开发小区内不能有偿转让的公共配套设施支出。在具体核算时，应根据配套设施的建设情况，采用不同的费用归集和核算方法。

① 配套设施与房屋同步开发，发生的公共配套设施支出，能够分清并可直接计入有关成本核算对象的，直接计入有关房屋开发成本核算对象的配套设施费项目，借记"开发成本——房屋开发成本"账户，贷记"应付账款——应付工程费"账户等。如果发生的配套设施支出，应由两个或两个以上成本核算对象负担，应先在"开发成本——配套设施开发成本"账户先行汇集，待配套设施完工时，再按一定标准（如有关项目的预算成本或计划成本），分配计入有关房屋开发成本核算对象的配套设施费成本项目，借记"开发成本——房屋开发成本"账户，贷记"开发成本——配套设施开发成本"账户。

② 配套设施与房屋非同步开发，即先开发房屋，后建配套设施，或房屋已开发，等待出售或出租，而配套设施尚未全部完成，在结算完工房屋的开发成本时，对应负担的配套设施费，可采取预提的办法。即根据配套设施的预算成本（或计划成本）和采用的分配标准，计算完工房屋应负担的配套设施支出，计入有关房屋开发成本核算对象的配套设施费成本项目，借记"开发成本——房屋开发成本"账户，贷记"应付账款"账户。预提数与实际支出数的差额，在配套设施完工时调整有关房屋开发成本。

6）开发间接费用的核算

企业内部独立核算单位为开发各种产品而发生的各项间接费用，应先通过开发间接费用账户进行核算，每月终了，按一定标准分配计入各有关开发产品成本。应由房屋开发成本负担的开发间接费用借记"开发成本——房屋开发成本"账户，贷记"开发间接费用"账户，并计入有关房屋开发成本核算对象的开发间接费用成本项目。

【例 11-4】A 房地产开发企业在 2016 年，发生了下列房屋开发支出（单位：元）。

	101 商品房	102 商品房	152 商品房	182 商品房
支付征地拆迁费	200 000	160 000		
结转自用土地征地拆迁费			150 000	150 000
应付承包设计单位前期工程费	60 000	60 000	60 000	60 000
应付承包施工企业基础设施工程款	180 000	150 000	140 000	140 000
应付承包施工企业建筑安装工程款	1 200 000	960 000	900 000	900 000
分配配套设施费（水塔）	160 000	130 000	120 000	120 000
预提配套设施费（幼儿园）	160 000	144 000	128 000	128 000
分配开发间接费用	164 000	132 000	124 000	124 000

① 据上述资料，在用银行存款支付征地拆迁费时，作会计分录如下：

借：开发成本——房屋开发成本——101 商品房　　200 000.00
借：开发成本——房屋开发成本——102 商品房　　160 000.00
　　贷：银行存款　　360 000.00

② 结转使用土地应负担的自用土地开发成本时，作会计分录如下：

借：开发成本——房屋开发成本——152 商品房　　150 000.00
借：开发成本——房屋开发成本——182 商品房　　150 000.00
　　贷：开发成本——商业性土地开发成本　　300 000.00

③ 提取应付设计单位前期工程款时，作会计分录如下：

借：开发成本——房屋开发成本——101 商品房	60 000.00
借：开发成本——房屋开发成本——102 商品房	60 000.00
借：开发成本——房屋开发成本——152 商品房	60 000.00
借：开发成本——房屋开发成本——182 商品房	60 000.00
贷：应付账款——应付工程款	240 000.00

④ 提取应付施工企业基础设施工程款时，应作会计分录如下：

借：开发成本——房屋开发成本——101 商品房	180 000.00
借：开发成本——房屋开发成本——102 商品房	150 000.00
借：开发成本——房屋开发成本——152 商品房	140 000.00
借：开发成本——房屋开发成本——182 商品房	140 000.00
贷：应付账款——应付工程款	610 000.00

⑤提取应付施工企业建筑安装工程款时，作会计分录如下：

借：开发成本——房屋开发成本——101 商品房	1 200 000.00
借：开发成本——房屋开发成本——102 商品房	960 000.00
借：开发成本——房屋开发成本——152 商品房	900 000.00
借：开发成本——房屋开发成本——182 商品房	900 000.00
贷：应付账款——应付工程款	3 960 000.00

⑥分配应由房屋开发成本负担的水塔配套设施支出时，作会计分录如下：

借：开发成本——房屋开发成本——101 商品房	160 000.00
借：开发成本——房屋开发成本——102 商品房	130 000.00
借：开发成本——房屋开发成本——152 商品房	120 000.00
借：开发成本——房屋开发成本——182 商品房	120 000.00
贷：开发成本——配套设施开发成本——水塔	530 000.00

⑦预提应由房屋开发成本负担的幼儿园设施支出时，作会计分录如下：

借：开发成本——房屋开发成本——101 商品房	160 000.00
借：开发成本——房屋开发成本——102 商品房	144 000.00
借：开发成本——房屋开发成本——152 商品房	128 000.00
借：开发成本——房屋开发成本——182 商品房	128 000.00
贷：应付账款——预提配套设施费——幼儿园	560 000.00

⑧分配应由房屋开发成本负担的开发间接费用时，作会计分录如下：

借：开发成本——房屋开发成本——101 商品房	164 000.00
借：开发成本——房屋开发成本——102 商品房	132 000.00
借：开发成本——房屋开发成本——152 商品房	124 000.00
借：开发成本——房屋开发成本——182 商品房	124 000.00
贷：开发间接费用	544 000.00

（2）房屋开发成本的归集

房地产开发企业对已完成开发过程的商品房、代建房、周转房，应在竣工验收以后将其开发成本结转至"开发产品"账户。

1）对于已验收的商品房、代建房，应将其实际成本转入"开发产品"账户。即借记"开发产品——房屋、代建工程"账户，贷记"开发成本——房屋开发成本"账户。

2）开发完工出租经营用房，竣工验收后直接投入使用的，将其实际成本直接转入"投资性房地产"账户，即借记"投资性房地产"账户，贷记"开发成本——房屋开发成本"账户。

3）对于开发完工的周转房，竣工验收后直接投入使用的，应将其实际成本直接转入"周转房"账户，即借记"周转房"账户，贷记"开发成本——房屋开发成本"账户。

【例 11-5】承上例，A 房地产开发企业 2016 年末上述商品房完工验收结转。

借：开发产品——101 商品房　　　　　　　　　2 124 000.00
借：开发产品——102 商品房　　　　　　　　　1 736 000.00
借：开发产品——152 商品房　　　　　　　　　1 622 000.00
借：开发产品——182 商品房　　　　　　　　　1 622 000.00
　贷：开发成本——房屋开发成本　　　　　　　7 104 000.00

同时应将各项房屋开发支出分别记入各有关房屋开发成本明细分类账见表 11-4～表 11-7。

房屋开发成本明细账　　　　　　表 11-4

成本核算对象：101 商品房

2016 年		凭证号	摘要	借方						贷方	余额
月	日			土地征用及拆迁补偿费	前期工程费	基础设施费	建筑安装工程费	公共配套设施费	开发间接费		
12	1		支付拆迁补偿费及设计费	200 000	60 000	180 000					
12	12		承付工程进度款				1 200 000				
12	30		分配配套设施费					320 000			
12	30		分配开发间接费						164 000		
12	30		结转完工实际成本							2 124 000	
			本月合计	200 000	60 000	180 000	1 200 000	320 000	164 000	2 124 000	0

房屋开发成本明细账　　　　　　表 11-5

成本核算对象：102 商品房

2016 年		凭证号	摘要	借方						贷方	余额
月	日			土地征用及拆迁补偿费	前期工程费	基础设施费	建筑安装工程费	公共配套设施费	开发间接费		
12	1		支付拆迁补偿费及设计费	160 000	60 000	150 000					

2016年		凭证号	摘要	借方						贷方	余额
月	日			土地征用及拆迁补偿费	前期工程费	基础设施费	建筑安装工程费	公共配套设施费	开发间接费		
12	12		承付工程进度款				960 000				
12	30		分配配套设施费					274 000			
12	30		分配开发间接费						132 000		
12	30		结转完工实际成本							1 736 000	
			本月合计	160 000	60 000	150 000	960 000	274 000	132 000	1 736 000	0

房屋开发成本明细账

表 11-6

成本核算对象：152 商品房

2016年		凭证号	摘要	借方						贷方	余额
月	日			土地征用及拆迁补偿费	前期工程费	基础设施费	建筑安装工程费	公共配套设施费	开发间接费		
12	1		支付拆迁补偿费及设计费	150 000	60 000	140 000					
12	12		承付工程进度款				900 000				
12	30		分配配套设施费					248 000			
12	30		分配开发间接费						124 000		
12	30		结转完工实际成本							1 622 000	
			本月合计	150 000	60 000	140 000	900 000	248 000	124 000	1 622 000	0

房屋开发成本明细账 表 11-7

成本核算对象：182 商品房

2016 年		凭证号	摘要	借方						贷方	余额
月	日			土地征用及拆迁补偿费	前期工程费	基础设施费	建筑安装工程费	公共配套设施费	开发间接费		
12	1		支付拆迁补偿费及设计费	150 000	60 000	140 000					
12	12		承付工程进度款				900 000				
12	30		分配配套设施费					248 000			
12	30		分配开发间接费						124 000		
12	30		结转完工实际成本							1 622 000	
			本月合计	150 000	60 000	140 000	900 000	248 000	124 000	1 622 000	0

11.4 房地产开发企业配套设施开发成本的核算

11.4.1 公共配套设施的分类

公共配套设施是指企业根据城市建设规划的要求，或对开发项目建设规划的要求，为满足居住的需要而与开发项目配套建设的各种服务性设施。配套设施可以分为两大类：

一类是建成后能够有偿转让的公共配套设施，具体包括两部分：一是根据规划在开发小区内建设的商店、银行、邮局等公共配套设施，它建成后应有偿转让给接受单位；二是根据规划在小区内建设的非营业性的配套设施，如学校、幼儿园、文化站、医院等。此外，还有开发项目之外的、为居民服务的给水排水、供电、供气设施及交通道路等。

另一类是建成后不能有偿转让应计入开发项目成本的配套设施，如公共会馆、锅炉房、水塔、自行车棚、球场、景观水池等。

11.4.2 公共配套设施开发成本核算对象的确定

在上述的两类公共配套设施中，对于建成后能够有偿转让的公共配套设施，属于房地产开发企业的商品产品。必须将其独立确定为成本核算对象计算其实际成本。对于建成后不能有偿转让的配套设施，当配套设施与房屋同步建设时，如果同步建设的房屋只有一个成本核算对象，可以不将该配套设施确定为成本核算对象，其发生的公共设施费，应直接计入"开发成本——房屋开发（某房屋）"明细账户的"公共配套设施费"成本项目内。如果同步建设的房屋有两个或两个以上成本核算对象，则应先以该配套设施为成本核算对象，单独进行核算，待配套设施工程完工时，再将其分配转入各房屋开发成本和能够有偿转让的配套设施成本。

11.4.3 公共配套设施的开发成本的归集和结转

（1）公共配套设施开发成本的成本项目

对配套设施的开发成本应设置如下六个成本项目：

①土地征用及拆迁补偿费或批租地价；②前期工程费；③基础设施费；④建筑安装工程费；⑤配套设施费；⑥开发间接费。

其中配套设施费项目是用以核算分配的其他配套设施费。因为要使这些设施投入运转，有时也需要其他配套设施为其提供服务，所以理应分配其服务的有关设施的开发成本。

对不能有偿转让、不能直接计入各成本核算对象的各种公共配套设施，如果工程规模较大，按配套设施作为成本核算对象。如果工程规模不大，与其他项目建设地点较近，开竣工时间差不多，并由同一施工单位施工也可以考虑将它们合并为一个成本核算对象，于工程完工算出开发总成本后，按照各项目的预算成本或计划成本的比例，算出各配套设施的开发成本，再按一定标准将各配套设施开发成本进行归集，在核算时一般可只设置以下四个成本项目：①土地征用及拆迁补偿费或批租地价；②前期工程费；③基础设施费；④建筑安装工程费。

由于这些配套设施的支出需由房屋等开发成本负担，为简化核算手续，对这些配套设施，可不再分配其他配套设施支出。它本身应负担的开发间接费用，也可直接分配计入有关房屋开发成本。因此，对这些配套设施，在核算时可不必设置"配套设施费用"和"开发间接费用"两个成本项目。

（2）公共配套设施开发成本的归集

1）配套设施支出的归集原则

按照现行财务制度规定，城市建设规划中的大型配套设施项目不得计入商品房成本，因为这些大型配套设施，国家有这方面的投资。

为了正确核算和反映企业开发建设中各种配套设施所发生的支出，并准确地计算房屋开发成本和各种大型配套设施的开发成本，对配套设施支出的归集原则如下。

① 对能分清并直接计入某个成本核算对象的第一类配套设施支出，可直接计入有关房屋开发成本，并在"开发成本——房屋开发成本"账户中归集其发生的支出。

② 对不能直接计入有关房屋开发成本的第一类配套设施支出应先在"开发成本——配套设施开发成本"账户进行归集，于开发完成后再按一定标准分配计入有关房屋等开发成本。

③ 对能有偿转让的第二类大型配套设施支出，应在"开发成本——配套设施开发成本"账户进行归集。

2）配套设施支出归集的具体内容

① 土地征用及拆迁补偿费：配套设施占用场地应分担的土地征用及拆迁补偿费，应按其实际占用土地面积的一定比例分配计入配套设施的开发成本。即借记"开发成本——配套设施开发"账户，贷记"开发成本——土地开发成本"账户。

$$单位面积征用拆迁费＝征用拆迁费总额÷各项目占用土地总面积$$
$$分配的征用拆迁费＝实际占用面积×单位面积征用拆迁费$$

公式中，"各项目"包括开发建设的商品房、出租房、周转房、代建房和能够有偿转让的公共配套设施等；"占用土地总面积"是指以上建筑物实际占用的面积，而不是征用的土地或建设场地的面积。

② 前期工程费和基础设施费：能够分清应由某项配套设施负担的前期工程费和基础设施费，可以直接计入相关配套设施的开发成本；其他分不清楚的，先归集再按一定的标准分配，即借记"开发成本——配套设施开发成本（前期工程费或基础设施费）"账户，贷记"银行存款"账户、"应付账款"账户、"开发成本——土地开发（前期工程费或基础设施费）"账户。

③ 建筑安装工程费：企业开发建设配套设施所发生的建筑安装工程费的归集和核算方法，与上一节房屋开发的基本相同。无论是出包方式或是自营施工，所发生的建筑安装工程费，均应计入相应的配套设施的开发成本。即借记"开发成本——配套设施开发成本（建筑安装工程费）"账户，贷记"银行存款"账户、"应付账款"账户、"原材料"账户等。

④ 公共配套设施费：企业配套设施成本核算对象的"公共配套设施费"成本项目，核算的是能够有偿转让的配套设施按一定标准分担的不能有偿转让的配套设施发生的费用支出。即借记"开发成本——配套设施开发成本——能有偿转让设施（公共配套设施费）"账户，贷记"开发成本——配套设施开发成本——不能转让的配套设施"账户。

⑤ 开发间接费用：企业发生的开发间接费用，首先在"开发间接费"账户进行归集，期末按照一定的标准分配计入有关能有偿转让的配套设施成本核算对象的"开发间接费"成本项目，即借记"开发成本——配套设施开发（开发间接费）"账户，贷记"开发间接费"账户。

（3）公共配套设施开发成本的结转

1）对于能够有偿转让的配套设施，竣工验收后将其实际成本转入"开发产品"账户，即借记"开发产品——配套设施"账户，贷记"开发成本——配套设施开发成本"账户。

2）对于不能有偿转让的配套设施，竣工验收后将其实际成本，按照一定标准分配计入相关项目的成本。即借记"开发成本——房屋开发成本"账户、"开发成本——配套设施开发成本"账户等，贷记"开发成本——配套设施开发成本"账户。

3）采用预提方式计入有关商品房开发成本的不能有偿转让的配套设施，竣工验收后将实际发生的成本冲减预提的配套设施费，即借记"应付账款——预提配套设施费"账户，贷记"开发成本——配套设施开发成本（不能转让的配套设施）"账户，差额分配计入尚未办理竣工结算的项目。

这种情况的出现，是因为一个开发小区的开发，时间较长，有的需要几年，开发企业在开发进度安排上，有时先建房屋，后建配套设施。这样，往往出现房屋已经建成而有的配套设施可能尚未完成，或者是商品房已经销售，而幼儿园、消防设施等尚未完工的情况。

这种房屋开发与配套设施建设的时间差，使得那些已具备使用条件并已出售的房屋应负担的配套设施费，无法按配套设施的实际开发成本进行结转和分配，只能以未完成配套设施的预算成本或计划成本为基数，计算出已出售房屋应负担的数额，用预提方式计入出售房屋等的开发成本。开发产品预提的配套设施费，一般可按以下公式进行计算。

$$某项开发产品预提的配套设施费 = 该项开发产品预算成本（或计划成本） \times 配套设施费预提率$$

$$配套设施费预提率 = [该配套设施的预算成本（或计划成本） +$$

$$应负担该配套设施费的开发产品的预算成本$$

$$（或计划成本）合计] \times 100\%$$

公式中，"应负担该配套设施费的开发产品"一般应为能有偿转让的、在开发小区内开发的大型配套设施。

【例 11-6】A 房地产公司的一个开发小区内幼儿园的开发成本应由 101 商品房、102 商品房、151 出租房、181 周转房和 201 大型配套设施——商店负担。由于幼儿园在商品房等完工出售、出租时尚未完工，为了及时结转完工的商品房等成本，应先将幼儿园的配套费预提计入商品房等的开发成本。假定各项开发产品和幼儿园的预算成本如下。

101 商品房	2 000 000 元
102 商品房	1 800 000 元
151 出租房	1 600 000 元
181 周转房	1 600 000 元
201 大型配套设施——商店	1 000 000 元
251 幼儿园	640 000 元

则 251 幼儿园设施的配套设施费预提率

$$= 640\ 000 \div (2\ 000\ 000 + 1\ 800\ 000 + 1\ 600\ 000 + 1\ 600\ 000 + 1\ 000\ 000) \times 100\%$$

$$= 640\ 000 \div 8\ 000\ 000 \times 100\% = 8\%$$

各项开发产品预提幼儿园的配套设施费如下。

101 商品房：2 000 000×8％＝160 000（元）

102 商品房：1 800 000×8％＝144 000（元）

151 出租房：1 600 000×8％＝128 000（元）

181 周转房：1 600 000×8％＝128 000（元）

201 大型配套设施——商店：1 000 000×8％＝80 000（元）

（4）公共配套设施成本的归集和结转举例

【例 11-7】某企业 2016 年 10 月开发建设住宅小区，根据设计规划需建设 A、B、C 三幢住宅楼，一个商店，一座锅炉房和一座水塔，其中商店建成后转让给商业部门，锅炉房和水塔不能有偿转让，锅炉房与商品房同步建设，而水塔与商品房不同步建设。

上月末结转自行开发完工的建设场地开发总成本 80 万元，其中：土地征用及拆迁费 40 万元，前期工程费 15 万元，基础设施费 25 万元，按各建筑物实际占地面积进行分配。分配结果见表 11-8。

建设场地成本分配表　　　　　　　　　　　　　　　　　　表 11-8

分配对象	占地面积（m²）	分配比例（％）	土地征用及拆迁补偿费	前期工程费	基础设施费	合计
商品房 A	1 500	25	100 000	37 500	62 500	200 000
商品房 B	1 800	30	120 000	45 000	75 000	240 000

续表

分配对象	占地面积（m²）	分配比例（%）	土地征用及拆迁补偿费	前期工程费	基础设施费	合计
商品房C	1 680	28	112 000	42 000	70 000	224 000
商店	780	13	52 000	19 500	32 500	104 000
锅炉房	180	3	12 000	4 500	7 500	24 000
水塔	60	1	4 000	1 500	2 500	8 000
合计	6 000	100	400 000	150 000	250 000	800 000

根据表11-8内容，作会计分录如下：

借：开发成本——房屋开发成本（A）　　　　　200 000.00
借：开发成本——房屋开发成本（B）　　　　　240 000.00
借：开发成本——房屋开发成本（C）　　　　　224 000.00
借：开发成本——配套设施开发成本（商店）　　104 000.00
借：开发开发——配套设施开发成本（锅炉房）　24 000.00
借：开发成本——配套设施开发成本（水塔）　　8 000.00
　　贷：开发成本——土地开发成本　　　　　　800 000.00

本月份发生下列经济业务：

① 10月3日，锅炉房领用一台锅炉进行安装，锅炉的实际成本80 000元，支付安装费5 000元，作会计分录如下：

借：开发成本——配套设施开发成本（锅炉房）　85 000.00
　　贷：原材料——设备　　　　　　　　　　　80 000.00
　　贷：银行存款　　　　　　　　　　　　　　5 000.00

② 10月15日，企业承付某施工企业工程进度款共计630 000元，其中商店530 000元，锅炉房100 000元。作会计分录如下：

借：开发成本——配套设施开发（商店）　　　　530 000.00
借：开发成本——配套设施开发（锅炉房）　　　100 000.00
　　贷：应付账款——某施工单位　　　　　　　630 000.00

③ 10月20日，锅炉房已竣工，将其实际成本209 000元按受益对象计划成本进行分配，见表11-9。作会计分录如下：

锅炉房成本分配表　　表11-9

受益对象	计划成本（元）	分配比例（%）	分配金额（元）
商品房A	10 000 000	25	52 250
商品房B	12 000 000	30	62 700
商品房C	11 000 000	27.5	57 475
商店	7 000 000	17.5	36 575
合计	40 000 000	100	209 000

借：开发成本——房屋开发（A）　　　　　　　52 250.00

借：开发成本——房屋开发（B）	62 700.00
借：开发成本——房屋开发（C）	57 475.00
借：开发成本——配套设施开发（商店）	36 575.00
贷：开发成本——配套设施开发（锅炉房）	209 000.00

④ 10月22日商品房A、B已竣工，应结转其实际成本，但水塔尚未开工建设，报经批准按水塔的预算成本100 000元分配计入各受益对象，见表11-10。

预提水塔工程费用分配表　　　　　　　　　　　　　　表11-10

受益对象	计划成本（元）	分配比率（%）	分配金额（元）
商品房A	10 000 000	25	25 000
商品房B	12 000 000	30	30 000
商品房C	11 000 000	27.5	27 500
商店	7 000 000	17.5	17 500
合计	40 000 000	100	100 000

根据上述预提水塔工程费用分配表，作会计分录如下：

借：开发成本——房屋开发（A）	25 000.00
借：开发成本——房屋开发（B）	30 000.00
借：开发成本——房屋开发（C）	27 500.00
借：开发成本——配套设施开发（商店）	17 500.00
贷：应付账款——预提配套设施费（水塔）	100 000.00

预提水塔建设费后，预提费用明细账见表11-11。

预提费用明细账　　　　　　　　　　　　　　　表11-11

2012年		凭证号数	摘要	借方（元）	贷方（元）	借或贷	余额（元）
月	日						
10	22		预提水塔建设费用		100 000	贷	100 000

⑤ 10月28日，用银行存款支付水塔建筑安装工程费110 000元。作会计分录如下：

借：开发成本——配套设施开发（水塔）	110 000.00
贷：银行存款	110 000.00

⑥ 10月31日分配开发间接费用，商店应负担1 000元。作会计分录如下：

借：开发成本——配套设施开发（商店）	1 000.00
贷：开发间接费用	1 000.00

⑦ 10月31日，水塔已完工，结转其实际成本118 000元。作会计分录如下：

借：应付账款——预提配套设施费（水塔）	118 000.00
贷：开发成本——配套设施开发（水塔）	118 000.00

结转水塔实际成本后，预提费用（水塔）明细账记录见表11-12。

表 11-12

预提费用（水塔）明细账

2012 年		凭证 号数	摘要	借方 （元）	贷方 （元）	借 或贷	余额 （元）
月	日						
10	22		预提水塔建设费用		100 000	贷	100 000
10	31		结转水塔完工实际成本	118 000		借	18 000

⑧ 10 月 31 日将水塔实际成本大于预提建设费用的差额分配计入有关在建项目成本，见表 11-13（未完工的在建项目有商品房 C 和商店）。

表 11-13

水塔实际成本大于预提费用差额分配表

受益对象	计划成本（元）	分配率	分配金额（元）
商品房 C	11 000 000		11 000
商店	7 000 000		7 000
合计	18 000 000	0.001	18 000

分配率＝18 000÷18 000 000＝0.001

根据上述分配表，作会计分录如下：

借：开发成本——房屋开发（C）　　　　　　　　　　　11 000.00

借：开发成本——配套设施开发（商店）　　　　　　　　7 000.00

　　贷：应付账款——预提配套设施费（水塔）　　　　　18 000.00

将水塔实际成本大于预提建设费用的差额分配计入有关在建项目成本。上述各项配套设施成本的归集和结转过程，登记各配套设施成本明细账见表 11-14 ～表 11-16。

表 11-14

配套设施开发成本明细账

成本核算对象：商店　　　　　　　　　　　　　　　　　　　　　　　　　　单位：元

2016 年		凭证 号	摘要	借方						贷方	余额
月	日			土地征用 及拆迁补 偿费	前期工 程费	基础设 施费	建筑安装 工程费	公共配套 设施费	开发间 接费		
10	1		支付拆迁补偿 费及设计费	52 000	19 500	32 500					
10	15		承付工程 进度款				530 000				
10	31		分配配套 设施费					61 075			
10	31		分配开发 间接费						1 000		
10	31		结转完工 实际成本							696 075	
			本月合计	52 000	19 500	32 500	530 000	61 075	1 000	696 075	0

配套设施开发成本明细账　　　　　表 11-15

成本核算对象：锅炉房　　　　　　　　　　　　　　　　单位：元

2016 年		凭证号	摘要	借方						贷方	余额
月	日			土地征用及拆迁补偿费	前期工程费	基础设施费	建筑安装工程费	公共配套设施费	开发间接费		
10	1		支付拆迁补偿费及设计费	12 000	4 500	7 500					
10	3		承付工程款				85 000				
10	15		承付工程款				100 000				
10	31		结转完工实际成本							209 000	
			本月合计	12 000	4 500	7 500	185 000			209 000	0

配套设施开发成本明细账　　　　　表 11-16

成本核算对象：水塔　　　　　　　　　　　　　　　　　单位：元

2016 年		凭证号	摘要	借方						贷方	余额
月	日			土地征用及拆迁补偿费	前期工程费	基础设施费	建筑安装工程费	公共配套设施费	开发间接费		
10	1		支付拆迁补偿费及设计费	4 000	1 500	2 500					
10	28		支付工程进度款				110 000				
10	31		结转完工实际成本							118 000	
			本月合计	4 000	1 500	2 500	110 000			118 000	

11.5　房地产开发企业代建工程开发成本的核算

11.5.1　代建工程成本核算对象的确定和成本项目的设置

（1）代建工程的含义

代建工程是指企业接受有关单位的委托，代为建设的工程或参加委托单位招标，中标后承建的开发建设工程。包括土地、房屋、市政工程等。企业承建的建设场地和房屋，其建设内容和特点与企业开发建设的商品性建设场地和房屋基本相同。本节主要介绍企业代建的除建设场地、房屋以外的其他工程的核算方法。

企业代建的其他工程主要是指各种市政建设工程，如城市道路建设，旅游风景区的建设，城市基础设施建设等。代建工程必须根据实际情况确定代建工程的成本核算对象，一般可按工程合同或委托单位的要求，以施工图预算所列的单位工程作为成本核算对象。代建工程开发的成本项目与一般开发产品的成本项目是相同的。

（2）代建工程成本项目

代建工程开发成本的核算对象，根据各项工程确定。成本项目一般可设置如下几项：

1）土地征用及拆迁补偿费；

2）前期工程费；

3）基础设施费；

4）建筑安装工程费；

5）开发间接费。

11.5.2 代建工程开发成本的归集和结转

（1）科目设置

为了核算各项代建工程，企业要设置"产品开发——代建工程开发（某工程）"明细账户进行核算。该账户借方登记企业发生的各项代建工程费用，贷方登记代建工程竣工后，转入"开发产品——代建工程"账户的代建工程的实际成本。

（2）代建工程开发成本的核算

开发企业发生的各项代建工程支出和对代建工程分配的开发间接费用，应借记"开发成本——代建工程开发成本——某工程（某费用项目）"账户，贷记"银行存款"、"应付账款——应付工程款"账户、"库存材料"账户、"应付工资"账户、"开发间接费用"账户等。同时应按成本核算对象和成本项目分别归类计入各代建工程开发成本明细分类账。

完成开发并经验收的代建工程，应将其实际开发成本自"开发成本——代建工程开发"账户的贷方转入"开发产品——代建工程"账户的借方，在将代建工程移交委托代建单位，办妥工程价款结算手续后，应借记"主营业务成本"账户，贷记"开发产品——代建工程"账户。

【例 11-8】A 房地产开发企业 2016 年 11 月份接受委托兴建风景区，发生如下经济业务。

1）11 月 2 日，企业用银行存款支付拆迁补偿费 30 万元，勘察、设计等费用 4 万元，作会计分录如下：

借：开发成本——代建工程开发（风景区）　　　　340 000.00
　　贷：银行存款　　　　　　　　　　　　　　　　340 000.00

2）11 月 15 日，企业承付 B 施工企业工程进度款 40 万元。

① 承付工程款时，作会计分录如下：

借：开发成本——代建工程开发（风景区）　　　　400 000.00
　　贷：应付账款——甲施工企业　　　　　　　　　400 000.00

② 支付工程进度款时，作会计分录如下：

借：应付账款——甲施工企业　　　　　　　　　　400 000.00
　　贷：银行存款　　　　　　　　　　　　　　　　400 000.00

3）11 月 20 日，支付风景区绿化费 2 万元，作会计分录如下：

借：开发成本——代建工程开发（风景区）　　　　20 000.00
　　贷：银行存款　　　　　　　　　　　　　　　　20 000.00

4）11 月 30 日，企业分配风景区应负担的开发间接费用 3 万元。作会计分录如下：

借：开发成本——代建工程开发（风景区）　　　　　　　　　30 000.00

　　贷：开发间接费用　　　　　　　　　　　　　　　　　　　30 000.00

5）11 月 30 日，风景区竣工，结转其实际成本 790 000 元，作会计分录如下：

借：开发产品——代建工程（风景区）　　　　　　　　　　　790 000.00

　　贷：开发成本——代建工程开发（风景区）　　　　　　　　790 000.00

11.6　房地产开发企业开发间接费用的核算

11.6.1　开发间接费用的构成

开发间接费用是指房地产开发企业内部独立核算单位在开发现场组织管理开发产品而发生的各项费用。这些费用虽也属于直接为房地产开发而发生的费用，但不能确定其为某项开发产品所应负担，因而无法将它直接记入各项开发产品成本。为了简化核算手续，将它先记入"开发间接费用"账户，然后按照适当分配标准，将它分配记入各项开发产品成本。

开发间接费用应分设如下明细项目进行核算：

1）工资：指开发企业内部独立核算单位现场管理机构行政、技术、经济、服务等人员的工资、奖金和津贴。

2）福利费：指按上项人员工资总额的一定比例提取的职工福利费。

3）折旧费：指开发企业内部独立核算单位使用属于固定资产的房屋、设备、仪器等提取的折旧费。

4）修理费：指开发企业内部独立核算单位使用属于固定资产的房屋、设备、仪器等发生的修理费。

5）办公费：指开发企业内部独立核算单位各管理部门办公用的文具、纸张、印刷、邮电、书报、会议、差旅交通、烧水和集体取暖用煤等费用。

6）水电费：指开发企业内部独立核算单位各管理部门耗用的水电费。

7）劳动保护费：指用于开发企业内部独立核算单位职工的劳动保护用品的购置、摊销和修理费，供职工保健用营养品、防暑饮料、洗涤肥皂等物品的购置费或补助费及工地上职工洗澡、饮水的燃料等。

8）利息支出：指开发企业为开发房地产借入资金所发生而不能直接计入某项开发成本的利息支出及相关的手续费，但应冲减使用前暂存银行而发生的利息收入。开发产品完工以后的借款利息，应作为财务费用，计入当期损益。

9）其他费用：指上列各项费用以外的其他开发间接费用支出。

开发间接费用属于相对固定的费用，其费用总额并不随着开发产品量的增减而成比例地增减。但就单位开发产品分摊的费用来说，则随着开发产品量的变动而成反比例的变动，即完成开发产品数量增加，单位开发产品分摊的费用随之减少；反之，完成开发产品数量减少，单位开发产品分摊的费用随之增加。因此，超额完成开发任务，就可降低开发成本中的开发间接费。

11.6.2　开发间接费用的归集与分配的核算

（1）开发间接费用的归集

开发间接费用的归集，在"开发间接费用"账户进行。企业所属各内部独立核算单位发生的各项开发间接费用，自"应付职工薪酬"账户、"累计折旧"账户、"长期待摊费用"账户、"银行存款"账户、"周转房——周转房摊销"账户等的贷方转入"开发间接费用"账户的借方。

【例 11-9】A 房地产开发公司××大厦施工现场本月份发生以下经济业务。

① 计提本月施工现场管理人员工资 80 000 元，结转开发间接费用，作会计分录如下：

借：开发间接费用　　　　　　　　　　　　　　　　　　　　　　80 000.00

　　贷：应付职工薪酬——工资　　　　　　　　　　　　　　　　　80 000.00

② 根据发放工资总额计算员工福利费，实际发生比例为 14%，计 11 200 元，作会计分录如下：

借：开发间接费用　　　　　　　　　　　　　　　　　　　　　　11 200.00

　　贷：应付职工薪酬——福利费　　　　　　　　　　　　　　　　11 200.00

③ 本月计提施工现场机械设备折旧费 40 000 元，作会计分录如下：

借：开发间接费用　　　　　　　　　　　　　　　　　　　　　　40 000.00

　　贷：累计折旧　　　　　　　　　　　　　　　　　　　　　　　40 000.00

④ 摊销本月份周转房费用 25 000 元，作会计分录如下：

借：开发间接费用　　　　　　　　　　　　　　　　　　　　　　25 000.00

　　贷：长期待摊费用　　　　　　　　　　　　　　　　　　　　　25 000.00

⑤ 购置办公用品及劳保用品 5 000 元，由支票转账，作会计分录如下：

借：开发间接费用　　　　　　　　　　　　　　　　　　　　　　5 000.00

　　贷：银行存款　　　　　　　　　　　　　　　　　　　　　　　5 000.00

开发间接费用的明细分类核算，一般要按所属内部独立核算单位设置开发间接费用明细分类账，将发生的开发间接费用按明细项目分栏登记。

如果开发企业不设置现场管理机构而由企业（即公司本部）定期或不定期地派人到开发现场组织开发活动，其所发生费用除周转房摊销外，其开发间接费用可计入企业的管理费用。

（2）开发间接费用的分配

每月终了，应对开发间接费用进行分配，按实际发生数计入有关开发产品的成本。开发间接费用的分配方法，企业可根据开发经营的特点自行确定。不论是土地开发、房屋开发、配套设施还是代建工程，均应分配开发间接费用。

为了简化核算手续并防止重复分配，对应计房屋等开发项目成本的自用土地和不能有偿转让的配套设施的开发项目成本，均不分配开发间接费用。这部分开发产品应负担的开发间接费用，可直接分配计入有关房屋开发成本。也就是说，企业内部独立核算单位发生的开发间接费用，可仅对有关开发房屋、商品性土地、能有偿转让配套设施及代建工程进行分配。开发间接费用的分配标准，可按月份内各项开发产品实际发生的直接成本（包括土地征用及拆迁补偿费或批租地价、前期工程费、基础设施费、建筑安装工程费、配套设施费）进行：

某项开发产品成本分配的开发间接费＝月份内该项开发产品实际发生的直接成本×本月实际发生的开发间接费用÷应分配开发间接费各开发产品实际发生的直接成本总额

【**例 11-10**】A 房地产开发企业一个内部独立核算单位在 2016 年 5 月共发生了开发间接费用 41 600 元，应分配开发间接费各开发产品实际发生的直接成本见表 11-17。

开发产品实际发生的直接成本表   表 11-17

2016 年 5 月   单位：元

开发产品编号	名称	直接成本
101	商品房	50 000
102	商品房	120 000
151	出租房	75 000
181	周转房	70 000
201	配套设施（商店）	80 000
301	商品性土地	125 000
合计		520 000

根据上列公式，即可为各开发产品算得 5 月份应分配的开发间接费：

101 商品房：50 000 元×41 600 元÷520 000 元＝50 000 元×8%＝4 000 元

102 商品房：120 000 元×8%＝9 600 元

151 出租房：75 000 元×8%＝6 000 元

181 周转房：70 000 元×8%＝5 600 元

201 配套设施：80 000 元×8%＝6 400 元

301 商品性土地：125 000 元×8%＝10 000 元

根据上面计算，可编制开发间接费用分配表，见表 11-18。

开发间接费用分配表   表 11-18

2016 年 5 月   单位：元

开发项目编号	名称	直接成本	分配开发间接费
101	商品房	50 000	4 000
102	商品房	120 000	9 600
151	出租房	75 000	6 000
181	周转房	70 000	5 600
201	配套设施（商店）	80 000	6 400
301	商品性土地	125 000	10 000
合计		520 000	41 600

根据开发间接费用分配表，即可将各开发产品成本分配的开发间接费记入各开发产品成本核算对象的"开发间接费"成本项目，并将它记入"开发成本"账户各二级账户的借方和"开发间接费用"账户的贷方，作如下分录入账：

借：开发成本——房屋开发成本——101 商品房   4 000.00

借：开发成本——房屋开发成本——102 商品房   9 600.00

借：开发成本——房屋开发成本——151 出租房   6 000.00

借：开发成本——房屋开发成本——181 周转房   5 600.00

借：开发成本——配套设施开发成本	6 400.00
借：开发成本——商品性土地开发成本	10 000.00
贷：开发间接费用	41 600.00

本 章 习 题

思考题：

1. 什么是房地产开发企业的业务开发？
2. 房地产开发企业开发成本的内容有哪些？
3. 房地产开发企业的开发成本项目有哪些？
4. 开发间接费用的分配方法有哪些？
5. 土地开发的用途有哪几项？
6. 配套设施分为哪几种？
7. 哪些配套设施支出需要预提计入开发成本？具体如何处理？

练习题：

1. 练习房地产开发企业成本核算。

资料：A房地产公司在本月内，共发生了下列有关土地的开发支出。

	商品性甲土地	自用乙土地
支付征地拆迁费	156 000元	144 000元
支付承包设计单位前期工程费	40 000元	36 000元
应付承包施工单位基础设施款	50 000元	36 000元
分配开发间接费用	20 000元	
合计	266 000元	216 000元

甲土地经开发完成并验收，加上以前月份开发支出共 2 004 000 元，进行结转。

乙土地在开发完成后，加上以前月份开发支出 108 万元，共计 129.6 万元。该土地用于建造 151 出租房和 181 周转房，其中 151 出租房用地 3 000m²，181 周转房用地 2 400m²，则该自用土地开发成本为 240 元/m²。

要求：对上述各项业务过程编制相应的会计分录。

2. 房地产开发企业成本核算

资料：A房地产开发企业在某年度内，共发生了下列有关房屋开发的支出（单位：元）：

	101 商品房	102 商品房	152 商品房	182 商品房
支付征地拆迁费	300 000	200 000		
结转自用土地征地拆迁费			180 000	180 000
应付承包设计单位前期工程费	80 000	80 000	80 000	80 000
应付承包施工企业基础设施工程款	200 000	200 000	150 000	150 000
应付承包施工企业建筑安装工程款	1 500 000	990 000	800 000	800 000
分配配套设施费（水塔）	180 000	150 000	170 000	170 000
预提配套设施费（幼儿园）	180 000	150 000	130 000	130 000
分配开发间接费用	216 000	164 000	148 000	148 000

上述各项商品房均已竣工验收。

要求：对上述各项业务过程编制相应的会计分录。

3. 练习房地产开发企业成本核算。

资料：A 房地产公司所属一开发小区内幼儿园的开发成本应由 101 商品房、102 商品房、151 出租房、181 周转房和 201 大型配套设施——商店负担。由于幼儿园在商品房等完工出售、出租时尚未完工，为了及时结转完工的商品房等成本，应先将幼儿园的配套费预提计入商品房等的开发成本。假定各项开发产品和幼儿园的预算成本如下。

101 商品房	2 000 000 元
102 商品房	1 800 000 元
181 周转房	1 600 000 元
201 大型配套设施——商店	1 000 000 元
251 幼儿园	640 000 元

要求：计算各项开发产品应预提的幼儿园的配套设施费。

4. 练习房地产开发企业成本核算。

资料：A 房地产开发企业根据建设规划要求，在开发小区内负责建设一间超级市场、一座水塔和一所幼儿园。上述设施均发包给施工企业施工，其中超市建成后，有偿转让给商业部门。水塔和幼儿园的开发支出按规定计入有关开发产品的成本。水塔与商品房等同步开发，幼儿园与商品房等不同步开发，其支出经批准采用预提办法。上述各配套设施共发生了下列有关支出（单位：元）。

	201 超市	251 水塔	252 幼儿园
支付征地拆迁费	100 000	10 000	100 000
支付承包设计单位前期工程款	60 000	40 000	60 000
应付承包施工企业基础设施工程款	100 000	60 000	100 000
应付承包施工企业建筑安装工程款	400 000	490 000	380 000
分配水塔配套设施费	70 000		
分配开发间接费用	110 000		
预提幼儿园配套设施费	80 000		

要求：对各项配套设施的成本形成过程进行会计处理。

5. 练习房地产开发企业成本核算。

资料：A 房地产开发公司××大厦施工现场本月份发生以下经济业务。

1）本月现场管理人员工资 16 000 元；

2）根据发放工资总额计算员工福利费，实际发生比例为 14%；

3）本月计提固定资产折旧费 20 000 元；

4）摊销周转房费用 21 000 元；

5）购置办公用品及劳保用品 500 元，由支票转账；

6）摊销租入固定资产改良支出 7 000 元；

7）将本月份发生的开发间接费用在 101 商品房、102 商品房、151 出租房、181 周转房、201 大型配套设施（商店）、301 商品性土地之间按其实际发生的直接成本进行分配。

各开发产品实际发生的直接成本如下（单位：元）。

开发产品编号名称　　　　　　　　直接成本

101 商品房	100 000
102 商品房	240 000
151 出租房	150 000
181 周转房	140 000
201 大型配套设施——商店	160 000
301 商品性土地	250 000
合计	1 040 000

要求：完成上述开发间接费用的发生和分配的会计处理。

12　房地产开发企业经营成果的核算

12.1　房地产开发企业营业收入的核算

12.1.1　收入概述

（1）收入的概念

收入是房地产开发企业在日常活动中对外销售开发产品、材料、提供劳务、代建房屋及代建工程、出租房地产及其他多种经营活动所形成的、会导致所有者权益增加的、与所有者投入资本无关的经济利益的总流入。

（2）收入的特点

1）收入是从企业的日常活动中产生的，而不是从偶发的交易或事项中产生的。

2）收入能导致企业所有者权益的增加。

3）收入只包括本企业经济利益的流入，不包括为第三方或客户代收的款项。

（3）收入的分类

在市场经济条件下，收入作为影响利润指标的重要因素，越来越受到企业和投资者等的重视。收入主要包括企业为完成其经营目标所从事的经常性活动实现的收入。另外，企业发生的与经常性活动相关的其他活动，也构成收入。房地产开发企业营业收入包括主营业务收入和其他业务收入。

1）主营业务收入

是指企业从事主要经营活动所取得的收入，可以根据企业营业执照上主营业务范围来确定。房地产开发企业的主营业务收入一般包括：土地转让收入、商品房销售收入、配套设施销售收入、代建工程结算收入和投资性房地产的租金收入等。

2）其他业务收入

是指企业非经常性的、兼营的业务产生的收入。一般包括：商品房售后服务收入、材料销售收入、固定资产（设备等）出租收入等。

12.1.2　房地产开发企业主营业务收入的确认及会计处理

（1）主营业务收入的确认条件

主营业务收入确认是指什么时候确定收入已经成立，可以在账上登记主营业务收入。一般来说企业应当在发出商品、提供劳务同时收取价款或取得索取价款的凭据确认经营收入。

收入准则规定，主营业务收入同时满足下列条件的，才能予以确认。

1）企业已将商品所有权上的主要风险和报酬转移给购货方。是指与商品所有权有关的主要风险和报酬同时转移给了购货方。其中，与商品所有权有关的风险，是指商品可能发生减值或毁损等形成的损失；与商品所有权有关的报酬，是指商品价值增值或通过使用商品等形成的经济利益。

2）企业既没有保留通常与所有权相联系的继续管理权，也没有对已售出的商品实施有效控制。

3）收入的金额能够可靠地计量。是指收入的金额能够合理地估计。如果收入的金额不能合理估计，则无法确认收入。通常情况下，企业在销售商品时，商品销售价格已经确定，企业应当按照从购货方已收或应收的合同或协议价款确定收入金额。如果销售商品涉及现金折扣、商业折扣、销售折让等因素，还应当考虑这些因素后确定销售商品收入金额。如果企业从购货方应收的合同或协议价款延期收取具有融资性质，企业应按应收的合同或协议价款的公允价值确定销售商品收入金额。

4）相关的经济利益很可能流入企业。是指销售商品价款收回的可能性大于不能收回的可能性，即销售商品价款收回的可能性超过50%。企业在确定销售商品价款收回的可能性时，应当结合以前和买方交往的直接经验、政府有关政策、其他方面取得信息等因素进行分析。企业销售的商品符合合同或协议要求，已将发票账单交付买方，买方承诺付款，通常表明满足本确认条件（相关的经济利益很可能流入企业）。如果企业根据以前与买方交往的直接经验判断买方信誉较差，或销售时得知买方在另一项交易中发生了巨额亏损，资金周转十分困难，或在出口商品时不能肯定进口企业所在国政府是否允许将款项汇出等，就可能会出现与销售商品相关的经济利益不能流入企业的情况，不应确认收入。

5）相关的已发生或将发生的成本能够可靠地计量。通常情况下，销售商品相关的已发生或将发生的成本能够合理地估计。有时，销售商品相关的已发生或将发生的成本不能够合理地估计，此时企业不应确认收入，已收到的价款应确认为负债。

房地产开发企业主营业务收入的确认，除了符合上述收入准则的要求外，还需要根据行业自身的特点，来确定其主营业务收入的成立。一般可分为以下几种情况：

1）房地产开发企业转让、销售土地，商品房及配套设施时，应在土地、商品房和配套设施已经移交，已将发票和结算账单交给买主，收到价款或者取得了购买方付款认可证明时，作为收入的实现。

2）房地产开发企业代建的房屋和工程，应在房屋和工程竣工验收，办妥财产交接手续并已将代建的房屋和工程价款结算账单提交委托单位且收到价款或取得了收款的凭据时，确认收入的实现。若房地产开发企业跨年度的代建工程，在年末可按工程完工的百分比确认收入和费用。

3）房地产开发企业采取赊销或分期收款销售的办法销售土地和商品房，可按合同规定的收款时间分次确认收入，但必须以土地和商品房已移交给买主作为销售实现的前提条件。

房地产收入的确认应同时具备以下条件：①开发产品已竣工并经有关部门验收合格，房屋面积也经有关部门测定；②已与客户签订正式房屋销售合同；③标的物——房屋已经客户验收，对房屋的结构、销售面积及房款购销双方均无异议，并与客户办妥了交付入住手续，双方均已履行了合同规定的义务。

（2）房地产开发企业主营业务收入的会计处理

1）账户设置

①"主营业务收入"账户。房地产开发企业主营业务收入的核算，需要设置账户，该账户为损益类账户，用来核算对外转让、销售、结算和出租房地产所取得的经营收入。其

贷方登记本期实现的主营业务收入，借方登记期末结转到"本年利润"账户的主营业务收入，或销售退回部分的价款。期末结转后，该账户应无余额。

为了核算房地产开发企业主营业务收入形成的方式，主营业务收入账户应按照主营业务的类别设置明细账，进行明细核算。例如：主营业务收入——土地转让收入；主营业务收入——商品房销售收入；主营业务收入——配套设施销售收入；主营业务收入——代建工程结算收入；主营业务收入——房地产出租收入等。

②"税金及附加"账户。在房地产开发企业取得收入过程中，还需要对所取得的收入按规定交纳相关税费，因此需要设置"税金及附加"账户。该账户属于损益类，用来核算企业经营活动发生的消费税、城市维护建设税、资源税和教育费附加、房产税、车船使用税、土地使用税、土地增值税等相关税费。其借方登记计提的本期发生的税费金额，贷方登记期末结转到"本年利润"账户金额，期末结转后，该账户应无余额。该账户应按所计提的税费类别设置明细账。

2）主营业务收入的会计处理

土地、商品房及配套设施销售的会计处理。开发和转让、销售土地和商品房及配套设施是房地产开发企业的最主要业务。企业转让、销售土地、商品房及配套设施，有销售实现同时收款、销售实现款项未收和过去已预收账款三种不同的情况。

① 销售实现同时收款。开发企业实现的房地产主营业务收入，应按实际收到，借记"银行借款"账户，贷记"主营业务收入"账户，同时对所取得的收入计算增值税销项税，贷记"应交税费——应交增值税（销项税额）"。

【例 12-1】A 房地产开发公司 2016 年 8 月份向 B 钢厂转让土地两块，共计 50 000m²，假设售价 200 元/m²，增值税税率为 11％，经计算应交纳土地增值税 1 2000 000 元。作会计分录如下：

借：银行存款		11 100 000.00
贷：主营业务收入——土地转让收入		10 000 000.00
贷：应交税费——应交增值税（销项税额）		1 100 000.00
借：税金及附加		1 200 000.00
贷：应交税费——应交土地增值税		1 200 000.00

② 销售实现款项未收。开发企业实现的房地产主营业务收入，应按应收金额，借记"应收账款"账户、"应收票据"账户，贷记"主营业务收入"账户，同时对所取得的收入计算增值税销项税，贷记"应交税费——应交增值税（销项税额）"账户。

【例 12-2】A 房地产开发公司 8 月份向 B 商业集团公司出售商品房一幢（3 000m²），含税价 4 000 元/m²。另销售该小区的商场三层共计 6 000m²，含税价 3 500 元/m²，增值税税率为 11％。土地增值税税额为 1 100 000 元，收到商业汇票一张。作会计分录如下：

借：应收票据		33 000 000.00
贷：主营业务收入——商品房销售收入		10 810 810.80
贷：主营业务收入——配套设施销售收入		18 918 918.90
贷：应交税费——应交增值税（销项税额）		3 270 270.30
借：税金及附加		1 100 000.00
贷：应交税费——应交土地增值税		1 100 000.00

③ 预收账款后再销售。开发企业实现的房地产主营业务收入，若为先收款后销售，则在收款时，借记"银行存款"账户，贷记"预收账款"账户；销售成立时，按应收金额，借记"预收账款"账户、贷记"主营业务收入"账户，同时对所取得的收入计算增值税销项税，贷记"应交税费——应交增值税（销项税额）"账户。

【例 12-3】若上例中，A 房地产开发公司 7 月份向 B 公司预先收取款项 20 000 000 元，于 8 月份完成上述销售，余款以银行存款支付。

① 收取款项时，作会计分录如下：

借：银行存款　　　　　　　　　　　　　　　　20 000 000.00
　贷：预收账款　　　　　　　　　　　　　　　　　20 000 000.00

② 销售成立时，作会计分录如下：

借：预收账款　　　　　　　　　　　　　　　　20 000 000.00
借：银行存款　　　　　　　　　　　　　　　　13 000 000.00
　贷：主营业务收入——商品房销售收入　　　　　10 810 810.80
　贷：主营业务收入——配套设施销售收入　　　　18 918 918.90
　贷：应交税费——应交增值税（销项税额）　　　 3 270 270.30

如果企业预收账款不多，也可以不设"预收账款"账户，发生的"预收账款"直接在"应收账款"账户核算（即登记在应收账款账户的贷方）。

3）代建房屋和工程结算收入的核算

代建工程完工或竣工后，房地产开发企业应按照代建工程合同和工程价款的结算办法，向委托单位进行结算，取得代建工程结算收入。房地产开发企业代建房屋和工程，应在房屋和工程竣工验收、办妥财产交接手续，并已将代建的房屋和工程价款结算账单提交委托单位时，确认经营收入的实现。根据国家有关规定，代建工程可以采用以下两种结算办法：

① 一次结算。代建工程全部建筑安装期限在一年以内的，或者工程合同价值在 100 万元以下的，可以采用一次结算办法。具体办法是工程价款每月预支，竣工后一次结算。

② 分期结算。代建工程当年开工，当年不能完工的，可按照工程进度，划分不同阶段，分段分期结算收入。

目前房地产开发企业一般采用一次结算方式。

【例 12-4】A 房地产公司 3 月份接受市政工程局的委托，代建商场建造工程，按合同规定，期限为 5 个月，工程合同价款为 333 万元（含税），每月对方预付工程款 400 000 元。发生以下经济业务：

① 3 月 12 日收到市政工程局第一个月预付款 400 000 元。作会计分录如下：

借：银行存款　　　　　　　　　　　　　　　　400 000.00
　贷：预收账款——市政工程局　　　　　　　　　 400 000.00

② 4 月 5 日收到市政工程局按合同发来的抵作预收款的钢材，价款为 900 000 元。作会计分录如下：

借：原材料——钢材　　　　　　　　　　　　　900 000.00
　贷：预收账款——市政工程局　　　　　　　　　 900 000.00

③ 4、5、6 月每月收到市政工程局预付款，作会计分录如下：

借：银行存款　　　　　　　　　　　　　　　　　　　　400 000.00

　　贷：预收账款——市政工程局　　　　　　　　　　　　400 000.00

到 6 月末，预收账款账户已有贷方余额 250 万元。

④ 7 月 26 日为市政工程局代建的该项工程已全部竣工，验收合格。按合同规定将工程结算账单交给市政工程局。工程全部价款为 3 000 000 元（不含税），增值税税率为 11%。根据有关凭证作会计分录：

① 确认代建商场建造工程结算收入和应收款项，作会计分录如下：

借：应收账款——市政工程局　　　　　　　　　　　　　3 330 000.00

　　贷：主营业务收入——代建工程结算收入　　　　　　　3 000 000.00

　　贷：应交税费——应交增值税（销项税额）　　　　　　　330 000.00

② 转销原来的预收账款：即将从市政工程局预收的全部账款转入应收账款账户，作会计分录如下：

借：预收账款——市政工程局　　　　　　　　　　　　　2 500 000.00

　　贷：应收账款——市政工程局　　　　　　　　　　　　2 500 000.00

③ 7 月 30 日收到市政工程局补付的工程款 830 000 元，已存入银行。作会计分录如下：

借：银行存款　　　　　　　　　　　　　　　　　　　　830 000.00

　　贷：应收账款——市政工程局　　　　　　　　　　　　830 000.00

4）房地产出租收入的核算

对于房地产开发企业而言，其开发完工的开发产品可以转作投资性房地产，来收取租金。对于房地产开发企业，这项业务属于其主营业务范围，当取得租金或者取得获取租金的权利时，应计入"主营业务收入"账户。

【例 12-5】A 房地产开发公司本月收到出租商品房租金收入 201 465 元（含增值税），租金款项已存入银行，作会计分录如下：

借：银行存款　　　　　　　　　　　　　　　　　　　　201 465.00

　　贷：主营业务收入——出租产品租金收入　　　　　　　181 500.00

　　贷：应交税费——应交增值税（销项税额）　　　　　　　19 965.00

5）房地产开发企业特殊销售业务的核算

①分期收款开发产品的核算。房地产开发企业为了促进销售，可以采用分期收款销售方式。对于土地和商品房采用分期收款销售方式的，应在土地和商品房移交给买主后，将土地和房屋的实际成本从"开发产品"账户结转到"发出开发产品"账户，并要按合同规定的收款时间分次确认收入。

【例 12-6】A 房地产开发公司 2016 年 7 月 5 日销售商品房 1 200m²，实际成本 180 万元，每平方米售价 2 000 元（不含税），增值税税率为 11%。销售合同约定 240 万元，采用分期收款方式，价款三次付清，7 月 5 日付 80 万元，10 月 5 日付 80 万元，12 月 5 日付 80 万元。

① 7 月 5 日，公司将商品房移交给买方时，将商品房的实际成本转入"发出开发产品"账户。作会计分录如下：

借：发出开发产品 　　　　　　　　　　　　　　1 800 000.00
　　贷：开发产品——房屋 　　　　　　　　　　　1 800 000.00

② 7月5日，根据销售合同规定，收到买方交来的第一期房款80万元。作会计分录如下：

借：银行存款 　　　　　　　　　　　　　　　　888 000.00
　　贷：主营业务收入——商品房销售收入 　　　　800 000.00
　　贷：应交税费——应交增值税（销项税额）　　 88 000.00

③ 10月5日，按销售合同收到买方交来的第二期房款80万元。根据有关凭证，作会计分录如下：

借：银行存款 　　　　　　　　　　　　　　　　888 000.00
　　贷：主营业务收入——商品房销售收入 　　　　800 000.00
　　贷：应交税费——应交增值税（销项税额）　　 88 000.00

④ 12月5日，按销售合同规定应收到最后一期商品房款80万元，但款项尚未收到。根据有关凭证，作会计分录如下：

借：应收账款 　　　　　　　　　　　　　　　　888 000.00
　　贷：主营业务收入——商品房销售收入 　　　　800 000.00
　　贷：应交税费——应交增值税（销项税额）　　 88 000.00

⑤ 12月10日收到最后一期房款80万元，作会计分录如下：

借：银行存款 　　　　　　　　　　　　　　　　888 000.00
　　贷：应收账款 　　　　　　　　　　　　　　　888 000.00

② 销售退回和折让的核算。房地产开发企业的销售退回是指销售开发产品以后，由于开发产品质量等不符合购销合同的规定，买方要求将其全部或部分开发产品退给卖方的事项。

销售折让是销售开发产品以后，由于开发产品的质量等原因，买方要求在价格上给予减让的事项。在发生销售退回和销售折让的情况下，应按退回产品的价款或折让的金额冲减当期的销售收入。由于收入的减少，相关税金也要同时减少。对于销售退回，在冲减销售收入的同时还要冲减相关的销售成本。

【例12-7】A房地产开发公司销售给B公司商品房5套，每套建筑面积70m²，共350m²。商品房实际成本1 400元/m²，买卖双方签订的销售合同规定，每平方米不含税售价2 000元，共计700 000元，增值税税率为11%。购买单位先支付30%的购房定金，其余款项于商品房交付使用3个月后一次付清。商品房交付使用后，其中1套出现严重质量问题，B公司要求退货，其余4套也存在不同程度的质量问题，B公司提出要求折让。经双方协商同意后，1套作为退回处理，其余4套商品房按全部价款的5%给予折让。

① 收到购房定金时，作会计分录如下：

借：银行存款 　　　　　　　　　　　　　　　　210 000.00
　　贷：预收账款——B公司 　　　　　　　　　　210 000.00

② 交付商品房确认收入时，作会计分录如下：

借：应收账款——B公司 　　　　　　　　　　　　567 000.00
借：预收账款——B公司 　　　　　　　　　　　　210 000.00

    贷：主营业务收入——商品房销售收入   700 000.00

    贷：应交税费——应交增值税（销项税额）   77 000.00

③ 发生销售退回和折让时，作会计分录如下：

退回的 1 套商品房价款为 $70 \times 2\,000 = 140\,000$（元）

其余 4 套销售折让金额为：$70 \times 4 \times 2000 \times 5\% = 28\,000$（元）

销售退回和折让涉及的销项税额：$(140\,000 + 28\,000) \times 11\% = 18\,480$（元）

销售退回的价款和销售折让的金额应冲减当期的销售收入。作会计分录如下：

借：主营业务收入——商品房销售收入   168 000.00

借：应交税费——应交增值税（销项税额）   18 480.00

    贷：应收账款——甲单位   186 480.00

12.1.3 房地产开发企业主营业务成本的核算

根据配比的原则，房地产开发企业在将各个月份实现的房地产主营业务收入入账时，应同时将其相关的主营业务成本及相关税费结转入账。

（1）主营业务成本核算的科目设置

房地产开发企业要想对主营业务成本进行核算，需要设置"主营业务成本"账户，该账户属于损益类账户，反映结转的与主营业务收入配比的相关成本。其借方登记从有关账户结转来的与实现收入相关的开发产品等的实际成本，贷方登记期末结转到"本年利润"账户的主营业务成本。期末结转后，该账户应无余额。该账户应按主营业务的类别设置明细账户，该账户的明细账户应与"主营业务收入"的明细账户相对应。例如：主营业务成本——土地转让成本；主营业务成本——商品房销售成本；主营业务成本——配套设施销售成本；主营业务成本——代建工程成本；主营业务成本——投资性房地产累计折旧（摊销）等。

（2）主营业务成本的核算过程

对于销售的商品房，应于月终将销售商品房的实际开发成本借记"主营业务成本——商品房销售成本"科目，贷记"开发产品——商品房"账户。

对于转让的商品性土地，应于月终将转让土地的实际开发成本借记"主营业务成本——土地转让成本"账户，贷记"开发产品——商品性土地"账户。

对于转让配套设施，应于月终将转让配套设施的实际开发成本借记"主营业务成本——配套设施销售成本"账户，贷记"开发产品——配套设施"账户。

对于销售的分期收款开发产品，应于月终按税法规定的确认条件计算本期应结转的销售成本，借记"主营业务成本——商品房销售成本"账户、"主营业务成本——土地转让成本"账户等，贷记"分期收款开发产品"账户。

对于移交结算的代建工程，应于月终按移交代建工程的实际开发成本借记"主营业务成本——代建工程结算成本"账户，贷记"开发产品——代建工程"账户。

对于投资性房地产，应按月对投资性房地产进行价值摊销，借记"主营业务成本——投资性房地产累计折旧（摊销）"账户，贷记"投资性房地产累计折旧"账户。

对于对外销售的周转房，应按周转房的原值减去已提累计摊销后的净值，转入"主营业务成本——商品房销售成本"账户的借方，同时借记"周转房——周转房摊销"账户，贷记"周转房——在用周转房"账户。

对于本期发生的各项税费，按计提的实际金额，借记"税金及附加"账户，贷记"应交税费——应交房产税"账户、"应交税费——应交车船税"账户、"应交税费——应交城镇土地使用税"账户等。

【例 12-8】 A 房地产开发公司，本月销售商品房的开发产品实际成本为 525 万元；商品性土地的实际成本为 10 042.5 万元；配套设施的实际成本为 1 706.25 万元；代建工程的实际成本为 460 万元。根据以上资料，作会计分录如下：

借：主营业务成本——商品房销售成本	5 250 000.00
借：主营业务成本——土地转让成本	100 425 000.00
借：主营业务成本——配套设施销售成本	17 062 500.00
借：主营业务成本——代建工程结算成本	9 850 000.00
贷：开发产品——商品房	5 250 000.00
贷：开发产品——商品性土地	100 425 000.00
贷：开发产品——配套设施	17 062 500.00
贷：开发产品——代建工程	9 850 000.00

【例 12-9】 A 房地产开发企业销售 B 小区住宅共计 2 000m²，售价 2 500 元/m²（不含税），共 500 万元，按照合同规定，已预收定金 200 万元，现房屋已竣工并办理决算，实际总成本 400 万元，并向买方办理了交接手续，余款已全部收讫并存入银行。

① 房屋竣工进行决算时，作会计分录如下：

借：开发产品——房屋（B 小区）	4 000 000.00
贷：开发成本——房屋开发（某小区）	4 000 000.00

② 确认已实现的收入时，作会计分录如下：

借：应收账款	5 550 000.00
贷：主营业务收入——商品房销售收入	5 000 000.00
贷：应交税费——应交增值税（销项税额）	550 000.00

③ 冲转预收定金时，作会计分录如下：

借：预收账款	2 000 000.00
贷：应收账款	2 000 000.00

④ 收到余款时，作会计分录如下：

借：银行存款	3 550 000.00
贷：应收账款	3 550 000.00

⑤ 按照规定计算出应交纳城市维护建设税 1.75 万元、教育费附加 0.75 万元、土地增值税 21.75 万元。作会计分录如下：

借：税金及附加	242 500.00
贷：应交税费——应交城市维护建设税	17 500.00
贷：应交税费——应交土地增值税	217 500.00
贷：应交税费——应交教育费附加	7 500.00

⑥ 结转已售商品房的营业成本 4 000 000 元。作会计分录如下：

借：主营业务成本——商品房销售成本	4 000 000.00
贷：开发产品——房屋（B 小区）	4 000 000.00

【例12-10】承【例12-6】A房地产开发公司2016年7月5日销售商品房1 200m²，实际成本180万元，售价2 000元/m²（不含税），销售合同约定240万元，采用分期收款方式销售，价款三次付清，7月5日付80万元，10月5日付80万元，12月5日付80万元。其成本结转相关作会计分录如下：

① 7月5日，根据销售合同规定，收到买方交付的第一期房款80万元。同时按相应的比例，结转商品房成本，作会计分录如下：

应结转的成本为：1 800 000÷3＝600 000（元）

借：主营业务成本——商品房销售成本　　　　　　　　　　　600 000.00

　　贷：发出开发产品　　　　　　　　　　　　　　　　　　　　600 000.00

② 10月5日，按销售合同收到买方交付的第二期房款80万元。同时按比例结转商品房成本，作会计分录如下：

借：主营业务成本——商品房销售成本　　　　　　　　　　　600 000.00

　　贷：发出开发产品　　　　　　　　　　　　　　　　　　　　600 000.00

③ 12月5日，按销售合同规定应收到最后一期商品房款80万元，同时结转营业成本60万元，作会计分录如下：

借：主营业务成本——商品房销售成本　　　　　　　　　　　600 000.00

　　贷：发出开发产品　　　　　　　　　　　　　　　　　　　　600 000.00

【例12-11】根据【例12-7】A房地产开发公司销售给B公司商品房5套，每套建筑面积70m²，共350m²。商品房实际成本1 400元/m²，买卖双方签订的销售合同规定，不含税售价2 000元/m²，共计700 000元，增值税税率为11％。购买单位先支付30％的购房定金，其余款项于商品房交付使用3个月后一次付清。商品房交付使用后，其中1套出现严重质量问题，B公司要求退货，其余4套也存在不同程度的质量问题，B公司提出要求折让。经双方协商同意后，1套作为退回处理，其余4套商品房按全部价款的5％给予折让。有关成本结转。

① 交付商品房确认收入时，同时结转商品房销售成本，作会计分录如下：

5套商品房实际成本为：1 400×350＝490 000（元）

借：主营业务成本——商品房销售成本　　　　　　　　　　　490 000.00

　　贷：开发产品——房屋　　　　　　　　　　　　　　　　　　490 000.00

② 发生销售退回时，冲减已结转的成本，作会计分录如下：

1套商品房实际成本为：1 400×70＝98 000（元）

借：开发产品——房屋　　　　　　　　　　　　　　　　　　98 000.00

　　贷：主营业务成本——商品房销售成本　　　　　　　　　　　98 000.00

对于发生销售折让的商品房，只影响销售收入，不影响销售成本。同时因为销售收入的减少，当期相关税费也自然减少，所以，如果原来尚未确认税费，则期末自然按减少后的收入确认税费，所以对税费不需单独进行账务处理。

12.1.4　房地产开发企业其他业务收入和成本的核算

（1）其他业务收入的核算

1）其他业务收入的内容

房地产开发企业其他业务收入是指除主营业务收入以外，由其他的营业活动所产生的业务收入。包括商品房售后服务收入（物业管理）、材料销售收入、无形资产转让收入和固定资产（房地产除外）出租收入等。

2）其他业务收入的确认

开发企业取得的其他业务收入，应于收入实现时及时入账。

① 物业管理收入，应按与业主签订合同规定的付款日期，即在提供劳务的同时收讫价款或者取得索取价款的凭证时，确认为收入实现。

② 材料销售收入，应在发出材料，同时收讫料款或取得索取料款的凭证时，确认为收入实现。

③ 无形资产转让收入，应在签订转让合同或协议，同时收讫转让价款或取得索取价款凭证时，确认为收入实现。

④ 固定资产出租收入，应按出租方与承租方签订的合同或协议规定的承租方付款日期和金额，确认为租金收入实现。合同或协议规定的收款日期已到，承租方未付租金仍应视为租金收入实现。

3）其他业务收入的账户设置

为了反映其他业务收入的实现和结转情况，应设置"其他业务收入"账户，该账户为损益类账户，贷方登记企业本期取得的各项其他业务收入，借方登记期末转入"本年利润"账户的其他业务收入，期末结转后，该账户应无余额。该账户按其他业务的不同种类设置明细账户，例如：

其他业务收入——商品房售后服务收入；其他业务收入——固定资产出租收入；

其他业务收入——材料销售收入；其他业务收入——无形资产转让收入等。

4）其他业务收入的会计处理

房地产开发企业实现的其他业务收入，按实际收到价款或取得相关凭证时借记"银行存款"账户、"应收账款"账户，贷记"其他业务收入"账户的"物业管理收入"账户、"材料销售收入"账户、"无形资产转让收入"账户、"固定资产出租收入"账户等二级科目。

① 商品房售后服务收入的会计处理，即物业管理收入。房地产开发企业的商品房售后服务是指企业接受其他单位的委托，对已经售出的商品房进行管理，如房屋及所属设备的维修、电梯看管、卫生清洁等劳务性服务。企业提供的这种售后服务，可向用户收取服务费，从而形成商品房售后服务收入，即物业管理收入。

【例 12-12】A 房地产开发公司销售商品房后，在住宅小区设立了管理处，为住户提供治安保卫、卫生清洁、电梯看管和房屋维修等项服务，按月向用户收取管理费用。假如本月向住户收取全部管理费用 10 000 元，待收到管理费用时，作会计分录如下：

借：库存现金（或银行存款）　　　　　　　　　　　10 000.00
　　贷：其他业务收入——商品房售后服务收入　　　　10 000.00

②固定资产出租收入的核算。房地产开发企业固定资产出租是指企业将不需用的机械设备等对外出租（不含出租的房地产，出租的房地产属于主营业务范畴）。机械设备固定资产出租是企业将本身所拥有的劳动资料对外出租，属于非主营业务，其取得的租金收入应计入"其他业务收入"账户。

【例 12-13】A 房地产公司将不需要的设备对外出租，本月取得租金收入 5 000 元，款项已存入银行。作会计分录如下：

借：银行存款   5 000.00

  贷：其他业务收入——设备出租收入   5 000.00

③ 材料销售收入的核算。房地产开发企业的材料销售是指企业将不需用的库存材料对外销售。房地产开发企业的营业周期一般比较长，一个项目开发结束后，往往隔较长时间才开始下一个项目，而且不同项目所用的材料也不完全一样。所以如果企业在开发产品后的材料有剩余，就要进行销售处理。销售材料取得的价款，也是企业的一项其他业务收入。

【例 12-14】A 房地产开发公司开发项目结束后，将库存材料对外销售，材料成本为 20 000元，售价为 27 000 元。材料价款收到已存入银行。当实现收入时，作会计分录如下：

借：银行存款   27 000.00

  贷：其他业务收入——材料销售收入   27 000.00

（2）其他业务成本的核算

1）其他业务成本的账户设置

其他业务成本是指与其他业务收入相关的成本、费用。为了核算企业的其他业务成本，应设置"其他业务成本"账户，该账户为损益类，借方登记与其他业务收入相关的成本、费用；贷方登记期末转入"本年利润"账户的其他业务成本。期末结转后，该账户应无余额。该账户明细账的设置应与"其他业务收入"明细账户的设置相对应，包括商品房售后服务支出、材料销售成本、出租设备折旧费等。

2）其他业务成本的会计处理

① 商品房售后服务支出的核算。房地产开发企业发生的商品房售后服务支出，应根据有关凭证，借记"其他业务成本"账户，贷记"银行存款"、"原材料"、"应付职工薪酬"等账户。

【例 12-15】A 房地产开发公司某住宅小区管理处当月发生下列支出：管理人员薪酬 4 560元，以银行存款支付卫生用具费 600 元，材料支出 1 000 元。根据有关凭证，作会计分录如下：

借：其他业务成本——商品房售后服务支出   6 160.00

    贷：应付职工薪酬   4 560.00

    贷：银行存款   600.00

    贷：原材料   1 000.00

② 出租固定资产折旧费的核算。房地产开发企业对外出租设备等固定资产，应按月提取折旧费。提取出租固定资产的折旧费，应借记"其他业务成本"账户，贷记"累计折旧"账户。

【例 12-16】A 房地产开发公司本月提取出租设备折旧费 1 000 元，作会计分录如下：

借：其他业务成本——出租设备折旧费   1 000.00

  贷：累计折旧   1 000.00

③ 销售材料成本的结转。房地产开发企业对外销售材料，应结转其材料成本，结转成本时，借记"其他业务成本"账户，贷记"原材料"账户。

【例 12-17】 A 房地产开发公司将库存材料对外销售，该批材料实际成本 20 000 元。作会计分录如下：

借：其他业务成本——材料销售成本　　　　　　　　20 000.00
　　贷：原材料　　　　　　　　　　　　　　　　　　　20 000.00

房地产开发企业取得的各项其他业务收入，按照税法的规定应缴纳各种税费，在按规定计提各种税费时，应借记"税金及附加"账户、贷记"应交税费"账户。

12.2　房地产开发企业期间费用的核算

房地产开发企业的期间费用是指企业在开发现场发生的消耗以外发生的，必须从当期收入得到补偿的费用。包括企业行政管理部门为组织管理生产发生的"管理费用"，销售部门为开发产品的销售而发生的各项"销售费用"及企业为筹集资金发生的"财务费用"。这些费用直接计入当期损益，并在利润表上分项目列示。

12.2.1　管理费用的核算

（1）管理费用的内容

房地产开发企业的管理费用，是指企业行政管理部门（公司总部）为组织和管理房地产开发经营活动而发生的各项费用。房地产开发企业管理费用的内容包括：行政管理人员工资、福利费、办公费、差旅费、折旧费、修理费、低值易耗品摊销、工会经费、职工教育经费、劳动保险费、待业保险费、咨询费，在"管理费用"科目列支的税金、诉讼费、技术转让费、无形资产摊销、业务招待费、企业开办费、计提的坏账准备、计提的存货跌价准备，存货盘亏、毁损、报废（或盘盈）损失及排污费、绿化费等。

（2）管理费用核算的科目设置

为核算房地产开发企业的管理费用，需要设置"管理费用"账户，该账户为损益类，借方登记本期发生的各项管理费用，贷方登记月末转入"本年利润"账户的管理费用，结转后应无余额。该账户应按管理费用的项目设置多栏式明细账进行明细核算。

（3）管理费用的核算过程

开发企业在发生各项管理费用时，借记"管理费用"科目，贷记"库存现金"账户、"银行存款"账户、"应付职工薪酬"账户、"低值易耗品"账户、"累计折旧"账户、"无形资产"账户、"长期待摊费用"账户、"应交税费"账户、"坏账准备"账户等。企业发生的管理费用，直接计入当期损益，并于期末将其余额全部转入本年利润账户的借方，借记"本年利润"账户，贷记"管理费用"。

12.2.2　销售费用的核算

（1）销售费用的内容

房地产开发企业的销售费用，是指企业在销售、转让、出租开发产品过程中发生的各项费用，主要包括：

1）开发产品销售以前的改装修复费、开发产品看护费、水电费、采暖费；

2）开发产品销售、转让、出租过程中发生的广告宣传费、展览费、代销手续费、销售服务费；

3）为销售、转让、出租本企业开发产品而专设的销售机构的员工工资、福利费、折旧费、修理费、差旅费及其他经费。

（2）销售费用核算的科目设置

为核算房地产开发企业的销售费用，需要设置"销售费用"账户，该账户为损益类，借方登记本期发生的各项销售费用，贷方登记月末转入"本年利润"账户的销售费用，结转后应无余额。该账户应按销售费用的项目设置多栏式明细账进行明细核算。

（3）销售费用的核算过程

开发企业发生各项销售费用时，应借记"销售费用"账户，贷记"库存现金"账户、"银行存款"账户、"原材料"账户、"周转材料"账户、"应付职工薪酬"账户、"累计折旧"账户等。企业发生的销售费用，直接计入当期损益，并在期末将其余额全部转入本年利润账户的借方，借记"本年利润"账户，贷记"销售费用"账户。

12.2.3　财务费用的核算

（1）财务费用的内容

房地产开发企业的财务费用，是指企业为筹集开发经营所需资金而发生的各项费用，包括利息净支出、汇兑净损失及相关的手续费等。

房地产开发企业所发生的借款利息及手续费等不都属于财务费用，要看所借入资金的使用方向。因开发产品所发生的借款利息及相关的手续费，在开发产品完工以前，计入有关开发成本。应借记"开发间接费用"账户，贷记"长期借款"账户、"银行存款"账户，开发企业因购建固定资产而发生的长期借款利息支出及相关的手续费，在购建固定资产达到预定可使用状态以前，应计入有关固定资产的价值，借记"固定资产"账户、"在建工程"账户科目，贷记"长期借款"账户、"银行存款"账户等。

同样道理，与开发房地产或购建固定资产直接有关的长期借款，在使用以前暂存银行而发生的利息收入，在开发产品完工以前和固定资产购建工程达到预定可使用状态以前发生的，应与相应计入开发成本和固定资产价值的利息支出冲抵，借记"银行存款"账户，贷记"开发间接费用"账户、"在建工程"账户。在开发产品完工和固定资产购建工程达到预定可使用状态以后发生的利息收入，应冲减财务费用。

（2）财务费用核算的科目设置

房地产开发企业为核算财务费用，需要设置"财务费用"账户，该账户为损益类，借方登记本期发生的各项财务费用，贷方登记月末转入"本年利润"账户的财务费用，结转后应无余额。该账户应按财务费用的项目设置多栏式明细账进行明细核算。

（3）财务费用核算过程

开发企业发生各项财务费用时，应借记"财务费用"账户，贷记"长期借款"账户、"应付利息"账户、"银行存款"账户等。房地产开发企业发生的各项利息收入，做上述过程的反分录。企业发生的财务费用，直接计入当期损益，并在期末将其余额全部转入本年利润账户，若为净支出，则借记"本年利润"账户，贷记"财务费用"账户；若为利息净收益，则借记"财务费用"账户，贷记"本年利润"账户。

12.2.4　期间费用核算举例

【例12-18】A房地产开发企业本月发生以下期间费用：

① 企业行政管理部门购买办公用品2 000元，已用银行存款支付，作会计分录如下：

借：管理费用——公司经费　　　　　　　　　　　　　　　　2 000.00

贷：银行存款　2 000.00

②企业接到银行付款通知，本月银行手续费 800 元，已从存款账户中扣除，作会计分录如下：

借：财务费用——银行手续费　800.00
　贷：银行存款　800.00

③企业用银行存款支付咨询费 1 500 元，广告费 8 000 元。作如下会计分录：

借：管理费用——咨询费　1 500.00
借：销售费用——广告费　8 000.00
　贷：银行存款　9 500.00

④企业收到银行存款利息收入凭证 200 元，已转入存款账户。作会计分录如下：

借：银行存款　200.00
　贷：财务费用——利息收入　200.00

⑤企业分配本月职工薪酬，其中总部管理人员薪酬 8 000 元，房屋看护人员薪酬 3 000 元。作会计分录如下：

借：管理费用——公司经费　8 000.00
借：销售费用——产品看护费　3 000.00
　贷：应付职工薪酬　11 000.00

⑥月末，将管理费用、财务费用和销售费用，转入"本年利润"账户。作会计分录如下：

借：本年利润　23 100.00
　贷：管理费用　11 500.00
　贷：财务费用　600.00
　贷：销售费用　11 000.00

12.3　房地产开发企业利润的核算

房地产开发企业的利润也称收益或损益，指某一会计主体在一定时期内各种收入扣除各种耗费后的盈余。利润是一个综合性的经济指标，它能反映企业经营活动各方面的效益情况，也是企业最终的财务成果。

12.3.1　房地产开发企业利润的构成

房地产开发企业的利润总额一般由营业利润和营业外收支净额两部分组成，反映企业在一定会计期间内总体的经营成果。利润总额并非企业所能支配的利润数额，获得的利润总额首先要交纳所得税，扣减所得税费用后的利润为净利润。净利润是可供企业进行分配的利润部分。利润总额和净利润可用下列公式计算求得：

利润总额＝营业利润＋（营业外收入－营业外支出）
净利润＝利润总额－所得税费用

（1）营业利润

营业利润是房地产开发企业利润总额中的主要部分，是房地产开发企业的营业活动（包括主营业务活动、其他业务活动、投资活动等）产生的利润。计算公式如下：

营业利润＝营业收入－营业成本－税金及附加－销售费用－管理费用－财务费用－资产减值损失＋公允价值变动损益(－公允价值变动损失)＋投资收益(－投资损失)

营业收入＝主营业务收入＋其他业务收入

营业成本＝主营业务成本＋其他业务成本

(2) 营业外收入与营业外支出

营业外收入和营业外支出，是指与企业开发经营业务无直接关系的各项收入和支出。

1) 营业外收入

① 营业外收入的内容

营业外收入是与企业营业收入相对而言的，指企业发生的与日常活动无直接关系的各项利得。营业外收入不需要企业付出代价，实际上是企业经济利益的净流入。

营业外收入主要包括非流动资产处置利得、盘盈利得、罚没利得、捐赠利得、确实无法支付而按规定程序经批准后转做营业外收入的应付款项等。其中：资产处置利得包括固定资产处置利得和无形资产销售利得；盘盈利得主要指对于现金清查中盘盈的现金等，报经批准后计入营业外收入的金额；罚没利得指企业取得的各项罚款，在弥补由于违反合同或协议而造成的经济损失后的净收益；捐赠利得指企业接受捐赠产生的利得。

② 营业外收入的核算

A. 账户设置。为核算房地产开发企业的营业处收入，需要设置"营业外收入"账户，该账户为损益类，贷方登记企业发生的各项营业外收入，借方登记期末转入"本年利润"账户的营业外收入。结转后该账户应无余额。该账户应按照营业外收入的不同项目设置多栏式明细账，进行明细核算。即：营业外收入——非流动资产处置利得；营业外收入——盘盈利得；营业外收入——罚没利得；营业外收入——捐赠利得等。

B. 营业外收入的会计处理。当房地产开发企业发生各项营业外收入时，按照所发生的营业外收入性质不同，借记"待处理财产损益——待处理流动资产损益"账户、"固定资产清理"账户、"应付账款"账户、"银行存款"账户等。

【例 12-19】A 房地产开发企业将固定资产报废清理的净收益 8 000 元转做营业外收入，作会计分录如下：

借：固定资产清理	8 000.00
贷：营业外收入——非流动资产处置利得	8 000.00

2) 营业外支出

① 营业外支出的内容

营业外支出是指企业发生的与日常活动无直接关系的各项净损失，主要包括非流动资产处置损失、盘亏损失、罚款支出、公益性捐赠支出、非常损失等。其中非流动资产处置损失包括固定资产处置损失和无形资产处置损失；盘亏损失主要指固定资产清查中盘亏的固定资产按确定的损失计入营业外支出的金额；罚款支出指企业由于违反税法法规、经济合同等而支付的各种滞纳金和罚款；公益性捐赠支出，指企业对外进行公益性捐赠发生的支出；非常损失指企业对于因客观因素（如自然灾害等）造成的损失，在扣除保险公司赔偿后应计入营业外支出的净损失。

② 营业外支出的核算

A. 账户设置。为核算房地产开发企业的营业外支出，应设置"营业外支出"账户，该账户为损益类，该账户借方登记发生的各项营业外支出，贷方登记期末转入"本年利润"账户的营业外支出，结转后，本账户应无余额。该账户应按照营业外支出的不同项目设置多栏式明细账，进行明细核算。即：营业外支出——固定资产盘亏；营业外支出——处理固定资产净损失；营业外支出——转让无形资产损失；营业外支出——债务重组损失；营业外支出——非常损失等。

B. 营业外支出的核算。当企业发生各项营业外支出时，根据各支出性质的不同，借记"营业外支出"账户，贷记"待处理财产损益——待处理固定资产损益"账户、"固定资产清理"账户、"待处理财产损益——待处理流动资产损益"账户、"银行存款"账户等。

【例 12-20】A 房地产开发企业发生下列经济业务：

① 将发生的原材料意外灾害损失 250 000 元转做营业外支出。作会计分录如下：

借：营业外支出——非常损失   250 000.00

    贷：待处理财产损益——待处理流动资产损益   250 000.00

② 用银行存款支付税款滞纳金 3 000 元。作会计分录如下：

借：营业外支出——罚没支出   3 000.00

    贷：银行存款   3 000.00

12.3.2 房地产开发企业利润形成的核算

房地产开发企业利润的计算是通过期末将所有损益类账户转入"本年利润"账户进行的。

(1) 反映利润实现的账户设置

"本年利润"账户，该账户为所有者权益类，贷方登记由各损益类账户结转来的各种收入和利得数额；借方登记由各损益类账户结转来的各种费用和损失的数额。期末若有贷方余额，反映的是本年内累计实现的利润总额；扣除所得税费用，就是企业的净利润；若发生借方余额，反映的是本年内累计发生的亏损总额。年度终了，应将"本年利润"账户的余额全部转入"利润分配——未分配利润"账户明细账户。年末结转后，本账户应无余额。

(2) 本年利润的结转方法

根据会计制度的规定，各损益类科目的本期发生额结转本年利润，可以每月结转，也可以每月不结转。每月结转的方法叫作"账结法"，年底一次性结转的方法叫作"表结法"。

1) 账结法

每月月末均需编制转账凭证，将在账上结计出的各损益类账户的余额转入"本年利润"账户，各损益类账户结转后无余额。结转后"本年利润"账户的本月合计数反映当月实现的利润或发生的亏损，"本年利润"账户的本年累计数反映本年累计实现的利润或发生的亏损。

账结法在各月均可通过"本年利润"账户提供当月及本年累计的利润（或亏损）额，但由于每个月月末都要对损益类账户进行结转，增加了转账环节和工作量。

2) 表结法

各损益类账户每月月末只需结计出本月发生额和月末累计余额，不结转到"本年利润"账户,只有在年末时才将全年累计余额转入"本年利润"账户。但每月月末要将损益类账户的本月发生额合计数填入利润表的本月数栏,同时将本月末累计余额填入利润表的本年累计数栏,通过利润表计算反映各期的利润(或亏损)。

表结法下,年中损益类账户无须结转入"本年利润"账户,平时有期末余额,从而减少了转账环节和工作量,同时并不影响利润表的编制及有关损益指标的利用。

一般情况下,利润采用哪种结转方法与所得税结转方法有关,所得税若采用分月结转的方式,则利润结转账结表结均可,但若所得税费用采用年末一次性结转,则一般采用表结法。

(3)本年利润核算举例

【例 12-21】 A 房地产开发企业一月末有关损益类账户的发生额如下:

主营业务收入	180 000(贷方)
其他业务收入	19 000(贷方)
营业外收入	7 000(贷方)
主营业务成本	100 000(借方)
销售费用	4 000(借方)
营业税金及附加	9 000(借方)
其他业务成本	15 000(借方)
管理费用	16 000(借方)
财务费用	4 000(借方)
营业外支出	3 500(借方)
资产减值损失	3 000(借方)

期末将以上损益类账户进行结转,作如下会计分录:

① 结转损益类账户中收入、收益类账户的发生额:

借:主营业务收入	180 000.00
借:其他业务收入	19 000.00
借:营业外收入	7 000.00
贷:本年利润	206 000.00

② 结转损益类账户中费用、损失类账户的发生额:

借:本年利润	154 500.00
贷:主营业务成本	100 000.00
贷:其他业务成本	15 000.00
贷:营业税金及附加	9 000.00
贷:销售费用	4 000.00
贷:管理费用	16 000.00
贷:财务费用	4 000.00
贷:营业外支出	3 500.00
贷:资产减值损失	3 000.00

损益类账户结转后,以上损益类账户全部结平。"本年利润"账户有贷方发生额 206 000,借方发生额 154 500,出现了贷方余额 51 500,表示的是一月份实现的利润

总额。

12.3.3 房地产开发企业所得税的核算

房地产开发企业取得的利润总额并非是企业的可支配利润，首先要根据国家所得税法的规定，按照应税所得计算上交企业所得税。但是在所得税计算过程中，应税所得与会计利润的计算口径上存在差距。应税所得又称应税利润纳税所得，是根据税法规定所确认的收入总额，减去准予扣除项目金额（即可扣除的费用）后的差额计算而得。会计利润又称税前利润，是依据会计制度所确认的收入，减去成本费用后的差额计算而得。税法与会计制度规定由于各自的目的不同，应税所得与会计利润也就会不一致。税法是依据公平税负、促进竞争的原则来确定应税所得，其目的在于保证国家机构正常运转所需的财政收入。会计利润是依据权责发生制、配比原则等来确定利润总额，其目的在于公允、客观地反映企业的财务状况和经营成果。因此，分清企业应纳税所得额与企业所得税前会计利润之间的关系，是企业所得税会计核算的关键环节。这项工作的目的，主要是做好税收调整项目，即确定出税收调整项目的金额，再进行计算。

（1）应交企业所得税额的确定

按照税法规定，企业缴纳所得税计税依据是应纳税所得额。用公式计算求得：

$$当期应交所得税额＝当期应纳税所得额×所得税税率$$

税法中规定应纳税所得额不同于企业利润总额。利润总额是根据会计准则计算出来的税前会计利润，应纳税所得额是按税法的规定确定的。由于会计准则和税法二者确认当期收入和费用的标准和口径有所不同，所以应纳税所得额与税前会计利润二者存在着一定的差异。

应纳税所得额是在企业税前会计利润（即利润总额）的基础上调整确定的。计算公式如下：

$$应纳税所得额＝税前会计利润＋纳税调整增加额－纳税调整减少额$$

纳税调整增加额主要包括：

① 超过税法规定标准的工资支出、折旧费、招待费等；

② 企业对存货、固定资产、无形资产、对外投资等计提的减值准备；

③ 税收滞纳金、罚款、罚金等。

纳税调整减少额主要包括：

① 按税法规定允许弥补的亏损和准予免税的项目，如前五年内的未弥补亏损、国债利息收入和无形资产开发阶段的资本性支出等。

② 纳税调整包括了对永久性差异的调整和暂时性差异的调整。永久性差异以后不能转回，所以企业对永久性差异的调整造成的应交所得税的增减额，全部计入当期所得税费用。

③ 而对于暂时性差异的调整造成的当期多交或少交的所得税，因为以后还能转回，所以不能增减当期所得税费用，而是作为递延所得税资产或递延所得税负债进行处理。

【例 12-22】A 房地产开发公司 2016 年度利润表中利润总额 1 200 万元，假定该公司适用所得税税率为 25%。

1）2016 年发生的有关交易和事项中，会计处理与税收处理存在的差别有：

① 2016 年 1 月 1 日开始计提折旧一项固定资产，原值为 600 万元，使用年限为 10

年，净残值为零，会计处理按双倍余额递减法计提折旧（第一年折旧 120 万元），税收处理按直线法计提折旧（年折旧 60 万元）。

② 向关联企业提供现金捐赠 200 万元（税法规定不予抵扣）。

③ 当年度发生研究开发支出 500 万元，其中 300 万元作为资本化支出已计入了无形资产成本。税法规定其 500 万元都应计入当期费用。

④ 应付违反环保法规定罚款 100 万元（税法规定不予抵扣）。

⑤ 期末对持有的房地产开发产品计提了 30 万元存货跌价准备（税法规定不予抵扣）。

⑥ 企业当年取得国库券利息收入 20 万元，税法规定国库券利息收入不缴纳所得税。

2）根据上述资料，计算 2016 年度应交所得税如下：

应纳税所得额＝1 200 万＋60 万＋200 万－300 万＋100 万＋30 万－20 万＝1 270 万

应交所得税＝1 270 万×25％＝317.5 万

（2）所得税费用的计算

按 2016 年颁布的企业会计准则，企业应采用资产负债表债务法核算所得税费用。

按资产负债表债务法，所得税费用是在应交所得税的基础上经调整计算出来的。其计算公式如下：

所得税费用＝应交所得税－递延所得税资产增加额＋递延所得税资产减少额＋递延所得税负债增加额－递延所得税负债减少额。

1）可抵扣暂时性差异与递延所得税资产

暂时性差异是指一项资产或负债的账面价值与其计税基础之间的差额。

可抵扣暂时性差异是指因企业资产的账面价值小于计税基础或负债的账面价值大于计税基础而形成的差异。这种差异的存在会导致未来应纳税所得额的减少，从而会造成将来减少交纳所得税。对于将来会减少应交纳的所得税额，现在要确认为递延所得税资产。计算公式如下：

$$可抵扣暂时性差异×所得税税率＝递延所得税资产$$

① 资产的账面价值小于资产的计税基础

资产的计税基础是指一项资产在未来期间可以在所得税前扣除的总金额。资产的账面价值小于计税基础可能由多种情况形成。

例如，企业购入一项新的固定资产，原值 1 000 万元，预计使用 10 年，预计净残值为零。企业按双倍余额递减法计提折旧，第一年折旧额 200 万元，而税法规定按直线法计提折旧，第一年应计提折旧 100 万元。由此应纳税所得额比企业会计利润增加 100 万元。因而比按会计利润计算第一年应多交 25 万元的所得税（假定所得税率为 25％）。

但第一年末，企业该项资产的账面价值有 800 万元（1 000 万－200 万），而计税基础则为 900 万元（1 000 万－100 万），因此产生了可抵扣暂时性差异 100 万元。由于存在这 100 万元的可抵扣暂时性差异，因而将来会减少企业应纳税所得额 100 万元，减少应交所得税 25 万元。所以应将这 25 万元确认为递延所得税资产，可抵扣暂时性差异 100 万元。

$$递延所得税资产＝100 万元×25％＝25 万元$$

企业应将递延所得税资产的增加额冲减当期的所得税费用。

企业资产的账面价值小于计税基础的原因还有很多，比如企业按会计准则规定，在一定条件下，对长期资产可以计提减值准备，而税法规定企业计提减值准备造成的损失是不能在税前进行扣除的，由此企业资产的账面价值减少，而计税基础未减少等。

② 负债的账面价值大于负债的计税基础

负债的计税基础是指负债的账面价值减去未来期间计算应纳税所得额时按税法规定可予抵扣的金额。

一般情况下，负债的确认与偿还不会影响企业的损益，也不会影响企业应纳税所得额，未来期间计算应纳税所得额时按税法规定对负债可予抵扣的金额为零，负债的计税基础与账面价值是相等的。

但某些特殊情况下，负债的确认可能会影响损益，进而会影响不同期间的应纳税所得额，使得其计税基础与账面价值之间产生差异，如按会计规定确认的某些预计负债等。

假定企业销售了一批房产价值 1 000 万元，企业提取了 20 万元的返修费用，并且计入了预计负债。而税法规定该项费用不允许预提，但可在将来实际发生时计入有关费用。

这样在计算应纳税所得额时在会计利润的基础上加上了 20 万元，所以企业负债的账面价值大于计税基础 20 万元。则负债的账面价值 20 万元，由于将来返修费用发生时，按税法规定可以扣除 20 万元，所以：

负债的计税基础＝20 万元－20 万元＝0

由此，负债的账面价值大于计税基础 20 万元。此 20 万元即为可抵扣暂时性差异。

由于存在这 20 万元的可抵扣暂时性差异，因此造成当期多交所得税 5 万元（20 万×25％）。但假设将来企业实际会发生返修费 20 万元，企业会计核算中将实际发生返修费用 20 万元直接冲减了预计负债，而按税法规定，在实际发生时可计入费用，在计算应纳税所得额时可在会计利润的基础上扣除 20 万元。

所以企业当期虽然多交了 5 万元所得税，但将来会造成少交 5 万元所得税，即将来会减少现金流出 5 万元。也可看作是将来会增加现金流入 5 万元。所以企业应在销售房地产的当期确认为递延所得税资产 5 万元。

可抵扣暂时性差异 20 万元，则：

递延所得税资产＝20 万元×25％＝5 万元

企业应将当期增加的递延所得税资产冲减当期的所得税费用。

2）应纳税暂时性差异和递延所得税负债

应纳税暂时性差异是指因企业资产的账面价值大于计税基础，或负债的账面价值小于计税基础而形成的差异。这种差异会导致将来期间应纳税所得额的增加，从而需要增加将来交纳的所得税。其算式如下：

递延所得税负债＝应纳税暂时性差异×所得税税率

① 资产的账面价值大于计税基础

例如，企业购入有一项新的固定资产，原值 1 000 万元，预计使用 10 年，预计净残值为零。企业按直线法计提折旧，第一年折旧额 100 万元，而税法规定按双倍余额递减法计提折旧，第一年应计提折旧 200 万元。

这样，第一年末，企业该项资产的账面价值有 900 万元（1 000 万元－100 万元），而计税基础只剩 800 万元（1 000 万元－200 万元），这种资产的账面价值大于计税基础 100 万元的差异称为应纳税暂时性差异。

由于有这 100 万元应纳税暂时性差异的存在，按税法规定将来在计算应纳税所得额时就会少扣除 100 万元，所以将来需要多交纳 25 万元所得税。

应纳税暂时性差异 100 万元，则：

递延所得税负债＝100 万元×25％＝25 万元

企业应将递延所得税负债增加额计入当期的所得税费用。

② 负债的账面价值小于计税基础

这种情况在会计实务中极为少见。如果按税法规定企业可以计提预计负债，而企业未计提预计负债，就会出现负债的账面价值小于计税基础的情况。因而会产生应纳税暂时性差异和递延所得税负债。确认了当期应交所得税和当期的递延所得税资产及递延所得税负债，我们就可以按照下述公式来确认当期的所得税费用：

所得税费用＝应交所得税－递延所得税资产增加额＋递延所得税资产减少额＋递延所得税负债增加额－递延所得税负债减少额

3）资产负债表债务法下，所得税会计核算的一般程序

采用资产负债表债务法核算所得税的情况下，企业应于每一资产负债表日（通常为年末）进行所得税的核算。企业进行所得税核算一般程序如下：

① 按照相关会计准则的规定，确定资产负债表中除递延所得税资产和递延所得税负债以外的其他资产和负债项目的账面价值。

② 按照会计准则中对于资产和负债计税基础的确定方法，以适用的税收法规为基础，确定资产负债表中有关资产和负债的计税基础。

③ 比较资产、负债的账面价值与计税基础，确定资产负债表日应纳税暂时性差异与可抵扣暂时性差异，进而确定当期的递延所得税资产和递延所得税负债的期末应有金额。

④ 将当期递延所得税资产和递延所得税负债的期末应有金额与期初余额进行比较，从而确定递延所得税资产的增加额或减少额，确定递延所得税负债的增加额或减少额。

⑤ 按税法规定计算确定当期应交所得税额，并在应交所得税基础上，按照所得税费用的确定公式，确认当期所得税费用，并确认应予转销的递延所得税资产和递延所得税负债。

根据上述程序对所得税费用进行核算时，要设置"所得税费用"账户，该账户为损益类，借方登记计提的所得税费用，贷方登记期末结转给"本年利润"的数额，结转后所得税费用账户无余额。

【例 12-23】根据【例 12-22】资料，A 房地产开发公司 2016 年度利润表中利润总额 1 200万元，假定该公司适用所得税税率为 25％。

1）2016 年发生有关交易和事项中，会计处理与税收处理存在的差别有：

① 2016 年 1 月 1 日开始计提折旧—项固定资产，原值为 600 万元，使用年限为 10 年，净残值为零，会计处理按双倍余额递减法计提折旧（第一年折旧 120 万元），税收处理按直线法计提折旧（年折旧 60 万元）。

② 向关联企业提供现金捐赠 200 万元（税法规定不予抵扣）。

③ 当年度发生研究开发支出 500 万元，其中 300 万元作为资本化支出已计入无形资产成本。税法规定其 500 万元都应计入当期费用。

④ 应付违反环保法规定罚款 100 万元（税法规定不予抵扣）。

⑤ 期末对持有的房地产开发产品计提了 30 万元存货跌价准备（税法规定不予抵扣）。

⑥ 企业当年取得国库券利息收入 20 万元，税法规定国库券利息收入不缴纳所得税。

2）根据上述资料，计算 2016 年度应交所得税

应纳税所得额＝1 200 万＋60 万＋200 万－300 万＋100 万＋30 万－20 万＝1 270 万

应交所得税＝1 270 万×25％＝317.5 万

3）计算 2016 年度递延所得税，并确认所得税费用

该公司 2016 年末资产负债表相关项目金额及其计税基础见表 12-1。

资产、负债账面价值与计税基础差异计算表（单位：万元）　　表 12-1

项目	账面价值	计税基础	差异	
			应纳税暂时性差异	可抵扣暂时性差异
存货	800	830		30
固定资产原值	600	600		
累计折旧	120	60		
固定资产账面价值	480	540		60
无形资产	300	0	300	
其他应付款	100	100		
合计			300	90

根据上述资料，编制如下会计分录（假定 2016 年末以前企业递延所得税资产和递延所得税负债的余额均为零）：

① 计算出应交所得税时，作会计分录如下：

借：所得税费用　　　　　　　　　　　　　　　　　3 175 000.00

　贷：应交税费——应交所得税　　　　　　　　　　　　　　3 175 000.00

② 确认递延所得税资产时，作会计分录如下：

递延所得税资产＝90 万×25％＝22.5 万

借：递延所得税资产　　　　　　　　　　　　　　　225 000.00

　贷：所得税费用　　　　　　　　　　　　　　　　　　　　225 000.00

③ 确认递延所得税负债，作会计分录如下：

递延所得税负债＝300 万×25％＝75 万

借：所得税费用　　　　　　　　　　　　　　　　　750 000.00

　贷：递延所得税负债　　　　　　　　　　　　　　　　　　750 000.00

④ 对上述分录，如果综合在一起，作会计分录如下：

借：所得税费用　　　　　　　　　　　　　　　　　3 700 000.00

借：递延所得税资产　　　　　　　　　　　　　　　225 000.00

　贷：应交税费——应交所得税　　　　　　　　　　　　　　3 175 000.00

　贷：递延所得税负债　　　　　　　　　　　　　　　　　　750 000.00

⑤ 所得税费用的期末结转

年末计算确认了所得税费用，应将其结转到本年利润账户，结转后，该账户应无余额。

按上例，2016 年计算确认的所得税费用为 370 万元，作会计分录如下：

借：本年利润	3 700 000.00
贷：所得税费用	3 700 000.00

4）计算 2017 年度递延所得税资产和递延所得税负债，并确定所得税费用。

沿用上例，假定 A 公司 2017 年当期应交所得税为 420 万元，资产负债表中有关资产、负债的账面价值与计税基础见表 12-2，除所列项目外，其他资产、负债项目不存在会计和税收的差异。

资产、负债账面价值与计税基础差异计算表（单位：万元）　　　表 12-2

项目	账面价值	计税基础	差异	
			应纳税暂时性差异	可抵扣暂时性差异
存货	1 600	1 680		80
固定资产原值	600	600		
累计折旧	216	120		
固定资产账面价值	384	480		96
无形资产	270	0	270	
预计负债	100	0		100
合计			270	276

根据上述资料，编制如下会计分录：

① 计算出应交所得税时，作会计分录如下：

借：所得税费用	4 200 000.00
贷：应交税费——应交所得税	4 200 000.00

② 计算当期递延所得税资产增加额，作会计分录如下：

期初递延所得税资产：22.5 万元

期末递延所得税资产：276 万×25%＝69 万元

递延所得税资产增加额：69 万－22.5 万＝46.5 万元

借：递延所得税资产	465 000.00
贷：所得税费用	465 000.00

③ 计算当期递延所得税负债增加额，作会计分录如下：

期初递延所得税负债：75 万

期末递延所得税负债：270 万×25%＝67.5 万元

递延所得税负债增加额：67.5 万－75 万＝ －7.5 万元

得负数表示递延所得税负债的减少，递延所得税负债的减少应冲减所得税费用。

借：递延所得税负债	75 000.00
贷：所得税费用	75 000.00

④ 对于上述分录，可综合在一起，作会计分录如下：

借：所得税费用	3 660 000.00
借：递延所得税资产	465 000.00
借：递延所得税负债	75 000.00
贷：应交税费——应交所得税	4 200 000.00

5）所得税费用的期末结转，作会计分录如下：

期末计算所得税费用，应将其结转到本年利润账户，结转后，该账户应无余额。

6）按上例，2017年计算确认的所得税费用为366万元，作会计分录如下：

借：本年利润   3 660 000.00

 贷：所得税费用   3 660 000.00

12.3.4　房地产开发企业利润分配

企业实现的利润总额，扣除所得税费用后，形成企业的税后利润，也称净利润。对于净利润，房地产开发企业应按照国家的有关规定进行分配。

（1）利润分配顺序

房地产开发企业实现的净利润，除国家另有规定外，应按以下顺序进行分配：

1）弥补被没收的财物损失，支付各项税收的滞纳金和罚款。

2）弥补企业以前年度发生的亏损：按现行制度规定，企业当年发生的亏损，可以在下一年度用税前利润弥补，下一年度利润不足弥补时，可以在5年内用实现的税前利润延续弥补，连续5年未补足的亏损，则应用税后利润弥补。

3）提取法定盈余公积金：法定盈余公积金按照当年税后利润并扣除以前年度亏损后，按10%的比例提取。盈余公积金达到注册资本的50%时，可不再提取。

4）提取任意盈余公积金。

5）向投资者分配利润：企业当年实现的净利润扣除上述分配后，再加上以前年度未分配的利润即为可供投资者分配的利润，可按照投资比例向投资者进行分配。

（2）利润分配的账户设置

房地产开发企业为了反映和监督利润分配情况，应设置"利润分配"总账账户，该账户为所有者权益类账户，用来核算企业利润分配或亏损的弥补及历年分配（或弥补）后的利润结存余额。该账户的借方登记按照规定分配的利润数额和年终结转来的本年的亏损数额。贷方登记年终结转来的本年实现的利润数额和亏损弥补的数额。年终决算前，该账户借方余额反映年内已分配的利润额。年终结转时，将"本年利润"账户转入该账户及所属的"未分配利润"明细账户。同时将利润分配账户所属的其他明细账户的余额转入"未分配利润"明细账户。结转后，利润分配其他明细账户均无余额。"未分配利润"明细账若为借方余额，反映的是未弥补的亏损，若为贷方余额，反映的是未分配的利润。

"利润分配"账户至少应设置以下明细账户：

1）"盈余公积补亏"明细账户：该明细账户的贷方登记从"盈余公积"账户转来的当年用盈余公积弥补亏损的数额，借方登记年末转入"未分配利润"明细账户的用盈余公积弥补亏损的数额，结转后该明细账户无余额。

2）"提取盈余公积"明细账户：提取盈余公积是利润分配的一项内容。该明细账借方登记当年从净利润中提取的法定盈余公积金数额，贷方登记结转到"未分配利润"明细账户的提取盈余公积的数额，结转后，该账户无余额。

3）"应付利润"明细账户：向投资者分配利润是利润分配的另一项内容。该明细账户，借方登记已向投资者分配的利润数额，贷方登记结转到"未分配利润"明细账的数额，结转后，该明细账户无余额。

4）"未分配利润"明细账户

该明细账户贷方登记年末从"本年利润"账户结转来的本年实现的净利润数额和用盈余公积等弥补亏损的数额，借方登记年末从"本年利润"账户结转来的本年发生亏损的数额及本年已分配出去的利润数额。年终结转后，该明细账户若为贷方余额，反映的是年末累计的未分配利润数额，若为借方余额，反映的是年末累计的未弥补的亏损数额。

如果企业可以得到政府补贴，在"利润分配"总账中还应设置"补贴收入"明细账户，如果企业需要缴纳特种基金的，还应设置"应交特种基金"明细账户。

（3）利润分配的会计处理

1）弥补以前年度亏损

房地产开发企业，无论是用税前利润或税后利润弥补以前年度亏损，都不需要单独编制弥补亏损的会计分录，即不需要单独进行会计处理。年末进行利润结转时，将本年实现的利润从"本年利润"账户结转到"利润分配"账户及其所属明细账户"未分配利润"账户的贷方，这样就自然进行了弥补。

但要注意的是：在年末计算"应纳税所得额"时，如果用税前利润弥补亏损，需要将弥补亏损的数额从应纳税所得额中扣除。而用税后利润弥补亏损，则不能进行扣除。

2）提取盈余公积的会计处理

企业从净利润中提取盈余公积：

借：利润分配——提取盈余公积

　　贷：盈余公积——法定盈余公积

　　贷：盈余公积——任意盈余公积

3）向投资者分配利润的核算

企业计算出应向投资者分配的利润：

借：利润分配——应付利润

　　贷：应付利润

4）企业利润的年终结转

为了按年度考核企业利润的实现及分配情况，每个会计年度结束，应对利润和利润分配进行年终结转。利润的年终结转包括了两个方面：一是将"本年利润"结转到"利润分配"账户及所属的"未分配利润"明细账户。二是将利润分配账户所属的其他明细账户的余额全部转入"未分配利润"明细账户。

① 年度终了，将本年实现的利润总额（或亏损总额）结转到"利润分配"账户及所属的"未分配利润"明细账户。

如果企业当年盈利，作会计分录如下：

借：本年利润

　　贷：利润分配——未分配利润

如果企业当年发生亏损，作会计分录如下：

借：利润分配——未分配利润

　　贷：本年利润

无论是盈利还是亏损，年终结转后，"本年利润"账户不留余额。

② 将"利润分配"账户所属的其他明细账户，全部转入"未分配利润"明细账户，如果企业当年盈利，并进行了利润分配，那么，一般作会计分录如下：

借：利润分配——未分配利润

　　贷：利润分配——提取盈余公积

　　贷：利润分配——应付利润

　　如果企业亏损，并没有进行弥补，也不进行利润分配。在这种情况下，将亏损额从"本年利润"账户转入"利润分配——未分配利润"账户的借方后，不需要进行其他的账务处理。

　　如果亏损后，用企业的盈余公积金弥补了亏损，作会计分录如下：

　　用盈余公积金弥补亏损时，作会计分录如下：

　　借：盈余公积——法定盈余公积

　　　贷：利润分配——盈余公积补亏

　　结转利润分配明细账时，作会计分录如下：

　　借：利润分配——盈余公积补亏

　　　贷：利润分配——未分配利润

　　【例 12-24】A 房地产开发企业 2016 年全年税后利润为 240 万元，年终按 10％的比例提取法定盈余公积，按税后利润扣除法定盈余公积后余额的 80％向投资者分配利润。

　　① 提取盈余公积金，作会计分录如下：

　　应提取的法定盈余公积金＝2 400 000×10％＝240 000

　　借：利润分配——提取盈余公积　　　　　　　　　　　240 000.00

　　　贷：盈余公积——法定盈余公积　　　　　　　　　　　　240 000.00

　　② 向投资者分配利润，作会计分录如下：

　　应向投资者分配的利润为：（2 400 000－240 000）×80％＝1 728 000

　　借：利润分配——应付利润　　　　　　　　　　　　1 728 000.00

　　　贷：应付利润　　　　　　　　　　　　　　　　　　　1 728 000.00

　　③ 年终进行利润结转，作会计分录如下：

　　结转本年利润：

　　借：本年利润　　　　　　　　　　　　　　　　　2 400 000.00

　　　贷：利润分配——未分配利润　　　　　　　　　　　　2 400 000.00

　　④ 结转利润分配各明细账户，作会计分录如下：

　　借：利润分配——未分配利润　　　　　　　　　　1 968 000.00

　　　贷：利润分配——提取盈余公积 240 000 .00

　　　贷：利润分配——应付利润　　　　　　　　　　　　1 728 000.00

　　假设在当年利润结转前，"利润分配——未分配利润"账户没有余额。在进行当年利润分配和利润结转以后，"利润分配——未分配利润"账户应有贷方余额＝2 400 000－1 968 000＝432 000（元）。年终利润分配后，该企业尚有 432 000 元的未分配利润，可留待下年度进行分配。

本 章 习 题

思考题：

1. 简述收入的概念和特点。

2. 房地产开发企业收入确认的条件。

3. 房地产开发企业主营业务的范围。

4. 房地产开发企业费用确认的原则。

5. 期间费用包括哪些项目？具体内容？

6. 利润由哪些部分组成？

7. 期末需结转的收入费用类账户主要有哪些？

8. 实收资本的增加有哪些途径？

9. 房地产开发企业利润分配的顺序？

练习题：

1. 练习土地转让收入的核算。

资料：A 房地产开发公司本月份向 B 钢厂转让土地两块，共计 30 万平方米，假设价格 200 元/m²，转让价款已支付 50%，余款以 6 个月的商业汇票支付，增值税税率为 11%。

要求：对上述土地转让及收款过程进行会计处理。

2. 练习商品房销售收入的核算。

资料：A 房地产开发公司本月份向市 B 商业集团公司出售商品房一幢，建筑面积 3 000m²，房价 2 500 元/m²。另销售该小区的商场三层共计 6 500m²，房价 3 500 元/m²。若一次性付清房款，可给予折扣 2%，增值税税率为 11%，购房款全部付清。

要求：对上述商品房转让及收款过程进行会计处理。

3. 练习商品房销售成本的结转。

资料：A 房地产开发公司，本月销售商品房的开发产品实际成本为 525 万元；商品性土地的实际成本为 10 042.5 万元；配套设施的实际成本为 1 706.25 万元；代建工程的实际成本为 460 万元。

要求：对上述各项成本予以结转。

4. 练习利润形成过程的核算。

资料：2017 年 3 月 31 日，A 房地产开发企业各损益类账户余额见下表。

损益类会计科目余额表 单位：元

账户名称	借方余额	贷方余额	账户名称	借方余额	贷方余额
主营业务收入		3 000 000	其他业务收入		180 000
主营业务成本	2 400 000		其他业务成本	90 000	
营业税金及附加	1 135 000		投资收益		120 000
销售费用	96 000		营业外收入		60 000
管理费用	150 000		营业外支出	50 000	
财务费用	25 000		所得税费用	103 500	

要求：根据上述资料，对利润的形成过程进行账务处理。

5. 练习房地产开发企业经营成果形成及分配业务的核算。

资料：A 房地产开发公司在开发某项目过程中发生以下业务，各收入确认过程中涉及的价款均为不含税价。

1）收到 B 公司预交的购房订金 500 000 元存入银行。

2）商品房建设完工，验收合格，售价 2 000 元/m²。C 公司购买商品房 600m²，增值税税率为 11%，余款当即付清，A 房地产开发公司收到款项后存入银行。

3）月末，结转 600m² 商品房的开发成本 1 500 元/m²。

4）接受市政工程局的委托，代建某项工程，按合同规定，期限为 5 个月，工程合同价款为 280 万元，每月对方预付工程款 400 000 元。第一个月预付款 400 000 元收到后存入银行。

5）收到市政工程局按合同发来的钢材，价款为 900 000 元。

6）代建的某项工程全部竣工，验收合格，按照合同规定，将代建工程账单提交给市政工程局，工程全部价款为 3 000 000 元。

7）与市政工程局结清代建工程款，收取工程价款余额 500 000 元。

8）销售商品房 1 200m²，售价 2 000 元/m²，成本 1 500 元/m²，销售合同约定售价 240 万元，采用分期收款方式销售，价款三次付清，1 月 5 日付 80 万元，6 月 5 日付 80 万元，11 月 5 日付 80 万元，增值税税率为 11%。

9）11 月 5 日，按销售合同规定应收到买方商品房款 800000 元，但款项尚未收到，增值税税率为 11%。

10）销售商品房，某单位购买商品房 5 套，买卖双方签订的购销合同规定，商品房建筑面积为 350m²，售价 2 000 元/m²，货款总计 700 000 元，购买单位先支付 30% 购房订金，其余款项于交付使用 3 个月后一次付清。商品房交付使用后，其中 1 套出现严重质量问题，购买单位要求退货，其余 4 套也存在不同程度的质量问题，购买单位提出折让。经双方协商同意后，1 套作为退回处理，其余 4 套商品房按全部价款的 3% 给予折让，增值税税率为 11%。

11）公司开发完成土地 10 000m²，售价 600 元/m²，成本 450 元/m²，上述土地有偿转让给 D 公司。双方签订了有偿转让的协议，按照协议规定，D 公司应缴纳订金 3 000 000 元，其余款项在土地移交时结清，增值税税率为 11%。

12）开发建成的房屋，对外出租，与承租人签订出租合同，按合同规定，出租房每月租金收入 20 000 元，出租房的实际开发成本为 800 000 元，增值税税率为 11%。

13）销售商品房后，在住房小区设立了管理处，为住户提供治安保卫、卫生清洁、电梯看管和房屋维修等项服务，按月向用户收取管理费用。假设某月向住户收取的全部管理费用 10 000 元。

14）将不需要的库房对外出租，本月取得租金收入 5 000 元，增值税税率为 11%。

15）在开发项目结束后，将一批库存材料对外销售，材料成本为 20 000 元，售价为 27 000 元，增值税税率为 11%。

16）某住房小区管理处当月发生下列支出：管理人员工资 4 000 元，应付福利费 560 元，以银行存款支付卫生用具费 600 元，材料支出 1 000 元。

17）提取出租固定资产的折旧费 1 000 元。

18）将库存材料对外销售，材料成本为 20 000 元。

要求：对各项收入、费用、利润业务进行核算。

13　房地产开发企业财务报告

13.1　财务报告概述

13.1.1　财务报告的意义及分类

（1）财务报告的意义

财务会计报告，在 2006 年《企业会计准则——基本准则》中规范了它的概念。它是指企业对外提供反映企业某一特定日期的财务状况和某一会计期间的经营成果、现金流量等会计信息的文件。财务会计报告包括会计报表及其附注和其他应当在财务会计报告中披露的相关信息和资料。也就是说，财务会计报告包括会计报表、会计报表附注和其他相关财务信息。

财务报表应当包括资产负债、利润表、现金流量表、所有者权益变动表、附注等。也就是说，财务报表包括会计报表、会计报表附注两大部分。

（2）财务报告的作用

财务会计报告的作用就是将企业会计账簿中储存的大量会计核算资料进行系统、综合地归纳和总结，使之成为一套完整的指标体系，既能满足国家经济管理部门、投资人和债权人的需要，也能满足企业内部经营管理的需要。对加强企业经济管理，提高经营管理水平和质量，促进企业经营发展都具有十分重要的作用。具体表现为以下四个方面：

1）对投资者来说，通过财务会计报告，可以了解企业的财务状况、经营成果和现金流量及企业经营者是否完成了生产经营目标，为投资人的投资决策提供依据。

2）对债权人来说，通过财务会计报告，可以了解企业的资金分布、权益的构成及企业的盈利能力和偿债能力，为债权人贷款决策提供依据。

3）对政府经济管理部门来说，通过财务会计报告，可以了解企业有关财经纪律和会计法规的遵守情况，为政府经济管理部门宏观调控及制定国民经济政策提供依据。

4）对企业内部经营管理部门来说，通过财务会计报告，可以了解企业生产经营情况、财务状况和经营成果，加强和改善经营管理，为投资决策提供依据。

（3）财务报表的分类

财务报表可以按照不同的标准进行分类。

1）按反映的经济内容分类

按反映经济内容的不同，财务报表可以分为资产负债表、利润表、现金流量表、所有者权益变动表、成本费用报表等。

2）按编报时间分类

按编制的时间不同，财务报表可以分为中期财务报表和年度财务报表。

中期财务报表是以短于一个完整会计年度的报告期间为基础编制的财务报表，包括月报、季报和半年报等。中期财务报表至少应当包括资产负债表、利润表、现金流量表和附注，其中，年度财务报告的会计期间是指公历每年的 1 月 1 日至 12 月 31 日。

3）按编报主体分类

按编制的主体不同，财务报表可以分为个别财务报表和合并财务报表。

个别会计报表是由企业在自身会计核算基础上对账簿记录进行加工而编制的财务报表，它主要用以反映企业自身的财务状况、经营成果和现金流量情况。合并财务报表是以母公司和子公司组成的企业集团为会计主体，根据母公司和所属子公司的财务报表，由母公司编制的综合反映企业集团财务状况、经营成果及现金流量的财务报表。

4）按报送对象分类

按照报送对象的不同，财务报表可以分为内部报表和外部报表。

内部报表是指专门以企业内部职能部门和决策人为报告对象的报表，其目的是满足企业内部管理的需要，报表的种类、格式、内容及编制方法是根据企业内部管理的需要自行规定、自行设计的，一般也不需要对外公开，如成本费用报表。外部报表是指专门向投资者、债权人、政府部门和社会公众等企业外部报表使用者报送的报表，这些报表主要包括资产负债表、利润表、现金流量表和所有者权益变动表，其种类、具体格式和编制方法均由财政部统一规定，任何单位都不得随意增减。

5）按反映的时点时期分类

按财务报表反映经济内容的不同，可以分为静态报表和动态报表。

静态报表是指反映企业某一特定日期财务信息的报表，如资产负债表；动态报表是指综合反映企业一定时期的财务信息的报表，如利润表、现金流量表。

13.1.2　财务报告的构成

财务报告是由财务报表和报表附注两部分构成，附注是财务报表的有机组成部分，而财务报表主要包括资产负债表、利润表、现金流量表等报表。

1）资产负债表

资产负债表是反映企业在某一特定日期的财务状况的会计报表。企业编制资产负债表的目的是通过如实反映企业的资产、负债和所有者权益金额及其结构情况，从而有助于使用者评价企业资产的质量及短期偿债能力、长期偿债能力、利润分配能力等。

2）利润表

利润表是反映企业在一定会计期间的经营成果的会计报表。企业编制利润表的目的是通过如实反映企业实现的收入、发生的费用及应当计入当期利润的利得和损失等金额及其结构情况，从而有助于使用者分析评价企业的盈利能力及其构成与质量。

3）现金流量表

现金流量表是反映企业在一定会计期间的现金和现金等价物流入及流出的会计报表。企业编制现金流量表的目的是通过如实反映企业各项活动的现金流入和现金流出，从而有助于使用者评价企业生产经营过程特别是经营活动中所形成的现金流量和资金周转情况。

13.1.3　房地产开发企业财务报告的编制要求

为了保证财务报表所提供的信息能够及时、准确、完整地反映企业的财务状况和经营成果，满足信息使用者的需要，企业在编制财务报表时，必须符合编制财务报表的一般要求。

1）真实可靠

财务报表各项目的数据必须建立在真实可靠的基础之上，使企业财务报表能够如实地反映企业的财务状况、经营成果和现金流量情况。因此，财务报表必须根据审核无误的账簿及其他相关的资料编制，做到数字真实。

2）相关可比

企业财务报表所提供的财务会计信息必须与报表使用者的决策需要相关，满足报表使用者的需要，并且财务报表项目的数据应当口径一致、相互可比、便于报表使用者在不同企业之间及同一企业前后各期之间进行比较。

3）全面完整

企业财务报表应当全面地披露企业的财务状况、经营成果和现金流量情况，完整地反映企业财务活动的过程和结果，以满足各有关方面对财务会计信息资料的需要。

4）编报及时

企业财务报表所提供的信息资料，具有很强的时效性。只有及时编制和报送财务报表才能为使用者提供决策所需的信息资料。

5）便于理解

可理解性是指财务报表提供的信息可以为使用者所理解。企业对外提供的财务报表是为广大财务报表使用者提供企业过去、现在和未来的有关资料，为企业目前或潜在的投资者和债权人提供决策所需要的财务信息，因此，编制的财务报表应当清晰明了，便于理解和利用。

13.2　资产负债表

13.2.1　资产负债表的概念和意义

资产负债表属于静态报表，反映企业某一特定日期的财务状况的会计报表。它是根据"资产＝负债＋所有者权益"这一会计等式，将企业在一定日期的全部资产、负债和所有者权益项目进行适当分类、汇总、排列后编制而成的。

通过编制资产负债表，可以反映企业资产的构成及状况，分析企业在某一日期所拥有的经济资源及分布情况；可以反映企业某一日期的负债总额及其结构，分析企业目前与未来需要支付的债务数额，了解企业现有的投资者在企业资产总额中所占的份额。通过资产负债表，可以帮助报表使用者全面了解企业的财务状况，分析企业的偿还能力，从而为将来的经济决策提供参考信息。

13.2.2　资产负债表的内容与结构

（1）资产负债表的内容

资产负债表的内容主要反映以下三个方面：

1）资产

资产应当按照流动资产和非流动资产两大类别在资产负债表中列示，在流动资产和非流动资产类别下进一步按性质分项列示。

流动资产是指预计在一个正常营业周期中变现、出售或耗用，或主要为交易目的而持有，或者预计在资产负债表日起一年内（含一年）变现的资产，或自资产负债表日起一年内交换其他资产或清偿负债的能力不受限制的现金或现金等价物。资产负债表中列示的流动资产项目通常包括货币资金、交易性金融资产、应收票据、应收账款、预付款项、应收利息、应收股利、其他应收款、存货和一年内到期的非流动资产等。

非流动资产是指流动资产以外的资产。资产负债表中列示的非流动资产项目通常包括长期股权投资、固定资产、在建工程、工程物资、固定资产清理、无形资产、开发支出、长期待摊费用及其他非流动资产等。

2）负债

负债应当按照流动负债和非流动负债在资产负债表中列示，在流动负债和非流动负债类别下再进一步按性质分项列示。

流动负债是指预计在一个正常营业周期中清偿，或主要为交易目的而持有，或自资产负债表日起一年内（含一年）到期应予以清偿，或企业无权自主地将清偿推迟至资产负债表日后一年以上的负债。资产负债表中列示的流动负债项目通常包括短期借款、应付票据、应付账款、预收款项、应付职工薪酬、应交税费、应付利息、应付股利、其他应付款、一年内到期的非流动负债等。

非流动负债是指流动负债以外的负债。资产负债表中列示的非流动负债项目通常包括长期借款、应付债券和其他非流动负债等。

3）所有者权益

所有者权益是指企业资产扣除负债后的剩余权益，反映企业在某一特定日期股东（投资者）拥有的净资产的总额，按照实收资本、资本公积、盈余公积和未分配利润分项列示。

（2）资产负债表的结构

资产负债表分表首、正表两部分。其中，表首主要包括资产负债表的名称、编制单位、编制日期和金额单位；正表包括资产、负债和所有者权益各项金额。目前，国际上流行的资产负债表的格式主要有账户式和报告式两种。

1）账户式资产负债表

账户式资产负债表分左右两方，左方为资产项目，按资产的流动性大小排列；右方为负债及所有者权益项目，一般按求偿权先后顺序排列。账户式资产负债表中资产各项目的合计等于负债和所有者权益各项目的合计，报表的两方分别排列"项目"（"资产"、"负债"和"所有者权益"）、"期初余额"、"期末余额"三栏，资产负债表的格式见表13-1。

2）报告式资产负债表

报告式资产负债表是上下结构，上半部列示资产，下半部列示负债和所有者权益。具体排列形式又有两种：一是按"资产＝负债＋所有者权益"的原理排列；二是按"资产－负债＝所有者权益"的原理排列。

房地产开发企业资产负债表　　　　　　　　　　表 13-1

编制单位：　　　　　　　　　　　　年　月　日　　　　　　　　　　单位：元

资产	行次	期初余额	期末余额	负债及所有者权益	行次	期初余额	期末余额
流动资产：				流动负债：			
货币资金				短期借款			
交易性金融资产				交易性金融负债			
应收票据				应付票据			
应收账款				应付账款			
预付账款				预收账款			
应收股利				应付职工薪酬			
应收利息				应交税费			
其他应收款				应付利息			
存货				应付股利			
其中：开发产品				其他应付款			
开发成本				预计负债			
一年内到期的非流动资产				一年内到期的非流动负债			
其他流动资产				其他流动负债			
流动资产合计				流动负债合计			
非流动资产：				非流动负债：			
可供出售金融资产				长期借款			
持有至到期投资				应付债券			
投资性房地产				长期应付款			
长期股权投资				专项应付款			
长期应收款				递延所得税负债			
固定资产				非流动负债合计			
在建工程				负债合计			
工程物资				所有者权益：			
固定资产清理							
无形资产				实收资本			
开发支出				资本公积			
商誉				盈余公积			
长期待摊费用				未分配利润			
递延所得税资产				减：库存股			
其他非流动资产				所有者权益合计			
非流动资产合计							
资产合计				负债及所有者权益合计			

13.2.3 资产负债表的编制方法

企业在正式编制资产负债表之前，应先根据总分类账的期末余额编制账户余额试算平衡表，对日常账簿记录的正确性进行复核、检查，在试算平衡以后，再根据"账户余额试算平衡表"和有关明细分类账正式编制资产负债表。

(1) 资产负债表项目的填列方法

1) 资产项目的填列说明

①"货币资金"项目反映企业库存现金、银行结算户存款、外埠存款、银行汇票存款、银行本票存款、信用卡存款、信用证保证金存款等的合计数。本项目应根据"库存现金"、"银行存款"、"其他货币资金"科目期末余额的合计数填列。

②"交易性金融资产"项目反映企业持有的以公允价值计量且其变动计入当期损益的为交易目的所持有的债券投资、股票投资、基金投资权证投资等金融资产。本项目应当根据"交易性金融资产"科目的期末余额填列。

③"应收票据"项目反映企业因销售商品、提供劳务等而收到的商业汇票，包括银行承兑汇票和商业承兑汇票。本项目应根据"应收票据"科目的期末余额减去坏账准备科目中有关应收票据计提的坏账准备期末余额后的金额填列。

④"应收账款"项目反映企业因销售商品、提供劳务等经营活动应收取的款项。本项目应根据"应收账款"和"预收账款"科目所属各明细科目的期末借方余额合计减去"坏账准备"科目中有关应收账款计提的坏账准备期末余额后的金额填列。如应收账款科目所属明细科目期末有贷方余额的应在本表"预收款项"项目内填列。

⑤"预付款项"项目反映企业按照购货合同规定预付给供应单位的款项等。本项目应根据"预付账款"和"应付账款"科目所属各明细科目的期末借方余额合计数减去"坏账准备"科目中有关预付款项计提的坏账准备期末余额后的金额填列。如"预付账款"科目所属各明细科目期末有贷方余额的应在资产负债表"应付账款"项目内填列。

⑥"应收利息"项目反映企业应收取债券投资等的利息。本项目应根据"应收利息"科目的期末余额减去"坏账准备"科目中有关应收利息计提的坏账准备期末余额后的金额填列。

⑦"应收股利"项目反映企业应收取的现金股利和应收取其他单位分配的利润。本项目应根据"应收股利"科目的期末余额减去"坏账准备"科目中有关应收股利计提的坏账准备期末余额后的金额填列。

⑧"其他应收款"项目反映企业除应收票据、应收账款、预付账款、应收股利、应收利息等经营活动以外的其他各种应收暂付的款项。本项目应根据"其他应收款"科目的期末余额减去"坏账准备"科目中有关其他应收款计提的坏账准备期末余额后的金额填列。

⑨"存货"项目反映企业期末在库、在途和在加工中的各种存货的可变现净值。本项目应根据"材料采购"、"原材料"、"低值易耗品"、"库存商品"、"周转材料"、"委托加工物资"、"委托代销商品"、"生产成本"等科目的期末余额合计减去"受托代销商品款"、"存货跌价准备"科目期末余额后的金额填列。材料采用计划成本核算及库存商品采用计划成本核算或售价核算的企业还应按加或减"材料成本差异"、"商品进销差价"后的金额填列。

⑩"一年内到期的非流动资产"项目反映企业将于一年内到期的非流动资产项目金

额。本项目应根据有关科目的期末余额填列。

⑪"长期股权投资"项目反映企业持有的对子公司联营企业和合营企业的长期股权投资。本项目应根据"长期股权投资"科目的期末余额减去"长期股权投资减值准备"科目的期末余额后的金额填列。

⑫"固定资产"项目反映企业各种固定资产原价减去累计折旧和累计减值准备后的净额。本项目应根据"固定资产"科目的期末余额减去"累计折旧"和"固定资产减值准备"科目期末余额后的金额填列。

⑬"在建工程"项目反映企业期末各项未完工程的实际支出。包括交付安装的设备价值、未完建筑安装工程已经耗用的材料、预付出包工程的价款等的可收回金额。本项目应根据"在建工程"科目的期末余额减去"在建工程减值准备"科目期末余额后的金额填列。

⑭"工程物资"项目反映企业尚未使用的各项工程物资的实际成本。本项目应根据"工程物资"科目的期末余额填列。

⑮"固定资产清理"项目反映企业因出售、毁损、报废等原因转入清理但尚未清理完毕的固定资产的净值及固定资产清理过程中所发生的清理费用和变价收入等各项金额的差额。本项目应根据"固定资产清理"科目的期末借方余额填列。如"固定资产清理"科目期末为贷方余额以"—"号填列。

⑯"无形资产"项目反映企业持有的无形资产,包括专利权、非专利技术、商标权、著作权、土地使用权等。本项目应根据"无形资产"的期末余额减去"累计摊销"和"无形资产减值准备"科目期末余额后的金额填列。

⑰"开发支出"项目反映企业开发无形资产过程中能够资本化形成无形资产成本的支出部分。本项目应当根据"研发支出"科目中所属的资本化支出明细科目期末余额填列。

⑱"长期待摊费用"项目反映企业已经发生但应由本期和以后各期负担的分摊期限在一年以上的各项费用。长期待摊费用中在一年内(含一年)摊销的部分,在资产负债表"一年内到期的非流动资产"项目填列。本项目应根据"长期待摊费用"科目的期末余额减去将于一年内(含一年)摊销的数额后的金额填列。

⑲"其他非流动资产"项目反映企业除长期股权投资、固定资产、在建工程、工程物资、无形资产等以外的其他非流动资产。本项目应根据有关科目的期末余额填列。

2)负债项目的填列说明

①"短期借款"项目反映企业向银行或其他金融机构等借入的期限在一年以下(含一年)的各种借款。本项目应根据"短期借款"科目的期末余额填列。

②"应付票据"项目反映企业购买材料、商品和接受劳务供应等而开出承兑的商业汇票,包括银行承兑汇票和商业承兑汇票。本项目应根据"应付票据"科目的期末余额填列。

③"应付账款"项目反映企业因购买材料、商品和接受劳务供应等经营活动应支付的款项。本项目应根据"应付账款"和"预付账款"科目所属各明细科目的期末贷方余额合计数填列。如"应付账款"科目所属明细科目期末有借方余额的应在资产负债表"预付款项"项目内填列。

④"预收款项"项目反映企业按照购货合同规定预付给供应单位的款项。本项目应根

据"预收账款"和"应收账款"科目所属各明细科目的期末贷方余额合计数填列。如"预收账款"科目所属各明细科目期末有借方余额应在资产负债表"应收账款"项目内填列。

⑤"应付职工薪酬"项目反映企业根据有关规定应付给职工的工资、职工福利、社会保险费、住房公积金、工会经费、职工教育经费、非货币性福利、辞退福利等各种薪酬。外商投资企业按规定从净利润中提取的职工奖励及福利基金也在本项目列示。

⑥"应交税费"项目反映企业按照税法规定计算应交纳的各种税费。包括增值税、消费税、所得税、资源税、土地增值税、城市维护建设税、房产税、土地使用税、车船使用税、教育费附加、矿产资源补偿费等,企业代扣代交的个人所得税也通过本项目列示,企业所交纳的税金不需要预计应交数的,如印花税、耕地占用税等不在本项目列示。本项目应根据应交税费科目的期末贷方余额填列。如"应交税费"科目期末为借方余额应以"—"号填列。

⑦"应付利息"项目反映企业按照规定应当支付的利息,包括分期付息、到期还本的长期借款应支付的利息,企业发行的企业债券应支付的利息等。本项目应当根据"应付利息"科目的期末余额填列。

⑧"应付股利"项目反映企业分配的现金股利或利润,企业分配的股票股利不通过本项目列示。本项目应根据"应付股利"科目的期末余额填列。

⑨"其他应付款"项目反映企业除应付票据、应付账款、预收款项、应付职工薪酬、应付股利、应付利息、应交税费等经营活动以外的其他各项应付暂收的款项。本项目应根据"其他应付款"科目的期末余额填列。

⑩"一年内到期的非流动负债"项目反映企业非流动负债中将于资产负债表日后一年内到期部分的金额,如将于一年内偿还的长期借款。本项目应根据有关科目的期末余额填列。

⑪"长期借款"项目反映企业向银行或其他金融机构借入的期限在一年以上(不含一年)的各项借款。本项目应根据"长期借款"科目的期末余额填列。

⑫"应付债券"项目反映企业为筹集长期资金而发行的债券本金和利息。本项目应根据应付债券科目的期末余额填列。

⑬"其他非流动负债"项目反映企业除长期借款、应付债券等项目以外的其他非流动负债。本项目应根据有关科目的期末余额填列。其他非流动负债项目应根据有关科目期末余额减去将于一年内(含一年)到期偿还数后的余额填列,非流动负债各项目中将于一年内(含一年)到期的非流动负债应在"一年内到期的非流动负债"项目内单独反映。

3)所有者权益项目的填列说明

①"实收资本(或股本)"项目根据"实收资本(或股本)"科目的期末余额填列。

②"资本公积"项目根据"资本公积"科目的期末余额填列。

③"盈余公积"项目根据"盈余公积"科目的期末余额填列。

④"未分配利润"项目根据"本年利润"科目和"利润分配"科目的余额计算填列。未弥补的亏损在本项目内以"—"号填列。

13.2.4 房地产开发企业资产负债表的编制举例

【例13-1】A房地产开发有限责任公司2016年12月31日全部总账和有关明细账余额见表13-2。

总账和有关明细账余额表　　　　　　　　　　　表 13-2

总账	明细账户	借方余额	贷方余额	总账	明细账户	借方余额	贷方余额
库存现金		20 000		短期借款			1 200 00
银行存款		300 000		应付账款			200 000
交易性金融资产		280 000			F 企业		140 000
应收账款		460 000			H 企业	100 000	
	A 企业	200 000			W 企业		160 000
	B 企业		40 000	预收账款			20 000
	C 企业	300 000			U 企业		80 000
预付账款		94 000			V 企业		60 000
	D 企业	100 000		其他应付款			180 000
	E 企业		6 000	应付职工薪酬			694 000
其他应收款		160 000		应交税金			1 200 000
原材料		540 00		应付利润			400 000
生产成本		160 000		其他流动负债			60 000
库存商品		400 000		长期借款			1 280 000
其他流动资产		40 000		实收资本			5 600 000
长期股权投资		4 540 000		盈余公积			1 480 585
固定资产		14 000 000		利润分配	未分配利润		9 190 145
累计折旧			1 200 000				
无形资产		1 630 730					
长期待摊费用		80 000					

　　根据上述资料，编制该公司 2016 年 12 月 31 日的资产负债表，见表 13-3。

资产负债表　　　　　　　　　　　表 13-3

编制单位：A 房地产开发有限责任公司　　　2016 年 12 月 31 日　　　单位：元　会企 01 表

资产	期末余额	年初余额	负债及所有者权益	期末余额	年初余额
流动资产：			流动负债：		
货币资金	320 000	120 000	短期借款	1 200 000	200 000
交易性金融资产	280 000		交易性金融负债		
应收票据			应付票据		
应收账款	560 000	400 000	应付账款	306 000	106 000
预付账款	200 000	180 000	预收账款	120 000	400 000
其他应收款	160 000	100 000	其他应付款	180 000	80 000
存货	1 100 000	600 000	应付职工薪酬	694 000	610 000
其他流动资产	40 000		应交税金	1 200 000	500 000
流动资产合计	2 660 000	1 400 000	应付股利	400 000	
非流动资产：			其他应付款		
可供出售金融资产			其他流动负债	60 000	
持有至到期投资			流动负债合计	4 160 000	1 896 000
长期应收款			非流动负债：		
长期股权投资	4 540 000	7 431 000	长期借款	1 280 000	800 000
投资性房地产			应付债券		
固定资产	12 800 000	5 000 000	长期应付款		
在建工程			非流动负债合计	1 280 000	800 000
工程物资			负债合计	5 440 000	2 696 000
固定资产清理			所有者权益：		
生产性生物资产			实收资本	5 600 000	5 600 000
油气资产			资本公积		
无形资产	1 630 730	365 000	盈余公积	1 480 585	1 200 000
长期待摊费用	80 000	100 000	未分配利润	9 190 145	4 800 000
其他长期资产			所有者权益合计	16 270 730	11 600 000
资产总计	21 710 730	14 296 000	负债及所有者权益合计	21 710 730	14 296 000

13.3 利润表

13.3.1 利润表的概念和意义

利润表属于动态报表，是反映企业在一定会计期间的经营成果的会计报表。利润表是根据"收入－费用＝利润"的会计等式，依照一定的顺序，将一定期间的收入、费用和利润项目予以适当排列编制而成的。

利润表反映企业一定会计期间的收入实现情况和费用耗费情况；反映企业一定会计期间生产经营活动的成果，分析企业获利能力及盈利增长趋势，从而为其作出经济决策提供依据。

13.3.2 利润表的内容与结构

利润表由表首、表体两部分组成。其中表首说明报表名称、编制单位、编制日期、报表编号、货币名称等；表体是利润表的主要部分，反映形成经营成果的各个项目和计算过程。

由于不同的国家和地区对会计报表的信息要求不完全相同，利润表的结构也不完全相同。表体部分有两种形式：单步式利润表和多步式利润表。

1）单步式利润表

单步式利润表是将所有的收入和收益相加然后减去所有的费用和损失，一步便可计算出本期净利润。利润表分收入和收益、费用和损失、净利润三部分。

单步式利润表的主要优点，首先是结构简单，便于理解；其次是对收入和费用一视同仁，不分彼此先后，清楚表明各项收入和费用的同等重要性，但单步式利润表不能提供较为详细的分类利润信息，不利于前后期相应项目的比较和利润各组成部分的结构分析。

2）多步式利润表

多步式利润表是将利润表中的内容作多项分类，通过多个步骤完成利润的计算过程，以提供有关形成最终净利润的中间性信息，如营业利润、利润总额。

多步式利润表可以提供比较详细的中间利润指标，便于对企业生产经营情况进行分析，有利于不同企业之间进行比较，以正确评价企业的经营业绩和盈利能力，有利于预测企业今后的经营趋势和盈利能力。由于多步式利润表比单步式利润表能提供更为有用的信息，其结构更为科学，因此，各个国家或地区中使用较为普遍的是多步式利润表，我国普遍采用多步式利润表（表13-4）。

利 润 表

表 13-4
会企 02 表

编制单位：　　　　　　　　　　___年___月　　　　　　　　　　单位：元

项　目	本期金额	上期金额
一、营业收入		
减：营业成本		
税金及附加		
销售费用		

项　目	本期金额	上期金额
管理费用		
财务费用		
资产减值损失		
加：公允价值变动收益（损失以"－"号填列）		
投资收益（损失以"－"号填列）		
其中：对联营企业和合营企业的投资收益		
二、营业利润（亏损以"－"号填列）		
加：营业外收入		
减：营业外支出		
其中：非流动资产处置损失		
三、利润总额（亏损总额以"－"号填列）		
减：所得税费用		
四、净利润（净亏损以"－"号填列）		
五、每股收益：		
（一）基本每股收益		
（二）稀释每股收益		

13.3.3　利润表的编制方法

（1）利润表的编制步骤

企业的利润表分以下三个步骤编制：

1）以营业收入为基础，减去营业成本、税金及附加、销售费用、管理费用、财务费用、资产减值损失，加上公允价值变动收益（减去公允价值变动损失）和投资收益（减去投资损失）计算出营业利润。

2）以营业利润为基础，加上营业外收入，减去营业外支出，计算出利润总额。

3）以利润总额为基础，减去所得税费用，计算出净利润（或净亏损）。

普通股或潜在普通股已公开交易的企业及正处于公开发行普通股或潜在普通股过程中的企业，还应当在利润表中列示每股收益信息。

（2）利润表项目的填列方法

利润表各项目均需填列"本期金额"和"上期金额"两栏。

1）"上期金额"栏，根据上年该期利润表的"本期金额"栏内所列数字填列。如果上年度利润表与本年度利润表的项目名称和内容不相一致，应对上年度利润表项目的名称和数字按本年度的规定进行调整，填入本栏。

2）"本期金额"栏，除"基本每股收益"和"稀释每股收益"项目外，其他项目应当按照相关科目的发生额分析填列，不能根据这些科目的期末余额填写，因为一般情况下，这些损益类科目在期末经结转后，余额均为零。

（3）利润表项目的填列说明

1）"营业收入"项目，反映企业经营主要业务和其他业务所确认的收入总额。本项目应根据"主营业务收入"和"其他业务收入"科目的发生额分析填列。

2）"营业成本"项目，反映企业经营主要业务和其他业务所发生的成本总额。本项目应根据"主营业务成本"和"其他业务成本"科目的发生额分析填列。

3）"税金及附加"项目反映企业经营业务应负担的消费税、城市建设维护税、资源税、土地增值税和教育费附加等。本项目应根据"税金及附加"科目的发生额分析填列。

4）"销售费用"项目反映企业在销售商品过程中发生的包装费、广告费等费用和为销售本企业商品而专设的销售机构的职工薪酬、业务费等经营费用。本项目应根据"销售费用"科目的发生额分析填列。

5）"管理费用"项目反映企业为组织和管理生产经营发生的管理费用。本项目应根据"管理费用"的发生额分析填列。

6）"财务费用"项目反映企业筹集生产经营所需资金等而发生的筹资费用。本项目应根据"财务费用"科目的发生额分析填列。

7）"资产减值损失"项目反映企业各项资产发生的减值损失。本项目应根据"资产减值损失"科目的发生额分析填列。

8）"公允价值变动收益"项目反映企业应当计入当期损益的资产或负债公允价值变动收益。应根据"公允价值变动损益"科目发生额分析填列，如净损失，本项目以"—"号填列。

9）"投资收益"项目反映企业以各种方式对外投资所取得的收益。本项目应根据"投资收益"科目的发生额分析填列，如为投资损失，本项目以"—"号填列。

10）"营业利润"项目反映企业实现的营业利润，如为亏损，本项目以"—"号填列。

11）"营业外收入"项目反映企业发生的与经营业务无直接关系的各项收入。本项目应根据"营业外收入"科目的发生额分析填列。

12）"营业外支出"项目反映企业发生的与经营业务无直接关系的各项支出。本项目应根据"营业外支出"科目的发生额分析填列。

13）"利润总额"项目反映企业实现的利润，如为亏损，本项目以"—"号填列。

14）"所得税费用"项目反映企业应从当期利润总额中扣除的所得税费用，本项目应根据"所得税费用"科目的发生额分析填列。

15）"净利润"项目反映企业实现的净利润。如为亏损，本项目以"—"号填列。

16）每股收益，是反映企业普通股股东持有每一股份所能享有企业利润或承担企业亏损的业绩评价指标。该指标有助于投资者、债权人等信息使用者评价企业或企业之间的盈利能力、预测企业成长潜力、进而做出经济决策。

① 基本每股收益

基本每股收益是指企业应当按照属于普通股股东的当期净利润，除以发行在外普通股的加权平均数从而计算出的每股收益。如果企业有合并财务报表，企业应当以合并财务报表为基础计算和列报每股收益。

$$基本每股收益 = \frac{归属于普通股股东的当期净利润}{发行在外普通股的加权平均数}$$

分析上式：

分子：归属于普通股股东的当期净利润＝净利润－优先股股利

分母：发行在外普通股的加权平均数＝期初发行在外普通股股数＋当期新发行普通股股数×已发行时间÷报告期时间－当期回购普通股股数×已回购时间÷报告期时间

编制合并财务报表的企业，应当以合并财务报表为基础计算和列报每股收益。计算基本每股收益时，分子应当是归属于母公司普通股股东的合并净利润，分母为母公司发行在外的普通股的加权平均数。

13.3.4 房地产开发企业利润表编制举例

【例 13-2】A 房地产开发公司 2016 年有关损益类账户的发生额见表 13-5。

A 房地产开发有限责任公司损益类发生额明细表

表 13-5

单位：元

账户名称	借方发生额	贷方发生额
主营业务收入	450 000	4 230 800
其他业务收入	0	2 345 800
投资收益	300 000	2 450 878
营业外收入	0	500 940
主营业务成本	3 670 700	345 800
营业税金及附加	1 222 454	0
其他业务成本	754 600	
销售费用	333 655	0
管理费用	326 000	45 000
财务费用	229 767	76 348
资产减值损失	100 000	0
公允价值变动损益	0	800 000
营业外支出	547 657	
所得税费用	809 774	0
以前年度损益调整	0	0

根据表 13-5 数据，编制 A 房地产开发公司该企业 2016 年的利润表，见表 13-6。

利 润 表

表 13-6

会企 02 表

编制单位：A 房地产开发有限责任公司

2016 年   单位：元

项　目	本期金额	上期金额
一、营业收入	6 126 600	
减：营业成本	4 079 500	
税金及附加	1 222 454	
销售费用	333 655	
管理费用	281 000	
财务费用	153 419	

项 目	本期金额	上期金额
资产减值损失	100 000	
加：公允价值变动收益（损失以"－"号填列）	800 000	
投资收益（损失以"－"号填列）	2 150 878	
其中：对联营企业和合营企业的投资收益		
二、营业利润（亏损以"－"号填列）	2 907 450	
加：营业外收入	500 940	
减：营业外支出	547 657	
其中：非流动资产处置损失		
三、利润总额（亏损总额以"－"号填列）	2 860 733	
减：所得税费用	809 774	
四、净利润（净亏损以"－"号填列）	2 050 959	
五、每股收益：		
（一）基本每股收益		
（二）稀释每股收益		

13.4 现金流量表

13.4.1 现金流量表的概念和意义

现金流量表，是反映企业一定会计期间现金和现金等价物流入和流出的会计报表，属于动态报表。企业编制现金流量表的主要目的，是为会计报表使用者提供企业一定会计期间内现金和现金等价物流入和流出的信息，以便于会计报表使用者了解和评价企业获取现金和现金等价物的能力，并据以预测企业未来现金流量。

13.4.2 现金流量表的编制基础

现金流量表是以现金及现金等价物为基础编制的，这里的现金包括库存现金、银行存款、其他货币资金、现金等价物，具体包括以下内容：

1) 库存现金

库存现金，是指企业持有的、可随时用于支付的现金限额。

2) 银行存款

银行存款，是指企业存在金融企业、随时可以用于支付的存款，它与银行存款账户核算的银行存款基本一致，随时用于支付，如结算户存款、通知存款等。

3) 其他货币资金

其他货币资金，是指企业存在金融企业有特定用途的资金，也就是其他货币资金账户核算的银行存款，如外埠存款、银行汇票存款、银行本票存款、信用证保证金存款等。

4) 现金等价物

现金等价物，是指企业持有的期限短、流动性强、易于转换为已知金额现金、价值变动风险很小的投资。期限短，一般是指从购买日起三个月内到期。现金等价物通常包括三个月内到期的债券投资等。

13.4.3 现金流量表的内容与结构

（1）现金流量表的内容

在现金流量表中，按照经营活动、投资活动和筹资活动的现金流量分类分项列示。

1）经营活动产生的现金流量

经营活动，是指企业投资活动和筹资活动以外的所有交易和事项。经营活动产生的现金流量主要包括销售商品或提供劳务、购买商品、接受劳务、支付工资和交纳税款等流入和流出的现金和现金等价物。

2）投资活动产生的现金流量

投资活动，是指企业长期资产的购建和不包括在现金等价物范围内的投资及其处置活动。投资活动产生的现金流量主要包括购建固定资产、处置子公司及其他营业单位等流入和流出的现金和现金等价物。

3）筹资活动产生的现金流量

筹资活动，是指导致企业资本及债务规模和构成发生变化的活动。筹资活动产生现金流量主要包括吸收投资、发行股票、分配利润、发行债券、偿还债务等流入和流出的现金和现金等价物。偿付应付账款、应付票据等商业应付款等，属于经营活动不属于筹资活动。

（2）现金流量表的结构

现金流量表分为三部分，第一部分为表首，第二部分为正表，第三部分为补充资料。

表首概括地说明报表名称、编制单位、编制日期、报表编号、货币名称、计量单位等。

正表反映现金流量表的各个项目内容。正表有六项：①经营活动产生的现金流量；②投资活动产生的现金流量；③筹资活动产生的现金流量；④汇率变动对现金的影响；⑤现金及现金等价物净增加额；⑥期末现金及现金等价物余额。其中，经营活动产生的现金流量，是按直接法编制的。

补充资料有三项：①将净利润调节为经营活动产生的现金流量，此处经营活动产生的现金流量，是按间接法编制的；②不涉及现金收支的重大投资和筹资活动；③现金及现金等价物净变动情况。

上述这些项目中，有很多项目之间存在勾稽关系。主要包括：

正表第一项经营活动产生的现金流量净额，与补充资料第一项经营活动产生的现金流量净额，应当核对相符。正表中的第五项，与补充资料中的第三项金额应当一致。正表中的数字是流入与流出的差额，补充资料中的数字是期末数与期初数的差额，计算依据不同，但结果应当一致，两者应当核对相符。

13.4.4 现金流量表的编制方法

（1）直接法和间接法

编制现金流量表时，列报经营活动现金流量的方法有两种：一是直接法；二是间接法。这两种方法通常也称为编制现金流量表的方法。

所谓直接法，是指按现金收入和现金支出的主要类别直接反映企业经营活动产生的现金流量，如销售商品、提供劳务收到的现金；购买商品、接受劳务支付的现金等就是按现金收入和支出的类别直接反映的。在直接法下，一般是以利润表中的营业收入为起算点，调节与经营活动有关的项目的增减变动，然后计算出经营活动产生的现金流量。

所谓间接法，是指以净利润为起算点，调整不涉及现金的收入、费用、营业外收支等项目，剔除投资、筹资活动对现金流量的影响，据此计算出经营活动产生的现金流量。

（2）工作底稿法或 T 形账户法

在具体编制现金流量表时，可以采用工作底稿法或 T 形账户法，也可以根据有关科目记录分析填列。

1）工作底稿法

采用工作底稿法编制现金流量表，是以工作底稿为手段，以资产负债表和利润表数据为基础，对每一项目进行分析并编制调整分录，从而编制现金流量表。现金流量表的基本格式见表 13-7。

现金流量表

表 13-7

会企 03 表

编制单位：　　　　　　　　　　年　　月　　　　　　　　　　单位：元

项　目	本期金额	上期金额
一、经营活动产生的现金流量：		
销售商品、提供劳务收到的现金		
收到的税费返还		
收到其他与经营活动有关的现金		
经营活动现金流入小计		
购买商品、接受劳务支付的现金		
支付给职工及为职工支付的现金		
支付的各项税费		
支付其他与经营活动有关的现金		
经营活动现金流出小计		
经营活动产生的现金流量净额		
二、投资活动产生的现金流量：		
收回投资收到的现金		
取得投资收益收到的现金		
处置固定资产、无形资产和其他长期资产收回的现金净额		
处置子公司及其他营业单位收到的现金净额		
收到其他与投资活动有关的现金		
投资活动现金流入小计		
购建固定资产、无形资产和其他长期资产支付的现金		
投资支付的现金		
取得子公司及其他营业单位支付的现金净额		
支付其他与投资活动有关的现金		
投资活动现金流出小计		

项　　目	本期金额	上期金额
投资活动产生的现金流量净额		
三、筹资活动产生的现金流量：		
吸收投资收到的现金		
取得借款收到的现金		
收到其他与筹资活动有关的现金		
筹资活动现金流入小计		
偿还债务支付的现金		
分配股利、利润或偿付利息支付的现金		
支付其他与筹资活动有关的现金		
筹资活动现金流出小计		
筹资活动产生的现金流量净额		
四、汇率变动对现金的影响		
五、现金及现金等价物净增加额		
加：期初现金及现金等价物余额		
六、期末现金及现金等价物余额		

工作底稿法程序如下：

第一步，将资产负债表的期初数和期末数计入工作底稿的期初数栏和期末数栏。

第二步，对当期业务进行分析并编制调整分录。编制调整分录时，要以利润表项目为基础从"营业收入"开始，结合资产负债表项目逐一进行分析。在调整分录中，有关现金和现金等价物的事项，并不直接借记或贷记现金，而是分别计入"经营活动产生的现金流量"、"投资活动产生的现金流量"、"筹资活动产生的现金流量"有关项目。借记表示现金流入，贷记表示现金流出。

第三步，将调整分录计入工作底稿中的相应部分。

第四步，核对调整分录，借方、贷方合计数均已经相等，资产负债表项目期初数加减调整分录中的借贷金额以后，也等于期末数。

第五步，根据工作底稿中的现金流量表项目部分编制正式的现金流量表。

2）T形账户法

采用T形账户法编制现金流量表，是以T形账户为手段，以资产负债表和利润表数据为基础，对每个项目进行分析并编制调整分录，从而编制现金流量表。T形账户法的程序如下。

第一步，为所有的非现金项目（包括资产负债表项目和利润表项目）分别开设T形账户，并将各自的期末期初变动数过入各相关账户。如果项目的期末数大于期初数，则将差额过入和项目余额相同的方向；反之，过入相反的方向。

第二步，开设"现金及现金等价物"T形账户，每边分为经营活动、投资活动和筹资活动三个部分，左边记现金流入，右边记现金流出。期末期初变动数与其他账户一样。

第三步，以利润表项目为基础，结合资产负债表分析每一个非现金项目的增减变动，并据此编制调整分录。

第四步，调整分录各 T 形账户，并进行核对，该账户借贷相抵后的余额与原先的期末期初变动数应当一致。

第五步，根据"现金及现金等价物"T 形账户编制正式的现金流量表。

13.4.5 现金流量表编制的注意事项

（1）经营活动产生的现金流有关项目的编制

1）销售商品、提供劳务收到的现金

本项目反映企业销售商品、提供劳务实际收到的现金，包括销售收入和应向购买者收取的增值税销项税额，具体包括：本期销售商品、提供劳务收到的现金及前期销售商品、提供劳务本期收到的现金和本期预收的款项，减去本期销售本期退回的商品和前期销售本期退回的商品支付的现金。企业销售材料和代购代销业务收到的现金，也在本项目反映。本项目可以根据"库存现金"、"银行存款"、"应收票据"、"应收账款"、"预收账款"、"主营业务收入"、"其他业务收入"账户的记录分析填列。

2）收到的税费返还

本项目反映企业收到返还的各种税费，如收到的增值税、营业税、所得税、消费税、关税和教育费附加返还款等。本项目可以根据有关科目的记录分析填列。

3）收到的其他与经营活动有关的现金

本项目反映企业除上述各项目外，收到的其他与经营活动有关的现金，如罚款收入、经营租赁固定资产收到的现金、投资性房地产收到的租金收入、流动资产损失中由个人赔偿的现金收入、除税费返还外的其他政府补助收入等。其他与经营活动有关的现金，如果价值较大的，根据"库存现金"、"银行存款"、"管理费用"、"营业费用"等科目的记录分析填列。

4）购买商品、接受劳务支付的现金

本项目反映企业购买材料、商品、接受劳务实际支付的现金，包括支付的货款及与货款一并支付的增值税进项税额，具体包括：本期购买商品、接受劳务支付的现金及本期支付前期购买商品、接受劳务的未付款项和本期预付款项，减去本期发生的购货退回收到的现金。为购置存货而发生的借款利息资本化部分，应在"分配股利、利润或偿付利息支付的现金"项目中反映。本项目可以根据"库存现金"、"银行存款"、"应付票据"、"应付账款"、"预付账款"、"主营业务成本"、"其他业务支出"等科目的记录分析填列。

5）支付给职工及为职工支付的现金

本项目反映企业实际支付给职工的现金及为职工支付的现金，包括企业为获得职工提供的服务，本期实际给予各种形式的报酬及其他相关支出，如支付给职工的工资、奖金、各种津贴和补贴等及为职工支付的其他费用，不包括支付给在建工程人员的工资。支付的在建工程人员的工资，在"购建固定资产、无形资产和其他长期资产所支付的现金"项目中反映。

企业为职工支付的医疗、养老、失业、工伤、生育等社会保险基金、补充养老保险、住房公积金，企业为职工交纳的商业保险金，因解除与职工劳动关系给予的补偿，现金结算的股份支付及企业支付给职工或为职工支付的其他福利费用等，应根据职工的工作性质和服务对象，分别在"购建固定资产、无形资产和其他长期资产所支付的现金"和"支付给职工及为职工支付的现金"项目中反映。本项目可以根据"库存现金"、"银行存款"、"应付职工薪酬"等科目的记录分析填列。

6）支付的各项税费

本项目反映企业按规定支付的各项税费，包括本期发生并支付的税费及本期支付以前各期发生的税费和预交的税金，如支付的营业税、增值税、消费税、所得税、教育费附加、印花税、房产税、土地增值税、车船使用税等。不包括本期退回的增值税、所得税。本期退回的增值税、所得税等，在"收到的税费返还"项目中反映。本项目可以根据"应交税费"、"库存现金"、"银行存款"等科目分析填列。

（2）投资活动产生的现金流量有关项目的编制

1）收回投资收到的现金

本项目反映企业出售、转让或到期收回除现金等价物以外的交易性金融资产、持有至到期投资、可供出售金融资产、长期股权投资等而收到的现金。不包括债权性投资收回的利息、收回的非现金资产及处置子公司及其他营业单位收到的现金净额。债权性投资收回的本金，在本项目反映；债权性投资收回的利息，不在本项目中反映，而在"取得投资收益所收到的现金"项目中反映。处置子公司及其他营业单位收到的现金净额单设项目反映。本项目可以根据"交易性金融资产"、"持有至到期投资"、"可供出售金融资产"、"长期股权投资"、"现金"、"银行存款"等科目的记录分析填列。

2）取得投资收益收到的现金

本项目反映企业因股权性投资而分得的现金股利，因债权性投资而取得的现金利息收入。股票股利由于不产生现金流量，不在本项目中反映。包括在现金等价物范围内的债券性投资，其利息收入在本项目中反映。本项目可以根据"应收股利"、"应收利息"、"投资收益"、"库存现金"、"银行存款"等科目的记录分析填列。

3）处置固定资产、无形资产和其他长期资产收回的现金净额

本项目反映企业出售固定资产、无形资产和其他长期资产（如投资性房地产）所取得的现金，减去为处置这些资产而支付的有关费用后的净额。处置固定资产、无形资产和其他长期资产所收到的现金，与处置活动支付的现金，两者在时间上比较接近，以净额反映更能准确说明处置活动对现金流量的影响。由于自然灾害等原因所造成的固定资产等长期资产报废、毁损而收到的保险赔偿收入，在本项目中反映。如处置固定资产、无形资产和其他长期资产所收回的现金净额为负数，则应作为投资活动产生的现金流量，在"支付的其他与投资活动有关的现金"项目中反映。本项目可以根据"固定资产清理"、"现金"、"银行存款"等科目的记录分析填列。

4）处置子公司及其他营业单位收到的现金净额

本项目反映企业处置子公司及其他营业单位所取得的现金减去子公司或其他营业单位持有的现金和现金等价物及相关处置费用后的净额。本项目可以根据有关科目的记录分析填列。

企业处置子公司及其他营业单位是整体交易，子公司和其他营业单位可能持有现金和现金等价物。这样，整体处置子公司或其他营业单位的现金流量，就应以处置价款中收到现金的部分，减去子公司或其他营业单位持有的现金和现金等价物及相关处置费用后的净额反映。

处置子公司及其他营业单位收到的现金净额如为负数，则将该金额填列至"支付其他与投资活动有关的现金"项目中。

5）收到的其他与投资活动有关的现金

本项目反映企业除上述各项目外，收到的其他与投资活动有关的现金。其他与投资活动有关的现金，如果价值较大的，应单列项目反映。本项目可以根据有关科目的记录分析填列。

6）购建固定资产、无形资产和其他长期资产支付的现金

本项目反映企业购买、建造固定资产，取得无形资产和其他长期资产（如投资性房地产）支付的现金，包括购买机器设备所支付的现金、建造工程支付的现金、支付在建工程人员的工资等现金支出，不包括为购建固定资产、无形资产和其他长期资产而发生的借款利息资本化部分及融资租入固定资产所支付的租赁费。为购建固定资产、无形资产和其他长期资产而发生的借款利息资本化部分，在"分配股利、利润或偿付利息支付的现金"项目中反映；融资租入固定资产所支付的租赁费，在"支付的其他与筹资活动有关的现金"项目中反映，不在本项目中反映。本项目可以根据"固定资产"、"在建工程"、"工程物资"、"无形资产"、"现金"、"银行存款"等科目的记录分析填列。

7）投资支付的现金

本项目反映企业进行权益性投资和债权性投资所支付的现金，包括企业取得的除现金等价物以外的交易性金融资产、持有至到期投资、可供出售金融资产而支付的现金及支付的佣金、手续费等交易费用。

企业购买股票和债券时，实际支付的价款中包含的已宣告但尚未领取的现金股利或已到付息期但尚未领取的债券利息，应在"支付的其他与投资活动有关的现金"项目中反映；收回购买股票和债券时支付的已宣告但尚未领取的现金股利或已到付息期但尚未领取的债券利息，应在"收到的其他与投资活动有关的现金"项目中反映。

本项目可以根据"交易性金融资产"、"持有至到期投资"、"可供出售金融资产"、"投资性房地产"、"长期股权投资"、"库存现金"、"银行存款"等科目的记录分析填列。

8）取得子公司及其他营业单位支付的现金净额

本项目反映企业取得子公司及其他营业单位购买出价中以现金支付部分，减去子公司或其他营业单位持有现金和现金等价物后的净额。本项目可以根据有关科目的记录分析填列。

整体购买一个单位，其结算方式是多种多样的，如购买方全部以现金支付或一部分以现金支付而另一部分以实物清偿。同时，企业购买子公司及其他营业单位是整体交易，子公司和其他营业单位除有固定资产和存货外，还可能持有现金和现金等价物。这样，整体购买子公司或其他营业单位的现金流量，就应以购买出价中以现金支付的部分减去子公司或其他营业单位持有的现金和现金等价物后的净额反映，如为负数，应在"收到其他与投资活动有关的现金"项目中反映。

9）支付的其他与投资活动有关的现金

本项目反映企业除上述各项目外，支付的其他与投资活动有关的现金。其他与投资活动有关的现金，如果价值较大的，应单列项目反映。本项目可以根据有关科目的记录分析填列。

（3）筹资活动产生的现金流量有关项目的编制

1）吸收投资收到的现金

本项目反映企业以发行股票、债券等方式筹集资金实际收到的款项净额（发行收入减去支付的佣金等发行费用后的净额）。以发行股票等方式筹集资金而由企业直接支付的审计、咨询费用等，在"支付的其他与筹资活动有关的现金"项目中反映；可以根据"实收资本（或股本）"、"资本公积"、"库存现金"、"银行存款"等科目的记录分析填列。

2）借款收到的现金

本项目反映企业举借各种短期、长期借款而收到的现金及发行债券实际收到的款项净额（发行收入减去直接支付的佣金等发行费用后的净额）；本项目可以根据"短期借款"、"长期借款"、"交易性金融负债"、"应付债券"、"现金"、"银行存款"等科目的记录分析填列。

3）收到的其他与筹资活动有关的现金

本项目反映企业除上述各项目外，收到的其他与筹资活动有关的现金。其他与筹资活动有关的现金，如果价值较大的，应单列项目反映。本项目可根据有关科目的记录分析填列。

4）偿还债务所支付的现金

本项目反映企业以现金偿还债务的本金，包括：归还金融企业的借款本金、偿付企业到期的债券本金等。企业偿还的借款利息、债券利息，在"分配股利、利润或偿付利息所支付的现金"项目中反映。本项目可以根据"短期借款"、"长期借款"、"交易性金融负债"、"应付债券"、"库存现金"、"银行存款"等科目的记录分析填列。

5）分配股利、利润或偿付利息支付的现金

本项目反映企业实际支付的现金股利、支付给其他投资单位的利润或用现金支付的借款利息、债券利息。不同用途的借款，其利息的开支渠道不一样，如在建工程、财务费用等，均在本项目中反映。本项目可以根据"应付股利"、"应付利息"、"利润分配"、"财务费用"、"在建工程"、"制造费用"、"研发支出"、"库存现金"、"银行存款"等科目的记录分析填列。

6）支付的其他与筹资活动有关的现金

本项目反映企业除上述各项目外，支付的其他与筹资活动有关的现金，如以发行股票、债券等方式筹集资金而由企业直接支付的审计、咨询等费用，融资租赁各期支付的现金、以分期付款方式购建固定资产、无形资产等各期支付的现金。其他与筹资活动有关的现金，如果价值较大的，应单列项目反映。本项目可以根据有关科目的记录分析填列。

（4）汇率变动对现金的影响

现金流量表准则规定，外币现金流量及境外子公司的现金流量，应当采用现金流量发生日的即期汇率或即期汇率的近似汇率折算。汇率变动对现金的影响额应当作为调节项目，在现金流量表中单独列报。

汇率变动对现金的影响，指企业外币现金流量及境外子公司的现金流量折算成记账本币时，所采用的是现金流量发生日的汇率或即期汇率的近似汇率，而现金流量表"现金及现金等价物净增加额"项目中外币现金净增加额是按资产负债表日的即期汇率折算。这两者的差额即为汇率变动对现金的影响。

13.4.6 影响企业现金流量其他重要信息的披露

（1）企业当期取得或处置子公司及其他营业单位

现金流量表准则应用指南中列示了企业当期取得或处置其他营业单位有关信息的披露格式。主要项目包括：取得和处置子公司及其他营业单位的有关信息。其中取得子公司及其他营业单位的有关信息包括：取得的价格、支付现金和现金等价物金额、支付的现金和现金等价物金额、支付的现金和现金等价物净额、取得子公司净资产等信息。处置子公司及其他营业单位的有关信息包括：处置的价格、收到的现金和现金等价物金额、收到的现金净额、处置子公司的净资产等信息。

（2）现金和现金等价物有关信息

流量表准则要求企业在附注中披露与现金和现金等价物有关的下列信息：①现金和现金等价物的构成及其在资产负债表中的相应金额；②企业持有但不能由母公司或集团内其他子公司使用的大额现金和现金等价物金额。

13.5 会 计 报 表 附 注

13.5.1 会计报表附注的定义

会计报表附注是对在资产负债表、利润表、现金流量表和所有者权益变动表等报表中列示项目的文字描述或明细资料及对未能在这些报表中列示项目的说明等。

附注是财务报告不可或缺的组成部分。财务报告使用者了解企业的财务状况、经营成果和现金流量，应当全面阅读附注，附注相对于报表而言，同样具有重要性。

13.5.2 会计报表附注的主要内容

会计报表附注一般应当按照下列顺序披露：

1）财务报表的编制基础。

2）遵循企业会计准则的声明。

3）重要会计政策的说明，包括财务报表项目的计量基础和会计政策的确定依据等。

4）重要会计估计的说明，包括下一会计期间内很可能导致资产、负债账面价值重大调整的会计估计的确定依据等。

5）会计政策和会计估计变更及差错更正的说明。

6）对已在资产负债表、利润表、现金流量表和所有者权益变动表中列示的重要项目的进一步说明，包括终止经营税后利润的金额及其构成情况等。

7）或有和承诺事项、资产负债表日后非调整事项、关联方关系及其交易等需要说明的事项。

本 章 习 题

思考题：

1. 什么是财务会计报告？财务会计报告由哪些组成内容？

2. 财务报表的编制要求有哪些？

3. 我国的利润表的结构和内容是如何规定的？

4. 如何填制利润表？

5. 资产负债表的作用是什么？其结构和内容如何？

6. 资产负债表项目的填列方法有哪几种？举例说明。

7. 什么是现金流量表？有哪些作用？

8. 现金流量表由哪几部分组成？其格式如何？

9. 现金流量表的编制基础是什么？

10. 什么是所有者权益变动表？

11. 会计报表附注的主要内容是什么？

练习题：

1. 练习资产负债表"应收账款"、"应付账款"、"预收账款"、"预付账款"等项目的计算填列。

资料：A 房地产开发公司预收、预付货款情况较少，没有设立"预收账款"和"预付账款"总账账户；坏账损失采用直接核销法。10 月末有关账户余额如下：

"应收账款"总账账户借方余额为 150 000 元，其明细账户余额为：B 公司借方余额 80 000 元；C 公司贷方余额 50 000 元；D 公司借方余额 100 000 元；E 公司贷方余额 30 000 元；F 公司借方余额 35 000 元；G 公司借方余额 15 000 元。

要求：计算填列月末资产负债表"应收账款"、"预付账款"、"应付账款"和"预收账款"项目的金额。

2. 练习资产负债表中"存货"和"未分配利润"项目的填列。

资料：A 房地产开发公司 2016 年 12 月末有关总账账户余额如下：

1）"原材料"账户借方余额 210 000 元；

2）"库存商品"账户借方余额 185 000 元；

3）"生产成本"账户借方余额 38 000 元；

4）"在途物资"账户借方余额 15 000 元；

5）"材料成本差异"账户贷方余额 56 000 元；

6）"产品成本差异"账户贷方余额 8 500 元；

7）"利润分配"账户借方余额 510 000 元；

8）"本年利润"账户贷方余额 850 000 元。

要求：计算填列月末资产负债表"存货"和"未分配利润"项目的金额。

3. 练习资产负债表的编制。

资料：A 房地产开发企业 2016 年 12 月 31 日有关科目余额及方向如下（单位：元）：

账户名称	余额方向（借方）	账户名称	余额方向（贷方）
库存现金	1 000	短期借款	20 000
银行存款	30 740	应付账款	64 800
应收账款	53 400	应交税金	16 000
原材料	56 000	长期借款	233 400
产成品	60 000	实收资本	374 200
长期待摊费用	12 460	利润分配	18 000
生产成本	13 000	累计折旧	150 000
固定资产	650 000	坏账准备	200

要求：根据上述资料编制该公司 2016 年度资产负债表。

4. 练习利润表的编制。

资料：A 房地产开发公司 2016 年的有关收入、费用类科目的发生额资料如下：

主营业务收入	2 400 000 元
主营业务成本	1 360 000 元
税金及附加	80 000 元
管理费用	192 000 元
财务费用	48 000 元
营业费用	120 000 元
投资收益	160 000 元
营业外收入	30 000 元
营业外支出	19 000 元
其他业务利润	80 000 元
所得税费用	280 830 元

要求：根据上述资料编制该公司 2016 年度利润表。

附表

期数	1%	2%	3%	4%	5%	6%	7%	8%	9%	10%
1	0.990 1	0.980 4	0.970 9	0.961 5	0.952 4	0.943 4	0.934 6	0.925 9	0.917 4	0.909 1
2	0.980 3	0.961 2	0.942 6	0.924 6	0.907 0	0.890 0	0.873 4	0.857 3	0.841 7	0.826 4
3	0.970 6	0.942 3	0.915 1	0.889 0	0.863 8	0.839 6	0.816 3	0.793 8	0.772 2	0.751 3
4	0.961 0	0.923 8	0.888 5	0.854 8	0.822 7	0.792 1	0.762 9	0.735 0	0.708 4	0.683 0
5	0.951 5	0.905 7	0.862 6	0.821 9	0.783 5	0.747 3	0.713 0	0.680 6	0.649 9	0.620 9
6	0.942 0	0.888 0	0.837 5	0.790 3	0.746 2	0.705 0	0.666 3	0.630 2	0.596 3	0.564 5
7	0.932 7	0.870 6	0.813 1	0.759 9	0.710 7	0.665 1	0.622 7	0.583 5	0.547 0	0.513 2
8	0.923 5	0.853 5	0.789 4	0.730 7	0.676 8	0.627 4	0.582 0	0.540 3	0.501 9	0.466 5
9	0.914 3	0.836 8	0.766 4	0.702 6	0.644 6	0.591 9	0.543 9	0.500 2	0.460 4	0.424 1
10	0.905 3	0.820 3	0.744 1	0.675 6	0.613 9	0.558 4	0.508 3	0.463 2	0.422 4	0.385 5
11	0.896 3	0.804 3	0.722 4	0.649 6	0.584 7	0.526 8	0.475 1	0.428 9	0.387 5	0.350 5
12	0.887 4	0.788 5	0.701 4	0.624 6	0.556 8	0.497 0	0.444 0	0.397 1	0.355 5	0.318 6
13	0.878 7	0.773 0	0.681 0	0.600 6	0.530 3	0.468 8	0.415 0	0.367 7	0.326 2	0.289 7
14	0.870 0	0.757 9	0.661 1	0.577 5	0.505 1	0.442 3	0.387 8	0.340 5	0.299 2	0.263 3
15	0.861 3	0.743 0	0.641 9	0.555 3	0.481 0	0.417 3	0.362 4	0.315 2	0.274 5	0.239 4
16	0.852 8	0.728 4	0.623 2	0.533 9	0.458 1	0.393 6	0.338 7	0.291 9	0.251 9	0.217 6
17	0.844 4	0.714 2	0.605 0	0.513 4	0.436 3	0.371 4	0.316 6	0.270 3	0.231 1	0.197 8
18	0.836 0	0.700 2	0.587 4	0.493 6	0.415 5	0.350 3	0.295 9	0.250 2	0.212 0	0.179 9
19	0.827 7	0.686 4	0.570 3	0.474 6	0.395 7	0.330 5	0.276 5	0.231 7	0.194 5	0.163 5
20	0.819 5	0.673 0	0.553 7	0.456 4	0.376 9	0.311 8	0.258 4	0.214 5	0.178 4	0.148 6
21	0.811 4	0.659 8	0.537 5	0.438 8	0.358 9	0.294 2	0.241 5	0.198 7	0.163 7	0.135 1
22	0.803 4	0.646 8	0.521 9	0.422 0	0.341 8	0.277 5	0.225 7	0.183 9	0.150 2	0.122 8
23	0.795 4	0.634 2	0.506 7	0.405 7	0.325 6	0.261 8	0.210 9	0.170 3	0.137 8	0.111 7
24	0.787 6	0.621 7	0.491 9	0.390 1	0.310 1	0.247 0	0.197 1	0.157 7	0.126 4	0.101 5
25	0.779 8	0.609 5	0.477 6	0.375 1	0.295 3	0.233 0	0.184 2	0.146 0	0.116 0	0.092 3
26	0.772 0	0.597 6	0.463 7	0.360 7	0.281 2	0.219 8	0.172 2	0.135 2	0.106 4	0.083 9
27	0.764 4	0.585 9	0.450 2	0.346 8	0.267 8	0.207 4	0.160 9	0.125 2	0.097 6	0.076 3
28	0.756 8	0.574 4	0.437 1	0.333 5	0.255 1	0.195 6	0.150 4	0.115 9	0.089 5	0.069 3
29	0.749 3	0.563 1	0.424 3	0.320 7	0.242 9	0.184 6	0.140 6	0.107 3	0.082 2	0.063 0
30	0.741 9	0.552 1	0.412 0	0.308 3	0.231 4	0.174 1	0.131 4	0.099 4	0.075 4	0.057 3
35	0.705 9	0.500 0	0.355 4	0.253 4	0.181 3	0.130 1	0.093 7	0.067 6	0.049 0	0.035 6
40	0.671 7	0.452 9	0.306 6	0.208 3	0.142 0	0.097 2	0.066 8	0.046 0	0.031 8	0.022 1
45	0.639 1	0.410 2	0.264 4	0.171 2	0.111 3	0.072 7	0.047 6	0.031 3	0.020 7	0.013 7
50	0.608 0	0.371 5	0.228 1	0.140 7	0.087 2	0.054 3	0.033 9	0.021 3	0.013 4	0.008 5
55	0.578 5	0.336 5	0.196 8	0.115 7	0.068 3	0.040 6	0.024 2	0.014 5	0.008 7	0.005 3

年金现值系数表 　　　　　　　　　　　　　　　　附表 2

期数	1%	2%	3%	4%	5%	6%	7%	8%	9%	10%
1	0.990 1	0.980 4	0.970 9	0.961 5	0.952 4	0.943 4	0.934 6	0.925 9	0.917 4	0.909 1
2	1.970 4	1.941 6	1.913 5	1.886 1	1.859 4	1.833 4	1.808 0	1.783 3	1.759 1	1.735 5
3	2.941 0	2.883 9	2.828 6	2.775 1	2.723 2	2.673 0	2.624 3	2.577 1	2.531 3	2.486 9
4	3.902 0	3.807 7	3.717 1	3.629 9	3.546 0	3.465 1	3.387 2	3.312 1	3.239 7	3.169 9
5	4.853 4	4.713 5	4.579 7	4.451 8	4.329 5	4.212 4	4.100 2	3.992 7	3.889 7	3.790 8
6	5.795 5	5.601 4	5.417 2	5.242 1	5.075 7	4.917 3	4.766 5	4.622 9	4.485 9	4.355 3
7	6.728 2	6.472 0	6.230 3	6.002 1	5.786 4	5.582 4	5.389 3	5.206 4	5.033 0	4.868 4
8	7.651 7	7.325 5	7.019 7	6.732 7	6.463 2	6.209 8	5.971 3	5.746 6	5.534 8	5.334 9
9	8.566 0	8.162 2	7.786 1	7.435 3	7.107 8	6.801 7	6.515 2	6.246 9	5.995 2	5.759 0
10	9.471 3	8.982 6	8.530 2	8.110 9	7.721 7	7.360 1	7.023 6	6.710 1	6.417 7	6.144 6
11	10.367 6	9.786 8	9.252 6	8.760 5	8.306 4	7.886 9	7.498 7	7.139 0	6.805 2	6.495 1
12	11.255 1	10.575 3	9.954 0	9.385 1	8.863 3	8.383 8	7.942 7	7.536 1	7.160 7	6.813 7
13	12.133 7	11.348 4	10.635 0	9.985 6	9.393 6	8.852 7	8.357 7	7.903 8	7.486 9	7.103 4
14	13.003 7	12.106 2	11.296 1	10.563 1	9.898 6	9.295 0	8.745 5	8.244 2	7.786 2	7.366 7
15	13.865 1	12.849 3	11.937 9	11.118 4	10.379 7	9.712 2	9.107 9	8.559 5	8.060 7	7.606 1
16	14.717 9	13.577 7	12.561 1	11.652 3	10.837 8	10.105 9	9.446 6	8.851 4	8.312 6	7.823 7
17	15.562 3	14.291 9	13.166 1	12.165 7	11.274 1	10.477 3	9.763 2	9.121 6	8.543 6	8.021 6
18	16.398 3	14.992 0	13.753 5	12.659 3	11.689 6	10.827 6	10.059 1	9.371 9	8.755 6	8.201 4
19	17.226 0	15.678 5	14.323 8	13.133 9	12.085 3	11.158 1	10.335 6	9.603 6	8.950 1	8.364 9
20	18.045 6	16.351 4	14.877 5	13.590 3	12.462 2	11.469 9	10.594 0	9.818 1	9.128 5	8.513 6
21	18.857 0	17.011 2	15.415 0	14.029 2	12.821 2	11.764 1	10.835 5	10.016 8	9.292 2	8.648 7
22	19.660 4	17.658 0	15.936 9	14.451 1	13.163 0	12.041 6	11.061 2	10.200 7	9.442 4	8.771 5
23	20.455 8	18.292 2	16.443 6	14.856 8	13.488 6	12.303 4	11.272 2	10.371 1	9.580 2	8.883 2
24	21.243 4	18.913 9	16.935 5	15.247 0	13.798 6	12.550 4	11.469 3	10.528 8	9.706 6	8.984 7
25	22.023 2	19.523 5	17.413 1	15.622 1	14.093 9	12.783 4	11.653 6	10.674 8	9.822 6	9.077 0
26	22.795 2	20.121 0	17.876 8	15.982 8	14.375 2	13.003 2	11.825 8	10.810 0	9.929 0	9.160 9
27	23.559 6	20.706 9	18.327 0	16.329 6	14.643 0	13.210 5	11.986 7	10.935 2	10.026 6	9.237 2
28	24.316 4	21.281 3	18.764 1	16.663 1	14.898 1	13.406 2	12.137 1	11.051 1	10.116 1	9.306 6
29	25.065 8	21.844 4	19.188 5	16.983 7	15.141 1	13.590 7	12.277 7	11.158 4	10.198 3	9.369 6
30	25.807 7	22.396 5	19.600 4	17.292 0	15.372 5	13.764 8	12.409 0	11.257 8	10.273 7	9.426 9
35	29.408 6	24.998 6	21.487 2	18.664 6	16.374 2	14.498 2	12.947 7	11.654 6	10.566 8	9.644 2
40	32.834 7	27.355 5	23.114 8	19.792 8	17.159 1	15.046 3	13.331 7	11.924 6	10.757 4	9.779 1
45	36.094 5	29.490 2	24.518 7	20.720 0	17.774 1	15.455 8	13.605 5	12.108 4	10.881 2	9.862 8
50	39.196 1	31.423 6	25.729 8	21.482 2	18.255 9	15.761 9	13.800 7	12.233 5	10.961 7	9.914 8
55	42.147 2	33.174 8	26.774 4	22.108 6	18.633 5	15.990 5	13.939 9	12.318 6	11.014 0	9.947 1

参 考 文 献

［1］ 中华人民共和国会计法，1999.
［2］ 中华人民共和国财政部 企业会计准则编审委员会．企业会计准则（2017 版）［M］．上海：立信会计出版社，2017.
［3］ 中华人民共和国财政部 企业会计准则编审委员会．企业会计准则应用指南［M］．上海：立信会计出版社，2017.
［4］ 中华人民共和国财政部．《会计基础工作规范》财会字 19 号．1996.
［5］ 陈雪飞，房地产开发企业会计［M］．北京：中国建筑工业出版社，2013.
［6］ 徐秋生，房地产开发企业会计［M］．北京：化学工业出版社，2011.
［7］ 冯浩，房地产开发企业会计［M］．上海：复旦大学出版社，2010.
［8］ 财政部会计资格评价中心．中级会计实务［M］．北京：经济科学出版社，2014.
［9］ 《营业税改征增值税试点实施办法、营业税改征增值税试点有关事项的规定》财税 2016［36 号］．2016.
［10］ 徐文丽．房地产开发企业会计［M］．上海：立信会计出版社，2009.